古川孝順
社会福祉学著作選集

第2巻
社会福祉研究の
構築

中央法規

第2巻　はしがき

著作選集の第2巻にあたる本書は、一九六五年から二〇〇九年までの間に執筆した単著論文を収録したものである。全体で一四編の論文を収録している。収録にあたっては、各論文の公刊年次順に配列することにした。そのような方針を採用した理由は、筆者の社会福祉学研究がどのような軌跡を描いてこんにちにいたっているかを明らかにすることにより、筆者の構想してきた社会福祉学についてより一層理解を深めていただき、ご批判、ご叱声をいただけるのではないかと考えたことにある。

収録した論文はかれこれ四四年の歳月の間に執筆したものである。その間、当然のことながら、わが国社会の状況も、そしてそのもとで展開されてきた社会福祉の状況も、予想を超えて変化してきている。そうしたなかで、筆者がどのように社会福祉学の研究を進めてきたかを読み取っていただければ幸いである。

まず、一四編のうち、第1章の「マターナルディプリベーション理論についての二、三の検討」、第2章の「非行問題理解の枠組――W・ヒーリー『少年非行』」、第5章の「戦後児童福祉政策・立法の展開素描」の三編はいずれも児童福祉に関する論文である。このうち第1章は学部卒業後二年目（修士二年次）の春に執筆したものである。筆者にとっていわば筆下ろしの論文であり、思い出の深い論文である。内容的には、J・ボールビーのいわゆるホスピタリズム論について再評価した論文集をレビューしたものである。ホスピタリズムとよばれる現象は母性剥奪によるものか、それとも環境剥奪によるものかという問題は、現在なお結論のでていない問題であり、こんにちにおいてもあるいは意味あるものかと思われる。こんにちの児童養護についての議論は、べき論（規範論）に飲み込まれてしまっており、もう少し客観的な議論に引き戻す必要があろう。なお、第5章の戦後における児童福祉政策の推移とその意義について素描した論文は、その後大幅に加筆修正を施したうえ、拙著『子どもの権利』（有斐閣、一九八二年）に収録した。

第4章の「アメリカ母子扶助法成立史論」、第6章の「ニュー・ディール救済政策の展開――現代資本主義と社会福祉政策」、第7章の「戦後アメリカにおける福祉改革」はいずれもアメリカの社会福祉を題材とした論文である。筆者のアメリカ社会福祉への関心は、大掴みでいえば、一つにはニュー・ディール政策の一部を構成する連邦政府による貧困救済政策成立の意義を研究することを通じて、現代資本主義（国家独占資本主義）と社会福祉政策の関係を探るということ、いま一つはソーシャルワークの理論史というよりもソーシャルワークの社会経済史、政治文化史を通じてソーシャルワークの特質を探るということにあった。国家独占資本主義と社会福祉の関係を尋ねることは、資本主義体制維持の彌《び》縫《ほう》策《さく》という社会事業の位置づけから、国家責任の拡大、社会権的生存権の保障など社会福祉の意義をより積極的なものとして捉え直す方向に軸足を踏み出し、社会福祉を正面から把握し直し、議論するための視点と枠組を探求するという意味をもっていた。他方、ソーシャルワークの社会経済史、政治文化史的な背景、文脈についての関心は、そのことを明らかにしなければソーシャルワークの意義は解明されえないのではないかという課題意識に出るものであった。このようなアメリカ社会福祉への関心は、筆者によるW・トラットナー『アメリカ社会福祉の歴史――救貧法から福祉国家へ』（川島書店、一九七八年）、R・ルバブ『アメリカ社会保障前史――生活の保障：ヴォランタリズムか政府の責任か』（川島書店、一九八二年）という二冊の翻訳書の刊行と結びついていた。

第3章の「地方自治体の社会福祉施策――都道府県単独事業の予備的考察」は、都道府県による自治体独自の社会福祉施策（国の補助金制度の枠外で行われる単独事業）についての研究である。一九六〇年代を中心とするいわゆる革新自治体の時代は、都道府県さらには市町村によって多数の社会福祉の施策が自治体の単独事業として策定、実施され、それらがやがて国の施策になっていった時代として知られている。それ以前とは明らかに異なった政策形成の過程であり、その経過や意義を明らかにしようとした論文である。いま一つのねらいは、都道府県による単独事業の数や内容は都道府県によってかなり異なることに着目し、その違いを選挙による革新勢力の動向、大小と結びつけて明らかにすることにあった。いわば社会福祉を革新勢力の動向、大小に結びつけて論じようとする理論の妥当性や有効性を、地方自治体による社会福祉施策を素材に実証的に検証するということにあった。それなりの先見性をもつ研究であったかと思われるが、残念なことに筆者はこの論文に込めたねらいをこんにちにいたるまで発展させられないままである。

第9章の「福祉改革への視点と課題」、第11章の「批判的社会福祉の方法」、第12章の「地域福祉型社会福祉の展開」、第13章の「社会福祉改革論の理論的含意」は、いずれも素材は一九八〇年代以来の福祉改革であるが、そのねらいは、改革そのものを論じるというよりも、社会福祉改革問題をどのように捉えるのか、その方法論、すなわち視点や枠組のありようについて考察することにある。

まず、一九八八年に執筆した第9章は、行財政改革主導の福祉改革にたいする研究者たちの議論を、改革にたいするアプローチの違いを基準に類型化し、それぞれの類型についてその意義を評価することを目的とした論文である。同時に、この論文は、筆者自身の立ち位置、軸足の置き場所を部分的に変更し、そのことを確認するというねらいを併せもっていた。従来の議論のしかたは、政府の政策についてこれを批判的に分析し、そのことによってより望ましいと思われる政策の策定を期待するというものであった。この手法は、総じていえば、革新自治体の時代、保革伯仲の時代にはそれなりの意義をもち、有効性をもっていた。しかし、福祉見直し、行財政改革にともなう福祉改革の時代になると、その妥当性、有効性には陰りがみえはじめる。批判的なスタンスを堅持しながらも、政策策定の過程に立ち入って分析し、より有用性の高い政策の導入や改善を求めるには、その裏付けになりうるような理論的視点や枠組を構築することが必要になると考えられたのである。その意味で、筆者にとって転機になった論文である。第11章、第12章、第13章は、いずれもそのことを前提にして執筆している。第9章を執筆したことによって、その後、福祉改革問題、さらには社会福祉学の全体構想に関する議論がよりしやすいものになったという感覚をもった。いまでも、そのことが記憶に残っている。

第8章の「現代の貧困と子どもの発達権保障」は、発達権保障という視点から子どもの貧困を総論的に考察した論稿である。第10章の「福祉ニーズ＝サービス媒介者としての民生委員・児童委員」は、民生委員・児童委員を福祉ニーズと福祉サービスの媒介者として位置づけることの必要性と重要性を論じた政策提言的な論文である。福祉改革の一環として、伝統的な民生委員・児童委員の役割と活動のありようを再構築しようという趣旨である。第14章の「歴史のなかの生活支援施策」は、社会福祉をソーシャルポリシーないしソーシャルサービスとしての生活支援施策の一つに位置づけることを前提に、イギリス、アメリカ、日本をフィールドにして生活支援施策の歴史的展開の過程を振り返り、その延長線上にこれからの社会的生活支援施策の、そしてその一つである社会福祉の今後を展望した論稿である。全体として、社会福祉施策の歴史や現状についての分析とこれからのありようについての提言的な要素を含んだ論稿であるが、その妥当性や有効性については、もとより読者諸氏の炯眼《けいがん》に委ねられなければならない。

一九六五年から二〇〇九年までの四四年間に執筆した一四編の論文を振り返ってみると、諸所に稚拙な行論があり、議論として不十分なところも多い。最初の三編の論文は徒弟時代の習作である。それなりに意欲は感じられるものの、手始めの議論の域を出るものではない。アメリカの社会福祉政策について論じた論稿は、素材はアメリカの社会福祉政策であるが、社会福祉を取りあげる研究方法論を模索するという意図を背景に執筆したものである。第9章以降の論文を読み返してみると、素材としている状況をみてもこんにちの社会福祉のありようや論点に直接結びついており、あまり変わらないという印象もある。第9章以降の論文には、多少とも政策提言的な要素を含んでいる部分もあるが、こんにちの社会福祉に照らし合わせると、政策提言的要素のいくつかについてはこんにちそれに照応するような政策の策定や運用をみいだすことができる。逆に、空振りに終わっているものもある。しかし、もとより政策提言が社会福祉学研究の直接的な目的ではない。それを含めて、あるいはそのためにも、社会福祉学の研究には、まず社会福祉の歴史と現状を理論的に的確に把握することが求められる。四四年の間に、そのことを可能にするような理論をどこまで構想し、構築することができているのか、そのことが気がかりである。

さて、本書刊行の過程においては、沢山の人びとにお世話になった。その一部についてのみ、お名前を記しておきたい。西田恵子（立教大学教授）氏には現物が手元に残っていない論文の探索とコピーの取得、さらに校正にご協力をいただいた。校正については門美由紀（東洋大学非常勤講師）氏の協力をいただいた。校閲その他については、中央法規出版編集部の照井言彦氏と須貝牧子氏にお世話になった。あわせて感謝の意を表したい。

二〇一九年一月

古川　孝順　記す

目次

第2巻　はしがき

社会福祉研究の構築

第1章　マターナルディプリベーション理論についての二、三の検討……1
第1節　ボールビー報告のインパクト……2
第2節　セパレーションの多様な形態……4
第3節　ディプリベーションとセパレーション……8
第4節　マターナルディプリベーションの影響……11
第5節　残された課題……16
第2章　非行問題理解の枠組――W・ヒーリー『少年非行』……23
第1節　分析の視角……24

第2節　非行行動のメカニズム……25
第3節　ヒーリー理論の効用と限界……29
第4節　ヒーリー理論のこんにち的意義……31
第3章　地方自治体の社会福祉施策——都道府県単独事業の予備的考察……35
第1節　問題の所在……36
第2節　資料の整理と分析……38
一　資料とその整理／二　単独事業の推移／三　単独事業の内容／四　単独事業の規定因
第3節　若干のまとめ……55
第4章　アメリカ母子扶助法成立史論……61
第1節　アメリカの母子福祉問題……62
第2節　世紀転換期の貧民救済策……64
第3節　貧窮寡婦問題の成立……67
第4節　母子扶助法成立の諸契機……71

第5節　母子扶助法論争の経緯……76
第6節　母子扶助制度の実態……81
第7節　母子扶助法成立の意義……85
第5章　戦後児童福祉政策・立法の展開素描……93
第1節　戦後処理的要保護児童対策の展開……94
一　応急的戦災孤児・浮浪児対策／二　児童立法と行政機構の整備
第2節　母子保健中心の一般児童対策……98
一　児童福祉行政の刷新強化／二　母子保健施策の拡充
第3節　経済成長の歪みと健全育成対策……102
一　激しい社会変動と児童の生活／二　人口資質の向上と家庭児童対策／
三　児童厚生施設と保育所の拡充
第4節　社会開発計画下の障害児施策……108
一　極大成長から社会開発へ／二　障害児施設の拡充と破綻／三　入所施設から在宅サービスへ
結びにかえて……116

第6章　ニュー・ディール救済政策の展開――現代資本主義と社会福祉政策……119
第1節　課題と意図……120
第2節　ニュー・ディール救済政策の展開……121
一　大恐慌以前の救済制度／二　救済制度組織化の過程／三　救済行政機構と救済の方法／
四　ニーズと労働の組織化
第3節　アメリカ資本主義と救済政策……143
一　ニュー・ディール救済政策の位置／二　現代資本主義と社会福祉政策
第7章　戦後アメリカにおける福祉改革……167
はじめに
第1節　公的福祉行政の反動……168
第2節　公的扶助へのサービス的接近……171
第3節　社会改良への回帰……174
第4節　サービスから就労奨励へ……176
第5節　FAPの提案と挫折……178

第6節　福祉改革の多義性……181
第8章　現代の貧困と子どもの発達権保障……185
第1節　貧困の原因としての子ども……187
第2節　貧困のなかの子ども……189
第3節　子ども貧困と社会的施策……196
第9章　福祉改革への視点と課題……203
はじめに
第1節　福祉改革論のスタンス……206
一　積極的福祉改革論／二　消極的福祉改革論／三　批判的福祉改革論の可能性
第2節　批判的福祉改革の前提と視点……219
一　三通りの前提／二　福祉改革への視点
第10章　福祉ニーズ＝サービス媒介者としての民生委員・児童委員……241
はじめに

第1節　基本的視点……243
一　民生委員・児童委員の制度と活動のあり方を社会福祉の転型との関連で再検討する／二　民生委員・児童委員とその活動を社会福祉の供給＝利用体制の一環に位置づける／三　民生委員・児童委員とその活動をアウトリーチ戦略の先端的機関として位置づける／四　社会福祉の供給過程と利用過程を媒介する民生委員・児童委員
第2節　社会福祉供給体制の整備……245
一　社会福祉の転型／二　福祉サービスの多様化・細分化・多元化／三　福祉ニーズと福祉サービスとの選択不適合／四　申請主義を克服するアウトリーチ戦略（利用促進戦略）／五　新しい供給＝利用体制の構築と民生委員・児童委員
第3節　初期媒介機関としての民生委員・児童委員……250
一　供給＝利用体制の類型化／二　供給＝利用体制の諸類型
第4節　各類型の特質……251
一　類型Ⅰ／個別対応型／二　類型Ⅱ／窓口集中型／三　類型Ⅲ／ニーズ＝サービス媒介型／四　類型Ⅳ／二段階媒介型
第5節　民生委員・児童委員活動のモデル……257
一　モデルの設定／二　供給補助モデル／三　潤滑油モデル／四　供給啓発モデル／五　媒介モデル

第6節　媒介機能の内容規定……259
一　媒介機能のアウトライン／二　福祉ニーズと福祉サービスとの媒介／三　供給機関・施設間の媒介／四　社会的支援ネットワークの構築／五　民生委員・児童委員活動の一般的規定
第7節　専門媒介機関……261
一　既存の専門媒介機関／二　総合的媒介機能
第8節　民生委員・児童委員の制度的位置づけ……262
一　民生委員・児童委員の位置づけ／二　再検討の課題

第11章　批判的社会福祉の方法……265
はじめに
第1節　戦後社会福祉研究の系譜……267
一　政策論と技術論の相剋／二　運動論＝新政策論への展開
第2節　福祉改革問題への視座……274
一　積極的福祉改革論／二　消極的福祉改革論／三　批判的福祉改革
第3節　社会福祉経営論の論理……283

一　政策論から経営論へ／二　経営論の効用と限界
第4節　批判的社会福祉の視座と方法　291
一　外部環境と内部構造――複眼的視角／二　政策過程と技術過程――統合の枠組
第12章　地域福祉型社会福祉の展開　301
はじめに
第1節　地域福祉の新段階　302
一　八〇年代福祉改革とその所産／二　「自治型地域福祉」概念の提起／三　地域福祉概念の転換
第2節　福祉行政の再編成――分権化と住民参加　306
一　分権化の過程／二　住民参加の意義と形態
第3節　供給システムの多元化　311
一　多元化の契機と展開／二　多元化の類型的整理
第4節　供給システムと利用システム　316
一　利用者主体の社会福祉／二　利用システムの視点／三　利用支援機関の創設
第13章　社会福祉改革論の理論的含意　323

はじめに
第1節　社会福祉改革と社会福祉の範囲 …… 324
一　社会福祉の範囲――制限列挙による限定／二　社会福祉の範囲――経営主体による限定／
三　社会福祉の範囲――枠組みによる限定／四　社会福祉の範囲――内容による限定
第2節　社会福祉存立の枠組み …… 330
一　社会福祉における資源配分主体の多元化――民間セクターの活性化と市場セクターの参入／
二　社会福祉における政府間関係の再編成――政策制度主体の分節化／
三　市町村と地域社会の間――「新しい公共」の形成
第3節　自立生活の支援 …… 338
一　理念・目標の転換／二　対象論の再構築／三　自立概念の再構成
第14章　歴史のなかの生活支援施策 …… 347
第1節　変革の時代の歴史研究 …… 348
一　歴史は過去の実験室／二　歴史への着眼／三　歴史に学ぶ視点
第2節　生活支援施策の語義 …… 354
第3節　生活支援施策の発展 …… 356

第4節　生活支援施策の一つとしての社会福祉 …… 357
第5節　生活支援施策の再構成 …… 360
初出一覧

第1章

マターナルディプリベーション理論についての二、三の検討

初出：1965年
「社会事業研究」No.5

第1節　ボールビー報告のインパクト

子どものよりよい成長を促進するためには、よりよい家庭とそこにおけるよりよい親と子の関係——密接で満足をもたらすような親子の関係——が望まれる、という考え方は、こんにちでは疑問をさしはさむ余地のない前提としてうけとられているようにみえる。もしわれわれがこの前提をうけいれるならば、よりよい家庭とよりよい親と子の関係の欠如は、すなわち、子どもの母親からの分離はよりよい子どもの発達に悪しき影響をもたらすという結論を一見論理的なものに思わせるかも知れない。これが、母親からの分離が子どもに与える影響に関する仮説の底に流れている実質的な論理のようである。

問題は、しかしながら、それほど単純でも、簡単なものでもないように思われる。母親からの分離は、一定の予測可能な結果をもたらすような単純な事態であろうか？

母親からの子どもの分離は、子どもの成長発達を問題にしていく領域において興味ある題材であるが、それと同等に、あるいは、むしろそれにも増して、児童の養護をいかに進めるかという実践の領域において重要な関心事になっていることはあらためて云々するまでもない。

この方面における理論と実践に多大の影響力を持ったのは、なんと言っても、現在英国のタビストック研究所にいるBowlby, J. の研究である。親子間の分離についての研究は、このBowlby, J. の研究によって完成された、と一般にはうけとられているようにさえ思われる。

彼の理論は、児童養護の領域のバイブルになった観さえみられる。この領域におけるあらゆることがらがBowlby, J. をぬきにしては考えられなくなっているようにみえる。これは、彼の理論がどれほど大きな影響力を持っているかを示すものと言えよう。

Bowlby, J. がWHO（WORLD HEALTH ORGANIZATION：世界保健機関）の要請をうけ“家庭のない子どもhomeless child”の発達に関するモノグラフ、“Maternal Care and Mental Health（黒田実訳『乳幼児の精神衛生』、一九六二）”を発表したのは一九五一年のことであった。彼のモノグラフにおいて、Bowlby, J. が到達した結論は、“……the prolonged deprivation of the young child of maternal care may have grave and far-reaching effects on his character and so on the whole of his future life”というものであった。[(1)]

註　この部分は、黒田氏の邦訳では「長期にわたる母性的養育の喪失は子どもの性格に、またこどもの全生涯にいちじるしい影響を与えるものと考えられる」[(2)]となっているが、かなりニュアンスが違うようであるし、Bowlby, J. の理論に関する誤解は、多くの場合、この文章の意味をよく理解していないことによるものというAinsworth, M.D. の指摘もあるので英文のまま紹介する。

発表されてのち数年間に、このモノグラフは世界各国語に翻訳され、児童養護に関する理論ならびに実践にたいして、多大の影響を与えてきた。なかんずく、児童養護の実践面における影響が、きわめて有益なものであったことは、世界的に認められているところである。彼のモノグラフの影響のもとに、子どもの入所施設の設備は改善され、養護の方法ないし形態は変化していった。それにもかかわらず、彼の理論的結論は、発表されてこのかた、かなりの量の批判にさらされてきた。これらの批判の中には、Bowlby, J. の理論そのものを批判したものもあるが、彼がモノグラフにおいて、あえてとりあげなかった面に関するものも多い。また、モノグラフ刊行後一〇年程のあいだに、maternal deprivation に関する新たな研究も発表された。そこで、WHOは、Bowlby, J. の価値は認めながらも、彼のモノグラフ刊行後一〇年後の一九六二年に七人の学者、Ainsworth, M.D.[(3)]、Andry, R.G.[(4)]、Prugh, D.G. & Harlow, R.G.[(5)]、Lebovici, S.[(6)]、Mead, M.[(7)]、Wootton, B.[(8)]、の貢献による六つの論文からなる“Deprivation of Maternal Care：A Reassessment of the effects”を刊行した。[(9)]この論文集発刊に関するWHOの立場は前書にみられる次のような文章によって明らかになろう。「maternal deprivationに関するBowlby, J.の理論の現在の位置については、かなりの混乱がみられるので、これまで一〇年間の進歩および彼の理論についての諸批判にてらして、再評価（reassessment）を試みる時期が熟したと思われる。」[10]

残念なことに、この論文集には、Bowlby, J.自身は寄稿していない。しかしながら、彼は論文集におけるAinsworth, M.D.の論文に完全に同意すると述べているようなので、[11] 彼女の論文からBowlby, J.の現在の立場をうかがい知ることは困難なことではない。

一方、WHOによる〝reassessment〟の発刊に前後して、Casler, L.一九六一、[12] Yarrow, L.J.一九六一、[13] 一九六四、[14] などによる関連文献のレヴューがなされた。Ainsworth, M.D.を除いて、これらの文献は、いずれもBowlby, J.の理論に批判的である。しかしその着目するところは、言うまでもなく個々である。批判的であるということの他に共通するところがあるとすれば、問題はBowlby, J.の言うほど単純（simple）（先にあげたBowlby, J.の「理論的結論」を参照のこと）ではないということの指摘にあると言えよう。Bowlby, J.自身も、それに気づいていたと思われるふしがある。しかし、彼は結論を急ぎすぎたようである。

第2節　セパレーションの多様な形態

Bowlby, J.はモノグラフの題名が示しているように、〝maternal〟deprivation（適切な訳語がないので原語のままにする。）だけに主力をおいたようにみえる。この点を指摘したのはAndry, R.G.の論文である。[15] 彼は、非行少年の研究から出発して、少年達の母親との関係だけでなく、父親との関係をも、問題にする必要があると主張する。

さらに別の立場で、Prugh, D.G. & Harlow, R.G. は、母と子が物理的に分離している場合（separation）だけでなく、物理的には離れていなくとも、心理的に分離している状態も子どもの発達に悪い影響を与えるのだと主張し、Bowlby, J. のこの側面にたいする配慮は不十分であると指摘している。そしてそのような状態を〝仮面にかくれた喪失〟masked deprivation と呼んだ[16]。そして、これには二つの類型があるとしている。一つは〝歪曲された関係 distorted relatedness〟と呼ばれ、子どもが一個の人格としてみなされず、両親の要求や願望、感情に反応するものとしてしかみられていない関係を意味している。いま一つは、子どもが両親に対して何ら特別の意味を持たないような関係で、〝不十分な関係 insufficient relatedness〟と呼ばれる。

さて Andry, R.G. も、Prugh, D.G. & Harlow, R.G. と同じような側面を考慮にいれ、両親と子どもの分離の三つの可能な側面（aspect）をあげている。それは次のようなものである[17]。

(1) 物理的分離　physical separation をともなう心理的分離 psychological separation
(2) 物理的分離のない心理的分離
(3) 心理的分離をともなわない物理的分離

maternal deprivation を問題にする理論家達がおもに考察しているのは(1)の側面（これが maternal deprivation に匹敵する）であるが、(2)、(3)の二つの側面を考察することも不可欠であると Andry, R.G. は考えている。さらに彼は、分離の三つの可能な形態（form）を区別する必要があると考える[18]。

(1) 母親だけからの分離（母分離 maternal separation）
(2) 父親だけからの分離（父分離 paternal separation）
(3) 両親からの分離（両親分離 dual-parental separation）

どちらかと言えば Andry, R.G. の論文はむしろこの分離の形態の方に比重がかかっていると言える。

ところで Bowlby, J. は Andry, R.G. や Prugh, D.G. & Harlow, R.G. の主張するところを全くとりあげなかったかというとそうではない。Bowlby, J. は Prugh, D.G. & Harlow, R.G. の指摘する状態も一種の喪失状態であることを認め部分的喪失 partial deprivation と呼んでいる。[19] また Andry, R.G. の指摘する父親との関係にも一応ふれてはいるが、前者に関しては〝部分的喪失〟と呼ばれるような事態は施設や乳児院や病院などでよく見うけられる特定な人物の養育を欠いた完全喪失 complete deprivation と区別しなければならない」[20] と述べ、後者に関しては、「しかしこれらの問題（部分的喪失）や、父子関係については、この論文で特に詳細に検討するつもりはない。なぜなら、ほとんど全ての問題は子どもと母親との関係に還元できると言っても過言ではないからである」[21] と述べている。

したがって、これら両論文は、Bowlby, J. の立場にたつ Ainsworth, M.D. に待つまでもなく、いわゆる maternal deprivation だけを問題にする Bowlby, J. およびその一派と同じ土俵にあるものとみなされないということになる。しかし、いずれにせよ、この二つの論文は重要な問題提起の意味を持つと言わなければならない。まず、この領域における概念の混乱を整理する必要があるということを二つの論文は指摘する。例えば、deprivation と separation の混同などがそうである。このことに関しては、次節において問題にする。

ところで、父親の乳幼児にたいして持っている存在価値について Bowlby, J. は「子どもにとって父親の存在価値は……（直接的には）……喪失といった現象に、ある程度の抵抗力ができる年令になってはじめて、大きな意味を持つようになる」[22] と述べ、さらに「母親を経済的に、また情緒的に安定させるのは父親であるから、その意味においても父親の（間接的な）存在価値は軽視されてはならない」[23] と述べている（（　）中は筆者）。間接的な存在価値は言うまでもないことであるが、直接的な存在価値についてはどうであろう。Bowlby. J. のいう、「喪失に抵抗力のできる」という年齢は明瞭ではないが、四～五才以上ということになろう。したがって、それ以下の子ども達にとって、父親は間接的な存在価値しか持っていないということになるがいかがなものであろうか。

残念なことに、乳幼児期およびそれに引き続く時期における父親の役割についての研究の数があまりにも少ないことは Ainsworth, M.D. の述べるとおりである。[24] Andry, R.G. の指摘する父子分離の重要性を認める Yarrow, L.J. は、この領域に関する理論的な著作は就学前および児童中期の sex-role identification の発達に関するもので、エディプス期の発達が議論の中心になっていると述べ、父子分離に関する研究の不足を指摘している。[25]

いずれにせよ、父子分離についての議論は、今後の研究に待つ他はないが、Andry, R.G. の論文は、ややもすれば、ないがしろにされがちであったところに再び目を向けさせたという意味で価値のあるものである。同様のことが、Prugh, D.G. & Harlow, R.G の論文についても言えそうである。Bowlby, J. は彼自らモノグラフの序文で述べているように「家庭のない子ども」について研究することが目的であった。したがって、前述の如く、いわゆる部分的喪失がとりあげられていないのも当然のことである。しかし、やはり Bowlby, J. はこの問題をとりあげなかった責を負わねばならないように思われる。

前述したように Bowlby, J. の理論的結論があまりにもシンプルで明快なものであったことが、彼にとって不運なことに、彼のモノグラフを読み、それを完全に、無批判的にうけいれてしまった人達の目を、maternal deprivation と同等の注意を注ぐに値する事態からそらしてしまったのである。Bowlby, J. のモノグラフは、子どもは、母親〔ないし特定の母親の代りをする人〕と共に家庭において育てられるならば必ずやよりよい成長をとげるものだと主張するようにうけとられた。このような単純なうけとり方の誤りを指摘することは、そう骨の折れる仕事ではない。家庭で育てられた子どもの中から多くの問題児、非行児が続出しているという現状が何よりの証明となろう。こうした家庭から生れる問題児、非行児の中には、Prugh, D.G. & Harlow, R.G. のいうところの masked deprivation を経験した子ども達がかなり存在している。そういってまず間違いのないところである。

第3節　ディプリベーションとセパレーション

Bowlby, J. は、「……乳幼児と母親（あるいは生涯母親の役割を演ずる人物）との人間関係が親密かつ継続的で、しかも両者が満足と幸福感に満たされているような状態が精神衛生の根本である……」[26]と指摘し、かかる人間関係を欠いている子どもの状態を「母性的養育の喪失 maternal deprivation」と名付けている。

ところが、この領域における全ての研究者が、この定義を採用しているわけではない。また新しい知見の中には、この定義では処理しきれないものもあらわれて来た。しかも Bowlby, J. の場合には maternal deprivation は、必ず母親との分離 maternal separation にともなって起るものであった。時にはこの二つの概念は全く同じ意味にさえ用いられている。こうした概念の混乱を整理しようとする動きがある。前記 Andry, R.G. などもその一人である。Yarrow, L.J. は、概念の混乱を防ぐために、(A) maternal deprivation (B) maternal separation (C) multiple mothering（複数の人物による母性行為）(D) distortions in maternal care（母性的養護におけるゆがみ）の四つを区別すべきだと考えている。[27] (A)は触覚的、筋肉運動的、聴覚的、およびその他の種類の刺激 stimulation の量的欠如もしくは、母親ないし母親代理に子どもの欲求に敏感に適合していく個別化された態度が欠如していることを意味し、これはしばしば母親からの物理的分離にともなう。(B)は、その純粋な意味では、一度母親との間に密接な関係ができたのちに、その関係の連続がとぎれることを意味している。(C)は、多くの母親の役割を演ずる人達が同時に、子どもを養護することであり、(D)は、一般に母親の性格が片寄っているために起るものをさしている。この分類でいけば、Prugh, D.G. & Harlow, R.G. の masked deprivation は、(D)の中に含まれる。また Yarrow, L.J. は、Bowlby, J. と異なり、deprivation と separation を区別しているので、Andry, R.G. の分類は、Yarrow, L.J. (A)と(B)を関連づけたものと言えよう。(C)は、子どもが施設に収容された場合やキブツを想定して他の三つと同じ次元にあげているが、実際問題として、(A)ないし(B)と相互排除的でありうるかどうか疑問である。

ところで、他方、Lebovici, S. は別の立場をとり、子どもと母親との関係が不適切なものとなる三つの状況として、①子どもが母なる人物と、どんな関係をも持っていない場合、②母なる人物との関係が連続的でない場合、③母なる人物との関係が安全なものでない場合をあげている。[28] さらに彼女は、このうちの①および②が真の分離だとして、それをもう一度別の角度から二つに分類する。すなわち、ⓐ安定したかつ安全な依存関係が成立する以前における母親からの分離、およびⓑ安定したかつ安全な依存関係が成立した以後であって、子どもが母親から独立するに十分な年齢になるまでに起る母親からの分離の二つである。ⓐは関係の欠乏 privation で、ⓑは喪失 deprivation であるとして、両者を区別している。しかし、母親から独立するに十分な年齢は明確にされていない。安定したかつ安全な母親との関係がいつ成立するかは Yarrow, L.J. の場合も含めて後で問題にする。

Ainsworth, M.D. は、maternal deprivation を子どもと母親との相互作用 interaction の不十分さ insufficiency と定義し、もしそうであれば、分離が必然的に喪失となることにはならないとしている。さらに「母—子分離というタームは、子どもの年齢、親子間の接触の性質および成熟度には関係なしに、子どもを母親から切り離す全ての場合を包含するよう、より広く適用するよりも、むしろ一度成立した関係の不連続に対して用いるのが好ましいように思われる」と述べている。[29] そして混乱をさけるためには、次の三つを区別すべきであると考えている。すなわち、㋑ deprivation に必然的に含まれる相互作用の不十分さ、㋺その量とは関係なしに、相互作用の性格におけるゆがみ、㋩分離を通してもたらされる関係の不連続の三つである。この分類によれば Bowlby, J. の意味での deprivation は、㋩の関係の不連続が㋑の相互作用の不十分さと結合したときということになる。

さて、これまでみてきたことから明らかなように、各人説くところ個々である。その間一致しているところもあれば、互いに補足し合ったり対立したりするところもある。これら Bowlby, J. から Ainsworth, M.D. までの概念の変化（むろん年代的なものではない）をみることによって、こんにちにおける maternal deprivation に関する研究の段階を知ることもあながち不可能ではなかろう。

このような点から、概念の変化を三つにまとめて、その意味するところを述べておきたいと思う。

〔1〕 Yarrow, L.J. や Ainsworth, M.D. に代表的にみられるように、deprivation と separation は区別されつつある。separation はしばしば deprivation をともなうが、しかし常にそうではないということが認められている。これは、Bowlby, J. が単純に主張したような母親からの分離は常に必然的に deprivation につながり、子どもの成長に悪い影響を与えるという考え方が疑問視されて来たことを意味している。deprivation の起こらない separation も存在しうるということを示している。この事実を Ainsworth, M.D. が、ひいては、Bowlby, J. が、しぶしぶながら認めたということは、大変なことだと言えよう。しかし、これは、Bowlby, J. が自らの以前の立場を放棄したということではない（後述）。ここで Bowlby, J. 達に、かなりしんらつな批判を試みている Casler, L. をとりあげてみよう。彼は、Bowlby, J. とそれに近い立場をとる人達とは研究の方向を異にしている。Casler, L. は、子どもと親との間に Lebovici, S. のことばを借りれば、安定したかつ安全な依存的関係が成立する以前に母親と切り離された子どもを研究の対象にして初めて、〝子どもが母親から切り離されたことが、子どものその後の発達にいかなる影響を持つか〟を追求することが可能であると考えているようである。[30] Bowlby, J. やその一派は、むしろかかる関係が成立した後に分離が起こった場合に重点をおいているように思われる。これは separation の影響についての解釈の違いともつながって来るところである。

〔2〕 かくて、ここでこれまでみて来たように、かかる関係の成立する時期が問題になって来るわけである。別の側面から言えば、物理的分離の起こった時期が重要な意味を持って来ると同時に、その関係がどのような性質のものであって、それはどのようにして成立するものであるかが問題になってくる。

Bowlby, J. のモノグラフにおいては、maternal deprivation の悪影響をまぬがれる子ども達はむしろ例外的に扱われていた。これにたいして、そのような子ども達の理解のためにもち出されて来た分離の時期という変数が、母子関係の実質的な関係の成立する時期、その関係の性質、なりたちとの関連で、前面におし出されてきたことは一つの変化と言ってよい。

〔3〕この領域の研究は徐々に細分化されつつあると言える。一般に研究が進展し、論議が精細になるにつれて、研究の対象は限定され細分化されていくものである。Bowlby, J. の「部分的喪失」、Prugh, D.G. & Harlow, R.G. の「masked deprivation」、Andry, R.G. の「物理的分離をともなわない心理的分離」、Ainsworth, M.D. の「(母子間の)相互作用の性格におけるゆがみ」のような現象は、その存在を指摘され、研究の必要性を叫ばれながらも、いわゆる maternal deprivation の研究領域から除外されていく傾向にあるようである。研究の対象が、物理的分離にともなう心理的分離、という事態に代表させることのできるような部分に集中していきつつある。この傾向は、Yarrow, L.J. や Casler, L. において著しい。むろんこうした側面に関する研究は、従来からいわゆる maternal deprivation とは関連のないままに続けられている。しかし、今後は両者を関連づけていく努力がなされなければなるまい。

第4節　マターナルディプリベーションの影響

Bowlby, J. は、いわゆる maternal deprivation の影響についての研究は、各国の諸分野の専門家によって個々別々におこなわれているため相互の研究に全く無関心で、理解と協力にはなはだしく欠けていることが多いが、それを総合してみるとき、現在明らかになっている結論は厳粛なものであり、母性的養育を喪失した子どもの発達は例外なく遅滞(身体的、知能的、社会的に)し、肉体的、精神的不健康を示し、幼児のうけた損傷が永続的でしかも回復が非常に困難であることを明らかにしていると述べている。[31] ここでそのような影響がどのようなものであるかを知るために、直接的影響については Bowlby, J. の結論を、長期にわたる影響については、Kanner, L. がまとめている Goldfarb, H. の結論を引用しておこう。Bowlby, J. は、直接的影響を次のようにまとめている。[32] すなわちⓐ母親のもとにかえったあと、反抗的である。ⓑ母親代理に対する要求が過度であるため、激しい所有欲と結びついた欲求不満の爆発、嫉妬、かんしゃくが起こる。ⓒ

接触する成人にたいして表面的には可憐さを示すが、その愛着力は浅薄である。ⓓ情緒的結びつきを忌避し無感動的である。他方、長期にわたる影響は次のような現象をひきおこす。[33] ⓐ概念の形成に欠陥を示す。ⓑ正常な禁止的な行動がみられない。ⓒ情緒的な交流がむずかしく他人との関係は表面的である。ⓓ敵対的行動、残酷な行動、いわれのない攻撃的な行動のあとで、ふつうみられるような緊張や不安が起こらない。ⓔ社会的退行。（maternal deprivation の影響が問題とされる場合、母から分離された子どもは、そのまま施設に収容されているとみなされている。）

これらの徴候が Bowlby, J. とその一派のあげるいわゆる maternal deprivation の子どもの発達におよぼす悪しき影響である。しかし、maternal deprivation を経験した子どもは全てこのような徴候を呈するかと言えばそうではない。maternal deprivation の悪い影響をまぬかれる子どももいる。これは、Bowlby, J. も認めるところである。[34] またこのような徴候を示しても、その程度にはいろいろな差がある。それにはおそらく、施設における心理的環境の差が影響しているとみられているふしがある。この点も Bowlby, J. は認めているようである。[35] さらにこれらの徴候は喪失家庭 depriving family に育った子どもの中にもみられ、また、後で述べるように、広い意味での環境の変化によって回復するところから、こうした障害は maternal separation（それにともなう maternal deprivation）そのもの、あるいは、ある種のまだ解明されていない施設の属性によるものではないのではないかという立場も出てくる。

ところで、いわゆる maternal deprivation に関する研究は、maternal deprivation を経験した、ないし、経験している子どもの集団と、それを経験したことのない子ども（すなわち、家庭で育った子ども）の集団をとりあげ、両方の集団をせいぜい子どもの年齢、性別、社会経済的背景を一致させた被験者によって構成し、多くの場合、心理学的な検査か主観的な印象によって、両方の集団を比較するという方法をとっている。結果は、通例、前者が後者、もしくは里親家庭で育った子どもよりも遅滞しているというものであるが、Casler, L. はこうした研究の結果は、結論的なものでもないし、時に有益なものでもないと考えている。[36] その理由として最も彼が強く主張しているのは多くの研究で maternal deprivation を経験している子ども達の生活環境、すなわち、施設の形態や生活の仕方、養育の方法と過程、その他についての記述が全くなされていないか、あっても貧弱なものにすぎないということである。Yarrow, L.J. は施設収容児の研究は、施設環境の諸特性と、子ども達の知能、社会性、人格の発達との関係を直接にとりあげようとしているが、施設は単に母親のいない環境ではない。施設の環境は全ての面においてゆがめられている傾向があることに注意をしなければならないと述べている。(37)

Bowlby, J. は先に述べたように、施設による心理的環境の違いを否定はしなかったようであるが、悪影響をまぬかれた子どもたちを理解するときに、喪失が起こったときの子どもの年齢、喪失の時期、喪失の程度、などの要因が問題をとく重要な鍵になると考えている。現在、こうした要因はさらに細分化されている。(38) すなわち、①喪失の起こったときの子どもの年齢、②喪失の長さ、③喪失の程度、④喪失の頻度、⑤喪失が起こる前の親子関係の特質、⑥子どもの持つ母親代理との経験、⑦子どもが両親のところへもどったときの彼らのうけいれ方、などによって影響のあらわれ方や程度が違ってくると考えている。これは Bowlby, J. の初期の結論からかなり後退したことを示すものと言えよう。Bowlby, J. とその共同研究者達は、最近の論文においてみずから「幼児期において施設収容および類似の形態の強度の欠乏 privation を経験する子どもは、通例 commonly 病理的あるいは無感動的性格を発達させるということを意味するステートメントは適当でない incorrect」(39) と述べている。しかし注意せねばならないのは、「適当でない」とされたものは、「通例 commonly」という副詞を使用するということである。かくて Bowlby, J. はこんにちでは多くの〝要因〟という条件つきで、maternal deprivation の悪影響を主張していることになるわけである。

Bowlby, J. は、このように悪影響からまぬかれた子どもと悪影響のあらわれ方や程度の差を、多くの要因を設定することによって説明しようとする方向に向かったが、われわれは、Casler, L. や Yarrow, L.J. とともに、彼が重要な変数とは認めなかった施設の心理的環境の差にもう一度目を向けてみよう。前述のように、施設の状況を詳しく記述した研究は数少ないものであるが、それらの研究は明らかに、施設の環境の差によって徴候のあらわれ方に差が出てくることを示している。また、こうした徴候が家庭に育った子どもにもみられることは前にも述べたとおりである。こうした点から、

Yarrow, L.J. は、施設収容児にみられる徴候は、環境の悪さによるもので、母親からの分離 separation やそれにもとづく喪失 deprivation によるものではなかろう、と考えて maternal deprivation にたいして environmental deprivation（環境的喪失）という概念を導入してくる。[40] Casler, L. は、それを一歩進めて、分離の徴候とみられているものは、子どもの発達を十分なものにするだけの刺激が施設において与えられていないことによるという意味で perceptual deprivation 知覚的喪失という概念を導入した。[41] 一九五七年に Dennis, W. らはベイルートの仮りにクレッチと呼ばれる乳児院の子どもを研究し、彼らは、発達指数による比較によれば、家庭で育てられている子どもより遅れを示しているが、それはおそらく、検査場面において要求されているような経験が不足しており、それは施設につきものの感覚運動的な刺激の欠乏によるものとみなされるという報告をしている。[42] 彼らは、その後、彼らの仮説にもとづいて、施設の子どもたちに特別に補足的な刺激を与える機会をつくったところ、彼らの示していた発達の遅滞は回復したことを一九六五年に報告した。[43] こうした研究は遅滞が環境の操作によって回復しうることを示すもので、Yarrow, L.J. や Casler, L. の主張をうらづけるもののように思われる。

Ainsworth, M.D. は、Yarrow, L.J. や、Casler, L. の主張は、子どもにたいして彼らの言うような刺激をもっともよくもたらしうるのは母親であるから、彼らの言うところは、やはり maternal deprivation と相いれないものではないと反批判している。[44] しかし、母親こそもっともよく刺激をもたらしうるという Ainsworth, M.D. の主張をうらづけるものは何もないように思われる。

これまで述べてきたことから明らかなように、いわゆる maternal deprivation の影響を理解するために、二つの枠組が提出された。一つは、Bowlby, J. とその一派の主張する maternal deprivation であり、いま一つは Yarrow, L.J. や Casler, L. の environmental or perceptual deprivation である。この二つの枠組は一見相いれないもののようにみえる。両方の枠組は出発点からみると、同じ現象を別の角度から解明しようとしたようにみえるが、その実は、この二つの枠組を提出した背景になるべき maternal deprivation ないし maternal separation の概念に照らしてみるとき、連続した現象を問題にしていることが理解されるであろう。前者はそれほど明確にはなっていないけれども、おそらくは母と子の間に密接な関係が成立した後の場合を問題にしているのである。それにたいして後者は、特にCasler, L. は、そのような関係の成立する以前に起こったseparationを主として対象としていることは明らかである。したがって、両者は、同一現象を理解するための異なった枠組ではない。両者は相補うことによって、いわゆるmaternal deprivationの子どもの発達におよぼす影響の理解を助けるものと言えよう。

さて、それでは母親と子どもとの間に、ここで問題となっているような〝関係〟が成立するのは、いつ頃であるか。またそのような関係はどのように成立するものであろうか。従来のこうした点に関する研究は思弁に走りやすく、理論的で実証に耐えうるものはほとんどない。母親にたいする子どもの反応を経験的に観察し、現象的な面から関係の成立する時期を明らかにしようというのが現在の段階であろう。同時に動物実験の結果を人間の親子関係にあてはめていこうとする傾向もみられる。かかる関係成立の時期を問題にする領域は、「決定期の理論theory of critical periods」[45]と呼ばれるが、研究はその緒についたばかりと言える。目下の現象的研究の明らかにするところによれば、関係が成立するのはむろん突然ではない。おそらくそれは生後四カ月頃からとされ、六カ月を境にしてその後三～四カ月のうちに一応成立し、以後三～四年目頃までの時期がもっとも愛着の度合いが強いとされている。

何が母と子の間にそのような関係を成立せしめるのか、という疑問についてもまだ明確にはなっていない。Bowlby, J. は動物習性学ethologyの知見によってこの疑問をときあかそうとしている。[46]彼は母と子の間にinnate（生得的）な何かの存在を主張しようとするように思われる。Lebovici, S. は、子どもと母親との間に特有の密接な関係が成立するのは、子どもの側に存する（出生時における）全くの無力からくる養育者への完全な依存によるものだとして、Bowlby, J. の動物習性学の導入を批判している。[47]こうした問題がいわゆるmaternal deprivation現象の解明に決定的な意味を持つことは広く認められながらも、問題自体の解明は今後の研究に期する他ないというのが現状である。

これまで繰り返しふれてきたように、分離separationがかかる関係の成立した後で起こるか前に起こるかによってその影響は異なるとされている。成立の後に起った分離は、たんに母と子が切り離されたということ以上に、両者の間の〝関係〟の中断ないし破壊を意味することが多い。したがって、かかる分離に対する反応は、少なくとも理論的には、分離そのものにたいする反応と関係の中断ないし破壊に対する反応の両方を含んでおり、両者は区別されうるものである。Bowlby, J. がいわゆる maternal deprivation として問題としたのは主としてこの側面である。関係の成立前に起こった分離は、関係はいまだ成立していないのであるから、母と子が物理的に切り離されたということだけを意味することになる。この関係成立以前に起こった分離は成立した後のそれよりも強い悪影響を与えるとするものと、そうではなく、ほとんど悪影響を残さないとするものがある。前者は、特定の人物との関係を持つ時期を失するために、大きな損傷をこうむるのだと解釈され、後者は、特定の人物との関係がついていないため、代理者との関係がつきやすいのだと考えられる。(48)しかしながら、この両者は対立するものではない。というのは、前者の場合、養育者と子どもが個別化された関係を結ぶ機会が与えられなかったと考えられるからである。後者はその機会があったのであろう。施設などにみられる養育者（保母）一人にたいする子どもの数の多さは、養育者と子どもとの間に個別化された関係の成立することを困難にしていると言えよう。かくして、関係の成立以前における分離の問題は主として environmental deprivation という枠組によって理解することが可能であろう。人もまた重要な環境の担い手なのである。

第５節　残された課題

これまで主として理論的な側面をとりあげ考察を加えた。ここで一応それを離れて、いくつかの問題の提起を試みたい。

まず、こんにちまでの多くの研究が報告しているいわゆる maternal deprivation の徴候は、実際にそれを経験した子どもに特有ないし固有のものとしてアイデンティファイできるのだろうか。この論文においてもそれは自明のこととして論議を進めてきたけれども、実はこれは重要な問題なのである。いうまでもなく現実の現象と対応しない理論は存在の価値を持たない。施設で育った子どもは、発達の遅滞やゆがみを持つと言われる。しかし、家庭で育った子どもにも結果として全体をみると正常に発達したようにみえるが、発達途上においては、個々の側面での発達の遅滞やゆがみを持っていることはまれなことではない。したがって、施設の子どもに実施した検査の結果と家庭で育った子どもの結果とを比較しようとすれば、両方の集団を構成する子どもたちが、果して、その背後にある母集団の正当なサンプルを構成しているかどうかが問題にされなければならない。また心理学的検査の信頼性、妥当性の検討に注意深くなければならない。例えば、都市と農村とを比較して都市の学童の知能指数の方が高く出たときに、都市には優秀児が集中していると判断する前に、知能検査が多くは都市の児童を母集団として一般化されていることを考慮にいれねばならない。加えて何を正常な発達とし、何を遅滞、ゆがみとするかは、研究者の理論的立場によって一様でないことを指摘したい。調査や研究が遅滞やゆがみを実際そうであるかのように見せかけていないかどうか慎重に検討する必要はないのであろうか。

最近の理論的傾向は、前述の如く、maternal deprivation と maternal separation を分けようとしているが、これはもとはと言えば、結果の多様性を解釈するために導入された枠組みにすぎない。それぞれの概念をそれぞれに固有の現象と対応させるような努力が今後に残されている。

いわゆる maternal deprivation の研究は、家庭と施設とをピュアな変数として対応させることに始まったが、こんにち、なおかつ、この方式は続いている。Yarrow, L.J. の指摘するように施設は家庭マイナス母親ではない。施設の持っている特性（ゆがんだものとするかどうかは別として）を明確にする努力が必要である。そうした特性が子どもたちの発達の方向づけに関与しているはずである。Goldfarb, H. は施設収容児の follow-up study を精力的におこなったけれども、彼は、母親から分離されたことの結果と分離後の施設での生活の結果とを区別せず、自分の見い出した全ての徴候を母親から（一歩ゆずって家庭から）の分離に結びつけてしまった。施設は一般には Yarrow, L.J. のいう multiple mothering

であるが、子どもの発達におよぼす影響は、子どもが母親から分離されたことに帰せられるものよりも、こうした養護の方法や形態に帰せられるものの方が強いのではなかろうか。

はじめに述べた如く、「家庭にかわるものはない」という考え方は、一般の認めるところであるが、こうした見方は一見論理的にみえて実はそうではない。そう断定できる保障は何も存在しないのである。たしかに家庭は子どもに大きな影響力を持っているが、しかしこの家庭の機能の重要性も家庭をそれ以上のものとはしない。家庭は子どもの発達と性格形成上に重要な意味を持つが、「家庭は唯一無上のもの」ではない。こうした論議は、「神は存在するや否や」のそれに似て、少なくとも現在のところ科学的に実証の可能な命題ではない。

さて、人間の発達は長い目でみると完全なる依存から完全なる独立への行程とみなすことができる。Portmann, A. は人間は早く生れすぎると言った[49]。出生当初の人間は、筋肉組織はもとより神経組織もまだ未成熟の状態にある。外界との交流は食物の摂取と排泄を通しておこなわれるにすぎない。放置されるなら子どもは自分の生命を保つことさえ覚つかない状態にある。したがって彼の生存は外界への完全なる依存によってはじめて成り立つものである。彼の欲求は彼の意志によってではなく、それとは関係のない何ものかによって充足される。意志の介在しない欲求の成立とその充足は、やがて何度かの繰り返しによってある種の期待を成立せしめるだろう。欲求が起こったとき彼はそれが遠からず充足されることを期待するようになる。だから、依存するということは、何かを外部のものに期待する態度と言い直すことができよう。

こうした期待は、欲求とそれを充足するものとの結合をより一層強める働きをする。やがて、欲求とそれを充足するものとの結びつきは、充足するものをもたらす人やものとの結びつきをつくり出す。そして、やがては充足するものの運搬者の存在そのものが、満足をもたらす価値を持つようになる。多くの場合この運搬者は子どもの母親である。こうして子どもと母親との結びつきが出来あがり強められる。しかしそれは、母親だから、ではなくして、彼の欲求をもっとも頻繁に的確に満してきたものが母親だったからにすぎない。

子どもと母親との結びつきができあがるためには、彼の知覚と記憶の成熟がなければならない。その成熟は四カ月前後から母親の認知を可能にし、記憶力の増大は彼の期待をますます強くする。こうして彼の母親との関係は強化されるが、さらに、母親とそうでないものの違いをはっきり認知するようになると「人見知り」という現象があらわれてくる。これは約八カ月の頃である。「人見知り」は母親と子どもとの間に密接な関係が成立していることを示すシグナルの役目をすると言えよう。こうした時期に起こる母親からの分離は、まず子どもの期待をいやがおうにも強くするだろう。障害に出会ったとき欲求がかえって強くなることがあることは広く知られているところである。表だっては母親を求める行動は強くなる。しかし、障害があまりに強く期待が長く満たされないとそれはやがて消えていく。表だっては活動の量が減少していくだろう。

こうした仮説は、この年齢における分離への反応をいくらか説明しうるであろう。しかし、人間はいつまでも周囲に依存しているわけではない。やがて彼は独立へ向う。ただし、それは種々の条件からすぐに達成されるわけではない。しばらくの間は、依存的態度と独立への志向との間を行ったり来たりする。がやがて成人するころには、完全な独立に近づく。こうした独立への志向はすなわち母親からの分離である。逆に分離の経験は、独立への志向を強めるのに役立つとも言えるであろう。こう考えてくると、分離という状況はマイナスの効果だけを持つとは言い切れなくなってくる。ただ、分離が早く起こりすぎ、しかも急激に起こることが問題なのである。他方、十分な依存が許されないところに独立への志向は生まれない。子どもは一つの段階を十分に堪能して初めて次の段階へ進んでいく。この堪能が十分でないといつまでも前の段階の残存をひきずって成長する。施設入所児の示す徴候にはかかる残存にもとづくものがないだろうか。

大変荒削りの仮説を試みたがこうした親子関係の研究は maternal deprivation の徴候の理解を容易にし、施設における養護の方法、形態の研究をみのり多いものにするだろうということを最後につけ加えておきたい。

これまで述べたことによって明らかになったように Bowlby, J. の理論的結論がそのままあてはまる範囲は限られたものになってきつつある。しかし、Ainsworth, M.D. は言う。彼の結論は決して間違ってはいない。彼の理論に対する批判は、彼の結論にある prolonged、young、may という三つの単語を正しく理解しなかったところに生ずるのである、と。

註

⑴ Bowlby, J.（1952）Maternal Care and Mental Health, 2nd ed. Geneva. p. 46.
⑵ Bowlby, J. 黒田実訳『乳幼児の精神衛生』岩崎書店、一九六二年 三七ページ。
⑶ Ainsworth, M.D. The effects of maternal deprivation : a review of findings and controversy in the context of research strategy.
⑷ Andry, R.G. Paternal and maternal roles and delinquency.
⑸ Prugh, D.G. & Harlow, R.G. "Masked deprivation" in infants and young children.
⑹ Lebovici, S. The concept of maternal deprivation : a review of research.
⑺ Mead, M.A Cultural Anthropologist' s Approach to Maternal Deprivation.
⑻ Wootton, B.A Social Scientists Approach to Maternal Deprivation.
⑼ WHO Deprivation of Maternal Care. Geneva.
⑽⑾ WHO op. cit, Preface p. 8.
⑿ Casler, L. Maternal deprivation : A critical Review of the Literature. Monogr. Soc. Res. Child develpm. 1961. No.26
⒀ Yarrow, L.J. Maternal Deprivation : Toward an Emprical and Conceptual Re-evaluatioon Psychol. Bull. 1961 Vol.58 No.6
⒁ Yarrow, L.J. Separation from Parents During Early Childhood. In Hoffman, M.L. & Hoffman, L.W.（ed）Review of Child Development Research. Russell Sage Foundation. N.Y. 1964. p.89 ～136
⒂ Andry, R,G. op, cit.
⒃ Prugh, D,G & Harlow, R,G. op, cit.
⒄⒅ Andry, R,G. op, cit. p.37.
⒆⒇ Bowlby, J. 黒田訳　前掲書　二ページ。
(21)(22) Bowlby, J. 黒田訳　前掲書　三ページ。
(23) Bowlby, J. 黒田訳　前掲書　四ページ。
(24) Ainsworth, M.D. op, cit. p. 100.
(25) Yarrow, L.J. 1964 op, cit. p. 117.
(26) Bowlby, J. 黒田訳　前掲書　一ページ。
(27) Yarrow, L.J. 1964. op, cit. p. 90.
(28) Lebovici, S. op, cit. p. 79.
(29) Ainsworth, M.D. op, cit. p. 98 ～ 99.
(30) Casler, L. op, cit. p. 10.
(31) Bowlby, J. 黒田訳　前掲書　五ページ。
(32) Bowlby, J. 黒田訳　前掲書　一六ページ。

(33) Kanner, L. Child Psychiatry. THOMAS p. 724
(34) Bowlby, J. 黒田訳　前掲書　六ページ。
(35) Bowlby, J. 黒田訳　前掲書　九ページ。
(36) Casler, L. op, cit. p.3.
(37) Yarrow, L.J. 1964. op, cit. p. 49.
(38) Andry, R.G. 及び Ainsworth, M.D. の前掲論文より、筆者がまとめたもの。
(39) Prugh, D.G. & Harlow, R.G. が前掲論文に引用したものより転載。一三三ページ。
(40) Yarrow, L.J. 1964. op, cit. p. 101 ~ 102.
(41) Casler, L. op, cit. p. 14 ~ 15.
(42) Dennis, W. & Najarian, P. Development under environmental handicap. Psychol, monogr. 1957 Vol.71 No.7. In, Dennis, W. (ed) Readings in Child Psychology. p. 315 ~ 331.
(43) Dennis, W. & Sayegh, Y. The effects of Supplementary Experiences upon the Behavioral Development of Infants in Institution. Child Develpm. 1965. Vol.36. No.1. p. 73 ~ 80.
(44) Ainsworth, M.D. op, cit. p. 103.
(45) Scott, J.P. The Process of Primary Socialization in Canine and Human Infants. Monogr. Soc. Res. Child Develpm. p. 31.
(46) (47) Lebovici. S. op, cit. p. 86.
(48) Yarrow, L.J. 1964. op, cit. p. 122.
(49) Portmann. A. Biologische Fragmentezu einer Lehre vom Menschen. 高木正孝訳『人間はどこまで動物か』岩波書店、六〇ページ。

第2章

非行問題理解の枠組

――W・ヒーリー『少年非行』

初出：1973年
「青少年問題」第20巻第1号

第1節　分析の視角

ウィリアム・ヒーリーの業績は、青少年問題、なかんずく非行問題に関心を寄せるものにとって、あまりにも偉大である。非行問題にたいして理論的関心を払うものにとって、ヒーリーの業績はいわゆる力動的非行理論の主要かつ直接的な源泉としての意味をもっている。また、非行少年たちの治療・処遇に携わるものにとって、ヒーリーによる非行少年の診断的分類と予後に関する研究は、有効な指針としてなお実践的価値をうしなっていない。

教育心理学者ブロンナーとの共著になる『少年非行』（W. Healy & A. F. Bronner, New Light on Delinquency and its Treatment, 1936. 樋口幸吉訳）は、ヒーリーの長年にわたる非行・犯罪研究の集大成を示すものといわれる。ヒーリーが本書で集約的に展開させている非行に関する理論は、周知のようにその後多くの批判や修正を受けながら、こんにちの非行理論のうちに陰に陽に継承されてきている。したがって、本書『少年非行』を理解しようとするにあたって、ヒーリーの理論がこんにちの非行理論のうちにどのように批判・継承されてきたかという分析視点を準備することは、大層興味深いことである。しかし、そのような視点からする作業は、その重要性を認めたうえで、別の機会に俟ちたいと思う。

ここではさしあたり、ヒーリーの行論そのもののなかに沈潜し、まずその理論を過不足なく理解することに努めよう。そしてそのうえで、ヒーリーのもともとの発想のなかに包摂されていながら、彼自身によって、第二義的なものとされた部分や、彼の批判者や継承者によって多く顧みられることのなかった部分にも注目し、ヒーリーの理論の全体をこんにち的な視点で捉えなおすという作業が試みられる。

さて、ヒーリーの非行少年に関する研究はつぎのような問題意識によって先導されている。まず、㈠非行といえども人間の生命活動の一部を構成する行動の一様式であって、ほかの社会的に受け容れられるような型の行動と同じく、個人の要求とか欲望という観点からみれば、合目的的なものである。つぎに、㈡ある個人に非行という行動様式を選択させるような結果を導く個人的体験とそのような反応（行動）の本質を明らかにすることができれば、非行を因果の関係において理解することが可能である。最後に、㈢このような非行理解を前提に非行少年を実際に処遇し、その治療可能性を検討してみる。

小論のねらいは、このような三とおりの課題のうち、㈠と㈡にかかわる問題を検討することにある。㈢の問題は、ほかの問題との関連でみれば、㈠・㈡を前提とし、かつ㈢の問題を追求することによってえられるはずの知見が逆に㈠・㈡の問題に包摂されている仮説を検証するという関係にある。しかし、この問題それじたい独立した検討を必要とするほどの内容をもつものであり、ここでは割愛せざるをえないだろう。

第2節　非行行動のメカニズム

このような問題意識のもとに、ヒーリーがより直接的・具体的に確かめようとしたことは、まず、(A)個人の精神生活史上の情動障害をもって非行行動の決定因子とみなしうるかどうかということである。非行少年の大多数のものが、その家族を中心とする人間関係のなかで基本的な欲求や願望を強く阻止されるという体験と、そこに起因する情動障害をもっている。非行少年たちは、そのような情動障害にもとづく情動的不満の代償的満足をはかるために、社会的には非行行動とみなされるような行動を選択する、とヒーリーは考える。このような非行理解の方法は、非行少年と非行経歴のない少年とを比較し、それぞれの精神生活史における情動障害の有無を比較検討することによって、ひとまず検証することが可能である。

しかし、ここで問題となってくるのは、かりに非行行動が少年たちによって体験された情動障害に起因する不満を代償的に満足させようとする試みであるとして、(B)何故に彼らは数多くの代償的でありうる活動のうちから、反社会的行動

（非行）を選択するのかということである。ヒーリーはこのような疑問にたいして、まず代償的満足を求める衝動が非行観念の受容と結合するとき、非行行動がおこなわれると考える。しかし、疑問はこれで尽きるわけではない。なぜなら、非行の観念、すなわち非行行動に関する知識は、「文明の現段階」（ヒーリー）では、雑誌、映画などのメディアをつうじて広く行きわたっている。したがって、非行観念が単独に非行行動を惹起するとはいえない。もし、そうでなければ、これらの知識に接触した少年たちのすべてが非行化していなければならないだろう。また情動的不満を体験している少年が非行観念と接触したからといって、すぐに非行行動をとるというものでもない。非行少年と同じ家庭環境に生活し、少年として共通の欲望をもち、同じ社会的圧力を受け、常に非行の着想がえられるような状況にありながら、非行化しない同胞が存在するという事実がなによりも雄弁にこの間の事情を物語っている。

さらに、情動的不満と非行観念が結合したとしても、少年たちがそれだけですぐに非行行動に向かう衝動に屈服するというわけではない。非行行動というものがそれぞれの非行少年にとってそれぞれに固有の意味をもつものであるにせよ、それは客観的には社会規範と対立する逸脱的行動にほかならない。非行行動とは、客観的には、社会的に禁止された行動のことである。非行少年たちは、そのような社会的には禁止された行動である非行行動へ向かおうとする衝動を抑止するような力を自らのうちに備えていないものであろうか。すなわち、非行少年たち一般に認められる、(C)非行行動を「不法」なものとして自らに禁止する能力の欠落をどのように説明するのかという問題が、最後に残される。

ヒーリーは、このような三とおりの問題の解明が要請する条件をすべて満たす研究対象として、同じ同胞のうちに非行化した少年と非行経歴のない少年を含む一〇五組の家族を選定する。これらの少年たちのうち前者を非行者群、後者を対照者群とする。研究の方法として、ケース分析（ちなみにこの研究方法はヒーリーによって発展させられたものである）と統計的操作とが併用され、それぞれの少年の精神生活史と家族関係、家族環境などが詳細に調査・分析されている。

研究の結果は、まず(A)の問題にたいして、つぎのような知見を提供する。すなわち、非行者群はその九一％のものに情動障害の体験の存在することが確認されている。これにたいして、対照者群においては、同じ数値は一三％であるにすぎない。少年たちの体験した情動障害は、家族関係をその主要な部分とする緊密な人間関係における、愛情欲求をはじめとする正当な衝動や願望の阻止、拒否、理解されていないという体験、不適当感、劣等の感情などである。このような情動障害が不満や緊張を惹起し、それが一定の強度を越えたとき、代償的満足を求めて奔出して非行行動を結果するに至ったもの、とみなされる。しかし、非行者群のうちでも残余の九%は、情動障害を経験した形跡が認められないにもかかわらず非行化している。この事実に関しては、彼らのばあい不良仲間との接触が非行行動に逸れる原因を形成したのではないか、とヒーリーはいう。

さて、このような知見は、大筋としては、情動障害をもって非行の決定因子とする(A)の理解を裏付けるものとみなされる。なお、同一の家族に育ちながら、同胞のうちのあるものは情動障害を体験し、あるものにはそれが認められないという事実にたいしては、親が同胞すべてにたいして必ずしも同じような接触のしかたをとらないということの結果であろう、という解釈が与えられる。

(B)の問題にたいして意味をもつのは、対照者群のうちに一三%の情動障害を体験したものが含まれながら、彼らは非行化するに至らなかったという事実である。彼らが情動的不満をもちながら非行化しなかったことについては、それなりの理由が明らかにされなければならない。ヒーリーは、この一三%の少年たちは、どの例においても、心の平衡を取り戻すに充分なだけの満足をどこかで見出すことができていたという。彼らの不満は、非行行動とは別のかたちで代償的に満足させられるか、別の方向で業績をあげることによって補償されていたのである。それゆえに、彼らの不満は非行観念と結びつく機会があったとしても、別の代償的満足を獲得することが可能であったために非行行動として奔出することはなかったのだとする。

こうして、(B)の問題にたいしては、非行少年たちは、人間関係のなかで体験した情動障害のために本来の満足をうることができず、しかもそのうえにほかの種類の代償的満足をもちえなかったために、その情動的不満を非行観念と結合させ非行行動をとるに至る、という解答を用意することができる。すなわち、非行行動が選択されるのは、情動的不満が存在し、それがほかの種類の代償的満足を見出せないばあいである。しかし、この発想は、いうまでもなく非行者群のうちの九％にたいしては適用することができない。

さて、大筋においてヒーリーの見解にしたがうとして、このような非行理解の方法をさらに行き届いたものとするためには、(C)の問題にたいして解答を準備しておかなければならない。ヒーリーは、この点については数量的な情報を提供していない。しかし、彼はその代りに綿密に進められたケース分析を拠所としながら、つぎのようにいう。非行少年たちは、非行が不正な行為であるという意識的信念を充分に表明することができる。しかしながら、その「不法」性にたいする感情は非行へ向かおうとする衝動を予防的に抑止しうるほどに強固なものではない。この事実は、非行少年たちの超自我の形成が貧弱であるという事情によって説明される。人間関係、特に両親との関係をつうじてなされる規範形成が不充分なため、非行少年の多くは社会的拘束と禁止とを内面化しえないでいる。

精神分析の理解にしたがえば、超自我の形成にあたっては、まず親と子のあいだにおける愛情関係の成立とそこにおける愛情欲求の間断のない充足の経験とを不可欠とする。だが、非行少年たちは、このような関係と経験をまず欠落させている。超自我は、そのような関係と経験を基盤としたところで、一般には、親との同一視を媒介として、親による禁止の摂取、善悪についての親の理念の吸収によって形成される。だが、非行少年たちにとって、そのモデルとなるべき親の態度や信条そのものも必ずしも好ましいといえないことが多い。

こうして、ヒーリーの非行少年に関する研究は、最終的には両親の態度や信条の起源についての検討にまで行き着かざるをえない。親の態度や信条が、子どもの行動傾向そのものの発達に深い関係をもち、その超自我の形成に強い影響を及ぼすからである。

ヒーリーは、この問題——親の態度や信条の起源に関する問題については格別の研究はしていないとしながらも、つぎのようにいう。彼が生きた時代のアメリカの一般住民は、多くの活動領域で搾取、不正、不正直が広くおこなわれていることを知っており、そうしたことと結びついた損失や不快の念を経験したことのある者や理想をもたぬ親たちは、容易にそのような事態を合理化することができるようになっている。彼らは、そうした事態のなかで、手段と方法を問うことなく、個人的利益だけを考えて楽しく暮すことだけを賢明な生きかただと手軽に信ずる傾向がある。このような考えかた、生きかたは、現代（ヒーリーの時代）の自己本位の個人主義的イデオロギーに立脚するものであり、子どもたちの正しい教育を妨げ、やがて一家全体に浸透する傾向にある、とヒーリーは指摘し、このような社会的風潮こそが非行の「根底」にあるものだという。

さて、こうして、ヒーリーにしたがうならば、非行行動の発達過程はつぎのように定式化することができようか。非行行動は、人間関係のなかで情動障害を体験した少年が、そこに起因する不満をほかの種類の代償的行動によって満足させることができないままに非行観念を受容し、しかも超自我の未成熟のゆえに非行へ向かおうとする衝動を抑止することができないばあいに、選択し実行される。

第3節　ヒーリー理論の効用と限界

ここで、ヒーリーの理論の効用と限界について若干の検討を試みておこう。

ヒーリーの貢献の一つは、彼が非行行動を個人にとって有意味な合目的的な行動の一様式として捉える道を開き、窃盗、ずる休み、侵入などという行動を単に記述するにすませるのではなく、そのような行動を因果の関係において理解しうるものにしたことにある。このことと関連して、彼の理論は非行・犯罪者を「犯罪人」、「反社会人」などとして正常者と非連続なものとして把握する非行・犯罪者観を打破し、その対策に新たな観点を与え、その方法を基本的に改めさせていく主要な契機となったということができよう。

ヒーリーは、非行の原因の第一義的なものとして、情動障害、幾分拡大することが許されれば、情緒的不適応が重要な比重を占めることを明らかにした。また、副次的には不良仲間との交友が非行の原因となりうることを指摘した。

ヒーリーは、非行理解を行き届いたものにするためには、いくつかの選択可能性のある活動のうちから反社会的行動が選択されるメカニズム、および非行を「不法」なものとして自らに禁止する能力を欠落させるに至るメカニズムを解明することの必要性を指摘した。

最後に、彼はその体系の不可欠の構成要素である「非行観念」が社会的に産出され、社会的に存在すること、および非行を自らに禁止しえないような超自我の形成が親の態度や信条を媒介として社会的に規定されることを明らかにした。

ヒーリーの限界の最たるものは、情動障害によって非行を半ば一元的に理解しようとしたことにある。この点に関する批判は充分に意味をもつが、いっぽう副次的にであれ不良仲間との交友を非行行動の一つの原因として承認していることに留意しておく必要がある。また、ヒーリーが非行原因における社会的なるものを無視したという理解があるが、この理解はすでに見たように全般的には妥当しない。彼はむしろ社会的なるものに高い比重を認めているとさえいえる。しかし、それにもかかわらず、原因の第一義的なものは情動障害であるという観点が強調されるとき、その範囲でこの批判は妥当する。

ヒーリーの発想は、非行少年や犯罪者を「病人」にしたてあげるものだとする批判がある。この種の批判は、非行少年や犯罪者を相対的には「正常」な人間だとする、主として社会学的な立場にある人たちから寄せられている。この批判は、ヒーリーのいう情動障害を疾病とみなすかどうかによって妥当するかどうかが定まる。しかし、一般的にいわゆる力動的非行理論にはあらゆる非行の背後に情動障害（情緒的不適応）を「発見してしまう」という傾向が認められる。その意味では、この批判は妥当性をもつかもしれない。しかし、その責任のすべてがヒーリーにあるとはいえない。

ヒーリーの非行理解をやや細部にわたって検討すれば、そこにはいくつかの欠陥を認めることができる。例えば、情動的不満が非行観念と結合するのは、ほかの種類の代償的満足をえられないときである。しかし、それがえられないばあいにも、直ちに非行観念の受容が起きるとはいえない。神経症その他の非社会的反応が選択されるばあいもありうるはずである。

また、ほかの種類の代償的満足をうる機会があっても、なお非行行動が積極的に選ばれるということもありうるだろう。つまり、ほかの代償的満足がえられないとき、という説明は必ずしも非行行動が「選択」されていくメカニズムを直接的に説明したことにはならず、説明としては不十分だといわざるをえない。さらに、非行少年に認められる非行を許容するような判断の成立を超自我の未成熟性によって一般的に説明することには無理があろう。例えば、犯罪者が社会化のモデルとして選択され同一視が成立しているようなばあいである。

このようにみてくると、ヒーリーの理論にはいくつかの限界を認めることができる。しかし、いうまでもなくそれはヒーリーの貢献を損なうほどのものではない。こんにちにおいても、特に実践的レヴェルにおいてみるならば、ヒーリーによって展開された接近方法はその有効性をうしなっていず、むしろこの接近方法を継承するかたちでの新たな理論の展開が待たれるのである。

第4節　ヒーリー理論のこんにち的意義

最後に、これまでの検討を踏まえながら、多少視点を違えてヒーリーの非行理解の方法のこんにち的意義について考えてみよう。

いま仮に、ヒーリーの理論から、非行の決定因子として情動障害をもって第一義的とする規定をはずし、不良仲間との接近によっておこなわれる非行とされた部分をふくらませてみよう（ちなみに、こんにちの多くの社会学的非行理論は非行化の原因として非行少年の逸脱的下位文化との接触を強調している）。そうすると、彼の理論体系は、人間関係における基本的な欲求や願望の阻止という事態から出発して、社会とそこにおける文化や意識の病理までを取り込んだ壮大な広がりをもって登場してくるはずである。ヒーリーは、非行行動の発達を論じた締めくくりとして、「社会性の欠けた個人主義の観念とその実践である当今の態度、信条、地方的ならびに集団的イデオロギー」をもって非行の「根底」をなすものであるという。このような表現のなかで、ヒーリーが無意識のうちに捉えていたものは、アメリカにおいて純粋培養された資本主義（社会）の徴憑《ちょうひょう》であったといえないだろうか。

さて、このようなかたちに再編成されたヒーリーの理論を逆の方向から読んでみよう。すなわちこうである。資本主義国アメリカの社会構造そのものが、家族と青少年の生活の枠組と一定の意識・文化を産み、そこに非行観念が胚胎し、また同じ条件が親の態度や信条を規定する。このような状況のなかで、情動障害を体験した青少年がその情動的不満を非行観念と結合させ、あるいは、不良仲間との接触によって非行観念を獲得し、さらに非行を「不法」なものとする判断を欠落させるに至るとき、彼らは非行行動に向う衝動に屈服してしまう。

このような『少年非行』の読みかたは、もはやヒーリーの行論に忠実なものとはいえない。だが、それを承知したうえで、このような読みかたをしてみることによって、われわれはヒーリーの『少年非行』のなかに、われわれの直面させられている非行問題のすぐれてこんにち的状況を理解するうえで有用性をもつ枠組の一つが、転倒したかたちで、すでに準備されているのを見出すことができるのである。

ヒーリーをこのように読むことが許容されたとして、われわれはさらに、彼にとって直接的な課題として成立していなかった問題、非行観念の生成の過程とその存在構造を明らかにし、同時に社会構造が意識や文化を媒介しながら親たちの態度や信条を規定するそのしかたを解明しなければなるまい。さらにヒーリーによって提起されている、個人が多様な活動のなかから反社会的行動を選択するそのしかたと、非行を「不法」なものとして自らに禁止する能力を欠落させるにいたる過程の研究をさらに精緻なものとしていく必要があろう。そうすることによって、われわれは、それぞれの青少年が非行化するメカニズムに充分な配慮をくわえつつ、それを明らかにし、さらに非行問題を全体として社会構造的産物として把握する方向へと一歩を踏み出すことができるように思われるのである。

「古典」とは、それが著された時代と社会を越えて生命をもつものをさすのであろう。そうだとすれば、本書『少年非行』はその名にふさわしいものの一つである。

テキスト

W・ヒーリー著　樋口幸吉訳『少年非行』みすず書房、昭和三一年

第3章

地方自治体の社会福祉施策

——都道府県単独事業の予備的考察

初出：1976年
日本社会事業大学編『現代日本の社会福祉』勁草書房

第1節　問題の所在

昭和三〇年代から四〇年代にかけての社会福祉の展開の過程を特徴づける事実は数多く存在しようが、そのひとつとして四〇年代とりわけその中葉以降において地方自治体（ここでは都道府県に限定して用いる）水準での社会福祉活動が急速に拡大し、活発化してきたという事実を指摘することができる。

従来、地方自治体のおこなう社会福祉活動はその範囲を機関委任事務（および団体委任事務）として国から委任された事務に限定するという傾向にあった。つまり、現行社会福祉行政の構造のもとでは、地方自治体は国の事務として規定された社会福祉サービスのいわば実施機関ないし給付機関として位置づけられており、地方自治体じたいも戦後に現行の社会福祉行政のありようが定礎されて以来、そのような枠組によって定められた事務の範囲に自らの活動領域を限定してきたといいうるであろう。ところが、四〇年代中葉以降、地方自治体はめだってその社会福祉活動の領域を拡大し、国によって委任された範囲を越えた地方自治体独自の事業を活発に展開し始めて今日に及んでいる。さきに、地方自治体水準での社会福祉活動の急速な拡大、活発化といったのは、この事実を指している。

周知のように、この地方自治体独自の社会福祉施策の形成と拡大という現象は、広く社会的また政治的な関心をよび、幾多の議論や論争をうんできた。ある人たちは、これをいわゆる革新自治体の成果として、国の社会福祉政策の拡大と充実を引き出す契機として評価した。別の人たちは、福祉のバラまきとしてこれを批判した。そうした議論のなかで投じられた「福祉見直し」論の一石は、さらに大きな波紋をうみだすこととなった。

たしかに、地方自治体による独自な社会福祉施策の展開は、実際的にも理論的にも、たいそう興味深い論点を含んでいる。それはどのような規模と内容をもち、いかなる効果をあげているのか。それはいかなる事由によって、なぜ一定の時期に拡大してきたのか。それに必要な費用は地方財政にたいしていかなる影響を与えているのか。また、それは国を中心とする従来の社会福祉の体系のなかで、いかなる機能を果しているのか。それは、社会福祉をめぐるこれまでの国と地方自治体の役割分担関係のうちに何らかの変化をもたらすような可能性をもっているのか。おそらく、さきにみた賛否両論に一定の判断を示すには、これらの疑問（検討すべき論点は他にも多々あろう）にある程度解答を出しておくことが、まずもって必要であろう。

つぎに、地方自治体独自の社会福祉施策の出現は、社会福祉の理論的解明にたいしても一定のインパクトを与えるものである。従来の社会福祉理解の枠組のなかでは、地方自治体の占める位置やその役割はそれほど重要視されてこなかったといって過言ではなかろう。地方自治体は、それが社会福祉の主体として位置づけられている場合にも、それはせいぜいのところ社会福祉サービスの実施機関ないし給付機関としての位置づけであった。社会福祉政策の形成という論点のなかで地方自治体が独自の主体として登場し位置づけられたことは、ほとんどなかったように思われる。

だが、地方自治体独自の社会福祉施策がある程度恒常的なものとして、それなりの必然性をもったものとして登場し、しかもそれが国家水準での社会福祉政策の拡大や充実を引き出す契機にさえなっているのだとすれば、社会福祉政策の形成過程における地方自治体の役割についてあらためて検討してみる必要があろう。そのためにもまず、地方自治体における社会福祉施策の形成の過程・実現の過程それ自体が分析の対象にされなければならないだろう。ただその場合、国家水準における社会福祉政策の形成の過程や実現の過程を解明することを目的に構想された理論枠によって、直ちに地方自治体水準での施策が十分に解明されうるのであろうか。いずれにせよ、地方自治体独自の社会福祉施策の出現は、従来あまり問題にならなかったような角度から、従来の社会福祉研究の成果について再検討を要請するという側面をもっているといって過言ではないように思われる。

もとよりそうはいっても、これらの論点はそのいずれをとっても相応の準備と精緻な分析とを必要とするものであり、短かい日時のうちに結論をみいだすことは困難であろう。いまだ地方自治体による施策の実態ですら十分には明らかにされていないだけでなく、加うるにそれを分析するための方法もまた整備されていない、というのが公平にみた今日までの状況だからである。

そこで本報告でも、さきのいずれかの疑問に直接的に解答を与えるというのではなく、むしろそのための予備的な作業として、地方自治体水準における独自な社会福祉施策の形成の推移と現状について定量的な分析を試み、できるだけその全般的な傾向を把握するということを当面の課題としている。それでも、分析の素材自体は沖縄県を除く全都道府県の社会福祉施策を網羅した類例のない貴重なものであるが、やがて明らかにされるようないくつかの制約のため必ずしも十分な成果をみるに至らなかった。ただ、これまでのところこの種の施策についての定量的な分析はそれほど進められていないように思われるので、不十分なものであることを承知のうえで以下報告する。今後本格的な分析が試みられるにあたって多少とも資するところがあれば、これに過ぎることはない。

第2節　資料の整理と分析

一　資料とその整理

本報告が地方自治体水準での独自の社会福祉施策の実態を解明するために分析の素材として利用したのは、地方行財政調査会によってまとめられた「民生関係都道府県単独事業調べ」（昭和四八年度）である。この調査は昭和四八年度の年度途中に実施されたもので、それ以後四九年度・五〇年度においても、それぞれの年度に新たに発足をみた事業についての調査結果が報告されているが、ここで分析の対象とするのはそのうち四八年度の調査である。

この調査は四八年度時点において、沖縄県を除く各都道府県が実施していた民生関係単独事業を網羅したものである。報告書の記載の形式はつぎの通りである。地方自治体の民生関係単独事業は、まず各都道府県ごとに、つぎにそれぞれの事業を管轄している課ごとに配列されている。各課ごとの事業はさらに費目別に、その名称、予算額、根拠、事業発足年度、事業の概要が記入されている（ただし、根拠、発足年度については記入のないものもある）。事業の名称のみならず、その概要や予算額、発足年度の記載があることは事業の全貌を知るうえで甚だ好都合であったが、財政的な側面についての分析はここではとりあえず割愛することとした。

さて、このように地方行財政調査会による報告はわれわれの課題にとって極めて有益なものであるが、それでもいくつかの制約を含んでおり、このため調査結果のすべてをそっくりそのまま活用することは不可能であった。まず、本調査はその表題が示す通り「民生関係」の単独事業を網羅するものであるため、各都道府県のほとんどが国民年金や国民健康保険に関連する事業まで報告し、戦没者慰霊事業なども掲載されている。そこでわれわれはまず、掲載された各種事業のうちから、社会福祉施策といいうるものを選び出すという作業をおこなう必要があった。その場合、選択の範囲は、一般に公的扶助および社会福祉サービスという概念によって包摂しうるとみなされている事業およびそれらと密接な類縁関係にあると思われるものに限定された。こうして、以下単独事業という名称は、このように限定された意味での各種事業を指すものとして用いる。

つぎに、単独事業の範囲に一定の枠を与えたとしてさらに問題となることは、「単独」という名称で捉えられる事業の内容である。各都道府県の報告のなかには、文字通りの都道府県の「単独」事業から、公的扶助受給者にたいする法外援助、老人ホーム入所者にたいする慰問品の支給、施設職員の人件費への加算、施設の採暖費の補助などから市町村などの実施する各種事業にたいする補助や助成までが含まれている。このような加算や補助・助成を単独事業といいうるかどうか疑問がないではなく、しかもその解釈について各都道府県ごとに理解が異なるふしもみうけられるのであるが、しかしこれに現在の時点ですっぱり枠を与えてしまうことにも問題があるように思われる。そこでこの点についてはとりあえず各都道府県の判断を尊重することにした。今後研究が進展した段階においてはいずれ厳密な概念規定が必要となろうが、現時点では何よりも地方自治体によって「単独事業」とみなされている事業の実態を明らかにする必要があると思われたからである。

これに加えて、単独事業としてあげられている項目の、いわば抽象の度合いにも都道府県ごとに違いがみられる。単独事業のとりあげかたはおおむね予算の費目によっているようであるが、それでも例えば施設職員研修費補助というかたちで各種職員の研修費を包括的にあげている自治体がある一方では、保母・指導員などの研修費補助を個別的に掲載しているところがあるといった具合である。この点については若干整理し直した部分もあるが、全てを均等な重みをもった項目にすることは不可能であった。全体としては、ここでもむしろ各都道府県の報告を尊重したというのが妥当であろう。

このように、分析の素材については、地方行財政調査会の報告にかなり手をいれた部分と報告をできるだけ尊重した部分とがある。国民年金などに関連する項目を除外したことはともかくとして、報告書の項目をほぼそのまま採用した部分についてはたしかに問題がなくはない。各都道府県によって個々の項目のもつ重みが異なっているという事実が、各種単独事業の件数を問題とし、それを各都道府県ごとにあるいは年次ごとに比較するという方法をかなり利用したこともあって、分析の過程にある程度の片寄りを混入させるという結果をうんだのではないかと恐れられる。しかし、いまは基本的には各都道府県の自発的な報告に依拠する他はないし、ここでの主題はあくまで各都道府県を通じた単独事業の全体的な傾向を捉えることにあるので、さきの限界によって直ちに全体の分析が無意味なものになるとはいえないであろう。

二　単独事業の推移

さて、地方行財政調査会の報告にさきのような整理を加えたうえで、費目ごとに分類されている単独事業をそれぞれ一件として計算し、その結果を都道府県別、発足年度別に分類したものが**表1**である。四八年度現在、各都道府県が実施している単独事業は、総数で一八〇六件であった（なお、表中に不明とある欄は発足年度の明示がないものおよび単年度実施のものの件数を指している。また発足年度が明示されているもののうちにも単年度と思われるものが若干含まれている

表 1　都道府県別年度別事業件数

県名＼年度	30	31	32	33	34	35	36	37	38	39	40	41	42	43	44	45	46	47	48	不明※	合計
1 北海道						1						1	1			3		4	13		23
2 青森				1					2		1		2	1	6		5	4	13		35
3 岩手																	3	3	16		22
4 宮城				1		1					1	1	4		2	5	10	9	3		37
5 秋田	1									1		1		1			4	1	9	4	22
6 山形								1	2	1		1		2	3	1	4	5	11	8	39
7 福島				1			1						1		1	2		2	4		12
8 茨城						1	2		4	7	1		3	2	3	6	8	6	18	2	63
9 栃木							3		3	3		1	7	1		3	7	5	8	8	49
10 群馬				1				1	2		2		1		2	10	4	14	13	1	51
11 埼玉											2							3	5		10
12 千葉				1				5	6	1	4	9	6	6	4	8	13	20	23	12	118
13 東京		1	1	1	1	1	1	3	5	1	2	3	1	5	6	4	8	6	8	10	68
14 神奈川		1		1	2	5	10	4	3	6	4	3	3	6	13	13	8	8	15	11	116
15 新潟			1				1	1	2	2	3	2	2	3	5	1	8	1	4		36
16 富山			1	1		1										2	4	3	6	3	21
17 石川			2	1			3					2	4	2	3	5	4	5	13		44
18 福井	1					1					1		1			1	3	3	3	1	15
19 山梨						1								2	1	1			11	1	17
20 長野											1		1	1	1	1	3	6	3		17
21 岐阜											1					2		4	5		12
22 静岡				1	1	1				1		3	2	4	2	2	2	5	13	4	41
23 愛知				4		1	3				2	4	3	2	2	6	3	1	12	2	45
24 三重							1	4	1	1			1	1		6	6	6	13	18	58
25 滋賀			2							1		1	2	1		4	4	7	7	2	31
26 京都	1			1	1	1	2			6	2	2	1	5	9	6	1	3	7	2	50
27 大阪					2	3		1		3	4	2	4	2	5	4	7	6	6		49
28 兵庫																	1	6	11	29	47
29 奈良	1			3		2			3	5		1	1		3	7	5	10	18	1	60
30 和歌山				1			1		5	3			2	3	3	10	5	5	16	2	56
31 鳥取																	1	2	4		7
32 島根									1				2	2		4	3	5	16	4	37
33 岡山									1	1					1	1		5	1	8	18
34 広島	2				1	2	3			3	4		4	6	6	13	5	4	11	12	76
35 山口			1						1	1				1	2	5	9	10	14	1	45
36 徳島	2						1	1	1	2			2	3	4	2	3	7	16	1	45
37 香川			1		1	1			1		1				1	2	1	1	3	3	16
38 愛媛					1		1	2			1	1			3	5	9	3	13	5	44
39 高知	1	1					1	1	3	4	6	1	1		3	7	4	11	10		54
40 福岡				1	1	1			2	1				1		4	6	4	8	4	33
41 佐賀	1							1	2	1	2			4	4	1	14	2	14		46
42 長崎								1			1				2	4	2	4	10	1	25
43 熊本				1												3	3	4	9	1	21
44 大分			1															1	8		10
45 宮崎										1	4	1	4	1		9	2	3	12	1	38
46 鹿児島								1	1	2	1			2	2	1	5	2	6	4	27
合計	10	3	10	21	11	24	34	27	51	58	51	40	66	70	102	174	197	229	462	166	1806

※事業創設年度の明示されていないものはこの欄にいれた。
資料：地方行財政調査会「民生関係都道府県単独事業調べ」（昭和 48 年度）より作成

が、全体としては無視しうる程度の数であり特別の配慮は加えていない）。

単独事業の件数を都道府県別にみると、もっとも多いのは千葉県の一一八件であり、もっとも少ないのは鳥取県の七件ということになる。全都道府県を通じてみた平均単独事業件数は三九件であるが、特に多い千葉県、神奈川県を除くと他の都道府県は広島県の七六件から鳥取県の七件の間に分布し、この場合の平均値は三六件ということになる。

つぎに、単独事業の全体をその発足年度別にみると、一定の時期から地方自治体による単独事業の件数は急速に拡大するという傾向をみせている。単独事業の年度別推移の状況をさらに明確に捉え、加えて件数の推移と若干の変数との関連をみるために**図1**を作成した。まず件数の推移のみに着目すると、単独事業は全体的には三〇年代から四〇年代初頭にかけ徐々に増加し、四四年頃から急速に増大している。ちなみに、三〇年代にもっとも発足件数の多かった三九年を一〇〇とすると、四三年一二一、四四年一七六、四五年三〇〇、四六年三四〇、四七年三九五、四八年七九七となり四四年以降の増加がいかに著しいものであったかがうかがえる。しかしながら、このような増加傾向のうちにも三一年、三四年、三七年、四〇年から四一年にかけて発足件数の落ち込みがみうけられる。結局、都道府県の実施する単独事業は、三〇年代から四〇年代初頭にかけて途中四度にわたる一定の落ち込みを経験しつつも徐々に増大する傾向をみせ、四四年度以降急激にその数を増大させた、ということになろう。

それではこのような単独事業の推移はどのような意味をもつのか、あるいはいかなる要因によってうみだされたものであるのか。この点をいくぶんかでも明らかにするために、さしあたりここでは単独事業の推移と、(1)景気変動、(2)統一地方選挙の実施時期、とを対応させてみた。(1)に関しては、単独事業の推移は、景気後退にともなう福祉需要の増大か、好況による地方財政の拡大のいずれかに、対応することが予想された。(2)に関しては、統一地方選挙の実施は、それが「選良」にたいして地域住民の要求なり関心なりをいかに取り込むか（「公約」というかたちであるにせよ）という課題に応える努力あるいは姿勢とそのある程度の実現とを不可避なものとするという限りにおいて、選挙以後における単独事業の増大に結びつきうるのではないかと予想された。結果は**図1**にみる通りであるが、まず(1)との関連でいえば、全体として

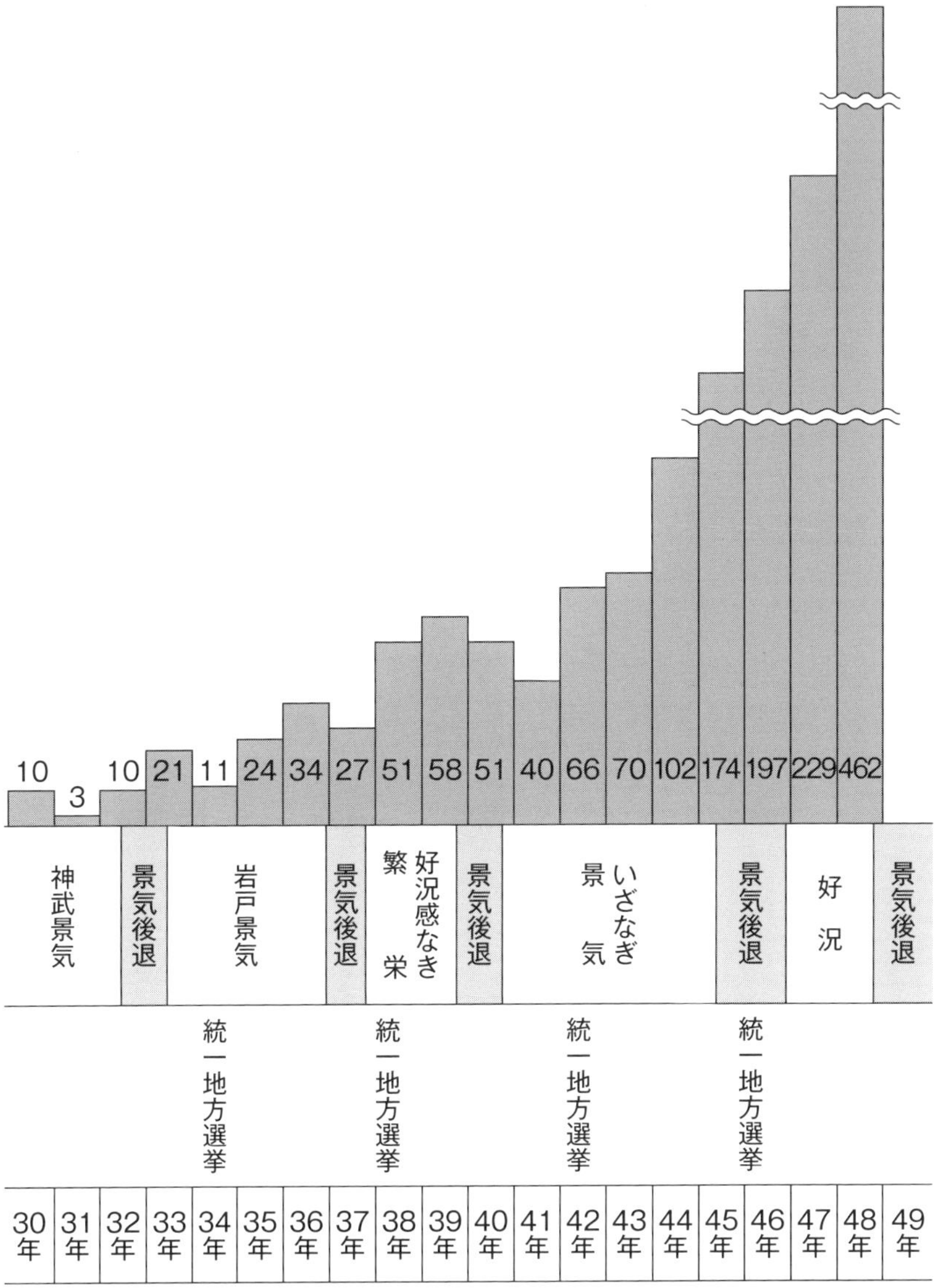

図 1　年度別単独事業発足数の推移　　古川孝順　作成

は地方自治体による単独事業の件数は好況という局面に対応して増大してきたといってよさそうである。いずれの時期をとってみても、好況期には単独事業件数の増大が続いているが、これにたいして、四五年から四六年にかけての時期を除けば、景気後退期かそれ以後の時期には単独事業件数の落ち込みがみられる。四五年から四六年の景気後退期以後はむしろ単独事業の増大がみられる（とはいえ件数の伸び率を対前年度比によってみると四五年に一七一であったものが、四六年一一三、四七年一一六とやや落ち込み、四八年には二〇二と増大している）が、その理由はここで与えられた資料だけから推測することはできない。一般論としていえば、景気の後退という事実と単独事業件数の増減との関係は、それぞれの時期の景気の後退が、それぞれの時期の社会経済にたいしていかなるインパクトを与えたのか、それにたいして地方自治体の単事業という形態での社会福祉施策を実施するということが、いかなる意味と効果をもちえたのか、という問題を解明することによって明らかにされうるであろう。

統一地方選挙と単独事業件数の推移との関係についてみると、統一地方選挙以後において例外なく単独事業数の増大がみられる。特に景気後退の時期である四六年に統一地方選挙が実施され（この選挙では社会福祉が争点のひとつとなっていた）ているが、それがそれ以後の時期の単独事業件数の落ち込みを回避させたとすれば、地方選挙の実施は単独事業の推移に大きく関与しているといいうるであろう。もっとも地方選挙の実施が独立的に単独事業の推移を規定するとは考えにくく、むしろ選挙がおこなわれた時期の社会経済全体の状況を優先させて理解すべきであろう。いずれにせよ、ここで与えられている資料からは、**図1**に示すような対応関係が認められるということ以上の判断を与えることは差し控えなければなるまい。

ところで、単独事業の推移を検討するにあたって当然のことながら、それぞれの時期における国家水準での社会福祉政策のありようとの関連を問題にしなければならない。しかし、この点に関してある程度のものであれ解答を用意するには、各々の問題ないし対象領域における国の政策と単独事業件数との対応関係を個別的に検討してみる必要があり、そのことを抜きにして全体像を捉えることは困難であるように思われた。この点についての解明は、単独事業の実態が十分明

表２　対象領域別年代別事業数の推移　　古川孝順　作成

対象領域＼年度	昭30～34	昭35～39	昭40～44	昭45～48	不　明	合　計
児童・青少年関係 （指　数）	3 (8)	39 (100)	68 (174)	150 (385)	30	290
母子・婦人関係 （指　数）	8 (62)	13 (100)	15 (115)	21 (162)	9	66
障害児・者関係 （指　数）	3 (13)	23 (100)	66 (287)	274 (1191)	26	392
老人関係 （指　数）	18 (46)	39 (100)	49 (126)	279 (715)	19	404
低所得者関係 （指　数）	10 (37)	27 (100)	23 (85)	35 (130)	7	102
地域福祉関係 （指　数）	3 (20)	15 (100)	20 (133)	32 (213)	11	81
職員関係 （指　数）	3 (17)	18 (100)	39 (217)	111 (617)	22	193
計 （指　数）	48 (28)	174 (100)	280 (161)	902 (518)	124	1528

らかにされたうえで、むしろそれを前提とした第二段階での作業としておこなわれるべきものであろう。

三　単独事業の内容

つぎに、単独事業の内容はどうか。まず、それらがいかなる対象領域に向けられているかについて簡単にみておくことにしよう。ここでは対象領域を、「児童・青少年関係」、「母子・婦人関係」、「障害児・者関係」、「老人関係」、「低所得者関係」、「地域福祉関係」、「職員関係」、「その他」に大別したが、そのうち「その他」を除いたうえで、各対象領域ごとの単独事業件数とその時期別（ほぼ五年単位に画期した）の推移をまとめたものが**表2**である。なお、「職員関係」というのは、例えば職員研修費の補助、傷病欠勤などによる代替職員費補助などをその内容としている。

単独事業件数をその対象領域ごとにみた場合、もっとも多いのは老人関係の四〇四件（二六・四％）であり、以下障害児・者関係（二五・七％）、児童・青少年関係（一九・〇％）、職員関係（一二・六％）、低所得者関係（六・七％）、地域福祉関係（五・三％）、母子・婦人関係（四・三％）の順になっている。各対象領域ごとの伸び率をみると、三五年から三九年までの五年間の件数を一〇〇とした場合、もっとも増加の著しいのは障害児・者関係、ついで老人関係、職員関係、児童・青少年関係（以下省略）ということになる。しかし、四〇年から四四年までの五年間の件数を一〇〇とした場合、次の時期への伸び率は老人関係（五六九）、障害児・者関係（四一五）、職員関係（二八四）、児童・青少年関係（二二〇）という順になる。こうした事実は、障害児・者関係のうちには通常、児童関係として扱われる部分が含まれていることなども考慮すると、三五年から三九年にかけては児童関係の単独事業が、四〇年から四四年にかけては障害児・者関係の単独事業が、四五年以降については老人関係のそれがそれぞれ中心になっているといえそうである。特に四〇年から四四年にかけての時期と四五年以降の時期にはそのことが非常にはっきりと出ており、この事実はこれら二つの時期を通じた社会福祉的関心の推移についての一般的な見解を支持するものだといえよう。

さらに、それぞれの対象領域ごとに単独事業の内容をみるとどうであろうか。いうまでもなくこの水準になると事業の中味は各対象領域によってほとんどまちまちである。そこで、ここでは四〇年代中葉以降もっとも注目を浴びている対象領域が老人関係であることも考慮して、老人を対象とする単独事業についてその中味を分析する。**表3**がそれで、老人関係の単独事業件数を事業内容別、年代別に分類したものである。

細かな説明は必要ないと思われるが、まず目につくのは単独事業の内容が実に多岐にわたっていることである。老人問題の様々の局面に具体的・個別的に対応しようとする努力の結果が内容の多様性をうんだということであろうが、そのなかでは福祉年金等の支給（ここにいう福祉年金が国民年金制度のそれでないことはいうまでもないが、大旨高齢者に与えられるもので祝金的な性格をもつ場合もこの名称によっているので、ここでは祝金を含めて福祉年金等としておく）や慰問事業、老人クラブの助成などが三〇年代からみられるのにたいし、医療費の補助、日常生活用具の支給や入浴、給食サービス、電話、ベル等の設置、余暇、教養活動の助成などがいずれもほぼ四五年以降に始まっていることはこの間の老人問題対策にたいする考え方の変化を示すものとして興味深い。

表３　老人関係単独事業の内容別年代別推移　　古川孝順　作成

種　　類	昭30～34	昭35～39	昭40～44	昭45～48	不明	合計	%
就労対策			4	9	1	14	(3.5)
福祉資金貸付等			1	3		4	(1.0)
福祉年金等支給	13	2	2	9		26	(6.4)
寝たきり手当等支給				6		6	(1.5)
保健・医療事業			4	23	1	28	(6.9)
医療費の支給			1	38	1	40	(9.9)
老人福祉手帳等支給			1	4		5	(1.2)
老人居室整備助成			2	24		26	(6.4)
日常生活用具支給		1		13		14	(3.5)
入浴・給食サービス				10		10	(2.5)
電話・ベル等設置				18		18	(4.5)
老人ホーム法外援助		1	9	10	3	23	(5.7)
慰問事業	4	14	4	3	3	28	(6.9)
訪問サービス		1	2	32		35	(8.7)
老人クラブ助成	1	12	5	14	2	34	(8.4)
憩の家等整備助成		2	10	29	3	44	(10.9)
余暇・教養活動助成				31	3	34	(8.4)
大会・行事等開催		6	4	3	2	15	(3.7)
計	18	39	49	279	19	404	(100)

単独事業の内容に関しては、これまでの分析に加えて、事業の形式——文字通り都道府県が直接的に運営する事業であるか、それとも国の制度への加算や市町村ないし団体への助成あるいは補助であるか、といった視点——によって分析してみる必要もあるが、ここでは割愛する。

四　単独事業の規定因

さらに、これまでみてきたような都道府県による単独事業がいかなる社会経済的な要因によって規定されているのか定量的に検討してみよう。ただし、その場合、各都道府県の単独事業はその内容を全く捨象され、各年度に実施されている単独事業の件数のみによって代表させられることになることをあらかじめ明らかにしておかなければならない。このような手法は、いうまでもなく一定の限界をもっているのであるが、ここでは何よりも、都道府県による単独事業の全体的な特徴を解明するための手がかりをうるという必要から、そのことを承知のうえで定量的な分析の方法を採ることとした。

始めに四八年度現在実施されている単独事業の総件数といくつかの社会経済的因子との関係について検討するが、その場合の手続きはつぎのようである。すなわち、まず各都道府県をその単独事業件数によって順位づけ、これを(1)事業数順位とよぶことにする。つぎに、各都道府県を、一五歳以上の就業者中に占める雇用者の比率、県民（一人当たり）所得の額、生活保護受給者率および都道府県議会議員選挙における野党の得票率によって順位づけ、それぞれ(2)雇用者率順位、(3)所得順位、(4)保護率順位、(5)得票率順位とよぶことにする。そして、これら五種類の順位のうち、(1)と(2)、(1)と(3)、(1)と(4)、(1)と(5)をそれぞれ対応させて各順位間の相関の有無を検討し、その結果から各都道府県の単独事業の件数を規定している要因について検討するというのが、ここで採用されようとしている方法である。

順位の決定手続について述べる前に、何故にこのような四種類の指標を選択するのか、手短かに説明しておく必要があろう。それはおよそつぎのような枠組にもとづいている。一般的・経験的にいって、単独事業の件数は、より都市化・産業化された地方自治体において、そうでない地方自治体よりも多いように思われる。都市化・産業化という現象は基本的には資本と賃労働の一定地域への集中を意味するが、それは三〇年代以降においては第二次、第三次産業を事業内容とする企業と雇用者の一定地域への著しい集中として現われている。第二次、第三次産業に従事する企業と雇用者が集中している地域を包摂している地方自治体は、一般的にいってそうでない自治体よりも県民（一人当たり）所得も高く、したがって地方財政も豊かであるが、この事実はより多くの単独事業の実施を可能とする基盤を準備するものといえよう。しかし雇用者の増大は同時にそれだけ不安定な生活構造をもった人びとの一定地域での増大を意味し、他方において公的扶助や社会福祉サービスにたいする需要の増大を招くことが予想される。しかも資本と賃労働の一定地域への集中は、両者の拮抗関係を強め革新的勢力の拡大を招くこととなり、そのことは社会福祉への需要の増大と相俟ってそうでない地域に比べて社会福祉的諸施策の実施、拡大を一層促進させる要因となることが予想される。こうして、雇用者率の高さ、県民（一人当たり）所得の高さ、生活保護受給率の高さおよび野党得票率の高さは、いずれも都道府県の単独事業の件数との間にプラスの相関関係をもつことが予想されることになるのである。

さて、相互に比較対照させられるべき五種類の順位は、つぎのような手続きによって決定された。(1)の事業数順位については、すでに述べた通りである。(2)の雇用者率順位は、「国勢調査報告」(総理府)によって昭和四五年度における各都道府県の一五歳以上就業者中に雇用者の占める比率を求め、その多い順に都道府県を順位づけることによってえられた。(3)の所得順位は「国民経済計算」(経済企画庁)によって、昭和四八年度の県民一人当たり所得の額を求め、その多い順に都道府県を順位づけたものである。(4)の保護率順位は昭和四八年度版「社会福祉行政業務報告」(厚生省)によって各都道府県の保護率を求め、その高い順に都道府県を順位づけたものである。(5)の得票率順位は昭和五〇年四月の都道府県議会議員選挙における社会党、共産党、公明党、および民社党の得票率を合計し、その高い順に都道府県を順位づけることによってえられた。ただし、茨城および東京についてはそれぞれ四九年、四八年に執行された選挙の結果によっている(自治省「地方選挙結果調」)。なお、全都道府県を順位づける必要があるため、ここではいわゆる革新自治体とそうでない自治体を区別するという方法はとらなかったが、それらの自治体の得票率は当然全体のなかではずっと高いグループに属していることを付け加えておこう。

こうして各都道府県は、全部で五種類の順位、(1)事業数順位、(2)雇用者率順位、(3)所得順位、(4)保護率順位および(5)得票率順位を与えられることになったのであるが、そのうち(1)と(2)、(1)と(3)、(1)と(4)、(1)と(5)を対応させ、おのおのの組合せごとに順位相互の相関の有無をみたのが**図2**から**図5**である。

結果はいずれの場合にも相関は認められないことを示している。**図2・3・4・5**はいずれも、(1)事業数順位と(2)雇用者順位との間にも、(1)と(3)所得順位との間にも、(1)と(4)保護率との間にも、(1)と(5)得票率との間にも、相関といいうるような関係がないことを示しているといってよい。ちなみに、ほとんど意味をもちえない数字ではあるが、参考までにそれぞれの組合せについて順位相関係数を求めてみると、**図2**については〇・三八一、**図3**については〇・三八七、**図4**についてはマイナス〇・一一二、**図5**についてはマイナス〇・〇〇八であった。これらの数字は、まず事業数順位と雇用者率、事

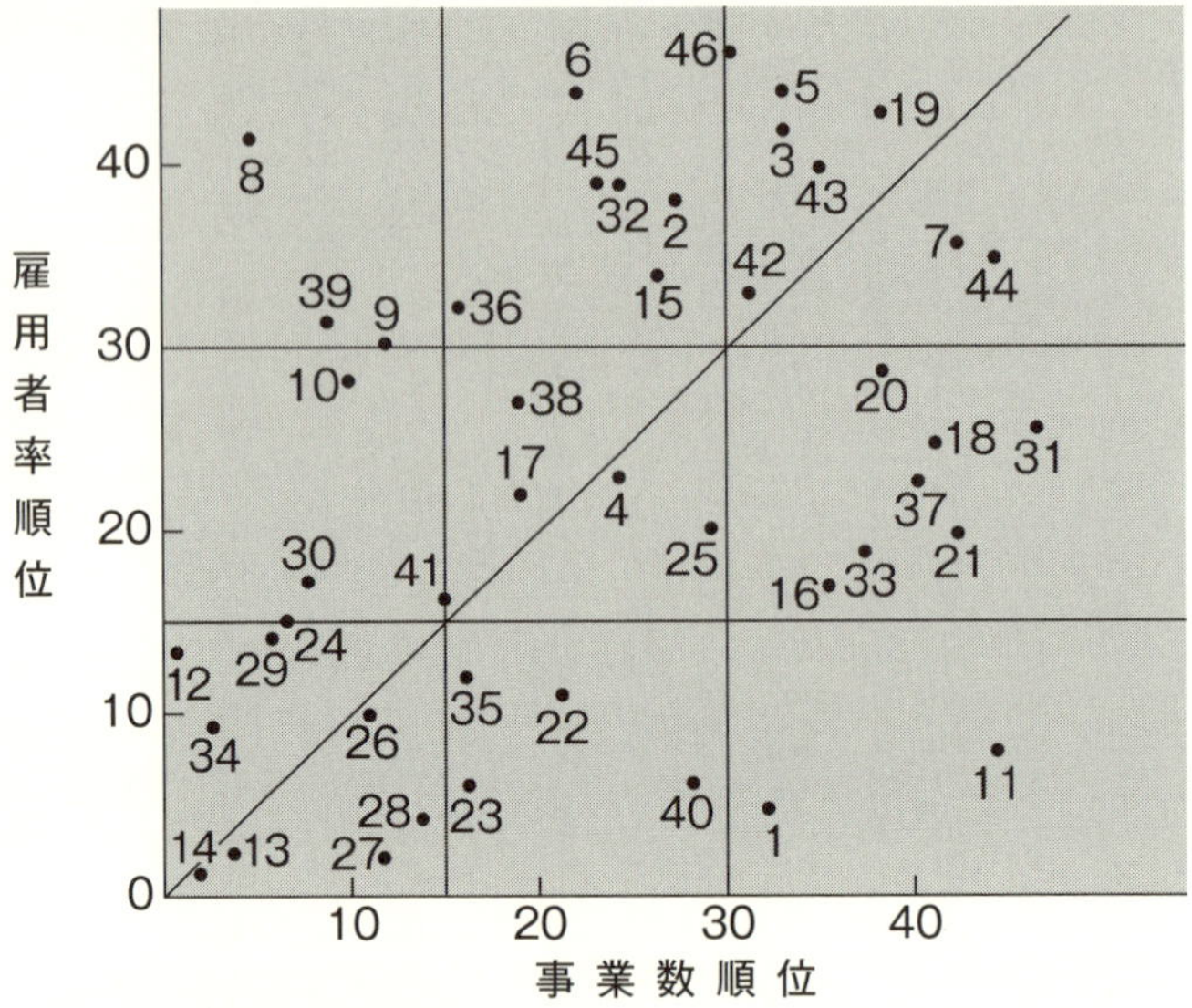

注：図中の数字は県名を表示

図２　都道府県別単独事業数と雇用者率　古川孝順　作成

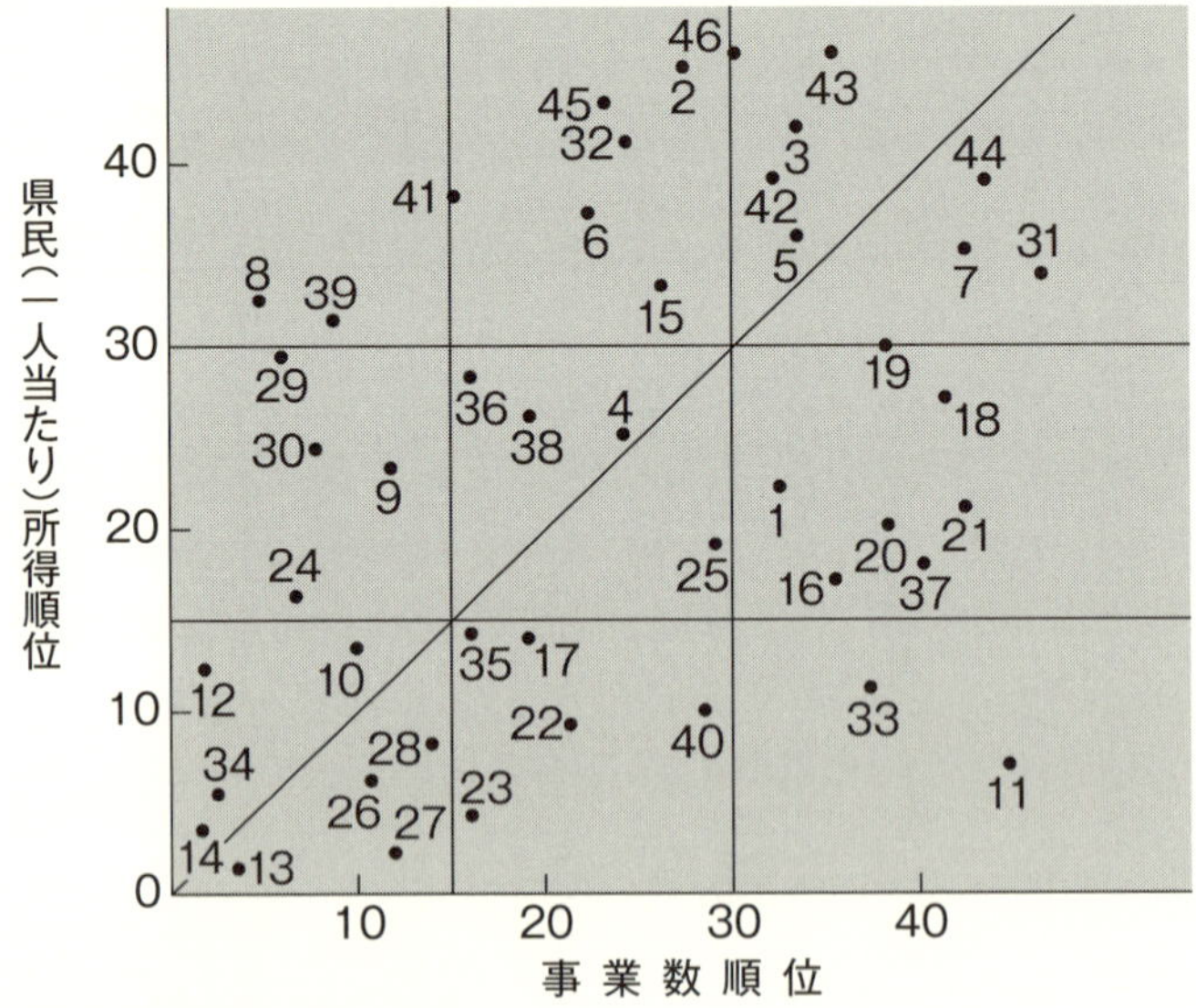

注：図中の数字は県名を表示

図３　都道府県別単独事業数と県民所得（１人当たり）　古川孝順　作成

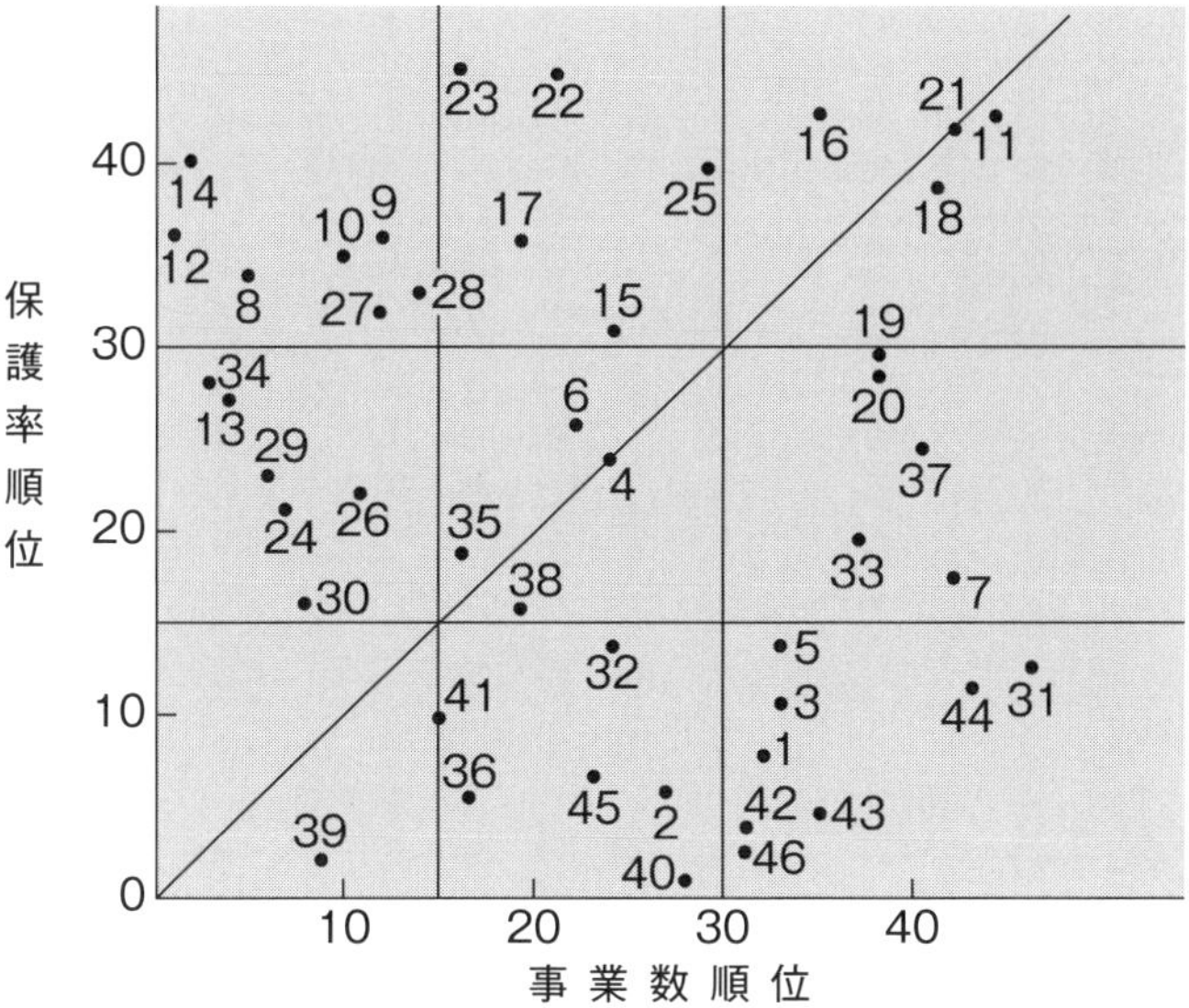

注：図中の数字は県名を表示

図４　都道府県別単独事業数と保護率　　古川孝順　作成

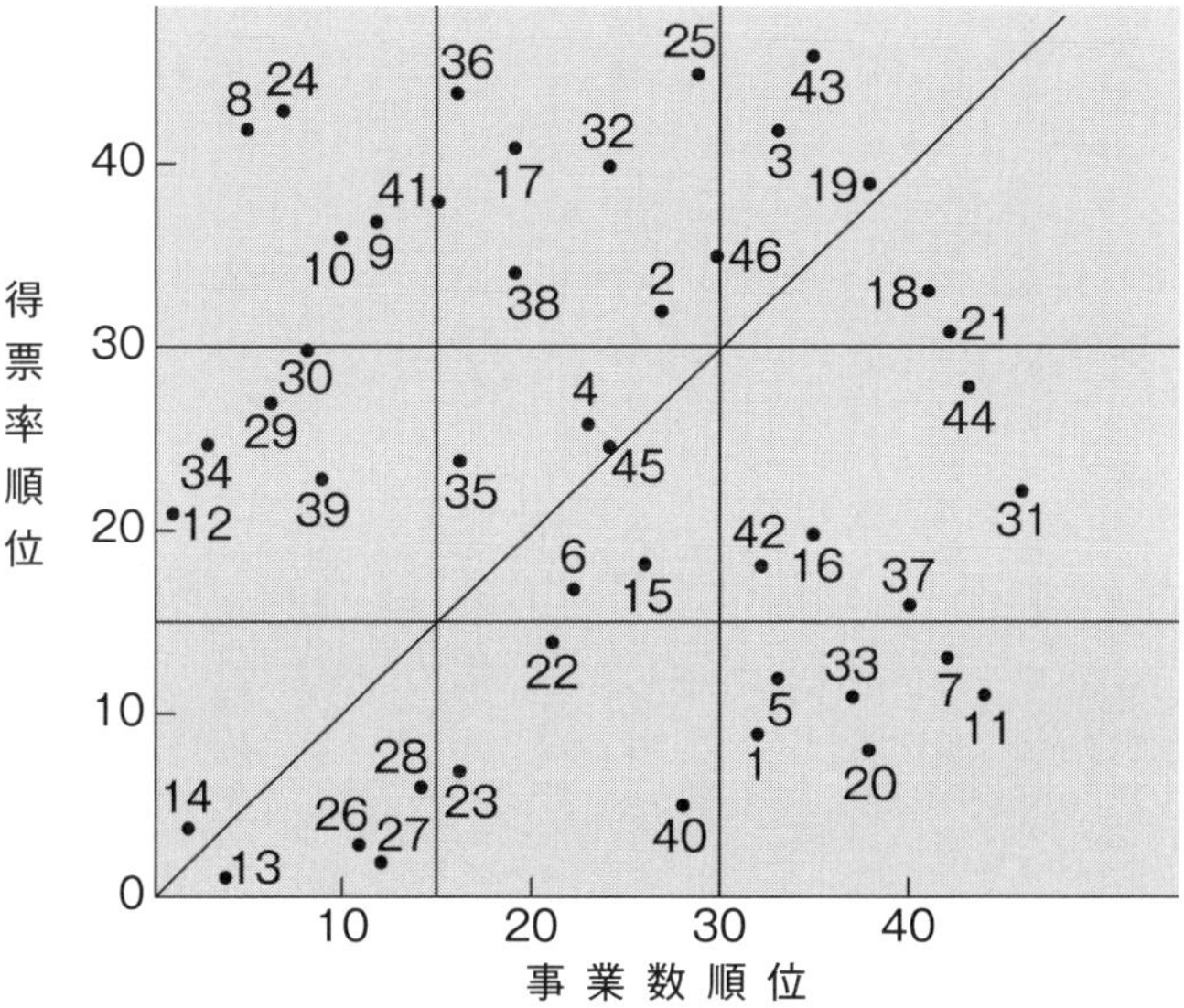

注：図中の数字は県名を表示

図５　都道府県別単独事業数と野党得票率　　古川孝順　作成

業数順位と所得順位との間には、決して相関があるとはいえないまでも残りの二者に比べればわずかではあれプラスの相関に近いもののあることを示している。そのことは、図2・3のまとまりが図4・5に比較して幾分いいことからも容易に理解しうるであろう。これにたいして、事業数順位と保護率順位、事業数順位と得票率順位との間には全く相関が認められない。しかも、数値はともかくとしても、係数がマイナスの方向へ出ているという事実にも留意しておこう。

しかし、ここで一足飛びに地方自治体による単独事業は都道府県の雇用率と県民（一人当たり）所得の額によって多少とも規定され、保護率の高低や得票率に代表させた革新勢力の力量とは無関係であるというような結論を引き出すのは早計にすぎるというものであろう。いま少し、図2〜5について吟味しておこう。たしかにいずれの図も、分布のしかたはまとまりを欠いているが、それでも各軸をほぼ三等分してそこから補助線を延ばしてみると興味深い事実が浮かびあがってくる。つまり、まず図2・3・5について縦横両軸のそれぞれに一五位と三〇位のところから補助線を引き、(A)事業数にして一五位以上・雇用者率、所得額、得票率にして一五位以上、(B)事業数にして一五位以上・雇用者率、所得額、得票率にして三〇位以下、(C)事業数にして三〇位以下・雇用者率、所得額、得票率にして一五位以下、(D)事業数にして三〇位以下・雇用者率、所得額、得票率にして三〇位以下という四つのグループを作ってみる。そうすると図2・3・5に関しては、そのすべてが共通しているとはいえないまでも、ほぼ同様の都道府県が(A)、(B)、(C)、(D)のうちいずれかのグループに所属することがわかる。図4については、そのまま同様のグルーピングをした場合には他の三つの図との間に共通点をみいだすことはできないのであるが、対応のさせ方を反転させて事業数順位は高いが保護率順位は低いグループを、図2・3・5の四通りのグループのうち事業数順位が高く、しかも雇用率、所得額、得票率いずれも高いグループと対応させると両者のあいだに幾分の共通点をみいだすことができる。他の三つのグループ相互についても同様の組合せをおこなうことによっておなじような結果をえることができる。

すなわち、決して厳密なグルーピングだとはいえないが全都道府県のうちから、(I)事業件数が多く、雇用者率、所得額、得票率はいずれも高いが保護率は低いというグループ、(II)事業件数は多いが、雇用者率、所得額、得票率は低く、保護率は高いというグループ、(Ⅲ)事業件数は少ないが、雇用者率、所得額、得票率は高く、保護率は低いというグループ、(Ⅳ)事業件数も少なく、雇用者率、所得額、得票率も低いが、しかし保護率は高いというグループをそれぞれ抽出することができるのである。ちなみに、(Ⅰ)グループには神奈川、東京、京都、大阪、兵庫、千葉などが、(Ⅱ)グループには茨城、高知、佐賀などが、(Ⅲ)グループには埼玉、岡山、北海道などが、(Ⅳ)グループには岩手、鳥取、熊本、大分などがあてはまる。ただし、ここにあげた都道府県のうちには他のグループにも顔を出すものがあり、この4グループが完全に相互排除的なものではないことを示している。しかしある程度までグルーピングが可能であるということは、それなりに意味をもつものと考えることができよう。

このように考えてみると、例えばグループ(Ⅰ)と(Ⅳ)に限定していえば、事業件数と雇用者率、所得額、得票率とはいわばプラスの方向で相関し、事業件数と保護率とはマイナスの方向に相関するといえそうであるし、(Ⅱ)、(Ⅲ)両グループについてはそれぞれ逆のことがいえそうである。

つぎに、単独事業件数と他の指標——ただしここでは紙幅の都合もあり得票率だけをとりあげる——との関係を年度別推移という観点から検討しておこう。この目的のためには当然各年度別の得票率を算出し、それと単独事業件数の推移との対応関係を分析するという方法が必要であろうが、各年度別の得票率を求めるということ自体技術的に困難であるし、またこれまでの分析からも明らかなように単独事業件数の総数を得票率と直接的に対応させてみてもそこから直ちに何らかの結論を誘導することは困難であるように思われるので、ここではそのような方法を採用しない。その代りに、事業件数と得票率とを組み合せて四通りのグループを構成してそれぞれのグループの単独事業件数の年度別推移を相互に比較することにした。**図6**がその結果である。図中のW群は事業件数も多く、五〇年度の野党得票率も高い方に属する地方自治体であり、X群は事業件数は多いが得票率は低い地方自治体、Y群は事業件数は少ないが得票率は高い地方自治体、Z群は事業件数も得票率も低い地方自治体である。

図にみるように、各群は単に事業件数において異なるだけでなく、その発展のしかたにも違いが認められる。**図6**では

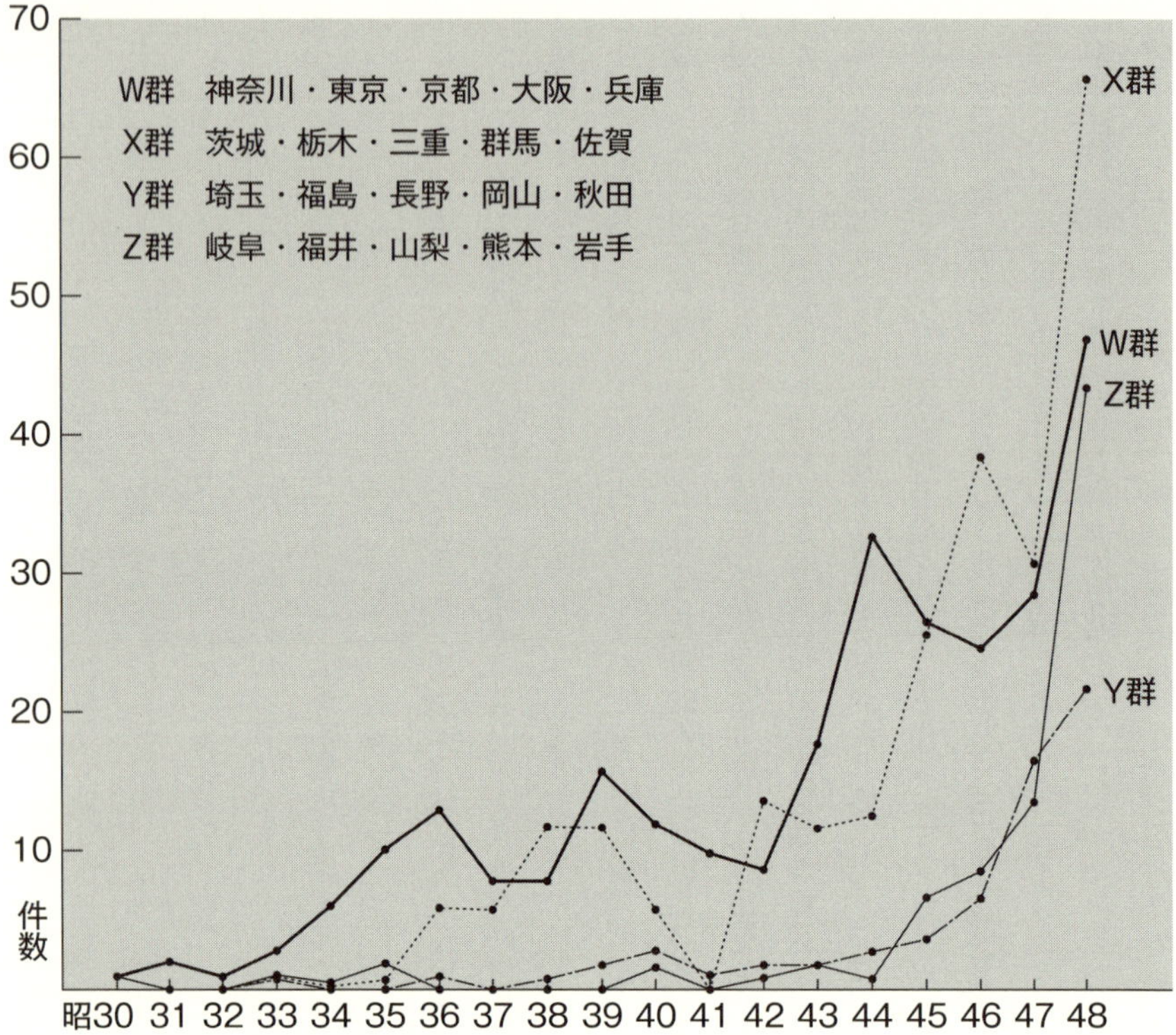

図６　類型別年度別単独事業発足数の推移　　古川孝順　作成

各群の事業件数の推移が実数によって示されているが、いま四五年の単独事業数を一〇〇として各群の伸び率をみてみると四八年度の指数はW群一七四、X群二五四、Y群五五〇、Z群六二八となりここでも各群の間に違いが認められる。すなわち、事業総件数が相対的に多いW、X群は比較的早い時期から単独事業を実施して伸び率は低い。これにたいして件数の少ないY、Z群は四四年頃から急速に単独事業を拡大している。さらに得票率の高いW、Y群とそれの低いX、Z群とを比較してみると、X、Z群の方が単独事業件数の伸び率が高くなっている。つまり、野党得票率の低い群の方が高い群よりも単独事業の伸び率が高いことになり、野党得票率の高さが必ずしも常により多くの単独事業の実施をもたらすことにはならないということになろう。

このような事実はいずれも単独事業件数と雇用者率、県民（一人当たり）所得額、保護率、野党得票率との関係を一般的に云々することの困難さを示すものといってよさそうである。

第3節　若干のまとめ

このあたりで、これまでの分析によって明らかにされた事柄のうち主要なものを箇条書的に整理し、それとの関連において今後検討されるべき課題について考察しておくことにしよう。

(1) 昭和四八年度現在における社会福祉関係都道府県単独事業総件数は一八〇六であった。

(2) 単独事業全体の年度別推移をその発足年度を手掛りとしてみると、それは昭和三〇年代から四〇年代初頭にかけて徐々に増加し、四四年頃から急速に増大している。

(3) このような増大は景気変動の好況期に対応していたといえるかもしれない。

(4) 不況期ないしその直後には単独事業発足件数の減少ないし伸び率の減退がみられる。

(5) 統一地方選挙の実施後の時期には一般に単独事業の増加がみられた。

(6) 単独事業は昭和三五年から三九年にかけては児童関係を、四〇年から四四年にかけては障害児・者関係を、四五年以後は老人関係を、中心として発展したように思われる。

(7) 老人関係を例にみると、単独事業の種類は極めて多岐にわたり、しかも時期によって内容が異なってきている。

(8) 単独事業の件数と、雇用者率、県民（一人当たり）所得額、保護率、野党得票率との間に全体としての相関関係の存在をみいだすことはできなかった。

(9) しかし、地方自治体を一定の基準によってグルーピングしてみると、単独事業数と各種指標との間にプラスの相関があると思われるグループと、その逆の関係にあるといえそうなグループをみいだすことができる。

⑽　同様のグルーピングを前提にしてそれぞれのグループごとの単独事業件数の年度別推移をみると、単独事業の発展のしかたはグループごとに異なっているように思われた。

さて、この報告の課題は、地方自治体による社会福祉施策の特質や機能を解明するための予備的な作業として、できるだけその実態に接近するということであった。おそらく、この課題はある程度果されたといいうるであろう。しかし、同時に今後の検討に待つべき論点をあまりにも多く残している。特に、⑶、⑷、⑸、⑻、⑼、⑽には今後さまざまの素材と方法によって再検討され、確認されるべき論点が含まれている。

随時必要に応じて明示しておいたように、ここでの分析の素材や手続きには少なからぬ制約が含まれている。素材にかかわる問題については改めて言及する必要はないと思われるので、手続きに関連して、一、二言及しておきたい。まず、ここでは定量的な分析の手法を採用したのであるが、当然そこでは単独事業の質的な側面は捨象されている。そのこと自体はすでに明示したところである。今後の課題としては、単に単独事業の件数を問題とするだけでなく、例えばその内容とさきにとりあげたような指標との関連を問うてみることが必要であろう。また、定量的な分析をおこなうにしても、順位による相関の検討という方法には大きな限界が伴っている。仮りにいくつかの指標について順位の間に相関や逆相関が認められたとしても、そのことと内容じたいの相関の有無とは一応区別すべきであるという議論や、相関関係の存在と因果関係の存在とは別の事柄であるという議論も当然予想されることである。その意味では⑻、⑼、⑽については、今後定量的な再検討をおこなうと同時に、そこからえられた知見にたいして定性的な分析からえられる知見によって限界を補っていく必要があろう。このような観点からいえば、⑻、⑼、⑽の知見を直ちに一般的に妥当するものとして扱うことは拙速のそしりを免れないかもしれない。

つぎに、こうした制約を一応度外視したとしても、例えば単独事業と県民所得や野党得票率を直接的に対応させるという手続きのもつ問題は残っている。そのことは特に後者についていえるであろう。まず、革新的な勢力の力量が単独事業の件数を規定するとしても、それが野党の得票率によって代表させられうるかどうかは問題であるかもしれない。もしそうだとすると別のより適切な指標がみいだされなければならない。だが、もし得票率がある程度であれ革新的な勢力の力量を代表しているとすれば、ここでの分析の結果はどのように解釈すべきであろうか。単独事業の件数と得票率の高低を対応させてみても、そこに相関関係の存在は認められない。しかし地方自治体を一定の基準によって四つのグループに分類してみると、そのうち二つのグループでは相関関係の存在が予想されるが他の二グループについては逆の関係が予想されるというのが、分析の結果であった。こうした事態を矛盾なく説明しようとすれば、単独事業件数と得票率との間に一つないしそれ以上の媒介変数を導入することが必要であろう。つまり、得票率という変数はその間に介在する媒介変数によってある場合には単独事業件数にたいして規定力として作用し、別の場合には作用を及ぼさないと考えてみるのである。

もしこのような発想が妥当性をもつとするならば、このことは従来の社会福祉理解の一定の枠組にたいして疑問を提起することにもつながってくる。こんにち社会福祉理解の方法は多様であるが、そのうちでも有力な枠組の一つは社会福祉政策の形成過程や社会福祉行政のありようを、資本と賃労働の拮抗関係の存在を基本的な前提とし、そこから生れる生活問題とその解決を求める社会運動の展開、それと政策主体たる資本の利害との対決と後者の前者にたいする一定の譲歩という図式によって直線的に解明するという接近方法をとっている（ここでの分析も一部でそのような方法を採用している）。だがこのような接近方法によってさきのような単独事業件数と得票率（生活問題の解決を求める運動の中核は革新的勢力によって担われており、したがって運動の力量の大小は野党への投票率と密接に関連しているという仮定を前提としてのことであるが）との関係を首尾よく説明しうるとは考えにくいのではなかろうか。

例えば、このような接近の方法によって、得票率が高いにもかかわらず単独事業の数は少ないという自治体の存在や得票率は低いが単独事業数は多いというような自治体の存在をその基本的な図式から直接的に説明することは困難であろう。このような事態において選択しうる道は二通りである。その一つは、地方自治体による単独事業の解明という目的のために独自の枠組を準備することであり、いま一つの道はこれまでの社会福祉理解の方法をより実態の把握に適合しうるように鍛え直すことである。選択されるべき道はいうまでもなく後者であろう。

「単独事業」を含めてこんにちの社会福祉的状況の全体を解明するためには、高度経済成長の破綻によって一挙に危機的な状況に直面せしめられた日本資本主義がその体制を維持するためにいかなる政策の体系を組み立てようとしているのか、その全体構造のなかで社会福祉がどこに位置づけられ、いかなる役割を期待されているのかという観点から社会福祉を捉え直してみる必要がないであろうか。一般的にいってこんにちの社会福祉は資本の譲歩であるというよりは、体制維持のための手段としてはるかに積極的に位置づけられているといってよい。社会福祉はかつての社会事業とは異なり資本の意志のストレートな体現者としての国家の政策ではなく、ある場合には資本の意志の一定の部分をそいだりあるいはその実現を迂回させたりして体制を維持しようとする国家の政策体系の一環に位置づけられている。もとよりこのことは、国家が資本と労働との間の中立的な調停者になったことを意味するものではない。反体制運動や多様な社会問題の噴出によって危機的状況に転落した社会体制としての資本主義を維持するため、反体制勢力のエネルギーを体制のうちに吸収し、社会問題の解決に着手し、他方では必要に応じて資本の要求をも抑制するような政策を展開するというのが、こんにちの国家とその政策のありようであろう。

いまや資本主義にとってみずからの体制の維持は至上命令であり、国家権力に期待されているのはそのことへの積極的な関与であるといえよう。したがって国家は体制の維持という観点からみてそれが必要かつ有効であると判断する場合には一時的にかあるいは個別的にか資本の意志にそぐわないような政策を遂行することもあり、他方においては社会運動や革新勢力のエネルギーを体制内に吸収し、国民を体制の受益者に転化するための政策を展開する。しかし、もとよりこのような政策によって救済されるのは結局は資本主義体制であって国民一般ではない。資本が一時的に損失を被りあるいは活動を抑制されることがあってもそれは不承ぶしょうではあれそれを容認するのはそのことによって資本主義体制の維持が可能となり資本の活動の場が保障されることになるからである。

こうした観点からいえば、四〇年代このかたの社会福祉政策は資本から勝ち取った譲歩というよりも、反体制エネルギーを吸収して体制の危機を回避するという資本主義国家の課題にとって極めて有効な政策として位置づけられ利用されてきたともいいうるだろう。このような観点は国家水準での社会福祉政策の分析のみならず、地方自治体における施策を解明するうえでもある程度援用可能であろう。もとより、体制の危機、体制の維持といっても全国的な「体制」の危機と地方水準での「体制」の危機とではその質においても規模においても大きく異なっている。しかし、体制の維持を願う人びとにとってそれがいかに小規模なものであれ、危機が危機であることに変わりはない。自治体の規模の小ささは、おそらく全国的な水準では問題にならないことでも体制の危機として知覚させることになろう。

たしかに、体制に危機をもたらすような事件や状況の中味は自治体ごとに異なっていよう。空間的に隣接した自治体の動向（たとえば革新首長の誕生）などが危機を予感させる材料になることも十分に考えられるであろう。いずれにせよ自治体は規模が小さいだけに危機にたいする対応策も小まわりがきくであろうし、場合によって危機を先取りした施策によって体制の安定性を強化するという手段もとりやすいと言えないであろうか。

おそらく、地方自治体による単独事業に関する問題のある部分の解明はこのような観点を導入することによって可能であろう。そして今後の問題として、いくつかの典型となるような地方自治体を選定し、そこにおける単独事業の実態を、そのときどきの国の社会福祉政策との関連にも留意しながらもより個別的・具体的に分析することによって多少とも単独事業の解明が前進することが期待される。しかし、さきに指摘した地方自治体にかかわる事柄はもとより仮説であるにすぎない。それを検証するためには単独事業として実施されたものの分析だけでなく、施策の策定過程の分析が必要であろう。すなわち、それぞれの地域において社会福祉への需要が形成される過程、それが社会福祉政策（施策）に結びついていく過程、社会福祉需要が社会運動を通じて「体制」への圧力に転化していくという道筋、加えて、議会を支配するボス的議員などいわゆる有力者をつうじて政策化が推進されていく過程、行政官や専門職団体などが行使する影響力の程度や内容など、総じていえば社会福祉政策の形成過程についての分析がさらに蓄積されていく必要があろう。

追記　資料の整理については松原康雄君、江間由紀子さん、奥津篤子さん、小野田良子さんらの助力に負うところが大きい。記して感謝の意を表しておきたい。

第4章

アメリカ母子扶助法成立史論

初出：1979年
「母子研究」No.2

第1節　アメリカの母子福祉問題

アメリカ合衆国にはわが国と同様な意味における領域としての母子福祉は成立していないといってもよい。母子保健Maternal and child health、母子福祉Maternal and child welfareという用語はあるが[(1)]、母子福祉法にあたるものは存在しないし、母子福祉を社会福祉のひとつの領域として扱った例もあまり目にしないのである。しかし、そのことはアメリカ合衆国に母子問題ないし母子福祉問題が存在していないことを意味するものではない。母子福祉の問題は存在しているし、ある意味でそれはアメリカ社会福祉の中心的な課題だといってよいのである。

アメリカ合衆国でも母子をとりまく生活問題には厳しいものがあり、それをめぐって多くの、激しい論争があったし、これからも続くであろう。だが、それは必ずしも日本的に考えられた母子問題の重要性によるものではない。母子問題それ自体の重みにもよるが、そこにはアメリカ合衆国の社会福祉、なかんずく公的扶助制度のありようが深く関与しているからである。

よく知られているように、アメリカ合衆国の公的扶助制度は、連邦社会保障法のなかで規定されている補足的保障所得Supplemental Security Income（ＳＳＩと略称）ならびに要扶養児童・家庭扶助Aid to Families with Dependent Children（ＡＦＤＣと略称）、およびもっぱら州以下の地方政府によって運営されている一般扶助General Assistance（ＧＡと略称）から構成されている。このうち、ＳＳＩはかつての老人扶助Old-Age Assistance、盲人扶助Aid to the Blind、永久完全障害者扶助Aid to the Permanentaly and Totally Disabledの受給資格者に給付される連邦政府直営の扶助制度である[(2)]。ＧＡは、連邦政府の補助金Grant-in-aidの対象とならない、伝統的な救貧法の直接的な発展形態であり、各種保険給付や連邦の関与する公的扶助の給付から漏れた人びとやそれだけでは生活の維持が不可能な人たちを適用の対象としている制度である。

最後に、原則として貧困な母子家庭を給付の対象とするＡＦＤＣが存在する。連邦の補助金をえて、州政府が運営しているアメリカ合衆国の公的扶助制度中最大のプログラムである。ちなみに、一九七六年の受給者をみると、三五七万家族、一一一八万人（うち児童数七八八万）が給付を受けていた。[3]

こうして、アメリカ合衆国においては、公的扶助制度のありかたもあずかって、母子福祉問題といえば、それはほぼそのまま貧困母子の問題、すなわち貧困母子にたいする公的扶助の問題だといっても過言ではないのである。もとより、アメリカ合衆国にも未婚の母親、夫の妻や子にたいする虐待や遺棄、住宅問題などが存在する。しかし、それらの事柄もＡＦＤＣと結びつけて問題にされることが多いのである。とりわけ、一九六〇年代の貧困戦争、ニクソンによる家族扶助計画 Family Assistance Plan の提案と挫折という経過のなかでＡＦＤＣのありようが大きな社会的・政治的争点となったため、あらゆる社会福祉問題が貧困母子家庭とそれに対応するＡＦＤＣを中心に語られるという観さえあった。[4]

アメリカ合衆国における母子福祉の問題を取り扱うにあたってＡＦＤＣ問題を抜きにすることができないのは、このような事情に負うている。むしろＡＦＤＣについて検討することが、アメリカ合衆国の母子問題を解く鍵であるともいえるであろう。ここで試みられるＡＦＤＣの前史を構成する諸施策についての検討も、その線に繋がるものである。

ここであらかじめＡＦＤＣの成立過程を要約しておけば、それはつぎのような経過をたどった。まず、一九一一年のイリノイ州を嚆矢として多くの州がつぎつぎと、寡婦年金、母子年金、母子扶助などの名称によって呼ばれる一連の施策を採用した。それらは、一部の紛らわしい名称にもかかわらず、社会保険ではなかったが、また救貧法の伝統とも一線を画すものと主張された。こうして各州で個々に発展した施策は、一九三五年にニュー・ディール政策の主要な一部として制定される連邦社会保障法のもとで連邦政府の補助金の交付を受けうるようになり、要救護児童扶助 Aid to Dependent Children（ＡＤＣと略称）とよばれるものとなった。前出のＡＦＤＣは、このＡＤＣが一九六二年に改称されたものである。[5]

ここでの課題は、このような経過をもつＡＦＤＣの前史にあたり、一九三五年社会保障法制定以前の救済制度の一部を構成する寡婦年金、母子年金、母子扶助など――以下、母子扶助と総称する――の成立の背景、過程について若干の考察をくわえることにある。その場合課題を取りあげる視点は多様でありうる。母子扶助の成立を二〇世紀初頭のアメリカ合衆国における公的救済責任の拡大過程として捉えることもできようし、母子扶助推進論者と慈善組織協会（COSと略称）との論争を救済技術発達史の一齣として分析することも可能であろう。[6] しかし、ここでは、むしろ制度史的な観点から、母子扶助の成立過程そのものに着目して、多少の分析を試みておきたいと思う。

なお、ここでの検討は、前述のように、一九三五年法以前の部分に限定される。しかしながら、いずれ機会をえて、ニュー・ディールのもとでのADCの成立過程、および一九六二年のAFDCへの改称以後の展開についても、考察をくわえてみたいと考えている。

第2節　世紀転換期の貧民救済策

おいおい明らかにされるように、アメリカ合衆国における母子扶助成立への道は決して平坦なものではなかった。多くの人びとが、それぞれの利害をもって、あるいは母子扶助の実現を促進し、別の人びとはそれに異を唱え、相互に激烈な、時には感情的とすらいえるような、応酬を繰り返した。母子扶助をめぐるこうした経緯を理解するためにも、まず世紀転換期のアメリカ合衆国における貧民対策がどのような機関によって担われ、それぞれに、また相互に、いかなる情況にあったかを要約的に検討することから始めよう。

一九世紀末から二〇世紀初頭のアメリカ合衆国においては、三通りの機関が貧民問題に関与していた。すなわち、公的救済（救貧法）、COSによって代表される私的慈善、ならびにセツルメント・ハウスである。

公的救済と私的慈善は、アメリカ合衆国の植民地以来の歴史を通じて、相互に緊張をはらみながらもそれぞれの分担において貧民対策に参画してきた。だが、一九世紀末におけるCOSの台頭とともに、両者の緊張関係は一挙に亢進し、COSは院外救済における自己の優位性をあからさまに主張するにいたっていた。これにたいして、セツルメント・ハウスは、私的セクターに属するという限りにおいてCOSと共通する立場にあったが、むしろCOSのいきかたに強い批判をもち、社会改良立法の制定を追求する傾向にあった。

アメリカ合衆国における公的救済は、一八二〇年代から三〇年代にかけて、強い院内救済への傾斜を経験したことがあった。だが、その折りでさえも公的院外救済が完全に廃止されたわけではなかった。ところが、南北戦争を間にはさんだ一八七〇年代末頃から公的院外救済を事実上廃止してしまう都市が出現し始めた。アーミイ Almy, F. によれば、一九〇〇年当時二〇万以上の人口をもっていた二一の都市のうち、ニューヨーク、フィラデルフィア、ブルックリン、セントルイス、ボルチモア、サンフランシスコ、ニューオーリンズ、ワシントン、カンザスシティ、ルイスビルは公的院外救済を実質的に実施していなかった。[7] こうした傾向の出現は、その一面において、ニューヨークの場合のように公的院外救済が汚職や公金横領の舞台になるなど、公正な救貧行政が維持されえなかったことへの批判の結果であった。しかしながら、それは、基本的には、アメリカ資本主義の確立にともなうレッセ＝フェール政策の帰結、よりアメリカ流にいえば、社会ダーウィン主義の台頭がもたらしたものであった、というべきであろう。いずれにせよ、こうして、世紀転換期のアメリカ合衆国では、公的救済の役割はほぼ院内救済に限定されていたのである。

一九世紀末から二〇世紀初頭にかけての私的慈善を代表したCOS[8]は、公的救済、なかんずく公的院外救済の非能率、弊害を強調することによって、自己の存在を印象づけることに成功した。ニューヨークCOSの創始者であり、COS運動の指導者の一人であったローエル Lowell, J.S. の慈善思想は、COSの立場をあますところなく主張していた。彼女は、公的救済の完全な廃止を主張したのではなかった。しかし、それは貧民院による院内救済に限定されるべきであり、公的院外救済は全面的に廃止されなければならない。ローエルによれば、院外救済は本来的に自発的な慈善によってのみ、有効かつ無害でありうるのであった。[9] このような慈善思想の根底には、貧民を道徳的な欠陥者、落伍者とみる自由主義的な貧民観があった。そして、そのうえに立って、彼らの主張を裏打ちしたもの、あるいは彼らがそのように主張した論拠は、彼らのいわゆる「科学的慈善」であった。COS運動は、貧民を個別的に扱い、資料を集め、科学的な診断を行ない、その結果によって指導することの意義を強調してやまなかったのである。COSの指導者たちは、公的院外救済の実施者である公務員たちは貧民の救済を適正に運用するに不可欠な科学も技術ももちあわせていないのだと主張した。こうしたCOSの公的救済批判が繰り返されるなかで、一九世紀末には貧民救済をめぐって、院外救済の担当は私的慈善、院内救済は公的救済という一種の公許された、役割分担が成立したかにみえた。後に詳述するように、母子扶助の創設は、COSの立場からすれば、この役割分担に挑戦し、救済における科学の重要性、およびその発展に尽してきたCOSの貢献を軽視するものにほかならなかったのである。

COSにほぼ一〇年遅れて発展し始めたセツルメント・ハウス運動[10]は、COSの救済思想、とりわけその「科学」について懐疑を抱き、貧民にたいする冷徹さを批難した。セツルメント・ハウス運動は、それに固有の目的と方法を発展させていないとして、逆にCOSに批判をうける面もあった。また、彼らの活動がつねに最良のものをもたらしたともいえないであろう。しかし、セツルメント・ハウスのレジデントたちは、スラムのなかに起居して貧困者たちを理解し、彼らの日常的な諸困難を彼らと一緒になって解決していこうと努力した。こうしたレジデントたちの活動は、なるほど固有の事業やその方法を創りだすことはなかったが、社会の関心を社会改良立法の制定促進運動に参加させることになる契機を含んでいた。

こうして、一九世紀末から二〇世紀の初頭、とりわけ第一次世界大戦前のいわゆる革新主義の時代において、有力なセツルメント・ハウスのレジデントたちが、貧困を始めとする多様な社会問題の解決・緩和をめざして広範な社会改良運動に参画することとなった。彼らは、一九〇六年に設立されたアメリカ労働立法協会 American Association for Legislation（AALLと略称）の有力なメンバーであった。彼らはまた、児童労働の制限のために努力し、やがて連邦児童局として知られるようになるものの設置促進運動に先鞭をつけた。

ほぼ時期を同じくして、貧困にたいするいまひとつの方策がその歩みを開始していた。社会保険がそうである。保険という方式による貧困対策が構想され始める契機は、いうまでもなく欧州、とりわけドイツ、そしてイギリスでの経験によって与えられた。アメリカ合衆国でこれを熱心に推進したのは、前出のＡＡＬＬであった。この運動の理論的指導者であったルビノー Rubinow, I.M. によればアメリカ合衆国最初の社会保険は一九〇八年に制定された連邦公務員災害補償法であった。(11) それ以後、社会保険は各州において急速に採用されていくことになるが、その発展は労働者災害補償保険に限定され、他の保険制度、失業保険、年金保険などの領域には及ばなかった。

しかし、ここで重要なのはそのことではない。二〇世紀初頭における社会保険運動は、当時アメリカ合衆国で貧困問題の解決や緩和にかかわっていたあらゆる領域の指導者たちの賛同をえていたといって過言ではない。ＣＯＳの指導者たち、たとえばディヴァイン Devine, E.T. もＡＡＬＬの会員であり、社会保険の推進に協力した。だが、同じくこの時期に登場しようとしていた母子扶助については、その推進者とＣＯＳの指導者層に属する反対論者との間に激烈な論争が展開されることになったのである。社会保険と母子扶助は、何故にかくも異なった反応を惹き起したのか。

第３節　貧窮寡婦問題の成立

一八世紀末から二〇世紀の初頭にかけて、イギリスにおいてそうであったように、アメリカ合衆国においても、大量の貧困の存在が確認され、それが社会問題化した。産業革命以後のアメリカ資本主義は一八七三年から七九年、一八九三年から九七年、一九〇七年から一九〇八年、一九一四年から一五年にかけて、それぞれ大きな不況を経験したものの、全体としては順調に発展しつつあった。とりわけ、その工業生産力の発展は著しく、一八八〇年代にはイギリス、ドイツを追い越す程であった。しかし、それはアメリカ資本主義の一面であった。急激な発展の内側ではアメリカの安全弁ともみられてきたフロンティアは減少し、金融＝独占資本の確立がみられるという状況のもとで、さまざまの矛盾や行詰りが頭をもたげ始めていた。

アメリカ資本主義の発展をその根底において支えた労働者たちは、過酷な労働条件にあえいでいた。彼らの労働時間は、平均労働日一週に六日、一日約一〇時間、計一週六〇時間見当であった。一九〇〇年に国際婦人服労働組合が設立されたとき、この組合に属する労働者たちの労働時間は一週七〇時間にも及んだ。一〇歳から一五歳までの人口のうち、少年の二六パーセント、少女の一〇パーセントが有給で雇用されていた。当時の安全の基準は極端に低かった。

一九〇一年だけで、鉄道労働者は三九九名に一名の割合で事故のために死亡し、二六名に一名の割合で怪我をした。機関手、車掌、転轍手、列車乗務員については、同じ一年間に一三七名に一名の割合で死亡した。偶発的事故による死亡は、製造工場における年少工の場合が最悪であった。

だが、このような過酷な労働条件にも増してこの時代の社会矛盾を象徴していたのは、途方もない貧富の懸隔であった。当時の労働者たちの平均年収は、四〇〇ないし五〇〇ドル見当であった。不熟練労働者の場合には、当然この数字はさらに下回り、北部で四六〇ドル以下、南部では三〇〇ドルに達しなかった。ボストンの衣料品店の女工の労働は週給五ドルから三ドルであった。家庭でミシン縫いの内職をしている婦人は、一日かかっても三〇セントから四〇セントを稼ぐのが精一杯という有様であった。[12]

これにたいして、産業資本家の雄カーネギーの一八九六年から一九〇〇年にいたる五年間の平均年収は約一千万ドルであった。ヴァンダービルト一族の一人であるジョージのロワール河畔の別荘には主人用の寝室が四〇もあり、ロックフェラーの屋敷には季節によって一〇〇〇人から一五〇〇人にものぼる雇人が居住していたのである。[13]

社会のもう一方の極にはスラムがあった。アメリカ合衆国には、一九世紀を通じて欧州から大量のプロレタリアートの群が移住してきた。彼らの中心はアイルランド人であったが、世紀転換期になると、南ヨーロッパや東ヨーロッパからの移民、いわゆる新移民の大群が押し寄せてきた。しかも、彼らの多くは英語を話すことができず、その生活習慣も大きく異なっていた。大西洋岸の大都市、ニューヨーク、ボストン、フィラデルフィアそしてシカゴでは移民の流入によって労働力の過剰化傾向が生じ、言語の障壁をもち資本も技術ももたない人たちのほとんどが、スラムを最初の、そして多くの場合終生の住家とすることになったのである。

彼らの生活に焦点をあて、その実態を明るみに引き出したのは、リース Riis, J.A. の一八九〇年の著書『ほかの半分は如何にして暮しているか』[14]であった。本書の刊行は、スラムの生活、つまり貧困という問題が社会的な関心事となり始めていたことの徴証であった。

しかし、アメリカ合衆国における本格的な貧困研究は、一九〇四年に刊行されたロバート・ハンター Hunter, R. の『貧困』[15]をもって嚆矢とするというべきであろう。彼はイギリスにおけるブース Booth, C. の研究やローントリー Rowntree, B.S. の研究に言及しながら、貧困を「最善の努力を払いながらも、肉体的な効率を維持するに十分な必需品を獲得することのできない」[16]状態であると規定した。彼によれば、よくよく繁栄した年であっても、少なくとも一〇〇〇万人を下らない人びとが貧困状態にあり、そのうちのおよそ四〇〇万人は公的な救済をうけていた。この一〇〇〇万という数字は、一九〇〇年の国勢調査結果によるアメリカ合衆国の人口七六〇〇万との比率でみると一三・二パーセントに当っている。しかし、ハンターは一〇〇〇万という数字が実際よりも遥かに少なく、アメリカ合衆国における貧困者は一五〇〇万から二〇〇〇万人にのぼるものと推定していた。[17]

もとより、ハンターのいう貧困者は、さまざまの集団から成り立っていた。そのひとつに、寡婦の問題があった。さきにみたような苛酷な労働条件や、頻発する労働災害がおびただしい数の寡婦を生み出していた。たとえば、ルビノーによれば一九一〇年当時、二〇歳以上の婦人人口二〇四〇万のうち二七〇万、一三パーセントは寡婦であり、そのほとんどが不可避的に経済的な問題をかかえていた。また、同じルビノーによれば、一九〇〇年当時の婦人労働問題は、かなりの程度まで、寡婦の問題であった。すなわち、当時有給の職業に就いていた婦人五三〇万人のうち八六万人、六分の一強が寡婦であった。他方、一〇歳以上の全婦人人口に占める寡婦の比率は一〇分の一以下であるにすぎなかったのである。

そのうえ、寡婦の獲得しうる賃金労働は独身女性のそれに比べるとずっと条件が劣っていた。彼女たちはそのほとんどが中年女であり、出産、貧困、あるいは婦人に特有の問題のために、健康を害していた。結果的に、彼女たちの就きうる仕事はもっとも賃金が低く、もっとも不健康なものとなった。一般の日決めの仕事に就いたものは、未婚の婦人の場合でおよそ一・七パーセントであったが、寡婦は三・四パーセントがそうであった。未婚の婦人で洗濯婦になったものは三パーセントほどであったが寡婦では一三パーセントがそうであった。年のいった寡婦に開かれていたほかの職業といえば、貧弱な洋服仕立工やアイロンかけ職人くらいのものであった。

このような状況におかれた寡婦たちが何名くらいの未成年の児童をかかえていたかを細かく知ることはできない。しかし、再びルビノーによれば、五五歳以下の寡婦であればその大多数が扶養を必要とする児童をかかえていたとみて支障ないという。一九一〇年当時、二〇歳から五五歳までの婦人のうち寡婦であったものの数はおよそ一二〇万にのぼり、これは当該年齢にある全婦人の七パーセントを占めていた(18)。

当然予想されるように、扶養を必要とする年齢の児童を数多くかかえた寡婦の生活は、はなはだしく困難なものであった。生活に困窮した彼女たちが最終的に頼らざるをえなかったもの、それは公私の救済機関であった。しかしながら、前述のように、世紀転換期において公的院外救済は事実上廃止されていた。しかも一方において、寡婦という状態が自らの瑕疵によらない、救済に「値する」状態であるにもかかわらず、私的慈善なかんずくCOSは物質的な救済よりも「友愛」に満ちた助言を重要視していた。結果として寡婦たちは、働いて一家を支えるためにその子を街頭に放置するか、あるいはまた自ら扶養しえない児童を公私の児童施設に委ねる以外に方法がなかった。子どもたちは、母親たちが働いている間、街頭に放置されて非行への道をたどるか、もしくは貧困ということだけを理由として施設に収容されるかのいずれかであった。

このような状況は、同じ世紀転換期において、児童収容施設の改革や少年裁判所設置の運動を推し進めていた人たちにとって、放置しえない問題として映った。彼らは、児童にとってかけがえのないものとして家庭生活を位置づけ、これを児童のために保全するには旧来の救貧法でも慈善でもない、何らかの新しい対応策が必要であると感じ始めていたのである。

第4節　母子扶助法成立の諸契機

アメリカ合衆国における母子扶助法の成立は、全体としていえば、二〇世紀初頭のアメリカ的な社会改良運動である革新主義に根差していた。だがさらにこれを具体的にみれば、その成立にはいろいろな要因が契機となってからみあっていた。まず、母子扶助という新しい形態の公的扶助の登場に不可欠であったのは貧困の社会的起源についての認識であったが、それについてはすでに言及したところである。このほか母子扶助法の成立には、児童養護の改革、公的福祉局運動、社会保険運動、白亜館会議の勧告、少年裁判所運動などが相互に関連し合いながら関与していた。

一九世紀末における児童養護の改革は、施設中心主義からの離脱と里親制度の普及を課題とするものであった。そのことは、全米慈善矯正会議 National Conference of Charities and Corrections の児童委員会が一八九九年の大会の席上に提出した報告からも明らかである。この報告書は、可能な場合にはいつでも、どこででも、家庭が保全されるべきこと、それが不可能な場合には里親委託が採用されるべきことを力説していた(19)。

興味深いことには、すでにこうした風潮のなかで、一八九八年には、貧困家庭に一定額の金銭を支給して家庭の存続をはかろうとする試みがなされていた。この試み自体は失敗に終るのであるが、その代りに採用された方式は将来における母子扶助法の成立を準備するものであった。一八九八年ニューヨーク州は、ニューヨーク児童虐待防止協会 New York Society for the Prevention of Cruelty to Children によるスーパーヴィジョンの実施を条件として、施設に収容されている児童を親元へ戻し、市の会計検査官にたいしてその家族に施設に支払ってきたのと同額の金銭を支給する権限を与える法律を通過させた。この法律は、成り行きに驚いた私的機関の市長を巻き込んだ反対にあい州知事の署名を得ることができなかった。

私的機関は、この制度を新しい形態の公的院外救済であり、必ずや受給者の被救済貧民化をもたらすであろうと断言したのである。ニューヨーク市のCOSは、法律の制定を阻止したうえで、ニューヨーク市公的慈善局との間に、施設収容を希望する児童を市当局がCOSに送致し、COSができるだけの救済金を与えて家庭を維持しうるよう援助を与えるという取り決めを行なった。しかしながら、その初年度においてさえ、この計画が実施に移されたのは、被調査家庭のうちの三分の一弱にたいしてだけであった。

およそ一〇年の後、ニューヨーク・ヘブライ慈善連合 United Hebrew Charities of New York と新たに発足した寡婦年金協会 Widowed Mothers' Fund Association も同様の試みに乗り出した。だが、いずれも、時を経ずして十分な資金を調達することに失敗してしまった。また、貧民状態改善協会 Association for Improving the Condition of the Poor も児童をかかえた寡婦に金銭を支給したが、ロックフェラー財団から年二万ドルの補助を受けてなお資金に不足を来したのである。このため同協会は、一九一五年頃には、「救済が適切なものであり、効果的かつ公明正大に運用されるなら」公的救済に反対しないようになっていた。[20]

公的福祉局 Board of Public Welfare（BPWと略称）運動は、一九〇八年カンザスシティが労役場の被収容者たちのための試験観察委員会を設置したことに始まる。当初カンザスシティの委員会の責務は限定されたものであったが、つぎの年には労役場を管理運営する権限を獲得し、一九一〇年には市の貧民、犯罪者、失業者、被遺棄者、不運に見舞われた人びとにたいするあらゆる活動を統合的に掌握するものに拡大していった。そして、このBPWの着想は、数年のうちに、シカゴ、クリーブランド、シンシナティ、デイトン、セントルイス、オマハなどに浸透していき、各地の都市に同様の機関が設置されていったのである。

BPWは、私的慈善の優位性、その対極としての制限的で消極的な公的福祉概念にたいする反逆であった。BPW運動は、貧困の社会的起源にたいする認識の発展と結合しており、私的慈善の排他性、独善性を手厳しく批判し、公的機関こそが地域社会の財政的、知的ならびに組織的な力を動員するのに相応しいのだと主張した。また、ＢＰＷは、公的救済の拡大、中央集権化をはかるとともに、科学的調査、職員の訓練、専門職化などを通じて過去の公的救済にたいして与えられた不名誉を克服しようと努力したのであった。母子扶助法運動は、公的福祉にたいする責任の拡大という側面において、このようなＢＰＷ運動と直接的に強く結びついていたのである[21]。

これにたいして、ＡＡＬＬを主軸とする社会保険運動と母子扶助法運動との結びつきはやや微妙であった。貧困が個々人の統御能力を超えた問題であること、その解決のためには旧来の私的慈善や公的院外救済、いわんや公的院内救済では不十分であること、これらの点については両者の見解は一致していた。だが、社会保険を推進していた人びとの全てが母子扶助法に賛成だというわけではなかった。前述のように、ＡＡＬＬにはＣＯＳの指導者層が参加しており、彼らは母子扶助と社会保険の相違点を強調して前者の発展に反対する立場をとったのであった。しかしながら、それにもかかわらず、ＡＡＬＬの代表的理論家ルビノーは、母子年金（扶助）運動をもってアメリカ合衆国における社会保険原理の抗いえない発展の例証であると考えていた。もとより、彼は母子扶助が社会保険の特質を備えていないことを知っていた。むしろ、彼は、孤児の発生という問題が明らかに公共の問題であるという事実、そしてそれらの問題を私的慈善に委ねるのは不十分であり好ましくないという判断が母子扶助の創設を要求する運動の根底にあるという事実に、両者に共通するものの存在を認めていたのである。ルビノーは、アメリカ人は他の工業国より遅れて出発したため、社会保険のあらゆる領域に同時に攻撃をかけることを求められているのだろうと結論している[22]。たしかに、社会保険運動も母子扶助法運動も、私的慈善でも救貧法でもない別の新たな方向を追求するものであった。

家庭生活の重要性の強調という側面から母子扶助法運動に一層のはずみを与えたもの、それは一九〇九年に大統領官邸で開催された要救護児童に関する会議であった。やがて第一回白堊館会議として知られるようになるこの会議は、家庭生活の意義とそれを維持するためにとられるべき手段についてつぎのように勧告していた。

家庭生活は文明の最高にして最もすばらしい産物である。それは精神と性格の偉大な造形力である。児童は、緊急かつやむをえない事由のある場合を除いて、それを剝奪されるべきではない。尊敬に値する性格の持ち主でありながら一時的な不運に苦しんでいる両親の子どもや、十分に有能でそれに値する母親でありながら通常の所得稼得者の扶養を受けていないものの子どもは、原則として、その親のもとにとどめられ、児童の養育のために適正な家庭を維持するに必要なだけの扶助が与えられるべきである。……特別の状況にある場合を除いて、貧困を理由として家庭が解体されるようなことがあってはならず、それが許容されるのは、親の無能力や不道徳性が考慮の対象となる場合だけである。(23)

この勧告は、母子扶助法運動の発展にはかり知れないくらいの推進力を与えるものであった。しかしながら、その同じ勧告は、家庭にたいする扶助は公的救済よりも私的慈善という形態をとるほうが好ましいとも述べていた。(24) 貧困救済という領域のなかで、私的慈善でも救貧法でもないという公的な扶助の形態が是認されるほどの機はまだ熟していなかったのである。そのこともあってか、母子扶助法制定の第一歩は少年裁判所によって刻された。

最初の少年裁判所は、法曹界やセツルメント・ハウスのレジデントたちによる八年におよぶ猛運動のすえ、一八九九年にイリノイ州のクック・カウンティ（シカゴ）で創設された。それ以後少年裁判所は各地に広がっていったが、その判事たちも家庭生活の保全ということに強い関心をいだいていた。彼らの前に連れて来られる非行少年たちのなかには、貧困や母親の就労による不在が主たる非行の原因となっていると思われる事例が数多く認められたからであった。彼らには処罰や矯正教育よりも、家庭生活を維持するための手段こそが必要であるように思われた。早くも一九〇八年には、サンフランシスコ地震のあとでカリフォルニア州のいくつかのカウンティの少年裁判所が児童の養護を行なう家庭にたいして扶助を与えるという先例も現われていた。

しかしながら、州全体に適用され、以後の母子扶助法発展の第一歩となった制度の設立はシカゴ少年裁判所のピンクニー Pinckney, M.W. 判事によって推進された。いわゆるイリノイ州母親基金法とよばれる立法であるが、それは要救護・放置・非行児童監護法の第七条を修正するというかたちで実現された。第七条はつぎのように修正されたのである。

一七歳以下の男児もしくは一八歳以下の女児であって裁判所が、法律の規定する意味において、要救護状態ないし放置状態にあるとの評決を下し、いずれかの親、両親もしくは後見人がそれに同意する場合、裁判所は、保護観察官の友愛的な訪問の下で、前記児童が自らの家庭にとどまることを許容することができる。……

前記要救護児童もしくは放置児童の親ないし両親で、貧困のゆえに当該児童を適切に養護しえない状況にあるがそうでなければ適切な監護をくわえることができるものであって、かつ家庭にとどまることがその児童の福祉にかなう場合には、裁判所はかかる事実を評定し、当該児童を適切に養育するに必要な金額を算定することを要求する命令を発することができる(25)……

このように、最初の母子扶助法は、裁判所を扶助の必要の有無、受給資格の有無を決定する機関とし、実際の給付および給付事務を運用する責任はこれをカウンティの評議会に課すものであった。たしかに、このような扶助のありようは、前例のないものであった。それが私的機関の関与する余地のないものであったことはいうまでもないとしても、従来の救貧行政のありかたとも大きく異なっていた。こうした運営機構の新設は、ある意味では母子扶助の新たな特質を象徴するという側面をもっていたが、しかしまた同時に、この新しい制度は数多くの論争の火種をかかえ込んだことを告知するものでもあったのである。

第5節　母子扶助法論争の経緯

いま連邦児童局の一九三一年の資料[26]によって判断すると、イリノイ法の制定以後母子扶助法は一九一五年までに二七州、一六年から二〇年までに一二州とすこぶる順調に拡大していったかにみえる。だが、現実には、母子扶助法の前途には批判の矢が待ちかまえていた。イリノイ法の制定によって、論争は一挙に暴発した。推進論者と反対論者の対立には誠に烈しいものがあったが、それに一応の結着をもたらしたのは一九一五年のニューヨーク州児童福祉法の制定であった。そこで、ここでは、同法の制定に決定的な役割を演じた一九一四年のニューヨーク州の「寡婦救済委員会報告」（ニューヨーク報告と略称）を軸にしながら、母子扶助法をめぐる論争を整理して、何が、どのような意味で争点となったかを検討し母子扶助についての理解を深めたい。論争は主として母子扶助法推進論者と慈善ワーカーの間で行なわれたが、後者の批判点は大きくはつぎの五点に集約することが可能であるように思われる。すなわち、まず〔Ⅰ〕推進論者は、多くの児童が貧困のゆえに非行化したり施設に収容されているというが、それは事実に反する。〔Ⅱ〕寡婦とその未成年の子をめぐる問題の解決には、扶助（年金）ではなく、社会保険こそが必要である。〔Ⅲ〕母子扶助は、その名称はともかく、内容的には公的院外救済であり、新たな被救済貧民をうみだすだけである。〔Ⅳ〕母子扶助を運用する公務員には貧民の救済に不可欠の科学と技術がない。最後に、〔Ⅴ〕母子扶助の推進は私的慈善にたいする偏見にもとづくものであって、その存在価値を否定するものである。

これらの批判のうち、〔Ⅰ〕は母子扶助を推進する客観的根拠ともいうべきものについての疑義である。たとえば、マサチューセッツ児童虐待防止協会の主事カーステンス Carstence, C.C. のイリノイ法にたいする批判ではこのことが問題になっている。彼は、イリノイ法成立の経過を念頭におきながら、少年裁判所へ連れて来られる少年は貧困のゆえに非行化したものばかりではないし、貧困という理由だけで施設へ委託される児童の数も一般に予想されているよりはずっと少ないと主張した。殊に後者については、シカゴで施設に委託されている要救護児童の大多数は親に放置されたものたちで、安全に復帰しうる家庭をもっていなかったと主張した。[27]

この種の批判にたいして、イリノイ法制定から二年後の一九一四年に提出されたニューヨーク報告はつぎのような事実を引用している。まず、同報告によれば、当時ニューヨーク州では、一四八三人の寡婦の子ども二七一六人が、貧困だけを理由として公費によって施設に入所させられていた。また、別に四八九人の寡婦の子ども九三三人が母親の病気を理由に施設に入所していたが、彼女たちの病気はしばしば過労と心労の結果であった。これらの事実はカーステンスにみられたような批判に直接応えようとしたものであるが、しかしそれにも増して重要なことは、同報告が「寡婦が自活をするということ自体が不可能である」と主張したことであろう。報告書はその根拠として、つぎの三点をあげた。[28]

(a) 不熟練の寡婦が、家庭に仕事をもち込みあるいはより広い産業の分野に進出するかによって、適正な生活水準において自分自身およびその家族を維持することは不可能である。

(b) 不熟練な寡婦が家庭外で入手しうる仕事は、不十分な生活水準と、子どもたちが最もその保護を必要としている時期に母親が不在にならざるをえないことからくる監護の欠如とを通じて、不可避的に、家族の身体的・精神的・道徳的な力を破壊し、家庭生活を崩壊させる。

(c) 家庭でなしうる仕事も、過重な労働、児童労働そして極端に低い生活水準をうむことにより、同様の不可避性をもって、正常な家庭生活を妨げることとなる。

児童施設には、貧困だけを理由として入所している多数の児童がおり、当時の産業界の状況、寡婦に一般的な労働能力の状態、家庭生活への影響からして、彼女たちに賃金による自活を期待することは不可能であった。このニューヨーク報告の見解は、母子扶助法を推進する根拠としてそれなりの説得力をもっていた。

〔Ⅱ〕にいう母子扶助の所得維持方策としての性格に関する疑義は、ある意味では推進論の弱点であった。特に新しい制度が場合によって「年金」という用語を採用していたことが攻撃の的となった。当時ニューヨーク市COSの主事兼ニューヨーク博愛学校長であったディヴァイン[29]もラッセルセイジ財団の慈善組織部長であったリッチモンド Richmond, M.E.[30]も、まずこの側面から母子年金（母子扶助）を批判した。ディヴァインは、自らを「社会保険の提唱者」として位置づけたうえで、母子年金は社会保険の原理と調和せず、年金の名に値しないと主張した。リッチモンドは、母子年金には認定されたニードにたいする支払いという発想と過去に提供されたサービスにたいする支払いという発想との混同があると批難した。たしかに、母子年金は保険原理を導入したものではなく、かといって退役軍人にたいする年金のような功労年金とも異なっていたのである。

慈善ワーカーたちは、母子年金の社会保険性をこのように否定したうえで、寡婦の問題を解決するには社会保険が必要であると強調した。たとえば、カーステンスは寡婦問題の解決には、(1)産業災害および予防可能な疾病による死亡の防止、(2)労働者補償法ならびに雇用者責任法の制定、私保険規整法の制定が必要であるという[31]。ディヴァインもまた「保護を必要とする状況をうみだしている貧困が何らかの保険可能な危険によるものであれば、そのニードは保険によって充足されるべきである」[32]と強調した。慈善ワーカーによるこれらの指摘にたいして、ニューヨーク報告は、より現実的な判断をとることを主張した。すなわち、同報告は、来るべき数年間のうちに所得稼得者の死亡をめぐるあらゆる危険を包括するような普遍的な社会保険制度が実現するとはとうてい思えないし、ヨーロッパの例をみても社会保険は寡婦に自宅で子どもの養育を可能にするほどの給付を実現しえていないと指摘する。また、母子扶助は社会保険の代替物ではなく、その必要で統合的な一部分であるとも反論したのであった[33]。

母子年金は社会保険ではないという慈善ワーカーたちの主張は妥当なものではあったが、しかし彼らのねらいはそのこと自体の主張にあったのではなく、その事実をもちだすことによって、母子年金が実際には公的院外救済であるにすぎないと主張することにあった。つまり、慈善ワーカーのねらいは〔Ⅲ〕の批判点に関連していたのである。母子扶助に反対する慈善ワーカーたちはみな、さまざまの理由をあげて母子扶助が公的院外救済の変形であるにすぎないと論難した。

推進者たちは、母子扶助が社会保険ではないという批判には寛大であった。たとえば、ニューヨーク報告と同様に大きな影響力をもった「マサチューセッツ州要救護児童・寡婦委員会報告」(マサチューセッツ報告と略称)は、年金pension 弁済 indemnity 補償 compensation という用語の代りに助成金 subsidy を採用するよう提案している。[34] 同報告は、母子扶助は政府が家庭における児童の養護を助成しようとするものだ、というのである。

だが、推進論者にすれば、母子扶助は社会保険ではなかったにせよ断じて公的院外救済であってはならなかった。カーステンスはシカゴにおける母子扶助受給家族の調査を根拠に被救済貧民化の危険を指摘し、[35] ディヴァインは個々人の自分自身および彼に依存する人びとの福祉にたいする個人的責任を説いて母子扶助に反対した。[36] これにたいして、推進論者たちは、公的院外救済も慈善も、寡婦を扶養の負担から解放して在宅せしめうるだけの基金をもっていない。父親のいない児童にたいする公的扶助は、理論と効果において、慈善や院外救済とは全く異なっている。各地で多くの誤りを繰り返してきた公的院外救済も、私的慈善も、よき家庭を保全するに適切な方法たりえないと論じた。[37] 彼らは私的慈善でも公的院外救済でもない、かといって社会保険でもないいわば第四の方策を追求していたのであった。母子扶助が少年裁判所という、それまで貧困救済の問題に関与したことのない機関を運営機構の一部に組み込んだかたちで出発したのもそのような希求の表われであった。それは単に少年裁判所を介在させることによって慈善ワーカーに代表される公的院外救済にたいする批難の声を回避するためというだけでなく、母子扶助を、長い歴史のなかで常に貧民に烙印を押し続けてきた救貧法の流れとは別のところに位置づけようとする努力の表われでもあったのである。年金という用語の採用も自らを慈善や救貧法と区別するための手段であった。

それでも母子扶助を運用する公務員には貧困者の援助に必要な科学もなければ技術もない、と慈善ワーカーたちは強調した。〔Ⅳ〕の問題は慈善ワーカーたちの最大の拠り所であった。たとえば、バッファロー慈善組織協会主事であったアーミーは、「私はより適切な救済の提唱者である。だが、私は何よりも貧困者のためのより適切な頭脳とワークの提唱者である。頭脳を伴わない救済は医者によらない薬同様に悪しきものである。……医者の処方によらない薬物と同様に、訓練のない救済は貧困者にとって有害である」と主張して母子扶助を批判した。[38]

救済のための科学と技術、これこそはリッチモンドやディヴァインに代表されるCOSの掛け替えのない財産であった。それゆえに、「アメリカ合衆国のほかの二一州およびヨーロッパの大国における経験は、公務員によって扶助を賢明かつ効率的に運営することが可能であることを証明している」[39]というニューヨーク報告の指摘は、COSの根幹に触れるものであった。こうして、〔Ⅰ〕から〔Ⅳ〕におよぶ慈善ワーカーたちの批判は、結局のところ〔Ⅴ〕の問題に帰着せざるをえない。母子扶助の発展は、COSの存在理由そのものを脅かした。そのことは、たとえばディヴァインが母子扶助の擁護は私的慈善、なかんずく組織的慈善（COS）にたいする反対、嫌悪、偏見にもとづいていると主張していたことに明確に表われていた。あまつさえ、ディヴァインは、「私は社会経済学の一学究としてこれらの実験に多大の関心をいだいている。私は、革新的でラディカルな社会改良家として、将来われわれが必ず引き返すことになると思われる苦痛にみちたこの一歩を深くうれうるものである」[40]ということばで自らの論文を閉じたのであった。

このディヴァインの判断が妥当であったかどうかはその後のADCからAFDCへという母子扶助の発展にたいする評価のしかたによっても異なってこよう。しかし少なくとも現象面でみる限り、一九一〇年代の間だけをとってみても母子扶助法の発展には著しいものがあった。論争の当事者の問題としていえば、慈善ワーカーは母子扶助法推進論者の前に敗北を喫したことになろう。しかしながら、母子扶助の発展と並行して前述のBPW運動を継承する地方政府の公的福祉部局が拡大するなかでCOSに起源をもつ援助の科学と技術、すなわちソーシャル・ワークがしだいに浸透していったことに留意すれば、論争の勝者はむしろ慈善ワーカーたちであったともいいうるのである。

表 4　母子扶助の発展一制度発足年度別
（1931 年現在）

1911 ～ 15 年	28 州
1916 ～ 20 年	12 州
1921 ～ 25 年	2 州
1926 ～ 30 年	3 州
1931 年	1 州
未　発　足	3 州
計	49 州

資料：連邦児童局

第6節　母子扶助制度の実態

まず、前出の連邦児童局の資料によりながら母子扶助の発展の軌跡を制度発足年度別に再整理することから始めよう（以下、特に断らない場合は同じ資料による）。**表4**がそうである。表中四九州とあるのは、ワシントンD.C. を含み、ハワイ、アラスカを除いた数字である。未発足の州は、アラバマ、ジョージア、サウスカロライナであり、これらの州は一九三五年にＡＤＣが成立するまで母子扶助法を制定しなかった。

表4が示すように、アメリカ合衆国における母子扶助法は一九一一年のイリノイを嚆矢として一〇年間の間にほぼ全国に広がったといってよい。本制度の広がり方は、個々に州名をあげるだけの余裕はないが、中西部の工業州たるイリノイを起点に東、西の海岸方向と南部の方向にむかったように思われる。このうち、拡大の速度が速かったのは東海岸の方向であり、遅かったのは南部方向への広がりであったといってよい。これは、南部の農業州に比べて北東部の工業州のほうがより強く母子扶助制度を必要としたことの結果であろうと推測される。

初期の母子扶助法のほとんどは、扶助の受給要件を寡婦に限定していた。これには、私的慈善機関が、扶助を与えることによってそのような事例が増加することを恐れて、遺棄された母親にたいする扶助を特に警戒していたことが関係していた。しかしながら、一九二六年までには扶助を寡婦だけに限定する州は五州だけになっていた。八つの州は、一般的に「一人もしくはそれ以上の要救護児童をかかえる母親」と規定してい

表5　受給家族の形態（1931年現在）

父死亡	49,477家族（82.3%）
父による遺棄	3,296（5.5）
両親離婚	1,369（2.3）
父身体的無能力	2,325（3.9）
父精神的無能力	1,984（3.3）
父拘禁中	1,596（2.7）
母未婚	55（—）
その他	17（—）
計	60,119（100.0）

資料：連邦児童局

た。残りの二七州は、「その夫が死亡、遺棄、離婚、身体もしくは精神の完全な廃疾、拘禁の状態にあるか、あるいは精神病、精神薄弱、もしくはテンカンのため施設に収容されている母親」に受給者を限定していた。[41] ほかの六州およびワシントンD.C.はまだ母子扶助制度をもっていなかった。

一九三四年当時の受給可能児童の年齢規程をみるとそれは一四歳未満から一八歳未満までの広がりをもっていた。内訳をみると、一四歳未満とする州一〇、一五歳未満とする州四、一六歳未満とする州二九、一七歳未満とする州二、一八歳未満とする州一であった。[42]

ここで、一九三一年現在の受給家族をその形態別にみておくと、**表5**のようであった。父死亡という家族が八割と圧倒的に多く、母子扶助が一九三一年においてなお、文字通りに寡婦とその子どものための扶助制度であったことを如実に示している。第二次世界大戦後、なかんずく一九六〇年代以降になって問題になる遺棄や未婚の母のしめる割合は、まだ微々たるものであった。

つぎに、扶助受給の要件との関連で言及しておかなければならないことは、母子扶助の給付にあたっては申請家族の道徳的要素が相当に重要視されたという事実である。母子扶助の申請をする家族、特に母親は尊敬に値する、あるいは扶助に値する人物でなければならなかった。

母子扶助においては、「経済的状況だけでなく道徳的状況が重視された。目的とされるべきは、家族を保全し、そのことによって児童の公立施設への委託を排することであると主張された。それゆえに、家族が援助を必要としているという証明だけでなく、それが保全されるに値する家族であることの証明が要求された」[43]のであった。そのため申請者にたいする調査は、屈辱的ではないまでも、念入りに実施された。この結果扶助の支給を拒否される家族の率はかなり高かった。そのうえ、受給者たちは、スーパーヴィジョンかその頃からケースワークとよばれるようになりつつあったものを必要としているとみなされたのである。コール Coll, B.D. はこのことに関して、なぜ母親は稼得所得者と生活を共にしていればケースワークがなくとも子どもの養育ができ、稼得所得者を喪って扶助を申請した時点からはその能力がないとみなされるのかと設問し、成長過程にあったソーシャル・ワーク専門職はこんな疑問には一顧だに与えなかったろうと自ら答えている。[44]

こうした難関を経て扶助の受給を認められた家族の数を、一九二一年および一九三一年についてみると、それぞれつぎのようであった。一九二一年には、三四の州について母子扶助関係の統計を入手しえた。各州の受給家族数の合計は四万五八二五家族であり、平均すると一州あたり約一三四八家族であった。内訳をみると、最も受給家族の多い州はニューヨークで、一万二五四二家族が受給していた。最も少ないのはヴァーモント州の四三家族であった。三四の州のうち五〇〇家族以下に支給していた州は一八州であり、一〇〇〇家族以上に支給していたのは一〇州であった。

一九三一年についてみると、四五州に関して資料を利用することができた。その給付家族合計数は九万三六二〇家族となり、一〇年前に比べて二・〇四倍に増加した。一州あたりの平均受給家族数は約二〇八〇であり、この伸び率は一・五四倍であった。最大の給付を実施していた州はやはりニューヨークで、一万八四二三家族が受給していた。最も少ないのはミシシッピーの四五家族である。二一の州が五〇〇家族以下に支給し、一七の州が一〇〇〇家族以上に支給を行なっていた。一九二一年と一九三一年を比較すると、給付を行なう州の数も、全体としての受給者の数もかなり増大した。受給者が増大したという事実は、この一〇年間がアメリカ合衆国で「永遠の繁栄」とよばれた時代であったことと考えあわせると興味深い。給付実施州数の伸び率が一・三二倍と受給者数全体の伸び率よりも低いことからしても、この時期繁栄の陰で貧困が増大していたことを窺わせるからである。なお、この時期の一州あたり平均受給者数の減少は、母子扶助を実施しても、少数にしか給付しない州が増加したことを物語っている。一九二〇年代に母子扶助を新設したのは、ほとんどが南部の諸州であった。

さらに受給児童数だけをとりあげ、人口一〇万あたりの比率を算出してみると、つぎのような実態が浮かびあがってくる。一九二六年現在における対人口一〇万の受給児童数は、一・四から三三一の間に分布していた。人口一〇万につき二〇〇人以上の児童が母子扶助を受給していた州は、ニューヨーク、ネヴァダ、カリフォルニア、マサチューセッツ、ウィスコンシン、モンタナ、ミネソタ、ニュージャージー、デラウェア、メイン、およびノースダコタであった。しかし、ほとんどの州はこれよりも低く、その比率は三一から九五までの間に分布していた。少数の州――アーカンサス、インディアナ、テキサス、テネシー、ヴァージニア――の対人口一〇万あたりの受給児童数は二〇以下であった。一九三四年までは、扶助額のおよそ半数は人口五万もしくはそれ以上の都市、それもほとんどが九つの大都市、ボストン、シカゴ、クリーブランド、デトロイト、ロスアンゼルス、ミルウォーキー、ニューヨーク、フィラデルフィア、ピッツバークで支給されていた(45)。

このように、母子扶助受給児童の分布はかなり片寄ったものであったといえるが、それは母子扶助法の性格にもよっていた。それというのも、いずれの州においても母子扶助は実施についての強制力をもったものではなく、その実施は地方政府、つまりカウンティや自治市の任意選択に委ねられていたからである。母子扶助を実施したカウンティ、自治市、あるいはタウンはむしろ少数であったといわなければならないだろう。

母子扶助の給付額についてみると、一九二六年時点ではつぎのような状態であった。給付額の高いのはカリフォルニア、コネチカットなどの諸州で、月額にして五〇ドルから七〇ドル、年額にして六〇〇ドルから八四〇ドルが支給されていた。低い州に属するのはニュージャージー、オクラホマ、テキサスなどで、月額にして二〇ドルから二九ドル、年額にして二四〇ドルから三四八ドルが支給されていたようである。ニューヨークでは給付の額は定額ではなく施設での養護に必要とされる金額を越えない範囲で、行政裁量によって定められていた(46)。

再度前出の連邦児童局の資料によって当時の家族あたりの支給月額を州単位の平均値で比較すると、四・三三ドルから六九・三一ドルの間に分布し、その中央値は二一・七八ドルであった。このように、母子扶助の給付額は決して高いものではなかった。最も高額の給付を行なっていたカリフォルニアでは母子扶助を受給する母親が「金ブチの未亡人」gilt-edged widowsと揶揄されるような状況もあったようである。しかし、一般には、給付の額はずっと低く、多くの受給者たちは扶助だけでは生計を維持することができなかった。そのため彼女たちは、さらに女中、洗濯婦、その他の不熟練労働に従事して家計を補充していたのであった。

第7節　母子扶助法成立の意義

このように、一九三五年法以前における母子扶助制度の実態は必ずしもめざましい発展ぶりであったとはいい難いものであった。母子扶助制度を実際に採用した地方政府の数は限定されていたし、受給者数、給付額とも満足すべき水準からははるかに遠かったといわなければならないだろう。

さて、これまで明らかにしてきたように、母子扶助制度はつぎのような認識および目的をもって創設された。すなわち、寡婦に家族にとって十分な所得の稼得者であるとともに児童のよき養育者であることを同時的に期待することは不可能であるとみなされた。児童にとって家庭生活は不可欠の要素であり、貧困だけを理由とする長期間の施設収容は避けられなければならない。そのためには、寡婦が在宅して児童の養育に専念しうるだけの手段が講じられなければならない。そして、その場合には、彼女たちは古めかしい救貧法の不適切性や私的慈善の不確実性から解放されていなければならなかった。

このような母子扶助のねらいに対応させて現実に成立した制度をみると、それは不十分であるとの誹りを免れえないだろう。母子扶助が私的慈善とも公的院外救済ともことなった制度として成立しえたことはともかく、それが家族の生活を維持しうるだけの給付を支給せず、ほとんどの母親たちが就労を余儀なくされていた事実が否応なくその感を深くさせるのである。しかし、だからといって、二〇世紀初頭における母子扶助法の制定の意義が全体として乏しかったというのではない。母子扶助の創設は、当時および以後のアメリカ合衆国の救済制度＝公的扶助制度のありように決定的ともいいうる影響を与えたのであった。

母子扶助制度は、まず従来の貧困救済における公私機関の役割分担を大きく変更させるものであった。場合によっては、これによって公私の役割分担関係は逆転させられたともいいうるのである。そのことは、たとえばニューヨーク市における児童福祉（母子扶助）法制定以後における救済支出の変化をみればおのずと明らかであろう。同市では、一九一六年以前においては、私的機関の救済支出が公的機関のそれを凌駕していた（院内救済への支出は除く）。しかしながら、それ以後になると、両者の関係は逆転する。公的機関を通じた救済支出の急激な拡大がみられるようになり、一九二二年には公的機関の支出は私的機関による支出のおよそ二・五倍に拡大したのであった[47]。一九一五年の児童福祉法の制定がこのような著しい変化をうみだしたことは明らかであった。

ほかの都市について同様の資料を入手するのはいささか困難である。しかし、前述のように、母子扶助の発展は、中西部や北東部、東西沿岸地方の大都市において著しく、そこでもニューヨーク市に近似した状況が生起していたと推測してそれほどの不都合はないであろう。しかも、大規模な慈善機関のほとんどのものもニューヨーク市を始めとするこれらの大都市に存在していた。このようないくつかの事実は、母子扶助の成立とともに、アメリカ合衆国における貧困救済の主導権がしだいに私的セクターから公的セクターに移行していったことを示唆するものといってよいのである。少なくとも、母子扶助制度の創設が、一九二三年のモンタナやネヴァダにおける老人扶助法の制定とも相俟って、貧困救済にたいする公的責任を拡大させていく重要な契機となったことは否定しようのない事実であった。

従来、アメリカ合衆国における社会福祉発達史の分析において、一九三五年に至って突如として公的救済の比重が拡大したかのように理解するむきが認められるが、事実は必ずしもそうではない。早くも一八九八年にオハイオ州で成立したとされる盲人扶助を含めて母子扶助、老人扶助など大恐慌以前に登場してきた公的扶助制度の意義が過小に評価されるようなことがあってはならないのである。

しかしまた同時に、母子扶助法の制定ならびにそれを促進してきた貧困問題や貧窮寡婦問題、家庭生活の意義などについての認識のありようが以後の公的扶助ないし公的福祉制度の展開のしかたにマイナスともいいうるような影響を与えた事実も認めなければならない。その点もまた過小に評価されるべきではないのである。まず、母子扶助――および老人扶助、盲人扶助――が救貧法の外側で成立したことがアメリカ合衆国における公的扶助制度に範疇（特別）扶助と一般扶助からなる独得の二重構造をもち込むという結果をもたらした。また、他方においては社会保険の発展を延引させる要因のひとつとなったともいいうるであろう。つまり、母子扶助の推進者たちはCOSと対抗するのにあまりに急であったためか、救貧法それ自体の改革という方向をなおざりにした感があった。そのため、救貧法が社会保障法成立の時点までほとんど変化することなく存続しただけでなく、社会保障法の成立した一九三五年以降においても、ほぼそのままの内容をもちながら制度の名称だけが一般扶助と改められてこんにちに及んでいるといってよいのである。しかも、つねに一般扶助の存在は母子扶助を始めとする範疇（特別）扶助の内容を引下げるように機能してきたのである。

母子扶助が救貧法、そして私的慈善を十分に克服することができないままに成立したということの制約は、それが一九世紀的な、あるいは自由主義的、道徳主義的な貧民観を継承したという側面においても現われてきた。寡婦＝母親が尊敬に値する性格のもち主であること、あるいは価値のある人物であること、家庭が保持されるに値するものであることをもって、家庭の維持を認めること、つまり貧困者のなかでも特別の範疇として彼女たちとその子どもたちに扶助を与えることの要件とすることを強調したのは決して一九〇九年の白亜館会議の勧告ばかりではなかった。たとえば、前出のマサチューセッツ報告は「家族の向上のために金銭を支出するに相応しくない寡婦には、救貧法や私的団体による場合を除いて、扶助を与えるわけにはいかない」と確信していたし、「扶助は、彼女たちに厚かましい態度を身につけさせることのないように、十分なスーパーヴィジョンの下で、ためらいをもちながら与えられるのがよい」と考えていたのである。

しかも、こうした発想は、以後母子扶助制度の発展する過程において継承されたばかりでなく、むしろ強化されていきさえしたのであった。すなわち一九三四年の時点で、アリゾナ、カリフォルニア、メリーランドを除くすべての母子扶助採用州の法律が、母親が「身体的、精神的ならびに道徳的に」子どもの監護を行なうに相応しい状態にあることを要求する規程を含んでいた。また、マサチューセッツとミシガンは、母親の兄弟ないし父親以外の男性の同居人が、受給家族の当該家庭内に同居することはできない、と規定していたのである。(48)

アメリカ合衆国に母子扶助が登場しておよそ五〇年を経たころ、AFDC受給家庭にたいして夜襲やベッド・チェックをかけるという公的扶助当局のスーパーヴィジョンのありようの適否が大きな社会問題となったことがあった。実は、そこには、これまで論じてきたような母子扶助制度のさまざまの特質や制度成立時の事情や認識のありかたが投射されているのであるが、いまはそのことについての検討は別の機会に委ねなければならないであろう。

註

(1) いずれも、一九三五年社会保障法のタイトルで用いられている。

(2) アメリカ合衆国では、一九三五年社会保障法で制度化された、要救護児童扶助（一九六二年以降は要扶養児童・家庭扶助）、老人扶助、盲人扶助、および一九五〇年の法改正で追加された永久完全障害者扶助を総称して範疇（特別）扶助と呼んできたが、一九七二年に要扶養児童・家庭扶助を除く三種類の成人を対象とする扶助（成人扶助）が、一部地区を除いて、補足的保障所得に統合された。このうち範疇扶助は州の責任において実施され、連邦補助金が交付されるが、補足的保障所得は連邦政府の直営である。

(3) U.S. Department of Commerce, Statistical Abstract of the United States 1977, p. 345.

(4) ニクソン大統領は一九六九年に議会にたいし福祉改革に関するメッセージを送り、そのなかで従来の公的扶助制度を大幅に改革することを内容とする家族扶助計画を提案したが、批判が強く結局実現をみなかった。

(5) 寡婦年金、母子年金など、年金という用語は年金保険との混同を招きかねないが、内容は公的扶助である。やがて本文でも触れるが、母子扶助法の推進者たちは自らの提案が救貧法に繋がるものではないことを強調するために「年金」と称したものと思われる。

(6) これらの分析視角の意義については、拙稿「解説アメリカ社会福祉の方法をめぐって」W.I. トラットナー著　拙訳『アメリカ社会福祉の歴史』川島書店　一九七八年所収、を参照されたい。

(7) Almy, F., Public or private outdoor relief, Proceedings on the National Conference of Charities and Correction, 1900, p. 140.

(8) アメリカ合衆国最初のＣＯＳは、一八七七年、ガーティンGurteen, S.H. 師によってバッファローに開設された。

(9) Lowell, J.S., Public Relief and Private Charity G.P. Putnanis Sons, 1884.

(10) アメリカ合衆国最初のセツルメント・ハウスは一八八六年のコイトCoit, S. による近隣ギルドNeighborhood Guildである。

(11) Rubimow, I.M., Social Insurance, Henry Holt and Company, 1916, p. 159.

(12) F.L. アレン著　佐藤・平松訳『二〇世紀アメリカ社会史』角川書店　四五～四七ページ。

(13) 同上、二五～二九ページ。

(14) Riis, J.A., How the Other Harf Lives, 1890（Dover Books edition, 1970）

(15) Hunter,R., Poverty, the Macmillan, 1904.

(16) ibid., p. 11.

(17) ibid., p. 337.
(18) Rubinoow, I.M., op cit., Pp. 414 ～ 415.
(19) W.I.トラットナー著　前掲書一〇五～一〇六ページ。
(20) Coll, B.D., Perspectives in Public Welfare,U.S. Government Printing Office, 1969, Pp. 77 ～ 78.
(21) Lubove, R., The Struggle for Social Security 1900 ～ 1935, Harvard University Press, pp. 94 ～ 96.
(22) Rubino, I.M., op. cit., Pp. 435 ～ 436.
(23) Proceedings of the Conference on the Care of Dependent Children, Government Printing Office, 1909, Pp. 9 ～ 10.
(24) ibid., p. 10.
(25) Abbott, G., The Child and the State, the University of Chicago Press, 1938, p. 248.
(26) United States Children's Bureau, Mothers Aid, 1931 Pub'No. 220, in Bremner, R.H. (ed.), Children & Youth in America Vol. Ⅱ ., Pp. 392 ～ 397.
(27) Carstense, C.C., Public pension to widows with children, in Bremner, R.H. (ed.), op. cit., Pp. 373 ～ 376.
(28) New York State,Report of the Commission on Relief for Widowed Mothers, 1914, in Bremner, R.H. (ed), op. cit., Pp. 379 ～ 384.
(29) Devine, E.T., Pensions for mothers, 1913, in Bremner, R.H. (ed.) op. cit., Pp. 377 ～ 379.
(30) Richmond, M.E., "Pensions" and the social Worker, 1913, in Colcord, J.C. and R.z.S. Mann (ed.), The Long View, Russell Sage Foundation, 1930, Pp. 346 ～ 347.
(31) Carstense, C. C., op. cit.
(32) Devine, E. T., op. cit.
(33) New York State, op. cit.
(34) Massachusetts Commission on the Support of Dependent Minor Children of Widowed Mothers, Report, 1913, in Bremner, R. H. (ed), op. cit., Pp. 388 ～ 389.
(35) Carstense, C.C., op. cit.
(36) Devine, E.T., op. cit.
(37) New York State, op. cit.
(38) Almy, F., Public pensions to widows, 1912, in Bremner, R.H. (ed.), op., cit. Pp. 376 ～ 377.
(39) New York State, op. cit.
(40) Devine, E.T., op. cit.
(41) Coll, B.D., op. cit.
(42) Social Security Board, Social Security in America, Government Printing Office, 1937, Pp. 235 ～ 236.
(43) Rubinow, I.M., op cit., p. 436.
(44) Coll, B.D., op. cit., p. 79.
(45) ibid., p. 80.
(46) ibid., p. 79.

(47) Geddes, A.E., Trends in Reliet Expenditures, 1910 ～ 1935, WPA Research Monographs, Vol. X ., 1937, p. 19.

(48) Bell, W., Aid to Dependent Children, Columbia University Press, 1965, p. 7.

第5章

戦後児童福祉政策・立法の展開素描

初出：1979年
「真理と創造」第13号（第9巻第1号）

今年、昭和五四年は、国際児童年である。昭和三四年一一月二〇日、国際連合第一四回総会で「児童の権利に関する宣言」が採択されてから、丁度二〇年目にあたる。この宣言の採択は、各国政府にたいして法的な拘束力をもつというものではなかった。しかし、それは、わが国の児童福祉にとっても、ある意味で、ひとつの発展の契機となった。ここでわれわれは、戦後、なかんずく昭和三〇年代以降における児童福祉政策および関連諸立法の展開の過程について素描を試みたいと思う。国際児童年を迎えて、戦後日本における児童福祉の展開がいかなるものであったかを顧みておくことも、なにかの意味をもつものと思料するからである。

第1節　戦後処理的要保護児童対策の展開

一　応急的戦災孤児・浮浪児対策

二〇年八月の敗戦をもってひとつの区切りを迎えることになる昭和の時代は、前の時代から承け継いだ慢性的不況と世界恐慌に端を発する深く長い恐慌によって幕を開けた。日本資本主義は、この未曾有の危機を脱する方途を軍需産業の拡大と帝国主義的海外進出に求め、国民生活の全体がそのために組織化され、管理されることになった。その過程において、社会事業は戦時厚生事業として再編成され、旧来の児童保護もその消極性からの脱却という美辞麗句のもとに、児童をも「聖戦」完遂に不可欠の人的資源として位置づける、児童愛護へと変容させられていったのであった。

この間政府は、人口増殖という観点から早婚や多子出産を奨励し、それに必要な限りで若干の母子保健事業も実施していった。[(1)] しかしながら、実際には国民生活の逼迫の度が強まるにつれて、児童の栄養障害、体位の低下がもたらされ、軍需産業への婦人労働・児童労働の動員も同様の結果をもたらした。さらに、戦争の終末期には、軍人遺家族の生活や戦災遺児の保護が、重要な課題となってきた。敗戦はそのうえに、大量の戦災孤児、引揚孤児、浮浪児の群を重畳したのであった。

こうして、戦後日本の児童保護は、戦災孤児・浮浪児というやや特殊な要保護児童に対処するという、ある意味では消極的な課題から再出発することとなった。敗戦後の最初の対応策は、昭和二〇年九月二〇日に次官会議で決定をみた「戦災孤児等保護対策要綱」であった。それは、保護の責任を地方長官に帰属せしめたうえで、必要に応じて市町村に孤児保護委員会を設置するとともに、個人家庭への保護委託、養子縁組の斡旋、集団保護などの方法によって孤児の保護にあたることを要請していた。だがその費用負担については明文を欠き、結局実施については「各種援護団体教育団体及宗教団体」の全面的な協力をあてにするという、甚だ心許ない施策であった。

本格的な孤児・浮浪児対策は、昭和二一年四月一五日付の通牒「浮浪児その他の児童保護等の応急措置実施に関する件」をもって始まっている。それは、都道府県にたいして、停車場、公園その他の場所を随時巡察し浮浪児などの発見に努め、彼らを保護者に引渡しあるいは児童保護施設に収容すること、必要に応じて児童保護相談所を設置すること、また児童保護委員会を設置することなどを命じていた。しかしながらこれまた、すでに戦災孤児だけでなく通常の家庭から家出し徘徊する者も混入し始めていた浮浪児の群に有効に対処することができず、同年九月一九日には「主要地方浮浪児等保護要綱」が策定されている。これは主要地方（京浜、京阪神、中京および北九州）において重点的に浮浪児対策を講じようとするもので、浮浪児等保護委員会の設置、関係者による「常時発見」「一斉発見」「巡回発見」による浮浪児などの発見と親権者などへの引き渡し、施設への収容もしくは委託の実施等を要求していた。ちなみに、この要綱にもとづく施設として一時保護所（一八カ所）、児童鑑別所（七カ所）、児童収容保護所（一一カ所）が各地に設立されている。[2]

このように昭和二一年になると、政府は、その不徹底ぶりをGHQに非難されたこともあってか、それなりに戦災孤児・浮浪児対策を講じていったのである。しかしながら、戦中から戦後にかけての極度の社会経済的な混乱と窮乏を基盤とする孤児・浮浪児の問題は、そのような対症療法的な彌縫策によってよく収拾されうるものでありえなかった。官憲によるいわゆる「狩込」と収容所からの「脱走」との悪循環を打破するためには、何らかの抜本的な対応策を策定することが必要であった。

二　児童立法と行政機構の整備

戦後における児童保護にかかわる法制、行政機構の改変、新設のなかで、後のちの児童福祉の針路に大きな影響を与えたもの、それは厚生省児童局の設置、児童福祉法の成立、児童憲章の制定を措いてほかにはありえないであろう。

児童保護を主管する中央政府の機関としては、戦前昭和一三年の厚生省設置とともに設置され、同一六年まで存続した児童課があった。昭和二二年三月に新設された厚生省児童局は、あるいはこれを復活拡大せしめたものともいえよう。しかし、関係方面への折衝に際しては、こうした経緯よりもGHQの覚書「監督保護を要する児童の件」（昭和二一年一〇月）がよほど大きな影響力をもったようである。ただしこれについて、当時衝にあたった行政官たちは、もともとの児童局設置の構想は厚生省内にあり、それを実現するためにGHQを利用したものであると回顧している。[(3)] いずれにせよ、児童局の設置は、以後の児童政策の展開において、重要な意味をもつことになる。その前兆は、同局設置の準備がやがて児童保護法案要綱の草案作成と並行して推進されてきたという事実のなかに、すでに現れていた。

昭和二一年の暮、政府は、戦災孤児、引揚孤児、浮浪児問題の根本的な解決を図るべく、中央社会事業委員会にたいして児童保護事業の強化徹底の具体策について諮問し、その際参考資料として、児童保護法要綱案を提出した。これについて、同委員会は特に児童対策小委員会を設置して審議を加えることとした。また、これと並行して中央社会事業協会も常設委員会を設置して検討を試み、昭和二二年一月には児童保護の国家保障の明記、法の対象の全児童への拡大、法に明朗積極性を与えるために法の名称を児童福祉法と改めることなどを求める「児童保護法要綱案を中心とする児童保護に関する意見書」を作成した。同年一月二五日、中央社会事業委員会は、これらの意見を集約するとともに、前出小委員会の作成した児童福祉法要綱案を添えて厚生大臣にたいし答申を行ったのである。

政府はこれを承け、さらに以後数次にわたる法案の改訂を試みたのち、成案をえて、昭和二二年八月一一日、第一回国会に児童福祉法案を上程している。法案は、審議の過程で一部修正が加えられたうえ、昭和二二年一一月二一日に可決成立の運びとなり、同年一二月一二日に法律一六四号として公布された(4)。

こうして成立した児童福祉法は、理念的には、児童の権利と児童養育の公的責任を承認し、法の適用範囲も全児童に拡大するなど画期的ともいいうる側面をもっていた。たしかに、そこには、戦前の各種児童保護立法や当初の政府提出の児童保護法要綱案と比較して、大きな前進があった。しかしながら、中央社会事業委員会児童対策小委員会作成の最初の児童福祉法要綱案から成立法に至るまでの推移を見ると、とりわけ児童養育にたいする公的責任の捉え方などについては、かなりの後退があったように思われる。児童を「歴史の希望」とする当初の格調高い法案の理念はしだいしだいに、現実に、すなわち児童保護法要綱案を準備せしめた現実に引戻されてきたともいえよう。新しい保護法制を求めていたのは、新法の機能は孤児・浮浪児という特殊な児童の問題に対応しうるものであればそれで足れりとする状況認識であった。児童福祉法要綱案の高邁な理念を支持して情緒に流れることなく、法案をとりまく旧態依然たる児童保護観をその根底から転回せしめるような児童観、児童の権利認識はいまだ国民のなかに熟成していなかったのである。

こうして児童福祉法は、実態的には児童保護法ともいうべきものとして成立しながら、それにもかかわらず当面の戦災・引揚孤児・浮浪児問題にたいしても十分な成果をあげえなかった。また、他方においては、いよいよ国民生活が窮迫の度を深めるなかで、児童の人身売買事件なども跡を絶たなかったのである。事態にたいする憂慮の念は、しかし政策の無力にではなく、国民の児童福祉にたいする理解の不徹底に向けられていった。昭和二四年六月、中央児童福祉審議会が児童憲章の研究と試案の作成に着手したのは、このような状況のもとにおいてであった。二年後、昭和二六年五月五日の子どもの日を選んで、前文、総則、本文からなる児童憲章が制定された。しかしながら、それは当時の児童の生活や権利にたいする理解の不十分さを鏡映して、児童の権利宣言という形態をとりえなかった。児童憲章は、大人が子どもに対して行う社会的な協約として制定されるに止まったのである。
戦後日本の児童政策は、児童局の設置、児童福祉法の成立、児童憲章の制定がみられたにもかかわらず、ほぼ二〇年代を通じて、戦災・引揚孤児、浮浪児、不良児、のちには混血児などの要保護児童対策に終始した。児童局は、引き続く財政逼迫のなかで、廃止の憂き目をかろうじて免れてきた。児童福祉法は、二〇年代を通じて、生活保護法の特別立法としての位置から脱出することができなかった。児童憲章のその後は、画餅に終わるのではないかという、当初からあった危惧の念を裏付けるかのように思われた。

第2節　母子保健中心の一般児童対策

一　児童福祉行政の刷新強化

朝鮮戦争を契機として蘇生した日本資本主義は、昭和二〇年代末から三〇年代にかけて、復興から自立へ、自立から極大成長へと発展していったが、それとともに社会保障や社会福祉のありようもまた大きく変動していった。公的扶助主導型で始まった戦後日本における生活問題対策は、しだいに社会保険を中軸とするものに移行していくことになった。同時に、公的扶助と社会福祉サービスとの関係についていえば、後者が前者から相対的に自立していくとともに、その種類や適用範囲を拡大していく傾向も現れてきたのである。

昭和三〇年代初頭における児童保護から児童福祉へという変化も、これと軌を同じくしていた。戦後、孤児・浮浪児対策を直接的課題として再出発したわが国の児童保護は、二〇年代末からしだいにその内容を変えていくとともに、適用範囲も拡大され、ほぼ三〇年代半ばまでのあいだには児童福祉とよびうるものに展開していた。そして、そのことは、やがて後にみるように、児童福祉が日本経済の急激な拡大に不可欠の労働力資源の育成策として位置づけられることによって始めて可能となったのである。

昭和三〇年代におけるわが国の児童福祉は、二〇年代についての反省、そして理念と現実の乖離を幾分かでも解消しようとする努力から、出発しなければならなかった。昭和三一年五月、中央児童福祉審議会は「児童福祉行政の諸問題に関する意見具申」を提出した。この答申は、児童福祉行政の全般にわたって、当面実施すべき施策について献策していた。しかしながら、その内容は、従来の行政の不備を埋める施策を、しかも総花的、羅列的に、指摘するという体のもので、必ずしも将来の児童福祉行政を大胆に展望するという性格のものではなかった。

これにたいして、昭和三五年八月の答申「児童福祉行政の刷新強化に関する意見」は、明らかに以後の児童福祉行政にひとつの方向性を与えるものであった。本答申は、昭和三四年一一月の国際連合総会における児童権利宣言の採択を契機に厚生大臣の行った諮問に答えるというかたちをとっている。だが、契機としてはともかく、内容的には、答申はむしろ当時「岩戸景気」と称されて急激に拡大しつつあった日本経済の、そしてそれに対応する政府の経済政策の動向を鏡映していた。すなわち答申は、経済成長を支える労働力の確保という観点から、児童福祉行政を刷新強化するために最低限必要な施策の第一として「人口の資質向上対策」をあげ、それをもって健全育成策と同一視したのである。これは、明らかに、昭和三五年一二月の経済審議会の池田内閣への答申である「国民所得倍増計画」に連繫するものであった。中央児童福祉審議会答申はいう、「今後における児童の資質を健康の上でも社会的にも向上させる対策を計画的に、しかも、強力に推進することは、わが国の児童福祉のためにも、かつまた、将来の経済の進展のためにもきわめて重要である」。

二　母子保健施策の拡充

このような答申の趣旨は、具体的には、児童人口の確保、資質の向上を図るための妊産婦や乳幼児のための保健的諸サービスの補充拡大として現れてきた。そして、これらの施策を契機としながら、かつての児童保護は児童福祉へと展開していったのであった。

もとより、母子保健施策は三〇年代に始まるものではなく、児童福祉法の制定時において、妊産婦、乳幼児にたいする保健指導、妊娠届出と母子手帳（昭和一七年制定の妊産婦手帳の改称）の交付、妊産婦の助産施設への入所措置などの制度が設けられ、昭和二三年の児童福祉法施行時には、特に「母子衛生対策要綱」も定められている。当時の母子保健施策の課題はなんといっても、欧米諸国に比して異常に高かった妊産婦、乳幼児の死亡率、罹病率を極力引き下げることであった。その結果、二〇年代末には乳幼児の死亡率はかなり低下してきたものの、妊産婦については著効を見るに至らなかった。このため昭和二九年には妊産婦対策が一層強化されている。

三〇年代に入ってからの母子保健施策は、家族計画事業、特定疾病対策、未熟児対策が中心となる。家族計画についてはすでに昭和二六年より推進が図られていたが、同三〇年には保健所において家族計画相談事業が実施されるようになり、同時に生活困窮者を対象とする家族計画特別普及事業も開始された。その成果もあってか、戦後のベビーブーム期には人口一、〇〇〇対三三から三四もあった出生率も、昭和三二年には一七・二まで減少した。しかしながら、昭和三〇年当時、出産の抑制は、受胎調節三、人工妊娠中絶七の割合で行われていたという。(5)

特定疾病対策としては、昭和三一年に「乳幼児くる病対策実施要領」が、同三二年には「先天性股関節脱臼特別対策実施要領」および「脊髄性小児まひ特別対策実施要領」がそれぞれ実施された。このうち第一のものは、従来から実施されていた施策の適用地域を拡大しようとするものであり、後二者は当該疾病の早期発見、早期治療の徹底を期すべく策定された施策であった。また、昭和三四年には、骨関節結核に罹っている児童に医療と同時に教育を保障することを目的として、療育の給付制度が設けられている。

つぎに、未熟児対策としては、未熟児センターの設置（昭和二九年）、母子健康センターの整備、訪問指導制度、養育医療制度の新設（同三三年）が行われた。これらの施策は、乳幼児死亡中における新生児、なかんずく未熟児の割合が増大する傾向が見られたことに対応しようとするものであった。

　これまで言及してきた施策・制度は、たしかに孤児や浮浪児対策とは趣旨を異にしていた。施策の対象となっている問題は、いつでも貧困児童問題に収斂させられうるというような、特殊な児童の問題ではない。しかし、乳幼児死亡率の引下げ、家族計画の推進といい、特定疾病対策、未熟児対策といい、なお一般児童対策としては必ずしも積極的なものとはいいがたく、適用を受ける児童も特定の範疇にあるものということができる。これにたいして、予想される年少人口の減少を労働力の逼迫の予兆として捉え、それが経済発展の阻害要因となることを憂う昭和三五年の中央児童福祉審議会の答申以後になると、施策の内容は一層予防的、育成的になり、適用範囲も拡大されていった。昭和三六年に始まる新生児にたいする訪問指導、同三七年の妊産婦への訪問指導、また同三六年の三歳児健康診査の新設などは、まさしく一般児童対策としての性格をもつものであった。

　この時期以後においても、ある意味で、母子保健施策は急速に拡大していくことになる。昭和三九年には中央児童福祉審議会母子保健対策部会の中間報告が提出され、それを承けて同四〇年には母子保健法の成立をみる運びとなる。しかし、母子保健単独立法の成立は必ずしも母子保健施策の、あるいはそれによる母子の健康状態の改善を意味しなかった。それは、昭和三〇年以来の未曾有の日本経済の拡大がもたらした歪みに対処せんとする政策的配慮の所産であるにすぎなかったのである。

第3節　経済成長の歪みと健全育成対策

一　激しい社会変動と児童の生活

途中一時期の不況を経験しながらも三〇年代を通じて高度な成長を持続してきた日本経済も、昭和三六年にはそのピークに達した。高度成長の第一段階が終わりをつげ、昭和三七年頃から日本経済はいわゆる転形期を迎えた。ここにいう転形期とは、日本経済が設備投資主導型の成長パターンから財政・輸出主導型の成長パターンへ移行していく過渡期であり、その意味で不安定な時期であった。そして、同時にこの時期は、早くも高度成長の歪みが国民の社会生活や消費生活のなかに影を落とし、さまざまの社会問題を顕在化させつつあったという意味でも、不安定と混乱の時代であった。

日本経済の急激な拡大は、いくつかの経路をたどりながら児童の生活に影響を及ぼし、さまざまの社会問題をうみ落としていった。まず、産業構造の変化にともない非出稼ぎ型の被用者、すなわちもっぱら賃金や報酬に依存するという生活構造をもった人びとが急増したこと、既婚婦人が労働市場へ吸収されたことによって共稼ぎ世帯が増加していったこと、農山村の世帯主による出稼ぎも増加したこと、資本と労働の都市への集中によって住環境が悪化したこと、その他これに連累する諸要因が、家族の構成に縮小化の傾向をもたらしただけでなく、伝統的な家族の生活様式を急速に変化させていく契機となった。そして、そこに生じた変化は、ある面において、家族の集団維持能力や児童養育能力を低下させるように作用した。つぎに、利潤の増殖を最優先させる企業の生産政策が、一個の消費者としての児童に精神的退廃、傷病、あるいは永久的な障害をもたらすという事態も、少なからず生じてきた。低賃金労働力の確保を目的とした集団就職という形態での若年労働力の動員が、彼らの社会化を不十分なものにしたり、あるいは偏ったものにすることも多かった。最後に、社会資本の充実という美辞を冠した産業基盤の整備や新たな地域開発、そして各種企業の自己中心的な産業活動によって、児童の生活環境は大きく汚染され、あるいは破壊された。

このような背景をもって生成してきた児童問題の一部を具体的にとりあげてみると、それはつぎのようであった。非行少年の数は昭和三九年に戦後最大のピークに達し、人口一、〇〇〇人あたりの比率は一二・〇を示した。児童相談所の相談件数のうち教護相談と触法行為等相談との合計数を算出し、三〇年の数値を一〇〇として以後の推移をみると、昭和三一年から同三四年にかけて九〇から一〇五のあいだにあった数値は昭和三五年から一二一と急増し、同三六年および三七年の一三八をピークとして、以後減少に転じ、同四〇年には一〇一となって昭和三〇年水準に戻っている。つぎに、長欠・不就学相談、性向相談、適性相談、しつけ相談などの総和を求めて同様の推移をみると、昭和三七年から急速に増加し始め、同三八年から四〇年にかけては昭和三〇年の三倍に達して、この時期に情緒障害その他の問題をもつ児童の増加したことを物語っている。また、昭和三〇年以後、同三二年を例外として減少し、昭和三六年には対三〇年比で七七に低下していた養護相談も、昭和三七年、同三八年にはそれぞれ八七、八九を示し、伝統的な家族の生活様式の解体による問題の増加を窺わせている。[6] このほか、この時期には、生活環境の悪化を象徴する幼児の事故死が増加した。さらに、すでに昭和三〇年前後から水俣病児、森永砒素ミルク中毒事件というかたちで出現し始めていた食・薬品等公害の犠牲となる児童の数は、サリドマイド事件（同三六年）、四日市ぜんそく（同三七年）などによって急速に増加していったのであった。こうして、児童福祉法一五周年を記念して昭和三八年に編集発表した『児童福祉白書』のなかで厚生省児童局自体が認めているように、この時期日本の子どもたちはまさしく「危機的な段階」におかれていたのである。[7]

二　人口資質の向上と家庭児童対策

しかし、ここで明確に理解しておかねばならないことがある。それは、児童が「危機的な段階」にあるといっても、それが社会的に問題になるのは必ずしも児童が危機的な状況にあるということそのことのためではない。社会が問題にし、政府が対策を講じようとするのは、児童をとりまく状況が体制にとって、もっと端的にいえば日本資本主義にとって放置しえない問題となるからである。この時期に児童問題が重要な政府の政策課題となったのは、児童のおかれている状況が将来の経済成長の足枷になりかねないという危機認識があったからである。しかもこの危機認識は、ひとつ前の時期とは異なっている。かつて昭和三六年頃までは、経済の極大成長を持続するに必要な労働力を従来通り継続的に確保しうるかどうかが問題であった。だがいまは、経済成長が逆に児童の資質を阻害するという予想だにしなかった結果に直面し、そこから将来の経済成長のために必要な幼少人口の質量を確保しうるかどうかが問題となっている。昭和三八年『白書』の「危機的段階」という認識は、このような文脈において理解されなければならないのである。

この時期には、中央児童福祉審議会だけでなく、人口問題審議会や経済審議会も、さきにみたような危機意識に立って、各種の献策を行っている。人口問題審議会は、昭和三七年七月に「人口資質向上対策に関する決議」を提出した。そこにおいて同審議会は、従来の日本が経済開発に傾斜しすぎてきたことを指摘したうえで、経済開発と社会開発を均衡させるとともに労働力不足に対処するため若壮年層の死亡率を引き下げ、体力、知力ならびに精神力のすべてにわたって優秀な人間を育成することを提言し、そのための対策のひとつとして「幼少人口の健全育成」を献策している。なお、この「決議」は、集団就職の年少労働者についても言及し、彼らは将来の基幹労働者であり、労働環境や生活環境への順応を支援する何らかの援助が必要だとしている。

昭和三八年一月に「人的能力政策に関する答申」を提出した経済審議会は、その「人的能力部会条件整備分科会報告」のなかで、児童をもっとも端的に「労働力供給の源泉」とみなす観点から児童対策を提言している。その内容は、児童の健康、児童の健全育成、児童手当の構想の三部門に及ぶが、乳幼児その他の児童の死亡を労働力の損失という見地から防止しようとする提案、非行と事故死の防止という観点から健全育成を捉えていること、さらには児童手当を児童の属する家庭の経済状態のいかんにかかわらず、彼らの能力を十分に開発するための手段として捉えていることなどに、経済審議会の見地がよく現れていた。

さて、時の厚生大臣は、昭和三七年の三月には中央児童福祉審議会にたいして「児童の健全育成対策及び幼少人口の資質向上のための積極的方策について」諮問を行っており、七月にはこれにたいする答申がよせられた。この答申が児童福祉政策の提言として、さきの両審議会の献策に比べてはるかにきめの細かな内容のものであることはもとより言を俟たないが、しかしながらその根幹となる部分はやはり一般児童を対象とする健全育成策の拡充の強調という点であり、その限りでは、前出両審議会の提案とのあいだに大きな差はなかった。むしろ、それ以後数年間の児童福祉政策への影響などからして、より重要な意義をもったのは、翌昭和三八年の家庭対策特別部会による「家庭対策に関する中間報告」のほうであった。これはもとより前年の答申を承けるものではあるが、児童の健全育成にとって家庭のもつ意味を過度に、しかも適切を欠くと思われる視点から、一面的に強調するものであった。「中間報告」は、児童をめぐる危機的状況を急激な経済成長の所産として捉えるのではなく、親の養育責任の回避や保育努力の欠如、母性愛の喪失などに帰せしめようとした。だが、これは明らかに誤謬であり、現実に目を閉じる議論であった。伝統的な家族や家庭生活のありかたが経済の高度成長という巨大な歯車の下で押し潰されようとしているとき、一面的によき家庭生活や母性愛を説くことは問題の本質を糊塗しようとするものともいうべき所作であった。

ここにおいて、日本の児童福祉政策は「児童と家庭とを一体として把握する」という方向を改めて確認することとなった。「中間報告」が提出された翌年の昭和三九年四月には「家庭児童相談室設置運営要綱」が策定され、家庭児童福祉の向上を図るため、福祉事務所に家庭児童相談室を設置しうるようになった。ついで同年七月には、昭和二二年に新設された厚生省児童局が児童家庭局と改称されることになってこんにちに及んでいる。こうした児童福祉政策の動向は、当然のことながら、児童福祉のさまざまの領域に影響を及ぼすことになった。

三　児童厚生施設と保育所の拡充

児童厚生施設は児童福祉法制定当初から児童福祉施設のひとつとして位置づけられていたのであるが、昭和三〇年代末に至って一躍脚光を浴びることになった。すでにみてきたような危機的な状況のなかで、それらが児童の健全育成対策を推進していくうえで中心的な役割を担いうるものと目されたからである。

もともと児童厚生施設は、やがてとりあげる保育所とともに、児童福祉法の積極的な施策としての側面を代表するものとみなされてきた。しかし、二〇年代には目立った発展はみられず、昭和三一年当時で、児童館八四、児童遊園四一三、合計四九七施設という状態であった。以後、児童福祉政策が要保護児童対策から一般児童対策に比重を移していくにつれて徐々に増大してはいったが、その著しい発展がみられるのは昭和三〇年代末に至って児童の危機に対応する目玉商品的な扱いをうけるようになってからであった。

児童厚生施設にたいする最初の国庫補助制度は、昭和三三年に始まる児童遊園設置費についての補助であり、同三九年まで継続された。これにより昭和三一年の四一三をピークに、同三二年には三九五、同三三年には二八七と減少傾向にあった児童遊園は、昭和三五年には五一五（対三三年比一七九）、同三七年八二五（対三五年比一六〇）、同三八年には一、一〇二（対前年比一三四）と急増に転じた。以後も年々の伸び率は低下したものの着実に増加し続け、昭和五一年には四、七七一施設（対三一年比一、一五五）に達している。

他方、児童館の設置にたいする国庫補助制度が実現したのは、昭和三八年であった。国庫補助の対象となった児童館は、市町村および社会福祉法人で、児童に健全な遊びを与えて児童の健康を増進し、情操をゆたかにするとともに、こども会、母親クラブなどの地域組織活動の育成助長をはかるなど、児童の健全育成に関する総合的な機能を有するものとされた。国庫補助が実現したことにより、昭和三一年に八四、同三五年に一七二、同三七年に一七六と中弛みの状態にあった児童館の施設数は、昭和三八年には二〇二（対前年比一一五）、同三九年には三四三（対前年比一七〇）、同四〇年には五四三（対前年比一五八）と大幅に増加し、昭和五一年には二、三〇〇（対三一年比二、七三八）に達している。

児童の事故防止、遊び場の確保、自然環境の保存ということに関しては、さらに中央児童福祉審議会が昭和三八年、同三九年の二回にわたり、それぞれ「児童の遊び場の問題に関する中間報告」、「児童のための自然環境を確保することについての要望書」を提出して、問題の一端に対応しようとしたことにも留意しておくべきであろう。もとよりそうはいっても、これまでみてきたような児童厚生施設の拡充を中心とする施策によって、児童の危機的状況が解消されたというのではない。四〇年代に入っても遊び場の不足は相変わらずであり、児童の交通事故死、事故死も容易には減少しなかった。

保育所は、三〇年代を通じて恒常的に増加していった。いま昭和三一年と同三九年を比較すると、保育所施設数にして二、〇七三施設増加（一・四倍）し、定員数にして一五六、五三一人増大（一・二倍）した。施設数の各年度毎の伸び率は、最大で一・〇四倍から最小で一・〇二倍のあいだに分布していた。あえていえば、対前年度の伸び率は、昭和三七年頃からわずかに上向きの状態に入り、同四一年には一・〇五を示した。

このように、保育所は、児童厚生施設、なかんずく児童館のように、三〇年代後半になって急激に増大するということはなかった。しかしそれにもかかわらず、この時期保育所問題は大きな社会問題であった。保育所にたいする需要は、基本的には三〇年代に始まる日本経済の急激な拡大が低賃金労働力として大量の婦人労働力を吸収したことに由来した。したがって、経済拡大の持続がほぼそのまま、保育需要の継続的増大をもたらした。加えて、三〇年代末の、さきにみたような児童をめぐる生活環境、生活様式の変化が、保育所を幼児に不可欠の集団的幼児教育の場として捉える傾向を生みだした。こうした状況のなかで、児童の保護者、保母、研究者などを中心として発展しつつあった保育運動も、さらに婦人労働者を媒介に労働組合運動と連携して全国的な保育所増設運動を展開するようになった。ここに、保育所設置問題は、重大な政治的、社会的関心事として世間の耳目を集めることになったのである。

これにたいして政府は、昭和三八年七月の中央児童福祉審議会保育制度特別部会の中間報告「保育問題をこう考える」

を梃子《てこ》に、むしろ家庭保育の重要性を強調し、保育需要の過熱を批判するという方向で対処しようとした。ちなみに「中間報告」は、保育需要拡大の背景にある要因を、婦人の自覚と要求、農村などの労働力不足・貧困、貧困観と消費生活向上への意欲の増大、社会的保育への期待、人づくりへの要請、であると分析してみせる。そして、そのうえで、家庭保育の重要性、母親の保育責任、子どもの母親に保育される権利、家庭外保育の家庭化など、昭和三七年の中央児童福祉審議会「答申」、同年度の家庭対策特別部会の「中間報告」に源流する論旨を徹頭徹尾繰り返した。

しかし、当然のことながら、保育にたいする需要は、以後においてもいささかも衰えることがなかった。このため、昭和四二年になると政府は、緊急整備計画によって保育所の整備を図ることに着手し、引き続き、同四六年から五〇年までは「社会福祉施設整備五ケ年計画」の一環として、保育所の整備を行わざるをえなかったのである。

第4節　社会開発計画下の障害児施策

一　極大成長から社会開発へ

昭和三九年から同四〇年にかけて、戦後最大ともいわれる不況を経験した日本経済も、四〇年代に入って高度成長の第二期を迎えることになった。この高度成長第二期は、極大成長を目標としてきた第一期とは異なり、少なくとも政策的には「均衡のとれた経済社会の発展」を目指したところにひとつの特色があった。

四〇年代当初における極大成長から社会開発へという政策目標の転換は、経済審議会の答申「中期経済計画」(昭和四〇年一月)や社会開発懇談会の「社会開発懇談会中間報告」(同四〇年七月)などを通じて明らかにされていった。これらの答申や報告は、いずれも三〇年代の高度の経済成長が「逆流効果」を起こし社会生活を圧迫してきたとの反省のうえに、経済発展と社会開発の均衡を説き、後者の一環として社会保障や社会福祉を位置づけていた。たとえば、「中期経済計画」は、「先導部門を中心とする生産力の拡大と雇用の増大を主軸として高成長を続けてきた日本経済もいまや所得分配面や社会環境の改善に、より大きな力を注ぎ、経済と社会の均衡ある発展を図る時期に入っている」として、社会保障（社会福祉もここに含められている）の必要性を強調した。ここでの課題に直接関連する提言としては、つぎの諸点が興味深い。⑴国民のもつ労働能力を有効に活用するという国民経済的観点からするリハビリテーション事業の整備を行うこと、⑵若年労働力の減少および児童養育費の増大に対処し、中高年労働力の流動化を促進するために児童手当制度を実現すること、⑶児童福祉について、(a)保育所の増設と適正配置、(b)身体障害児や精神薄弱児の収容施設の増設、(c)施設に必要な職員の養成と確保をするよう提言していること、などである。

社会開発懇談会の「中間報告」も、ここでの課題との関連でみる限り、一部を除いてほとんど同一の趣旨であった。両者が異なるのは、「中間報告」が精神薄弱児・者のためのコロニーの建設を提言したこと、および保育所、障害児施設（とりわけ重症心身障害児のための収容施設の必要性を強調）の整備とならんで、母子世帯対策の推進をとりあげていたこと、である。

中央児童福祉審議会が厚生大臣にたいして「児童福祉施策の推進に関する意見具申」を提出したのは、昭和四一年の一二月のことであった。この「意見具申」は当面解決を急ぐ問題を中心に、⑴保育対策について緊急に措置すべき事項、⑵精神薄弱児対策の推進に関する事項、⑶重症心身障害児（者）及び進行性筋萎縮症児対策に関する事項、⑷「少年法改正に関する構想」について、から構成されていた。このうち⑴についてみると、保育所の絶対的な不足を解消するため保育所を計画的に増設すること、および保母の確保を図ることが勧告されている。昭和三八年七月の保育制度特別部会の主張は、ここでは大きく後退した。⑵では福祉の措置を生活年齢によって区分することの不適切性が指摘され、施策の一貫性を確保するための処置をとる必要のあることについての提言が中心となっている。⑶では、重度の障害児や重症心身障害児のための施策を促進すること、進行性筋萎縮症児にたいする児童福祉法上の取扱いを明確にすることなどがとりあげられている。

みられるように、この昭和四一年の中央児童福祉審議会の答申が、経済審議会の答申や社会開発懇談会の中間報告の趣旨を継承し、それを幾分か専門的に述べたものであることは明らかであろう。すなわち、四〇年代の児童福祉政策は、経済発展と均衡のとれた社会開発という枠のなかで展開される運命にあった。そのことから、この時期の児童福祉施策はある意味で大きく発展もしたが、同時に社会開発という枠にしばられ、そのことのためにときに歪みを生じることもあったのである。

もとより、四〇年代の児童福祉政策の策定過程に影響を与えたのは、これまでみてきたようないわば体制側の論理ばかりではない。まず、三〇年代末から活発に展開し始めた住民運動や市民運動との関連で、あるいは単独に、児童福祉施策の拡大、改善を要求する運動が大きく発展した。一般に、保育運動、発達保障運動、人権集会などとよばれている運動がそうであった。これらの運動は、もはや二〇年代のように陳情運動ではなく、要求運動なかんずく権利保障要求運動という形態をとるものであり、地方自治体水準においても、全国的水準においても、相当の成果をあげうるものに発展していった。

そして、こうした運動が成果をあげうるようになるにあたっては、昭和四二年の東京都を中心に全国各地に相次いで革新自治体の出現していったことが大きな意味をもった。当初から革新自治体は、社会福祉の充実をその政綱のひとつとして強調することによってその数を増していったが、そうした政綱はやがて保守的自治体にも波及していった。地方自治体による社会福祉政策の先取りを意味するいわゆる単独事業(8)の採用と増加は、こうして出現したのである。

しかも、こうした要因は地方自治体水準に止まらず、国政段階にも影響を与えるようになっていった。なかでも、児童手当制度の成立過程(9)にみられるように、地方自治体がまず新しい施策を実施し、それがやがて国の制度として採用されるという政策決定のありようが出現したことは、四〇年代以後の社会福祉政策の動向を解明するうえで極めて重要な意味をもつ出来事であった。

二　障害児施設の拡充と破綻

昭和四〇年代の児童福祉は障害児問題を中心に展開したといって過言ではないだろう。もとより、ほかに課題がなかったわけではない。さきにみた各種審議会の献策からも明らかなように、保育にたいする需要は拡大の一途をたどり、保育所は恒常的に不足するという状況にあった。また、三〇年代に始まる若年労働力の都市への集中、小家族化、劣悪な居住環境、生活の孤立化などを背景として、子捨て、子殺しなどの陰惨な事件が相次いで発生した。悪質なインフレーションが続くなかで、児童の（教育費を中心とする）養育費の高騰が家族の生活を圧迫し、そのことが四六年の児童手当法の成立につながっていった。

このように、四〇年代に入ってからも、児童にかかわってさまざまの問題が社会問題化した。しかし、障害児問題はそのなかでも最大の争点であった。そこにはかねて障害児施策が他の領域に比べて遅れていたという事情もあったが、なんといっても三〇年代に始まる高度成長が、多様な媒介項と経路によりながら、問題を顕在化させ、社会問題化させたことが障害児施策を児童福祉政策の中心的位置に引き上げさせたのである。

この時期、障害児問題の背景にはさまざまの要因がからんでいたが、その一端を示せばつぎのようである。各種の薬品、食品その他の公害や自然破壊、また均衡を欠く医学の発展などの要因によって子どもの健康破壊、結果としての障害児の出現が増大したこと、被用者の増加にともない二世代小規模家族が増大するとともに私的な扶養能力が低下したこと、労働力の都市集中、企業優先の地域開発などによって生活環境が悪化したこと、伝統的な意識構造が変化してきたこと、これらの諸要因が障害児問題を顕在化させてきた。

これに社会問題化の契機を与えたもの、それは当時の重症心身障害児問題への異常な関心の高まりであった。従来、重度の重複障害をもった子どもについての施策はまったくといっていいほど顧みられることなく、糸賀一雄、小林提樹らによる営々たる努力のほかみるべき対応は存在しなかった。そのような状況のなかで、昭和三八年に作家水上勉が「拝啓池田総理大臣殿」と題する抗議の文章を発表したことの影響には大きいものがあった。昭和三九年には「全国重症心身障害児を守る会」が設立され、同四二年には「全国障害者問題研究会」も発足した。

さきにみた各種審議会の答申や報告が、障害児にたいする施策を重点的な施策としてとりあげた背景には、このような障害児をめぐる問題の顕在化、社会問題化があったのである。答申や報告のなかで提案された施策の多くはそのまま実施に移されているが、三〇年代末から四〇年代半ばまでの主要な施策をあげてみるとつぎのようである。精神薄弱児施設に重度精神薄弱児収容棟、肢体不自由児施設に重度病棟を付設（昭和三九年）。重度精神薄弱児扶養手当法制定（同三九年→同四一年特別児童扶養手当法と改称）。国立療養所に重症児病棟を付設（同四一年）。重症心身障害児施設の新設（同四二年）。児童福祉法および精神薄弱者福祉法、身体障害者福祉法の一部改正により、児童施設の在所年齢を延長するとともに成人施設への入所を満一五歳より可能にする（同四二年）。精神薄弱を併せもつ盲またはろうあ児の処遇に関して「盲重度児及びろうあ重度児の保護指導の強化について」通知（同四四年）。「社会福祉施設緊急整備五カ年計画」にて障害児関係施設の抜本的拡充を策定（同四五年）。

このように四〇年代前半の障害児施策は主として入所（収容）施設の新設や拡充を軸に展開していったのであるが、そのこととの関連で最後にコロニー構想について触れておきたい。それは、同構想が社会開発計画下の障害児（者）施設対策の特質と入所（収容）施設のもつ問題点とをもっとも濃縮したかたちで示してくれるからである。わが国におけるコロニー構想の出発点は、すでにみたように昭和四〇年の「社会開発懇談会中間報告」であった。同「報告」は障害者本人の福祉の向上および労働力逼迫に対処するための人間能力の開発という観点から、全国各地にリハビリテーションのためのメディカル・センターを設置することを提言した。しかし併せて、他方では「一般の社会で生活していくことの困難な精神薄弱者については、児童を含めて、環境のよい土地にコロニーを建設し、能力に応じて生産活動に従事させることが必要である」と指摘していたのである。

厚生省はこれを承けて、昭和四〇年一〇月に各界の有識者からなる「コロニー懇談会」を設置して、討議を行なった。この懇談会は同年一二月に「心身障害者のためのコロニー設置についての意見」を具申しているが、それはコロニー建設を積極的に推進するというものであった。昭和四六年に開園した国立コロニーのぞみの園は、このような経緯のなかから建設されたのであった。

コロニー懇談会が心身障害者を長期間入所させて全人格的な生活を営ませるための、各種施設を総合した、生活共同体として描きだしたコロニーは、しかしながらその後強い批判にさらされることになった。コロニーは、当初から労働能力として期待しえない障害者のための施設として、彼らを保護という名目で社会から分離するという性格を負わされていたが、実際、そのほとんどが、敷地の入手難もあって、交通疎遠な遠隔地に建設されたことも加わって、文字通りの隔離のための施設となる傾向をみせるようになったからであった。このコロニー構想への批判は、巨大収容施設中心主義の終焉をもたらし、これに代わって地域社会のなかで障害者の生活を確保しうるように、地域社会のなかに必要各種施設を設置していこうとする考え方が登場してきた。こうして、当初国立コロニーの開園した同じ昭和四六年中に六カ所も開園するという状況にあった地方コロニー建設ブームもしだいに下火となり、昭和五一年現在、地方コロニーはわずかに一七道府県に存在するのみである。

三　入所施設から在宅サービスへ

かつて児童福祉サービスといえば、それはまず間違いなく施設、それも入所（収容）施設による保護を意味してきた。この状態は大筋でいえば、四〇年代中頃まで続いた。しかし、昭和四五年一二月の中央児童福祉審議会の意見具申「緊急に実施すべき児童福祉及び母子保健施策」が精神薄弱者対策について言及したなかで、通所施設の活用や保護者自身による指導・訓練の強化を提言し始めていることからも知られるように、四〇年代半ばに至って収容施設第一主義は揺るぎだし、通所サービスや、つぎには在宅サービスへと比重が移っていった。そして、昭和四九年の中央児童福祉審議会の答申「今後推進すべき児童福祉対策について」になると「障害児にとっても、可能な限り在宅処遇が望ましいが、これまで、在宅処遇を可能とする条件が整備されていなかったか、あるいは不十分であったために、本来、障害の治療、軽減を主な役割とすべき収容施設が収容という手段によって障害児をめぐるすべての問題を一手に引き受けていた観がある」とまでいいきっている。四〇年代の後半数年間のあいだに、児童福祉サービスの供給形態についての考え方は大きく転換したのである。

戦後、児童福祉法制定時以降の障害児サービスをその供給形態によって区分すると、昭和四二年、同四七年を指標として三つに画期することが可能なように思われる。まず第一期は、入所施設が中心の時期である。児童福祉法の制定時、障害児入所施設は精神薄弱児施設と療育施設の二種類であった。以後、療育施設の分化が続き、昭和二四年に盲ろうあ児施設が分離し、同二五年には残っていた療育施設も虚弱児施設、肢体不自由児施設に分解された。さらに昭和三六年には情緒障害児施設が加わり、同四二年には児童福祉法上に規定された最後の施設として重症心身障害児施設が設置された。この時期は、入所施設が児童のもつ障害の種類に応じて専門分化されていった時期である。施設の専門分化は、ひとつの当然に要請された発展であったが、その運用をめぐっては問題も生じてきた。盲ろうあ児施設における精神薄弱を併せもつ児童の指導強化（昭和四四年）や肢体不自由児養護施設の導入（同四八年）は、そのような隘路に対応しようとする措置であった。

第二期は通所施設が整備された時期であるが、これは第一期から第三期への移行期ともいえ、それほど明確には画期しがたい。通所施設の最初のものは、昭和三二年新設の精神薄弱児通園施設である。この施設は、対象を満六歳以上の中程度の精神薄弱児に限定し、事実上精神薄弱児養護学校の代替物として機能してきた。児童福祉サービスにおける通所という形態が再び問題になるのは、昭和三八年の肢体不自由児施設通園児童療育部門の設置をめぐってである。昭和四四年には、肢体不自由児通園施設の設置が可能となった。また、入所施設への批判が高まり、地域社会の中での指導が重要視されてきたこととも相俟って、昭和四七年には、精神薄弱児通園施設ならびに肢体不自由児通園施設を補完するようなかたちで、市町村を設置主体とする心身障害児通園事業が開始された。

第三期は、在宅サービスが導入され始めていった時期である。障害児にたいする初期の在宅サービスとしてよく引合いにだされるのは、昭和三九年の重度精神薄弱児扶養手当（同四一年には重度の身体障害を有する児童をも給付の対象として特別児童扶養手当と改称）と昭和四二年の在宅重症心身障害児（者）訪問指導制度である。障害児を在宅で保護・指導するというばあい、それを可能にするような経済的基盤と専門的な知識や技術の提供が重要な意味をもつことは言を俟たない。しかし、この二種類の施策は、少なくともその発足の当初は、そのような目的をもつものではなかった。いずれも、重度の精神薄弱児や重症心身障害児への対応が社会問題化した時期に、十分な量の入所施設を準備することができず、これを代替するために設けられた施策であった。すなわち、この二つの施策は、入所施設の代替・補完物として止むなくとられた在宅サービスであって、これを後日のそれと同一視することはできないのである。

在宅サービスとしての性格がややはっきりしだしたものに、昭和四五年の心身障害児家庭奉仕員派遣事業がある。その後昭和四七年には、在宅重度障害児集団療育事業（療育キャンプ）や重度障害児（者）日常生活用具給付等事業が実施され、ここに本格的な在宅サービス実現への端緒が開かれたということができよう。

さて、ここまで福祉サービスについて検討するにあたって、国政水準の施策のみをとりあげてきた。しかし、四〇年代後半における在宅サービスの発展をみるというのであれば、地方自治体の実施した社会福祉にかかわる単独事業を無視することはできないであろう。いまは詳しく検討するだけの余裕はないが、地方自治体の行っている単独事業のかなりの部分は在宅サービスである。そして、障害児（者）を対象とする単独事業の推移をみるに、昭和四〇年から同四四年にかけて六六であった事業数は、昭和四五年から同四八年には二七四とおよそ四・二倍に増大している。[(10)] この数字は、昭和四五年以降全国の地方自治体において、かなりの数の在宅サービスが実施されたことを推測させるに十分であろう。

こうした地方自治体における在宅サービスの展開には、在宅サービスが比較的安価に実施されうるという事情も関わっていよう。その点危惧がないではない。しかし、これを三〇年代以降における国政水準、地方自治体水準全体の児童福祉政策の流れのなかでみるとき、入所施設中心のサービスから在宅サービスへという転換は起こるべくして起こったものといわなければならない。

まず、この転換は、コロニー構想にみられたような社会開発の一環としての入所施設のあり方が批判され、児童福祉サービスを与えられるものではなく、利用者の権利という観点から再検討していこうという気運が盛り上がって来たことと関わっている。そしていうまでもなく、こうした気運は、三〇年代以降の高度経済成長が「逆流現象」としてその内部から生みだしたものの産物であった。つぎに、その同じ逆流現象が四〇年代に入って多くの革新自治体を生みだし、地方自治体の住民に住民参加の経験を与えた。この経験をもった住民たちは、社会福祉についても、地域社会水準での住民参加による施策の策定と成果の享受という方式を追求するようになってきたからである。入所施設中心の児童福祉サービスから在宅指導への転換は、このような状況と深く結びついていたのであった。

結びにかえて

ここまで、ほぼ昭和四八年までを目途として、戦後日本における児童福祉政策、関連立法の展開の過程を素描してきた。昭和三〇年に始まった経済の高度成長は、同四八年秋の石油ショックをもって終焉した。五〇年代に入ってからは円高ショックによる輸出の減退が生じたこともあり、四〇年代には輸出主導で拡大してきた日本経済はいまだに不況を抜けだせずにいる。昭和四九年以降、「福祉見直し」論や「高福祉高負担」論が世を賑してきたが、そのせいがあってかあらずか、四〇年代末以降には特に際立った施策もみられない。昭和四九年の在宅障害児指導事業（巡回指導バス）、同五一年の在宅重度心身障害児（者）緊急保護事業補助、都市児童健全育成事業などの開設が目を引く程度である。昭和四九年以降をうんぬんするのは早計にすぎる、というべきであろう。

最近刊行された厚生省児童家庭局編の『児童福祉三十年の歩み』は、「昭和四十年代に拡大充実した児童福祉行政は、制度的にはほぼ整備されたということができ」るとし、児童福祉法制定後三〇年のあいだに児童福祉行政は「質量ともに飛躍的に発展した」(11)と自ら評価を下している。おそらく、制度の枠組みをとりあげ、それを敗戦直後の児童保護と比較するならば、この自己評価の過半は妥当であろう。そのところは率直に認めるべきである。しかし、ここではその点について十分検討を加えるだけの余裕をもちえなかったが、各施策の内容、なかんずくソフトウェアともいうべき部分の整備がなお今後に大きく課題として残されていることは明らかである。ただ、この側面についての整備が十分なものとなりうるためには、おそらくは政策決定に参画するすべての人たちに大きな価値観の転換が要請されなければならないであろう。なるほど児童福祉政策は社会経済の内部に位置づけられなければ、倫理的色彩を脱却できぬであろう。その点は認めよう。しかしながら、社会経済の動きに従属し、それに貢献するという側面だけが重視されるならば、児童福祉に新たな発展を期待することなど望むべくもないであろう。

かつて戦時厚生事業下において、児童を兵力と労働力の源泉とみなす観点から、児童保護政策の一般化、積極化が提唱された。戦後、昭和三〇年代以降、児童が労働力の源泉として位置づけられることによって始めて、児童保護は児童福祉へと展開することができた。この戦時下と高度経済成長下という二つの異なった時期に、互いに共通する児童政策の存在を仮定することは、強引に過ぎるというべきであろうか。

註

(1) この点については拙稿「わが国における児童の権利の生成――児童福祉政策・立法の史的展開――」(佐藤進編『児童の権利』ミネルヴァ書房　一九七六年　所収)においてやや詳しく述べておいた。

(2) 松崎芳伸『児童福祉法』日本社会事業協会　昭和二三年　一八～二〇ページ。

(3) 最近では、厚生省児童家庭局編『児童福祉三十年の歩み』(日本児童問題調査会　昭和五三年　所収)の座談会での発言。

(4) 児童福祉法の成立過程についての研究は最近大きく前進した。詳細については、つぎの資料集成、論文を参照されたい。児童福祉法研究会編『児童福祉法成立資料集成』(上巻)ドメス出版　昭和五三年。寺脇隆夫「児童福祉法の成立と『児童の権利』――法成立過程研究の視点から」『社会福祉研究』鉄道弘済会　第一九号　昭和五一年一〇月　所収。丹野喜久子「児童福祉法成立過程における立法意志の検討」『児童福祉法研究』児童福祉法研究会創刊号　昭和五二年一二月　所収。

(5) 毛利子来『現代日本小児保健史』ドメス出版　昭和四七年　二二五ページ。

(6) 各種相談件数については、各年度版の厚生省報告例による。

(7) 厚生省児童局編『児童福祉白書』厚生問題研究会　昭和三八年。

(8) 単独事業については拙稿「地方自治体の社会福祉施策――都道府県単独事業の予備的考察――」(日本社会事業大学編『現代日本の社会福祉』勁草書房　昭和五一年　所収)を参照せよ。

(9) 児童手当制度の成立過程については、横山和彦「最後の社会保障・家族手当」(副田義也編著『社会福祉の社会学』一粒社　昭和五一年　所収)が詳しい。

(10) 拙稿「地方自治体の社会福祉施策――都道府県単独事業の予備的考察――」。

(11) 厚生省児童家庭局編　前掲書　二八～二九ページ。

第6章

ニュー・ディール救済政策の展開

――現代資本主義と社会福祉政策

初出：1980年
「社会事業史研究」第8号

第1節　課題と意図

この報告は標題に示すように、ニュー・ディール期の救済政策にかんする研究を扱ったものではあるが、研究史の整理という与えられた課題からはかなり離れてしまったようである。ここで試みようとするのは、これまであれこれ検討してきた貧弱な研究の中間報告にすぎないが、おおかたのご海容をえられればこれに過ぎるものはない。

さて、最初にニュー・ディール救済政策をとりあげる意図について、簡単にふれておきたい。第一の意図は、社会福祉の理論研究をめぐる最近の動向と関連している。このところ、新しい視点に立つ研究の参入もあってか、再び多くの関心を集めているように思える社会福祉研究の争点のひとつは、社会事業と社会福祉の区別は理論的に可能なのか、はたまたそうすることが妥当なのか、という問題である。ここで、この問題をめぐる衆知の論争(1)に立ち入るだけの余裕はない。いまは端的に言えば、論争の核心にあるのは、一九世紀末に成立したとされる社会事業なるものが現代資本主義または国家独占資本主義のもとにおいてはいかなる展開を示しているのか。そしてそれは、それを捉えるのに社会事業とは別に新しい概念――社会福祉を必要とするほどに変化したといいうるのか、という疑問であるといってよかろう。この問題をめぐる従来の議論のしかたは、おおむね社会事業および社会福祉とよばれるものを相互に比較し、後者に存在して前者には認められないような特質を摘出してみせるという方法であった。なるほど、そこで指摘されている諸特質――対象の拡大、給付の普遍性、権利性など――は社会福祉に固有といって支障ないように思われるし、それぞれが興味深い論点でもある。けれども、これらの特質を有する社会福祉と現代資本主義との内在的な関連については、なお十分に詰められているとはいいがたいように思われるのである。議論のしかたとしても、社会事業と社会福祉を抽象的なレベルで相互に比較検討するという方法もさることながら、いま少し現代資本主義とそのもとにおける社会福祉について実態的に分析検討してみるという作業の積を重ねることも必要ではないか。ここでニュー・ディール期の救済政策について若干の検討を試みるのは、それがこのような問題設定のありようにかなうものと思われるからである。ニュー・ディール体制は、いわば現代資本主義（国家独占資本主義）の範型といってよく、そこでの救済政策の歴史的位置ないし意義を明らかにすることは社会福祉の理論的解明になにほどかは資するところもあろうかと考えられるのである。

ニュー・ディール救済政策の検討を試みる第二の理由は、それとわが国の社会福祉とのあいだに一定の関連性の存在することが予想されうるという仮定にある。衆知のように、戦後日本の社会福祉政策の出発点ともいうべき措置は、占領行政下で実施された社会事業行政の改革にあった。そして、このときの占領軍の改革指令の内容がニュー・ディール期救済政策の経験に依拠しているとの理解は一般的である。最近、改革をめぐる占領軍側の資料にかんする研究報告書も公刊された。[(2)]新たな史資料の紹介によって、今後戦後改革にかんする研究の一層の進展が期待されている。このこととの関連においても、ニュー・ディール救済政策の検討は意味をもちうるものといってよい。さらには、改革以後のわが国の社会福祉、なかんずくその研究が、アメリカにおける動向につねに目配りをしながら推進されてきた事実からしても、現代アメリカの社会福祉の出発点となったニュー・ディール期救済政策の分析は、とりわけて重要な意味をもつものといってよいのである。

第2節　ニュー・ディール救済政策の展開

一　大恐慌以前の救済制度

わが国では、大恐慌以前のアメリカの救済制度がどのようなものであったか、必ずしもよく知られているとはいえない。ＣＯＳやセツルメントの展開過程、ソーシャル・ケースワークの成立をめぐる経緯などについては、ある程度まとまった紹介がみられる。しかしながら、二〇世紀の最初の三〇年間における救貧法、範疇扶助、社会保険の動向は、ほとんどといってよいほど知られていない。これには、わが国における海外社会事業の紹介のしかたもかかわっているように思える。衆知のように、わが国の社会福祉研究は、まずイギリスを素材として公的救済制度の成立過程を分析し、つぎにアメリカをとりあげて救済技術――その中心にあるものとしてのケースワーク――の成立展開の過程を跡づけるという分析・記述の方法をとってきている。

こうした議論のしかたは、意図の有無にはかかわりなく、結果的には、二〇世紀初頭のアメリカでは公的な救済制度の発展がみられず、救済はもっぱら民間救済機関によって担われてきたという印象を与えてきたように思われる。[(3)] しかも、アメリカにおける社会事業の成立が民間救済機関の活動を基盤として説かれるということになると、事柄は一層やっかいである。たしかに、のちに専門社会事業とよばれるようになるものは、民間の救済活動のなかから発展したといってよいのかもしれない。けれども、他方において、社会保険や範疇扶助の領域で無視すべからざる展開のみられたことも事実である。事柄は、二〇世紀初頭におけるアメリカの社会事業の動向を、公私いずれの潮流を基軸にして分析記述すべきかという研究方法論上の論議ともかかわってくる。[(4)] しかし、そのことは、ここでは措いておこう。いまは、ニュー・ディール期の救済政策といっても、それ以前に民間機関による救済活動として展開されていたものが一挙にして国家の政策となったわけではない。そのことを確認しておくだけで十分である。

もっとも、ここでつぎのような事実を確認しておいてあながち無意味であるまい。ニュー・ディール以前にあっては、アメリカじたいにおいても救済制度の主流はなお慈善事業[(5)]であると強く信じられていた。やがて明らかにするようにこの信念は事実に反していた。こうした誤謬が生じた理由は必ずしも明らかではないが、おそらく一九二〇年代末におけるアメリカの社会事業界――その象徴としての全国社会事業会議――そして社会事業研究における主導権が慈善組織協会の嫡流をなすアメリカ家庭福祉協会に属するオピニオン・リーダーによって握られていたことと無関係ではあるまい。彼らは自分たちこそがアメリカの社会事業を代表していると信じ、そのように記述してきた。わが国のアメリカ社会事業研究もその影響を免がれえなかったように思われる。

閑話休題。大恐慌までの救済制度の実態――それも公的救済を中心としたそれ――を知るに都合のよい文献の数は多くはない。通史的なものを除けば、まとまった研究としてはLubove の研究（附録2「文献」10――以下番号のみ記す）をあげうるのみである。ほかに、Brown（12）がニュー・ディール救済政策の前史としてやや詳しく扱っている。ドキュメントとしてはAbbott（4）および経済保障委員会の報告書『アメリカの社会保障――社会保障法の背景をなす諸事実――』(2)があり、とりわけ後者が重要である。以下、行論に必要な範囲で、大恐慌以前の救済制度について素描しておくことにしよう。

大恐慌以前における救済を支配したのは、いわゆる地方責任local responsibility の教義であった。各州とも救貧法を制定していたが、救貧行財政の直接の担当者は地方政府（タウン、タウンシップ、カウンティ、ミュニシパリティなど）であった。救済の方法としては居宅保護も実施されたが、中心はなお救貧院による収容保護であったといってよい。これにくわえて、民間慈善機関が救済をおこなった。救済の方法は、救貧法のばあいとは逆に、居宅保護中心であった。これは、かつて慈善組織協会が救貧法による居宅保護を攻撃した時期の名残りである。ただし、慈善機関が存在し、活躍したのはほぼ大都市に限定されており、地方では救貧法だけが救済手段であった。

州行政府も救済に関与したが、その態様は二通りであった。ひとつは、貧民の特殊な範疇にたいする収容保護である。精神病者や身体障害者などのための施設の設置運営がそうで、地方政府単位では対象となる貧民の数が少なかったり、財政負担が地方政府の能力を越えるようなばあいに限定されていた。いまひとつの流れが、二〇世紀の初頭に新たに出現した、いわゆる範疇扶助であった。大恐慌までに成立していた範疇扶助は、母子扶助（寡婦年金、母親扶助ともいう）、老齢扶助（老人年金ともいう）、盲人扶助の三種類であった。母子扶助は、一九一一年のイリノイ州に始まり、一九一五年に二八州、一九二〇年に四〇州、一九三四年には四五の州とワシントンＤＣがこの制度を設けていた。老齢扶助は一九一五年のアラスカ、一九二三年のモンタナ州に始まり、一九三〇年で一三州、一九三四年には三〇州が、この制度をもっていた。盲人扶助は一八九八年のオハイオ州に始まり、一九三四年において二四州がこの制度を備えていた。これら三つの範疇扶助制度が救貧法とは別に成立しえたのは、貧窮母子（主として寡婦とその子女）、老人、盲人という範疇が「価値のある」貧民であるという主張が認められたからである。しかし、範疇扶助は州が直営したのではなく、管理は救貧法同様地方の責任とされた。ただし、州によっては州政府の財政支出を認め、この点において救貧法とは異なっていたのである。けれども、母子扶助を例にとれば、地方政府が実際に制度を設けるかどうかは地方の任意であり、全国水準でいえばこの制度を導入した地方自治体は約半数であった。また、州政府の支出も、一九三四年現在でみると必要経費の約一六パーセントほどであった。

連邦政府についてみよう。連邦政府はすでに、独立戦争後には退役軍人に年金の支給をおこない、一九二〇年には連邦公務員のために退職年金制度を設けていた。また、一九世紀以来、大火、洪水、凶作などの災害にたいしては、たびたび一時的な救済支出をおこなってきた。しかしながら、一般的な貧民救済にかんしては、一八五四年のディックス法案にたいするピアスの拒否権発動以来、連邦政府はかたくなに不介入を貫いてきていたのである。

ところで、さきにもふれたことであるが、大恐慌以前においては、貧民救済の主たる担い手は私的慈善であると信じられていた。これは、社会事業界の指導者たちにはむろんのこと、フーバー大統領を含む政財界の大立物たちにも共有されていた信念であった。けれども、全国的水準の調査が試みられてみると、少なくとも財政支出を判断の基準とするかぎり、公的救済が私的救済を凌駕していることは明らかであった。国勢調査局が初めて試みた調査をみると、一九二九年の最初の三ケ月――大恐慌直前――の救済支出のうち、公的な資金によるもの七〇・六パーセント、私的な資金によるもの二九・四パーセントというのが実態であった。大きな慈善機関の多い大都市（人口三万人以上）のばあいに限定して比較してみても、公私の比率はそれぞれ六四・九パーセント、三五・一パーセントであった（Abbott, 4）。同年のラッセル＝セイジ財団の調査では、私的な基金の割合は二四・二パーセントであった（Cohen, 97）。こうした救済支出の割合の変化は、ニューヨーク市などではすでに一九一〇年代に現われていた（WPA, 11）。また、国勢調査局の統計では、公的な資金から支出されたものであっても、それが私的機関へ充当されたばあいは私的資金からの支出として扱われていることに留意しておきたい。

こうして、大恐慌以前におけるアメリカの貧民救済は、その相当部分が公的な支出によって担われていた。ただし、それを具体的に実施し、その行財政にわたって責任を負うていたのは地方政府であり、州政府の役割はすぐれて限定的で、連邦政府は全くなんの責任も分担していなかったわけである。しかも、客観的な事実はそうであったにもかかわらず、社会事業家をはじめとする大多数の人たちは相変らず貧困の救済は私的機関によって担われるべきだと主張し、また現実にそのようになっていると信じ込んでいた。したがって、大恐慌に起因する大量失業・貧困の発生にともない救済責任の所在が問題になると、そこでは二通りの論争がもちあがった。まずひとつは、救済は公私いずれの機関によって担われるべきか、という疑問である。救済が公的になされるべきであるとしても、どの水準の政府がそれを担うべきか。これが第二の問題であった。不況の深刻化とともに白熱化していく救済論争のなかでは、この二つの論点が多くは未分化なままに争われ、そのことが議論を一層錯綜させることにもなったのである。

二　救済制度組織化の過程

大恐慌からニュー・ディール体制下にかけての救済制度の組織化の過程は、連邦緊急救済局FERAの成立した一九三三年、および事業促進局WPAならびに社会保障法が出現した一九三五年とを基準として三つの時期に大別することができる。

まず、ニュー・ディール救済政策の直接的な前史にあたる時期は、大恐慌から緊急救済建設法の制定をへてフーバー政権の退場までの期間である。大恐慌による失業は、アメリカ資本主義にとって未曽有ともいうべきものであった。それのみならず、その数は従来の恐慌のばあいとは異なり時間の経過とともにかえって増大し、一九三四年にはアメリカの人口のおよそ三分の一から二分の一が失業者や不完全就業者の家族から構成されているとみられるほどになった（Derber & Young, 87）。この傾向は、不可避的に救済圧力の増加をもたらした。

都市地域における公的救済支出は年々増加をつづけ、一九二九年を一〇〇とすれば一九三二年には七五一に達した。他方、大恐慌は税収の低下にともなう歳入の減少をもたらし、地方政府による救済制度はたちまち破綻に瀕して州や連邦政府への救済支出圧力が高まっていったのである。

これにたいして連邦政府は、一九三〇年に大統領緊急雇用委員会を、一九三一年には大統領失業救済機構を設置したものの、みずからの救済責任を是認することなく、むしろ地方政府や慈善機関による救済努力の一層の拡大を要請するにとどまった。慈善団体はこれをうけて基金の拡大につとめ、一九三二年にはそれまでの最高額の五七〇万ドルが準備された。けれども、その年ですら全救済支出に占める私的資金の比率は一八・五パーセントにすぎず、それも一九三五年には一・四パーセントに激減したのであった（WPA, 11）。

州政府の救済支出は、一九三一年九月のニューヨーク州に始まった。いわゆる小ニュー・ディールの始まりである。ただし、これとて州政府が直接救済事業の実施責任を引き受けたわけではなかった。州政府の地方政府にたいする補助金の交付が実現したにすぎないのであるが、それでも州財政に与える負担は大きく、連邦政府への圧力は日増しに増大した。これにたいして、フーバー政権はようやく緊急救済建設法を承認し、州政府や地方政府にたいして救済資金を前貸しする制度を開設した。最終的には四二州が、一九三二年八月に始まるこの制度を利用した。しかし、当時のアメリカ社会が必要としたのは、一層積極的な連邦政府による救済政策の展開であった。

ニュー・ディール救済政策の第一期は、ルーズヴェルト政権の発足とともに始まる。いわゆる「一〇〇日議会」が招集され、ルーズヴェルト大統領によってやつぎばやに各種の政策が実施に移された。失業・貧困救済問題への対応は、その中心に位置すべき課題であった。

ところで、一九三〇年代のアメリカにおける最大の課題は何といっても大量失業の処理であった。貧困という事態の出現は、失業問題の帰結のひとつであるにすぎない。けれども、とりわけニュー・ディール以前においては、失業対策というものは――州政府や地方政府による小規模な公共事業を除けば――ほとんど存在しなかった。失業者たちは、貧困状態に陥ってはじめて、伝統的な救貧法による救済の対象になりえたのである。いわば、失業対策は、貧困対策というかたちでしか実施されていなかった、といってよい。

これにたいしてニュー・ディール第一期における救済政策は、雇用の拡大による失業の解消を第一の政策目標とし、それを補うものとして連邦補助金によって運用される救済制度を位置づけるものであった。一九三三年六月一六日に制定された全国産業復興法NIRAは、最終的には雇用の拡大による失業問題の緩和を意図するものであったといってよい。NIRAは一方において、資本にたいし「公正競争規約」を締結させ、生産制限や価格管理をおこなうことを認めていた。同時に、同法はその七条a項において、労働者の団結権や団体交渉権を容認し、「規約」のなかに最低労働条件を盛り込ませようとした。これらの措置は、一方において不況カルテルの容認および同法第Ⅱ部による公共事業PWAを梃子として景気の回復をはかり、同時に他方において労働者の対資本家競争力を強化するとともにあわせて労働時間を短縮するなど労働条件の改善を試みるという二通りの筋道によって、賃金率の引き下げや失業の防止、さらには雇用の拡大をはかろうとするものであったといってよいのである。

さて、機能においてNIRAを補うことになる救済政策は、時期的にはすでにいちはやく実施に移されていた。連邦政府による救済政策としての最初の立法措置は、事業救済 work relief の系譜に属する民間資源保存団CCCの設置を認めた失業救済法であって一九三三年三月三一日に制定された。CCCの正式名称は緊急資源保存事業であった。この制度は植林、防災などの事業を中心として失業者を吸収したが、その対象は青少年失業者に限定されていて、救済政策としては限定的なものであった。

連邦政府によるより一般的な救済政策を遂行したのは前出のFERAであるが、同局は一九三三年五月一二日に成立した連邦緊急救済法にもとづいて五月二二日に設置された。この機関によって連邦政府ははじめて救済事業に関与することになるのであるが、しかしそのことは連邦政府が直接救済事業の運営にあたることを意味するものではなかった。連邦政府は州政府にたいして補助金を交付するという方法によって、地方政府を基軸とする救済事業に間接的に関与しようとしたのである。連邦補助金の交付対象は、救貧法の流れを継承する一般救済であり、大恐慌以前に成立した範疇扶助は除外されていた。救済の方法にかんしていえば、ＦＥＲＡは当初事業救済を重視した。けれども結局は、直接救済 direct relief が中心となってしまった。

こうして、ＦＥＲＡの成果は必ずしも十分なものにはなりえず、来るべき冬期の窮境を緩和するため、三三年一一月には、連邦政府の直轄事業として事業救済をおこなう民間事業局ＣＷＡが設立された。この制度は、資産調査を中断して貧困でない失業者をも吸収し、一時的には相当の成果をあげた。しかし、支出の急増を理由に、早くも一九三四年の二月には雇用の削減がおこなわれた。このため、失業者たちは再びＦＥＲＡが新設した緊急事業救済計画に逆戻りすることになったのである。

ニュー・ディール救済政策の第二期への胎動は、ＮＩＲＡを中心としＦＥＲＡでこれを補うという第一期の救済体制への批判によって始まった。批判は、さまざまの角度から投げかけられた。

第一期を特徴づけた救済体制が失敗に帰したことは、誰の目にも明らかであった。労働条件の改善を含むＮＩＲＡによって景気の回復が実現しなかったことは、資本家たちに同法批判の口実を与えた。また、景気回復の失敗は雇用の停滞を意味し、長期化した直接救済のもたらす弊害——失業者のモラルの低下にたいする危惧も生じてきた。そして、なによりも重要なのは、ニュー・ディール政策に不満をもち始めた失業者・農民・貧困者を基盤として、カフリン、ロング、タウンゼントらによる「万能薬運動」が無視すべからざる政治勢力に発展していったことであった。さらに、ヨーロッパを脅かしつつあったファシズムや、大恐慌の圏外で首尾よく計画経済を推進しつつあった社会主義のアメリカ国内への影響も、無視しえなかった。

こうした状況のなかで、ルーズヴェルトは「中道よりやや左寄り」の政策を採用して、みずからの政権を、つまるところアメリカ資本主義の体制を維持していこうとした。ニュー・ディール救済政策の第二期を特徴づける事業促進局WPAおよび社会保障法は、このルーズヴェルトの「左旋回」を反映するものであった。

ルーズヴェルトの政策転換は、新しい救済体制の方向をさぐる「経済保障委員会」の設置（一九三四年六月二九日）に始まった。委員会は一九三五年一月一五日に大統領に報告書を提出し、以後の救済政策はこの委員会の勧告に沿う方向で実現されることになった。経済保障委員会による勧告の骨格は、「雇用の保障」、「失業補償」、「老齢保障」、「児童保障」、「不健康に起因するリスク」、「補充的救済」および「管理」という事項によって示されていた。経済保障委員会は、まず、「雇用の保障」とそれ以下の事項とのあいだに明確な線を引いていた。すなわち、経済保障委員会は、それまでの救済政策のなかでかなり未分化なかたちで扱われてきた救済対象を労働可能な失業者とそのほかの労働不能者および貧困者とに明確に二分し、それぞれ別の施策が必要であると説いた。

一九三五年五月に発足したWPAは、そのうちの労働可能失業者対策として設立された。この事業は連邦政府の責任において管理されたが、直営方式ではなく、主として地方政府をスポンサーとして実施され、労働可能な失業者に雇用を提供することを目的としていた。被用者の九七パーセントは資産調査を通過した貧困者で、彼らは同時に州公共職業安定所への登録を義務づけられていた。

労働不能者や貧困者に対応する社会保障法は、すでに一九三五年一月一七日に議会に上程されていたにもかかわらず、審議に手間どり、ルーズヴェルトの署名をえて八月一五日にようやく成立した。[6] アメリカの社会保障法は、二種類の社会保険――失業保険・老齢年金保険――、三種類の範疇扶助――老齢扶助・母子扶助・盲人扶助――および若干の社会福祉サービスから構成されていた。二種類の社会保険のうち失業保険は実質的には州営方式によって、老齢年金保険は連邦直営方式によって運営された。三種類の範疇扶助と社会福祉サービスについては、運営の責任は州以下の地方政府に委ね、連邦政府はそれぞれの基準によって補助金の交付をおこなうこととした。しかし、旧来の救貧法から緊急救済というかたちで膨張してきていた一般救済（扶助）General Relief（Assistance）は、WPAや社会保障をさらに補足する制度として全面的に地方政府に委ねられ、連邦補助金の交付対象からも除外された。

こうして、大恐慌にともなう大量の失業者・貧困者の出現を契機として始まった救済制度の組織化もひとつの結節点を迎えたことになる。つぎに、そうした組織化によって何が生じたかを救済行政に焦点をあてておこう。

三　救済行政機構と救済の方法

もとより、救済行政の変化といってもその内容は多様でありうるが、ここではそのうちから救済責任の所在、職員組織および救済方法にかかわる問題をとりあげて検討する。

まず、救済責任の所在にかかわる問題。この問題はいくつかの側面をもつ。救済責任をめぐる公私間の関係は、この時期いかに変化したのか。すでに、救済をめぐる公私間の分担ということにかんして以下の事実を指摘しておいた。第一に、一般の認識とは異なって、財政面からみると、大恐慌以前の段階で、救済活動のほぼ七割は公的機関によって担われていた。第二に、私的機関による活動といっても、財政上は公的な補助金への依存が相当に認められた。このうち第一の指摘にかんしていえば、救済制度が組織化される過程で、私的機関による救済支出の比率は一層低くなり、一九三五年には一・四パーセントにとどまった事実を、ここでもう一度確認しておけば足りるであろう。

第二の事実にかんしていえば、私的機関にたいする政府資金の支出はＦＥＲＡ体制がつくりあげられる過程で禁止され、ここに公私責任の分離が確定されることになった。旧来から一般的にみられた私的機関にたいする公的補助金の提供は、大恐慌の過程、とくに州が救済支出をおこなうようになった頃から、一層拡大する傾向にあった。こうして、公的資金が私的機関を介して配分されるという事態はＦＥＲＡ体制下にも引きつがれ、同局成立以後一ケ月を経過した一九三三年六月の時点で、七一市の一七五の私的機関が失業・貧困救済を目的として公的資金を受けとりかつ配分していた（Brown, 12）。このような状況は、地方政府がその当時必要とした厖大な救済事務に対処するための機関も、救済技術にかんする経験もいずれも持ちあわせていなかったことにも原因があった。けれども、公的資金を私的機関によって運用することにはもともと無理があり、弊害も生じてきた。このため、ＦＥＲＡは施行規則第一号によって連邦緊急救済資金の私的機関への移転を禁じ、「失業者は公的機関に救済の申請をおこない、救済は公務員によって直接申請者に供与される」という原則を確立しようとした。同局はさらに混乱を解消するため、施行規則第三号によって「公的機関」、「公務員」の概念規定を示し、第一号の補足とした（WPA, 39）。

これらの施行規則の効力は、もとより連邦補助金の支出にのみ及ぶものであったが、やがて州政府や地方政府の資金についても同様の扱いがなされるようになっていく。こうして、救済は私人によって担われるべきではなく、政府の責任においてのみ実施されるべきであるとする原則が確立したのである。[(7)]

救済責任の所在にかんする問題のいまひとつの側面は、それが連邦、州、地方の各水準の政府間にどのように配分されたかという問題である。ニュー・ディール救済政策の第一期において、救済政策の責任が地方から州、そして連邦へとより上位の政治体に上昇していったことはすでに指摘しておいた。ただし、これは州が、そして最終的には連邦が直接救済事業を運用するようになったというのではなかった。連邦政府は州政府に補助金を交付し、州政府は多くはそれにいくばくかの自己資金をつけくわえて地方政府に交付した。失業者や貧困者との直接的な接触は、連邦と州の資金にできうればさらに自己の資金をくわえて、地方政府がこれをおこなった。けれども、このことは、連邦政府がみずからの責任を補助金の交付に限定したことを意味するものではない。ＦＥＲＡは、補助金交付の要件として、州に救済計画と予算案の提出、一定の自己資金の準備を要求した。また、ＦＥＲＡは州救済機関の職員の資格を指定し、救済の内容や水準を統制し、州がこれらに違反したばあいには交付を打切るという制裁措置をとることができた。こうして、連邦政府は、ＦＥＲＡを通じて、従来放置してきた州や地方政府の救済行政に強い統制力をふるうことになったのである。連邦政府による救済制度の組織化は、別の視点からいえばその中央集権化であった。そして、この傾向は、若干の手直しを受けたとはいえ、そのまま第二期に継承されたのである。

ニュー・ディール救済政策第二期の救済制度は、これを連邦、州、地方の各政府間における責任の分担関係から整理してみると、(1)連邦直営方式、(2)連邦一州連携方式、(3)州単独、州一地方連携方式、地方単独方式の三者に分類することができる。ここでいま一度第二期の制度を各々の類型にあてはめてみよう。類型(1)に属するもの——WPA、老齢年金保険(ほかに鉄道退職・失業保険制度、連邦公務員退職年金、退役軍人年金)。類型(2)に属するもの——失業保険、老齢扶助、母子扶助、盲人扶助、社会福祉サービス。(3)の類型に属するもの——一般救済(扶助)(ほかに労災保険)。

さて、第二期において従来と大きく異なったのは、範疇扶助と一般救済の取扱いであった。両者のうち範疇扶助はさきの分類を使えば類型(2)に属する制度である。これは従来のFERA体制のもとにおいて、連邦補助金の交付対象になっていなかったものである。今回は連邦補助金交付の対象に組み入れられた。この点は新たな展開であった。けれども、FERA体制のもとで州や連邦の補助金をえて大きく膨張していた一般救済は逆に一挙に縮小せしめられ、連邦補助金の交付対象から除外されてしまったのである。

こうして、社会保障法が制定されたといってもすべての制度が連邦による直轄という方式をとらなかったこと、なかんずく一般救済の取扱いかたなどを根拠として、アメリカの救済制度はニュー・ディールの前後において大差ないとする指摘のみられる(たとえばSmith & Zietz, 100)のも無理からぬことである。しかしながら、社会保険が連邦全域に及び、範疇扶助に限定されたとはいえ連邦補助金制度が維持され、かつそれを梃子とする連邦政府による救済行政の統制が継承されていったことの意義は重要である。しかも、やや結論をさきどりしていえばそれは単なる救済行政上の変化ではなく、アメリカ資本主義における救済政策の位置が変ったことの現れであった。

ところで、さきにも指摘したように、FERAは州の救済行政担当職員の人事に積極的に介入した。FERAは、州の救済担当職員の人事が連邦人事基準によっておこなわれ、かつFERAの承認を必要とすることを定めた。FERAのねらいは、救済担当職員が猟官制度の犠牲になることを防止し、一定水準の資質を維持することにあった。救済もとより、連邦、州、地方を問わず、政府機関の職員たちは救済業務についての十分な経験を積んでいなかった。救済業務の専門家であるソーシャル・ワーカーは、すでに大学院水準の専門教育をうけるまでに達していた。だが、彼らの活動の場はもっぱら私的機関であり、政府機関に職をうるものはまれであった。そこでFERAは、救済行政の水準を高めるために積極的にソーシャル・ワーカーの導入をはかった。[(8)] すなわち、FERAの施行規則第三号は、各地方救済局は少なくとも一人の訓練と経験を有する調査員 investigator を設置すること、および調査担当員の査察指導のため少なくとも二〇人について一人の割合いで、家族ケースワークの基本的な分野について訓練と経験を有するスーパーバイザーをおくことを要求した。他方、この施行規則は、地方における社会サービス部の設置に根拠を与えるものでもあった。そして、一九三四年四月には、この部門を指導監督するために連邦社会サービス部が開設された。

こうしてFERAは多数のソーシャル・ワーカーを動員することになったが、その供給源は私的機関であった。けれども、「訓練と経験を有するもの」の数にはおのずと限度があり、一般職員の流用や未経験者の採用を避けることはできなかった。ここに、職員にたいする訓練の問題が生じてきた。初めのうち、それは州における短期間の講習や現任訓練として始まったが、やがてはソーシャル・ワーク専門大学への派遣もおこなわれ、多大の成果を収めた。FERAもまたこのような職員の再教育、養成を積極的に後援したのである。

けれども、このようなFERAの意図は、必ずしもつねに救済の申請者にとっての利益につながったとはいえない。調査員にたいする政策的な期待は、救済業務を円滑かつ効率的に実施することによって無駄を排して納税者の利益を維持することにあり、世論もまたこれを支持した。救済費を、それをもっとも必要としている人びと――そのような人びとにのみ支給するようにという調査員への世論の期待は、ときとして救援抑制的な態度をうみだしたからである。

しかしながら、いずれにせよ、ニュー・ディール救済政策が、私的機関およびそこにおいて発展してきていたソーシャル・ワーク（専門社会事業技術）に決定的ともいえる影響を与えたことはたしかであった。それは、私的機関から金銭給付という機能を取り上げ、そのサービス機関としての発展を方向づけた。けれども、同時に、ニュー・ディール救済政策は、ソーシャル・ワークを政府機関の機能のひとつとして組み込むことにもなったのである。こうして、政府機関は、救ちにも尾を引いていくやっかいな問題を抱え込むことになったのであった。

さて、つぎに救済の方法という側面で救済行政の変化を検討しておこう。ニュー・ディール期の救済事業は、救済方法を基準にすれば、直接救済および事業救済から成り立っていた。前者の直接救済は、救済機関が申請者にたいして直接に、現金ないし現物の形態によって救済を供与する方法である。それにたいして事業救済は、申請者に就労をもとめ、それにたいする報酬として一定額の扶助料――FERAのばあい――や賃金――CWA、WPAのばあい――を支払うという方法であった。

FERAは、両者のうち事業救済を重視しようとした。けれども、結局は、事業救済はその性格からして急激に拡張することができず、CWAの時期を除くと、直接救済に依存しがちであった。このことは一部すでに言及しておいた。第二期になると、連邦政府はWPAを設置して事業救済の積極的な拡大をはかった。したがって、ニュー・ディール期の失業救済は直接救済に依存するかたちで始まり、やがて事業救済を中心とするように変化したといってよいのである。このことについての異論はない。

しかしながら、第二期に事業救済が重視されるようになった事実ともからんで、事業救済の性格については若干の議論がある。まず、事業救済をレバー・ヤード labor yards と同一視して救援抑制的観点から就労を強制する手段とみるむきがある。この理解からいえば、WPAは失業者を私的雇用にむかわせるための手段として就労を強制するものということになる（たとえば Piven & Cloward, 100）。けれども、レバー・ヤードは、ワーク（ハウス）・テストとともに、労働意欲の有無をテストするという性格をもっていた。これにたいしてWPAは、それが失業者の労働習慣やモラルの維持を目的のひとつにもっていたことは事実であるにせよ、のちにみるようにその最終的なねらいは別のところにあった。また、失業者じしんWPAによる就業をむしろ歓迎する状況にあった――直接救済は政府による施与であるが、事業救済はそうではなく政府による雇用であると受けとられていたのである。

事業救済の性格についてのいまひとつの、そしてより一般的な理解は、これを公共事業とみなす立場である。この理解によれば、FERAによる事業救済、CWA、WPAはいずれも、NIRA第Ⅱ部のPWAと同様に公共事業であって、究極的には景気の回復をめざした「誘い水」的政策手段であるということになる。

このような通説的理解にたいして、事業救済を雇用の供与としてとらえる見解がある。このたちばによれば、WPAを景気回復のための「誘い水」政策理論に立脚するものとせず、公的雇用のための政策と理解すべき理由はつぎの三点にもとめられる。第一に、「WPAは最大限雇用を確保するために事業資金の大部分を労賃支払い部分へ充当し、資材・設備等非人件費を極度に切りつめたから、企業に対するその直接的需要の創出がきわめて狭い範囲に限定されたこと」。第二に、WPA支出は民間雇用の変化にリンクされ、かならずしも生産や景気の動向と連動したわけではなかった」こと。第三に、一九三七〜三八年リセッション後の「補整的財政政策」においても基本にあったのが「WPAを中心とする公的雇用計画のためのスペンディングであったのには変りなかった」ことである。(9)

このように、事業救済——なかんずくWPAによるそれ——は、失業者にたいする公的雇用 public employment の供与を意味するものであって、いわゆる公共事業とは異なっていた。ルーズヴェルトはニュー・ディールの第二期になると、連邦政府は、もはや資本メカニズムを介する私的雇用 private employment の急速な拡大によって失業人口を吸収することへの期待を放棄し、より直接的に失業者を雇用して失業問題を解消させようとしたのである。

四　ニーズと労働の組織化

すでにみてきたように、一九二九年大恐慌は年を追うごとに深刻の度を増し、多数の失業者をうみだしていった。それにたいして、既存の地方政府や私的慈善機関による救済制度は十分な対応をなしえなかった。このため、各地において失業者の組織がつくられ、職や救済をもとめる示威行動をおこなうなどの活動に乗りだした。

共産主義者によって組織された失業者協議会 Unemployed Councils の活動が全国的な注目を集めだしたのは、一九三〇年の春以降のことであった。彼らは、ニューヨーク、デトロイト、シカゴ、ロサンジェルス、ボストンなどの大都市で、示威行動をおこなった。なかでも、失業者協議会への関心を高めたのは、三一年一二月および翌三二年の一二月に組織した飢餓行進であった。第一回目の行進にはおよそ一、二〇〇名が参加し、セントルイス、バッファロー、シカゴ、ニューヨークなどからワシントンに向けて多数の失業者が行進をおこなった。

同様の組織としては、一九三一年に結成されたシカゴ労働者委員会 Chicago Workers' Committee on Unemployment、三三年の七月に初の全国大会を開催した全国失業者同盟 National Unemployment Leage がある。また、ニュー・ディール政策の転換期である一九三五年三月に結成されたアメリカ労働者同盟 The Workers Alliance of America は、翌三六年四月までに六〇万人の会員を結集し、失業者の利益代表として重要な役割を演じた。

これらの組織はいずれも、社会主義者や共産主義者によって指導されたもので、彼らは失業者を啓蒙して有能な労働運動家や組合活動家の育成をはかろうとした。その意味では、失業者の組織化は、ひとつの手段であった。けれども、指導者たちは、その目的を達成するためには、失業者たちの直面している問題の解決に取り組むことが必要であった。こうして、全国失業者同盟はCWAと、アメリカ労働者同盟はWPAとのあいだに団体交渉をもって、労働条件や賃金の改善に努力したのである。

総じていえば、これらの組織の運動を個々のあれこれの救済政策と結びつけて理解することはできない。けれども、こうした失業者組織の存在と運動とが一体となって、ニュー・ディール救済政策を進展させる素地を醸成したことはたしかであった。また、このような組織活動を経験するなかで、のちに産業別労働組合会議CIOに拠って活動する人びとが育っていったことにも留意しておく必要があろう (Derber & Young, 87)。

とはいえ、もとより一、三〇〇万とも一、四〇〇万ともいわれた失業者や農民たちの要求すべてが失業者組織によって代表されえたのではない。他方、NIRAやFERA、農業調整法AAAを中心とする第一期の救済政策もまた、これに十分に対応したわけではなかった。こうして、失業者や農民の不満や不安はやがて全国にび漫し、それを基盤としてデマゴーグ的指導者たちのいわゆる「万能薬」運動が大きな政治勢力となって発展していったのであった。

ラジオ神父ともよばれるカフリンは、たまたま日曜ごとにおこなっていたラジオ放送による説教のなかで、彼のいう「両替屋ども」と「破壊的社会主義」にたいする攻撃をおこなって強い支持をえた。これがきっかけとなって、カフリンはやがて一九三四年一一月には「全国社会正義同盟」を組織し、政治的野心にあふれたデマゴーグとしての生涯をたどることになったのである。彼の主張は、「良心と教育の自由」、「あらゆる労働を通じて正しい、食える年間賃金」などという綱領の文言にみるように、あいまいで、漠然とラディカルな印象を与えるというものであったが、それだけに貧しい失業者や農民の強い支持を結集することができた。カフリンは当初フーバー大統領を批判し、ルーズヴェルトとニュー・ディール政策を熱烈に支持した。けれども、しだいにその強い批判者に変っていった。そして、それと時を同じくして、カフリンは政治的野心を強め、一九三六年の大統領選挙に独自の候補者を立て、ルーズヴェルトにとって無視すべからざる批判勢力に転じたのである。

「富の分配」運動を起したロングは、若年の時期からありとあらゆる権謀術数をろうしてルイジアナ州知事になり、さらに上院議員の地位にまでのしあがってきた野心家であった。ロングは、運動の目標として、個人の富を最高五〇〇万ドルに制限する、個人の年間所得を最低二、〇〇〇ドルから二、五〇〇ドル、最高一八〇万ドルとする、幼稚園から大学にいたるまで、教育はすべて無料とする、退役軍人には特別のボーナスを与える、老齢年金制度を設ける、などと大言壮語した。けれども、これらの目標がいかなる手段によって実現しうるのか、ロングは全くその方法を示さなかった。彼自身がそのことに何の関心ももたなかっただけではない。それは、彼を支持する人びとにとっても、どうでもよいことであった。ともかく、何かが始まるという期待を共有しうればよかったのである。貧しい白人を中心に、全国でおよそ一〇万もの人びとが「富の分配運動」を支持し、ロングはこれを基盤として大統領を夢み、その途上で凶弾にたおれたのであった。[10]

このような「万能薬」運動のなかにあって直接的に救済政策の動向に影響を及ぼしえたのは、タウンゼント計画であった。このカリフォルニアの一介の医師タウンゼント博士による計画が最初に姿をみせたのは、一九三三年の九月のことであった。そして、それは一九三四年の後半から一九三五年の前半、つまり社会保障法の胎生期においてもっとも強い脚光を浴びた。タウンゼント計画を推進する運動は、その間に急激に拡大し、一九三五年二月の時点で平均して一五〇人の会員をもつ三、〇〇〇を下らないほどのタウンゼント・クラブが全国に存在していたという。また、この計画の実現をもとめる議会への請願には数百万もの人びとが署名し、別に議会にたいして数百万通もの手紙が寄せられるという状況が出現したのである。

タウンゼント計画の内容は、概略はつぎのようであった。受給者が正規の雇用から引退し、受給した金銭をその月のうちに費消することへの同意を条件に、個人的資産の有無にかかわりなく、六〇歳以上のもの全員にたいして、連邦政府が月額二〇〇ドルを支給する。そのばあいの財源は二パーセントの商取引税（国税）によって賄う。

タウンゼント博士の主張によれば、このような年金計画によって、(1)老齢者にたいして十分な保護を与えること、(2)労働市場から老齢労働力を引きあげ、それによって失業を解消すること、(3)なんらかのかたちで購買力の総量を増大させ、それによって生産および雇用をうみだすこと、(4)貨幣の循環を早め、そのことによって景気の回復を助長すること、が可能であるという。けれども、タウンゼントの計画は、財政という側面だけをとっても、およそ非現実的で実現はおぼつかないものであった（Holtzman, 90）。それにもかかわらず、議会には何らかのかたちでこの計画の実現をめざす法案多数が上程され、議員の功名争いの道具になるという事態もうまれてきたものである。

ニュー・ディールの時期には、このほかにもさまざまの「万能薬」的な提案がなされ、多くの人びとによって支持された。だが、それらはいずれも実現の可能性を欠くものであった。しかしそこに、「万能薬」運動の背後には、大恐慌によって苦境に陥ったおびただしい人びとの不満や不安、苦悩がうずまいていた。ルーズヴェルトは、その政権を維持し続けるには、デマゴーグ的指導者とその支持層とを分離する必要があると感じた。ルーズヴェルトが中央からやや左に旋回することを決意したのは、アメリカ資本主義の維持存続をはかるためには、これら失業者、貧困者、小農の要求を入れ、彼らを体制の内側につなぎとめていくほかはないと考えたからであった。

さて、こうしたルーズヴェルトの政策転換を支持したもうひとつの勢力は、組織労働であった。アメリカの労働組合とその運動は一九三三年頃から活発な動きをみせ始め、一九三六年には大きな政治勢力としてルーズヴェルト連合の一翼をになうほどに成長した。ちなみに、一九三〇年には三一六万人であった労働組合員数は、三三年には三八〇万、三六年には三九三万、三九年には六三四万人に増加した。これを組織率でみると、三〇年のそれは一〇・七パーセントであったが、以後三三年一一・八パーセント、三六年一三・五パーセントとなり、三九年には二一・八パーセントに達したのである[11]。その間、全国組織にも変化が生じた。

一八八六年に結成されて以来アメリカの労働組合運動を指導してきたのは、衆知のように、アメリカ労働総同盟である。この組織は、熟練労働者によって組織された職能別組合を単位とする連合体として出発した。その後、一部産業別組合の加盟も認めたが、それはあくまで例外的な措置であった。他方、一九三三年頃から労働組合組織運動が盛んになるにつれ、ＡＦＬの内部において組合の組織方針をめぐる論争がもちあがった。それは、新しく勃興してきた労働組合が、ＡＦＬの伝統とは相容れない産業別組合であったからである。当時の中心的産業である自動車、ゴムなどの大量生産工業では、職能別組合を組織することが困難であった。しかし、このＡＦＬ内の論争には一時的には妥協が成立し、一部の産業別組合にも加入が認められた。けれども、結局は、職能別組合主義と産業別組合主義との調整は不成功に終り、一九三五年にはＡＦＬの内部に産業別組合主義者によって産業別組織委員会が設置された。そして、その後においても、両者の対立は激しさを増し、ついに一九三八年には後者の独立をみて産業別労働組合会議ＣＩＯが結成されるにいたった。こうして、それ以後一九五五年に再び統一が実現するまで、アメリカの労働陣営は、ＡＦＬとＣＩＯとに完全に分裂した状態で、運動を展開することになったのである。

ところで、このような労働組合運動の動向にはニュー・ディール労働政策のありようが深くかかわっていた。この時期の労働組合の発展は、むしろニュー・ディールの労働政策によってもたらされた、ともいいうるのである。ルーズヴェルト政権による労働政策の最初の試みは、一九三三年六月にワグナー＝ペイサー法によって設置された公共職業安定所であった。この立法は、連邦政府が補助金を与えて各州に公共安定所を開設するというもので、以後におけるアメリカの公共職業紹介機構の土台となるものであった。公共職業安定所の最初の業務は、もっぱら再雇用部を通じて被救済者を公共事業や事業救済にあっせんすることであった。のちにＷＰＡが設置されると、その雇用者には、公共職業安定所に登録することが義務づけられた。そして、私的雇用の機会が生じたばあいには、ＷＰＡ雇用者はそれを受け容れるように要求されたのである。

けれども、組織労働の動向に決定的ともいえる影響を与えたのは、いうまでもなく一九三三年六月に制定されたＮＩＲＡの七条ａ項であった。この規定は、産業別に締結される業者間協定である公正競争規約を承認する条件として、規約中に労働者の団結権および団体交渉権の保障、会社組合への加入強制や黄犬契約の排除、最長労働時間、最低賃金、年少労働の禁止など労働条件の改善にかんする規定を盛り込むことを要求するものであった。ＮＩＲＡの影響力は大きかった。ＮＩＲＡ発効後四ケ月に満たないあいだに、九〇パーセント近い業者が規約に加入した。それらの協定に含まれた団結権および団体交渉権の保障は労働組合運動に生気を吹き込み、組合員数、組織率、ストライキの件数ともに著しい増加ぶりをみせた。ちなみに、激増したストライキの過半は、企業にたいして労働組合の承認をもとめるものであった。

このように、ＮＩＲＡの七条ａ項はアメリカの労働組合運動に前例をみないほどの影響を与えた。しかしながら、それはいくつかの弱点を残していた。まず、公正規約じたいに法的な強制力が与えられていなかった。それはあくまで、業者による自発的締結に委ねられた協約であった。しかも、七条ａ項は黄犬契約こそ排除していたとはいえ、会社組合の設立は禁止していなかった。このため、企業は会社組合を積極的に育成するとともに、あらゆる手段を通じて労働組合運動への弾圧を試みたのである。しかも、もともと二年間の時限立法であったＮＩＲＡは、失効の時期を迎える以前の一九三五年の五月には最高裁によって違憲の判決を下されてしまった。

一九三五年七月の全国労働関係法、および一九三八年六月の公正労働基準法はいずれも、そのようなＮＩＲＡの弱点を克服するだけでなく、一層の発展を期して制定されたものであった。全国労働関係法は、ＮＩＲＡ七条ａ項の団結権、団体交渉権の保障を一層前進させたもので、団結権、団体交渉権、争議権を労働者の権利として明記した。さらに、同法によって使用者側による労働者の権利行使にたいする干渉、労働組合の結成または運営にたいする干渉、黄犬契約、団体交渉の拒否などが不当労働行為として禁止されることになり、準司法的権限をもつ全国労働関係委員会も設置されたのである。公正労働基準法もまた、ＮＩＲＡの関連条項を発展させ、最低賃金と最長労働時間を設定し、一六歳未満の年少労働を禁止した。これらの法律はいずれも、ＮＩＲＡと同様違憲審査の対象とされた。けれども、今回はそれぞれ一九三七年と四一年の判決で合憲と裁定された。

このようなニュー・ディール労働政策は、アメリカの労働者たちの対資本家競争力を大きく強化することに役立ったといってよい。それは労働者の賃金を引上げ、労働時間を短縮し、失業の拡大を防止し、雇用の機会を拡大したのである。こうした労働政策の効果については、通説では民生の安定と消費購買力の拡大への貢献ということが強調されている。[12] けれども、のちにやや詳しくふれるように、ニュー・ディール労働政策の成果は、むしろそれが失業を予防し、就労の機会の拡大に貢献しえたことに求められるべきであろう。

ところで、ここで、ニュー・ディール救済関連政策と組織労働ないし労働運動との関係についてあらためて整理しておこう。一般的通念とは異なって、ニュー・ディール労働・救済政策の多くは、労働陣営の組織的圧力によって直接的にうみだされた、というものではなかった。たしかに、組織労働は、全体としてみれば、ニュー・ディールを支持したといってよい。けれども、団結権や団体交渉権という労働組合運動の根幹にかかわる全国労働関係法についてはともかく、公正労働基準法や社会保障法にたいする組織労働の対応は必ずしも積極的なものではなかったというほかはない（Braenen, 88）。なかんずく社会保障法については、そうであった。ニュー・ディール以前のアメリカ労働界を代表したＡＦＬは、従前から失業保険に反対して州法の成立を妨げ、一九三二年にはその態度を変えたとはいえ、社会保障法案が下院を通過するまではほとんど関心を示さなかった（Derber & Young, 87, Altmeyer, 82）。「労働陣営は一九三五年の社会保障法の通過を支持はしたが、それをうみだしはしなかったし、その最大の支持者として行動することもなかった」のである。もっとも組織労働もその後の社会保障の発展の過程で大きな役割を占めるようになっていったが、そのばあいにも政府提案の支持者であるとともに辛辣な批判者として行動した（Derber & Young, 87）。こうした傾向は、かねてからアメリカの労働組合がＡＦＬを中心に政治闘争を排して経済主義への傾斜をみせ、生活危機への対応についても付加給付の重視にみられるように企業内福利を重視する労使協調路線をとってきたことの結果であるとみてよいであろう。

このように、ニュー・ディール期の労働政策、救済政策ともに、むしろ政府主導――なかんずく社会事業家を含む行政府に参画したテクノクラートたち――のもとで展開したというほかはないのであるが、そのようななかでＦＥＲＡに雇用された下層ソーシャル・ワーカーたちが労働組合を結成し、ランク・アンド・ファイル運動とよばれる運動を組織したことに言及しておくことは意味なしとしないであろう。ソーシャル・ワーカーたちの最初の労働組織は、ニュー・ヨーク市で一九三一年に結成された。けれども、全国的な広がりをみせたのは、一九三三年から三五年にかけてであった。一九三八年夏における組合員の数は概算一万一五〇〇人であり、そのうち一七パーセントが私的機関に所属し、残りの八三パーセントが公的機関に勤務していた。上部組織との関係をみると、七パーセントがＡＦＬ系列であり、残りの九一パーセントはＣＩＯに属していた。

ランク・アンド・ファイル運動が急激に発展したのは、ＦＥＲＡの縮小によってソーシャル・ワーカーの人員削減が実施された時期に符号し、一九三五年現在で二一の組合が存在していたという。彼らは、一九三四年には機関誌『ソーシァル・ワーク・トゥデイ』を創刊し、翌年には全国ランク・アンド・ファイル・グループ連絡委員会が結成された。ワーカーたちは、ワシントンに代表団を送って救済政策の縮小に抗議をおこない、かつ前出の失業者組織、アメリカ労働者同盟と共闘するなどの活動に従事した[13]。

第3節　アメリカ資本主義と救済政策

一　ニュー・ディール救済政策の位置

これまでみてきたようなニュー・ディール期の救済政策はアメリカ資本主義との関係においてどのように評価されるべきなのか。このことについてはすでに幾多の議論がなされてきており、その内容も各般にわたって一様ではない。そのような議論について、ここで紹介し、批評を試みることは、たとえ範囲を限定するにしても、およそ容易なことではない。けれども、それらの議論も大づかみにいえば、つぎの二通りの範疇に分類しうるように思われる。まず第一には、ニュー・ディール救済政策をその政治的側面において位置づけようとする試みである。いまひとつの立論は、それを経済的側面から位置づけようとする試み、これである。

そこで、われわれは、ここで、ニュー・ディール救済政策にかんする政治理論、そして経済理論とでも名づけるべきグループから各々それを代表するとみなしうる若干の理論をとりあげ、あらためて検討をくわえてみたいと思う。もとより、ここにいうニュー・ディール救済政策の政治理論といい、経済理論といい、二者択一的なものとして考えているわけではない。現実のニュー・ディール救済政策は、当然この両側面から捉えうるような内容をもっているからである。ただそのばあいにも、いずれの側面から光をあてたときに、ニュー・ディール救済政策の全体像をよりよく捉えうるのかという問題は、なお残されているのである。

われわれのいうニュー・ディール救済政策の政治理論のひとつの典型は、すでに一部紹介したピベンとクラワードの説である。ピベンとクラワードによれば、資本主義社会においては、失業や貧困が多量に発生し、社会不安が増大すると救済政策が動員され、その不安を吸収する。社会不安が鎮静すると、つぎの段階として、失業者や貧困者には就労が強制され、彼らの労働市場への復帰がはかられる。そして、この過程は、資本主義社会に必然的な景気の変動にともなって、循環的に出現する。ニュー・ディール期における救済政策の動向も、当然この理論によって理解が可能である（Piven & Cloward, 106）。

ピベンとクラワードの説は、およそこのようなものであったといってよかろう。この立論は一見大変に魅力的である。いつの時代にも救済政策の動員には、社会不安が先行したといってよい。また、資本主義社会は、それがそれとして維持されていくには、その成員のほとんどに労働力を販売して生きることを求め続けるからである。けれども、ピベンとクラワードの理論には、少くとも二通りの難点が認められる。そのひとつは、すでに言及しておいたように、ニュー・ディール期に限定していえば、社会不安の先行はともかく、この期における事業救済の重視を単純に就労の強制とはみなし難い、という問題である。たしかに、アメリカ社会はヨーロッパ社会以上に自助努力を強調するという伝統をもっている。そのことからすれば、ＦＥＲＡやＷＰＡの運用の過程で就労を強要することもあったかも知れない。けれども、失業者たちは直接救済という「施与」のにおいの強い救済方法よりも、むしろ事業救済を喜んだ。彼らは、自分たちは「政府の仕事」に従事しているとさえ考えたのであった。ニュー・ディール期の救済政策を一般的に、失業者や貧困者にたいする「統制」を試みたものと速断することはできないのである。

ピベンとクラワードのいまひとつの難点は、救済政策の出現過程とその意義を資本主義社会に一般的・普遍的なものとして捉えていること、これである。ピベンとクラワードの説くところによれば、エリザベス救貧法のもとにおける就労の強制とニュー・ディール期の事業救済とは全く性質を同じくするものである。けれども、衆知のように、市民革命以前における就労は貧民の浮浪を禁止する手段であり、事業救済は私的雇用を補う公的雇用であった。両者の間には明確な質の違いを認めざるをえないのである。

ひとしなみに資本主義社会といっても、それは生成・発展・変質の過程をたどってきた歴史的な社会である。したがって、現象的には同一物のようにみえる救済政策も、そのありようや意義については、資本主義の各展開の段階によって異なったものにならざるをえない。別言すれば、ピベンとクラワードのように、資本主義と救済政策との関係、そして後者の意義、を資本主義社会の全過程を通じて普遍的に適用しうるような一般理論として説こうとすることじたいに問題があるというほかはないのである。

ニュー・ディール救済政策にかんする政治理論のいまひとつの代表は、ニュー・ディール期の救済政策を産業社会における一種の民主化政策あるいは宥和政策として捉えようとする立論である。この理論のひとつは、ニュー・ディールの救済政策をその労働政策とともにアメリカ資本主義経済の再建をはかるために促進された産業社会の「民主化」政策の一環として位置づけた[14]。あるいはまた、それは国民大衆を国家のいわば受益者層化することによって、体制内につなぎとめようと意図した政策[15]であるともいわれる。

産業社会の民主化といい、国民大衆の受益者層化といい、そのなかでの中心的な課題は労働者の保護、換言すれば労働者の政治的経済的同権化ということである。救済政策は、その延長線上にあるといってよい。そこで、ここでは、前者の問題を中心におきながら、ニュー・ディール救済政策を民主化ないし受益者層化と捉える理論について検討しておくことにする。

ところで、労働者の政治的経済的同権化というばあいその核心は、団結権、団体交渉権、争議権の承認である。資本主義社会は形式的抽象的には自由と平等の社会である。けれども、それはまた、最後の階級社会であるといわれる。これは、一見矛盾しているようで、そうではない。資本主義社会では、自由権と平等権の形式的抽象的保証がとりもなおさず、資本家と労働者という階級関係の再生産を保証することになる。資本家と労働者とのあいだで売買の対象となる労働力商品の特殊性によって、労働者は資本家にたいしてつねに不利なたちばに立たされざるをえないからである。労働者に団結権、団体交渉権、ストライキ権を認めるのは、彼らの競争力を強化することによって資本家と対等のたちばで交渉しうる条件をうみだすためであった。

ところが、この同権化の効用は、労働市場にある現役の労働者のばあいに限定されざるをえない。老齢、障害、傷病、育児などのため労働力の販売が不可能であるか制約をうけていたり、児童のように労働力の販売が禁止されているようなばあいには、労働権保障の効用は――その派及効果はともかく――直接的には期待しえないからである。こうしたばあいには、したがって国家が直接的に生活（生存）の保障を与えるほかはない。

こうして労働者の政治的経済的同権化の趨勢は、その延長線上において、最終的には、国民の生活を一定の水準において維持していくに必要な方策の導入を国家に義務づけることになった。いわゆる国家による生存（生活）権の承認である。

このような労働権や生存権を内容とする社会権的基本権の承認は、衆知のように世界史的にいえば、古典的帝国主義期以降の労働運動や社会主義運動の顕著な拡大に対応して資本主義体制を維持存続すべく資本主義国家が採用した政策であった。それは、労働者たちを宥和し、彼らを資本主義体制のもとにつなぎとめておこうとする意図にでるものにほかならなかった。

産業社会の民主化あるいは受益者層化という理論は、いずれのばあいにも、このような労働者の同権化をめぐる世界史的な背景を前提におきながら、ニュー・ディール期の労働政策およびFERAにはじまりWPAと社会保障法とによって一応の結着をみた失業・貧困救済政策の意義を理解しようとするものであるといってよい。そのことの意義は、指摘するまでもない。労働者の同権化は、まさに第一次世界大戦以後の資本主義国家に共通して認められた現象であったからである。その意味では、アメリカのばあいは、遅すぎた同権化であった。

けれども、ニュー・ディール政策との関連においてこれを捉えるばあい、つぎの事実にも留意しておかねばならない。すでに指摘しておいたように、アメリカの――AFLを中心としてきた――労働運動は、ニュー・ディールの労働政策や救済政策にたいして、必ずしも積極的な姿勢をみせなかった。すなわち、アメリカにおける労働者の同権化は、労働運動や社会主義運動への脅威に対応してというのではなく、むしろ政府主導のもとで実現されてきたのである。この事実の意味するものは何か。それは、労働者の同権化という問題に資本主義の基礎過程――経済過程との関連という視点から照明をあてることによってはじめて明らかにされえよう。

さて、われわれがニュー・ディール救済政策にかんする経済理論と名づけたもののひとつは、救済政策を景気回復策の一環として理解しようとする立場である。衆知のように、もともとニュー・ディール政策の全体について、これを大恐慌に対応する景気回復のための政策として位置づける理論が有力におこなわれてきた。ニュー・ディール政策をいわゆる「ポンプの呼び水」政策ないし「誘い水」政策と評価するむきがそうである。そして、労働政策や救済政策をもその一環として位置づけようというのであった。

この立場をもっとも端的に代表しているもののひとつに、金子卓治の説がある。(16)金子は社会保障法の成立過程およびその意義について検討するにあたって、これをWPAを補完するものとして位置づけようとしている。金子によればこうである。ニュー・ディール政策は、第二期になると、大幅に公共事業を拡大し、これによって景気の回復をはかる方向に転換した。そのことのあらわれがWPAの創設である。すなわち、そこではWPAはなによりも景気回復のための公共事業であった。WPAは、資本主義経済というポンプの自律的な運動を回復させるための「呼び水」ないし「誘い水」政策であった。

金子は、ニュー・ディールの第一期においては、FERAその他による、「購買力増加→生産の刺激→私的投資の拡張→景気回復」という図式で表現しうるような購買力補給政策が展開された。しかし、それは結局奏功せず、景気の回復は実現しなかった。このため、ニュー・ディールの第二期になると、購買力補給政策に代って、公共事業投資の拡大による私的投資誘発政策が導入された。そのあらわれが、WPAの設置である、という。このようなニュー・ディール理解のなかで、社会保障制度を「ニュー・ディール政策の中心にすえられた公共事業投資融発政策——労働振興局（WPA——引用者）の事業——の遂行を援助し、補足するもの」として位置づけた。金子のいうWPAと社会保障の援助・補足関係の内容は必ずしもはっきりしないが、いまはそれは措いておこう。ここでは、WPAが景気回復につながる私的投融資誘発政策として理解され、社会保障はそれを補足するものとして位置づけられていることを確認しておけば足りる。

問題とすべき事実は、WPAによる公共事業投資の拡大に、果して所期のような私的投融資を誘発し、最終的には景気の回復をもたらすという経済の全過程を賦活するに足るだけの投資効果を期待することができたかということである。この点について、小松聰は、一部すでに紹介しておいたように、WPAは、一般通念として理解されているのとは違って、公共事業とは認めがたいという。[17] 小松はWPA関連の支出内容について詳細に検討したうえで、その大部分が賃金に充当されている事実を重視する。この事実は、WPAによる支出のうち景気回復につながりうる可能性をもつ資財費の支出がかぎられた金額にすぎなかったことを物語るものであった。

たしかに一般的にいって、WPAによる延約九二億ドルにのぼる賃金の支払いはそれなりの購買力を創出したとみてよく、決してその効果は無視されるべきではないだろう。けれども、賃金というかたちで補給された購買力が、直接的効果的に景気回復に結びつくとは必ずしもいいがたい。賃金によって購買されるものは主として日常的消費財であった。より直接的かつ効果的に景気回復への刺激となりうるものは、生産財や資本財にたいする需要でなければならない。だが、WPA関連支出のうちそのような需要に振り向けられたのは、ごく一部分であるにすぎなかった。社会保障給付がそのような意義をもちえないことは、ことあらためて指摘するまでもないであろう。

このように、ニュー・ディール期の救済政策を景気回復策として理解しようとする理論は妥当性を欠くものというほかはないのである。それのみならず、この理論は、ニュー・ディール救済政策だけでなく、この時期の政策の全体を景気回復策という視角に過度に引き寄せて捉えるものといってよい。そのことは、ニュー・ディール政策の改革的側面を軽視する発端ともなっているだけでなく、現代資本主義としてのニュー・ディール体制の評価を誤ってしまうことにもつながっているのである。すなわち、ニュー・ディール政策の窮極的な課題——少なくとも第二期以降における課題は単なる景気の回復ではなく、資本主義体制をいかに維持していくかにあった。連邦政府はそのために、さまざまの改革——そのうちには反資本家的な政策も含まれていた——を断行したのであり、WPAや社会保障はそのような改革——それまでの資本主義のありように大きな変更をくわえるような政策の一環をなす施策としてはじめて展開されえたものというべきなのである。

このような景気回復理論にたいして、われわれのいわゆるニュー・ディール救済政策にかんする経済理論の第二の枠組は、救済政策を金融資本的蓄積様式に特有の構造的過剰人口を適切に処理し資本主義体制を維持していくための政策体系の一環として理解しようとする立場である。前出の小松聰もこの立場から失業救済政策の分析を推進してきた(18)。

この理論は、ニュー・ディール政策を大恐慌を契機として露呈された厖大な失業者・貧困者――構造的過剰人口の処理を第一義的な課題とする政策の体系であったと規定する。この視点からみるとき、ニュー・ディールの救済関連政策は、つぎのように整序されうる。まず、連邦政府が導入した政策は、労働者の対資本家競争力を強化して失業や賃金の引下げを防止するとともに、就業時間の短縮などによって雇用の機会を拡大しようとする政策であった。それは、前述のように、実際的にはNIRAの七条a項としてあらわれてきた。そして、NIRAに違憲判決が予想されるにおよんで、その労働条項は、全国労働関係法および公正労働基準法に継承され、内容的にはむしろ拡充されていったのである。過剰人口処理体系のつぎの備えをなす政策は、連邦政府による公的雇用の提供であった。それは、具体的には、FERA、CWA、WPAなどによる事業救済の展開としてあらわれた。ただし、この施策の有効性は失業者・貧困者でも労働能力のあるものに限定されざるをえない。そこで、これを補足する第三の政策として導入されたのが、社会保障・社会福祉である。これは一時的な所得の喪失や労働能力の欠如などに対応することを目的とした最後的な対応策であった。

すなわち、ニュー・ディール救済政策を慢性的過剰人口処理の体系とみなす立場からいえば、それは、労働者政策の強化による失業・貧困の防止、それを補う公的雇用の提供、さらにこれらを補うものとしての社会保障・社会福祉という三重・三段階の対応策から構成されたひとつの政策体系にほかならないのである。やや結論を先取りしていえば、このようなニュー・ディール救済政策の理解のしかたは、現時点においてもっとも妥当な解釈を与えたものといって支障ないように思われる。

そこで、以下、大筋ではこの理論枠によりながら、ニュー・ディールの救済政策の全体像を再構成してみようと思う。

ニュー・ディール救済政策の課題は、何といっても大恐慌を契機として突出してきた厖大な過剰人口――失業者・貧困者――を資本主義体制を維持していくためにいかに適切に処理するかにあった。そのばあい、資本主義の温存という窮極的な課題と相矛盾するような方策をとりえないのは当然である。そこで、まず最初に設定された政策目標は、最大限の私的雇用を確保しつつ、しかも賃金の引下げを回避し、失業や貧困のより一層の拡大を防止することであった。NIRAの七条a項、全国労働関係法、公正労働基準法などによる団結権や団体交渉の承認、児童労働の制限、最長労働時間の短縮などの措置は、何よりも、この目的のために必要であった。すなわち、連邦政府によって推進された労働者の政治的経済的同権化は、労働者階級にたいする宥和策である以上に、労働者の対資本家競争力を補強することによって失業や貧困というかたちでの過剰人口の顕在化を防止し、あわせて最低生活の維持を可能にする賃金の実現をめざそうとする政策であったといってよいのである。けれども、この政策は、すでに失業していたり、自活しうるに必要な労働能力をえていない労働者にたいしては、直接的な恩恵をもたらさなかった。彼らに対しては、別の施策が必要であった。

ニュー・ディール救済政策の第一期においてNIRAを補足するかたちで彼らに対応したのはFERAでありCWAであった。そのことはすでに指摘しておいたとおりである。けれども、第二期になると、それまでFERAの一部やCWAによって実施されてきた事業救済がWPAによって一挙に拡大され、労働可能失業者に対応することになった。そして、従来の直接救済は、社会保障法によって再編成され、WPAを補足するものとして位置づけられたのである。もともとニュー・ディールの第一期においては、まだ連邦政府は、労働者の同権化を推進するとともに、不況カルテルの承認、PWAによる公共事業をとおした景気の回復――私的雇用の回復による失業人口処理の方向を追求していた。けれども、NIRAに依存する景気回復策は、ついに奏功するにいたらず、公的雇用の拡大というかたちで、より直接的に失業人口の吸収をはかる方向に転換せざるをえなかったのである。この政策転換は、一九三五年経済保障委員会報告書の「失業にたいする防衛手段を講ずるうえで連邦政府のなしうる最大の貢献」は「雇用の保障――私的雇用の刺激ならびに一定の時期に産業に雇用されえない労働可能な労働者にたいする公的雇用の提供」(Committee on Economic Security, 1) であるとする提案にもかなうものであった。

つぎに、ＷＰＡの雇用によっても救済されえない労働不能者に対応したのが、社会保障制度である。社会保障制度は、再三言及してきたとおり、失業保険、老齢年金保険という二種類の社会保険、老齢扶助、母子扶助、盲人扶助、および社会福祉サービスによって構成されていた。このうち、労働不能者対策というにはやや不似合であるが、しかし経済保障委員会がもっとも重視していたのは、失業保険であった。もともと失業保険は、労使の拠出にもとづく基金を設立し、失業に由来する所得の喪失にたいして一定の期間対応しようとする制度である。けれども、アメリカにおける失業保険のねらいは、むしろ失業の防止に向けられていた。保険税を使用者にのみ負担させ、経験料率制が導入された経緯は、そのことを物語るものであった。くわえて、経済保障委員会は、失業保険の給付期間を越えてなお再雇用されえない労働者については、公的雇用を提供するのが望ましいと勧告していた。とにもかくにも、過剰人口対策として肝要なことは、直接的な救済ではなく雇用の確保であった。

社会保障制度のなかで、そのつぎに重視されていたのは、老齢扶助であった。老齢扶助はニュー・ディール以前の無拠出制老齢年金（扶助）を継承するもので、資産調査を前提とする公的扶助であった。この制度が重視されたのは、タウンゼント運動への配慮という政治的理由もさることながら、それに労働市場から老齢者を排除するという即時的な効果を期待することができたからであった。それによって、雇用に復帰させるべき失業者の範囲は著しく縮小するものと期待されたのである。こうしてアメリカの社会保障は、老齢者の生活保障にかんして、老齢扶助の占める比重の高いものとならざるをえなかったのである。もとより、それは、将来的には、拠出制の老齢年金保険によって代位されていくという予測を前提とするものであった。いずれにせよ、老齢扶助や老齢年金が労働力を喪失した労働者のための不可欠の生活維持制度であることに変りはなかった。さらに、これと類縁性をもついまひとつの公的扶助制度が、社会保障法案の審議過程において、つけくわえられたことにも留意しておきたい。盲人扶助がそうである。それは、ハンディキャップをもった就労困難者のための生活維持制度であった。

政府による政策的配慮を必要とするもうひとつの範疇は、児童であった。まず、未成年の児童をかかえた母子家庭の生活維持のために母子扶助制度が設けられ、ついで一般母子のための保健サービス、児童福祉サービス、肢体不自由児のためのリハビリテーション・サービスの制度が設立された。これらの制度はいずれも、未来労働力としての児童に、より高次の自活能力を与え、将来における公的救済への依存を予防しようとする措置であったとみられる。

ところで、アメリカの社会保障は医療保険を欠いている。経済保障委員会は不健康に起因する生活危機対策として、全国的規模での公衆衛生制度の導入、医療保険の導入という二段構えの構想をもっていた。けれども、委員会がアメリカ医師会の反発を予測して明示的な開設の勧告をおこなったのは公衆衛生だけであり、これを承けて一九三五年社会保障法は公衆衛生制度のみを組み込んで門出することになったのである。

最後に、これらの連邦社会保障法に規定された諸制度をさらに補う制度として、一般扶助（救済）が存続せしめられた。この制度は、公的雇用からも社会保障からも抜け落ちた、あるいはそれらをもってしても最低生活の維持がなしえない人びとにたいする字義どおりの生存権保障のための最終的生活維持制度であった。けれども、アメリカにおいては、この制度の運用は、州政府および地方政府の手に委ねられたのである。これは、まさしく、アメリカにおける自助原理の強靱さを象徴するものであったといってよいであろう。

二　現代資本主義と社会福祉政策

さて、これまでの検討の結果、一九三〇年代のアメリカにおいて、失業者や貧困者の救済という課題をめぐってどのような変化が生じたのか、そしてそのような変化はどのように理解されるべきなのかということにかんして、おおよその見当をつけることができたように思われる。そこで、これまでの議論を前提としながら、現代資本主義と救済政策との関係についてやや一般的にとりまとめて一応のしめくくりとしたい。

われわれがニュー・ディール体制のもとでの救済政策について検討しようとしたことの目的のひとつは、社会福祉を現代資本主義に特有の政策として位置づけ、社会事業とは区別しうるものとして、あるいは区別すべきものとして措定することにあった。そのことはあらかじめ、指摘しておいた。そして、これまでの検討の過程において、われわれは、社会福祉を現代資本主義に特有の構造的過剰人口処理体系の一環をなす政策として位置づけるという一応の理解に到達した。そこで、ここで、このような社会福祉理解にかかわってくる範囲で、逆に社会事業についてのわれわれの理解を明らかにしておくこともあながち無意味ではないように思われる。

やや抽象的にいえば、社会事業も社会福祉もそれがいずれも窮極的には資本主義体制の維持存続をはかるための慢性的構造的過剰人口処理体系の一部分であるというかぎりにおいて、両者は共通している。慢性的過剰人口の出現は、一九世紀末の金融資本の成立とともに始まった。そして、現在においてもこの関係に基本的な変化はみられない。それにもかかわらず、社会事業は社会福祉とは区別されなければならない。その根拠は、過剰人口の量や存在形態の違いはともかく、社会事業が古典的帝国主義期に特有の社会改良政策の一環として位置づけられていたことにもとめられる。すなわちこうである。一九世紀末の金融資本の成立は、資本主義諸国に厖大な資本と労働力人口の過剰化現象をもたらした。このため資本主義諸国は、やがて、資本や商品の輸出競争とそれにともなう外交的・軍事的緊張、国内における失業・貧困の拡大、これにともなう労働運動や社会主義運動による社会不安の増大という腹背する難問に直面させられることとなった。このような事態に対応するために導入された政策、それが帝国主義政策であった。帝国主義政策は、したがって、対外的な政策と対内的な政策との二つの側面をあわせもっていた。社会事業は、そのうちの国内政策たる社会改良政策の一部としてはじめて成立しえたのであった。

けれども、この場合重要なことは、古典的帝国主義期においては、資本主義諸国はこぞって、さきのようないずれも金融資本的蓄積様式に起因する困難のうち、資本の過剰化傾向に焦点をあて、しかもそれを軍事力をたのみとする対外政策の強行によって解決しようとした。そして、そのことが、この時期において、社会事業を含む過剰人口対策が十分に展開されえなかった、あるいは展開されえずしてすんだ原因なのである。社会事業は、自由主義的貧民政策の克服に一部成功したとはいえ、救済対象の範囲も狭く、方法的にもまだ未熟であった。また、労働者の同権化もようやくその緒についたばかりであったから、社会保険はともかくとして、社会事業はなお恩恵的な色彩を払拭し去るだけの条件をもちえなかったのである。

ところが、第一次世界大戦以後になると事態は一変する。金融資本的蓄積方法のもたらす難問の解決は、むしろ過剰人口の処理という側面を中心に展開されざるをえなくなっていったからである。第一次世界大戦の勃発じたいが、軍事力を背景とする海外侵出というかたちでの問題の解決に限界のあることを示していた。また、その同じ第一次世界大戦が各資本主義国内において労働者の政治的経済的同権化を一挙に前進させ、そのことが事柄の国内的な処理が優先される一因ともなったのである。けれども、衆知のように、問題を国内的な方向において多少とも処理しえたのは、わずかの先進資本主義国だけであった。後進資本主義国のばあいには、結局は、ナチズム、ファシズム、軍国主義というかたちで、盲目的に海外権益に固執するという方向に活路を見出そうとして摩擦を生じ、ここに再び世界戦争の勃発をみることになったのである。第二次世界大戦後においては、いずれの資本主義国も、両大戦間の経験をふまえ、問題をできるだけ国内的に処理することを政策課題としてきた。その際、資本主義諸国はみな多かれ少なかれニュー・ディール体制にモデルをもとめる政策を展開し、広く国家独占資本主義とよばれるような体制を発展させてきたのである。

さて、こうして金融資本的蓄積方法のうみだす慢性的構造的過剰人口の処理いかんは、現代資本主義の生死を制する課題であり続けている。けれども、現代資本主義といえどもそれが資本主義であり続けるには、労働力の商品化という資本主義の根幹に抵触するような過剰人口処理政策を導入することはもとより不可能である。資本主義社会では、資本家や自営業者、金利生活者など、ごく一部を除いた国民大衆は、いつでも雇用によって生活を維持するほかはないという状態におかれていなければならない。この条件を維持しつつしかも体制内的に過剰人口問題を処理するには、現代資本主義国家は、雇用による自助努力をイデオロギー的に強調するだけでなく、雇用を希望するものについてはいつでも雇用を提供しうるような状況を準備しておく必要に迫られているのである。いわゆる「完全雇用」ないし「雇用の保障」が現代資本主義の第一義的な政策課題とならざるをえないゆえんである。

完全雇用を実現する手段として現代資本主義国家が導入してきた政策としては、大きく三通りのものを指摘することができる。ひとつは、私的雇用の維持・拡大のための政策である。資本主義社会における雇用の最大のものは私的雇用であり、またそうでなければならない。このために、現代資本主義国家は、管理通貨制、景気調整策、財政投融資、公共事業等々の経済政策を動員してきているのである。この方式は、もっとも資本主義的な、商品経済的な雇用確保の手段だといってよいであろう。

けれども、この政策手段にも限界がある。景気変動にともなう雇用の伸縮を完全に制御しえないこと、技術革新にともなう失業や季節変動その他による摩擦的失業が不可避的であることは措くにしても、労働者は資本家にたいして労働力という特殊な商品の売手としてつねに劣位に立たざるをえないという条件がある。そこで、完全雇用を達成する第二の手段として、労働者の政治的経済的同権化が推進させられざるをえない。この方策は、労働組合運動や社会主義運動のもつ政治的な脅威にたいしては宥和策としての意味をもつが、同時に他方では労働者の対資本家競争力を補強して雇用の保障を促進する手段となる。労働者に団結権、団体交渉権、争議権を認めることは、雇用の拡大と失業の防止に有効だからである。過剰人口処理という課題からいえば、労働者の同権化のもっている二つの側面のうち、重視されるのはいうまでもなく後者の側面でなければならない。

しかし、もとより労働者の同権化にも限度がある。たしかに、労働者の同権化の許容範囲については、ある程度まではそのときどきの労使の力関係によって定まるといってよいであろう。けれども、そこにもおのずと限界が生じざるをえない。労働者の政治的経済的同権化といっても、同権化という表現の示すように、労働力という特殊ではあるがやはりひとつの商品として扱われる人間的能力の一部をできるだけ実質的に労使対等の立場において売買しうる条件を創出するということであって、それ以上のことを意味するものではないからである。すなわち、労働者の権利の拡大といっても、それは労働力の商品としての流通を損なうようなものであってはならず、おのずとそこに上限が設定されてくる。すなわち、資本主義体制のもとにおける労働者の権利の拡大には、彼らが資本主義のもとでは労働力を商品として販売するという方式による以外、その生活を維持しえないという歴史的事実によって限界が与えられざるをえないのである。

私的雇用の刺激、労働者の同権化という第一第二の手段によって雇用の保障がなされえないばあいには、第三の手段として、政府による公的雇用が提供された。すでにみてきたように、その最たる例がニュー・ディール体制下におけるWPAであった。けれども、第二次世界大戦以後においては、これほど大規模な公的雇用がおこなわれたことはない。おそらく、この方式は、現在では、いずれの資本主義国においてもごく補助的な手段となっているとみて支障ないであろう。

ところで、このような完全雇用をめざす政策にくわえて、現代資本主義における過剰人口処理のための政策をより効果的なものとするためには、確保された雇用は国民の最低生活の維持を可能にするものでなければならない。最低生活を保障しえない雇用の拡大は過剰人口を体制内において処理するという政策課題の実現を妨げるものである。こうして、完全雇用政策とともに、最低賃金制度の確保が現代資本主義にとって不可欠の政策となる。衆知のように、この点についても労働者の同権化の進展が重要な意義をもったのであった。

さて、われわれの本来的な検討の課題である救済政策、すなわち社会保険、公的扶助、社会福祉サービスは、以上のような完全雇用ないし雇用保障をめざす政策を補足する施策であるとみなされる。これらはいずれも、基本的には、労働力の販売に失敗した労働者や労働力の販売が困難であるかそれが禁止されている人びとに対応する施策であって、それぞれに課題、対象、方法を異にしている。さきの三者のなかでもっとも優先されるのは、社会保険である。それは、社会保険が契約制をとり、保険料の拠出を前提とし、相互扶助的な性質を色濃く残していることなど、資本主義社会における生活維持制度としてもっとも似つかわしいからにほかならない。資本主義社会においては、困窮の原因がたとえ失業、老化、疾病などの非自発的な要因であるばあいであっても、対応策はできるだけ自助努力をともなうものであることが望ましいとされる。施策の序列化は、社会保険の内部においてもみられる。現代資本主義の過剰人口対策として最重要視されるのは、まず失業保険であり、つぎに健康保険、老齢年金保険と続く。その理由についてては、あらためて指摘するまでもないであろう。資本主義社会においては、私的雇用による生活の維持こそが常態でなければならない。失業保険は再雇用までの一時的生活維持策であり、健康保険は雇用の継続に貢献する。そして、労働能力を喪失した老齢者には、自助努力をともなう保険制度による生活維持方式が優先される。

公的扶助は、現代資本主義社会における最後的な過剰人口対策である。そして、別の視点からいえば、それは現代資本主義国家に特有の生存権保障義務を最終的に具現化しようとする政策であるといってよい。だが、その公的扶助は現代においてなお国民にとってもっとも遠い生活維持制度である。いついかなる事態においても国民大衆に自助能力の動員を求める資本主義社会は、公的扶助の申請者にたいして自助能力の喪失を証明することを要求し、受給者にスティグマを与え続けている。けれども、そのような公的扶助も歴史的には微妙な動静をしめしている。もともと公的扶助は、政策技術的にいって、その拡大や縮小が比較的容易であるため、恐慌その他の原因による困窮の大量発生に際して、それに即時的に対処する方策として動員されるという傾向をもってきた。今日では、社会保険その他の施策が成熟してくるにつれてそのような緊急性は少なくなる反面で、ＡＦＤＣにみられるように一層膨張するという傾向も認められるのである。

最後に残った社会福祉サービスは、かつては公的扶助の一部分ともいうべき存在で、老齢者、障害者、児童、母子などの自助能力の回復、助長、育成を課題としてきたといってよいであろう。社会福祉サービスは、そのかぎりにおいて現代資本主義における慢性的過剰人口処理体系の一環に位置づけられうるのである。

現代資本主義社会にみられる都市化、家族規模の縮小化傾向、人口老化などの一層の進展によって、今日では慢性的過剰人口の処理といっても、失業者には雇用を、雇用不能者には社会保険や公的扶助を提供すれば足りるというわけにはますますいかなくなってきている。彼らのかかえる生活上の困難も、所得を中心とするものから、次第に家族生活さらには地域社会までも包摂するような問題に拡大してきているからである。こんにちにおける社会福祉サービス部門の拡大は、そうした事態に対応するものといってよいのである。

註

(1) いちいち典拠をあげることはしないが、この問題をめぐって孝橋正一と高島進とのあいだで激しいやりとりがなされてきているとはここであらためて指摘するまでもないであろう。

(2) 財団法人社会福祉研究所『占領期における社会福祉資料に関する研究報告書』昭和五三年。

(3) わが国で唯一のまとまったアメリカ社会福祉の通史である一番ケ瀬康子の『アメリカ社会福祉発達史』(光生館　昭和三八年)のばあいもケースワークないし専門社会事業の成立過程によって社会(福祉)事業の成立を説くことになっており、救貧法や範疇扶助への言及はほとんどみられない。

(4) この点については、トラットナー著　拙訳『アメリカ社会福祉の歴史』(川島書店　一九七八年)所収の「解説＝アメリカ社会福祉史の方法をめぐって」を参照されたい。

(5) アメリカではすでに社会事業(政策)の成立をみているのであるから、民間社会事業と表現すべきであるが、当時のアメリカの用語法の主流はなお charity あるいは private charity であるため以下慈善、私的慈善、慈善事業を用いることにする。

(6) 社会保障法は当初経済保障法として議会に上程されたが、審議の途中で経済保障よりもより包括的な社会保障に名称が変更された。議会の証人、なかんずくイプスタインが社会保障という用語を使ったことやワシントンポスト紙が「社会保障法案」とよんだことが契機になったという。なお、社会保障の最初の用語例は、イプスタインのアメリカ老齢保障協会が一九三三年春にアメリカ社会保障協会に改称したときである(Altmeyer, 82)。

(7) かつて小川政亮は「憲法上より見たる私的社会事業にたいする公費支出の問題点について」(『社会事業の諸問題』第一集　昭和二六年)において、日本国憲法第八九条の問題を主としてアメリカの州憲法の規定を探求するというかたちで論じている。けれども、FERA以前と以後の社会事業をめぐる公私関係の推移からすれば、ニュー・ディール救済政策とのかかわりにおいて八九条問題を検討してみることも意味なしとしないであろう。

(8) FERAの長官であったハリー・ホプキンスがソーシャル・ワーカー出身であったことはよく知られている。けれども、FERAによるソーシャル・ワーカーの導入が彼の経歴とどの程度つながりをもつのか、慎重な分析が必要であろう(ホプキンスにかんする最近のものとしてはKurzman, 30)。

(9) 小松聰「ニュー・ディールの失業救済政策(二)」　筑波大学『経済学論集』第三号一九七九　七四〜七七ページ。

(10) カフリンおよびロングについては、Leighton, I. (ed) The Aspirin Age, Simon & Schuster, 一九四九・木下秀夫訳『アスピ

リン・エイジ』ハヤカワ文庫　昭和五四年　が参考になる。

(11) Troy. L., Trade Union Membership. 一八九七—一九六二, Pp. 1–2・東京大学社会科学研究所編『ナチス経済とニュー・ディール』（東大出版会　一九七九年）第八章「ニュー・ディールと労働」（馬場宏二）三五七ページより重引。

(12) たとえば、アメリカ経済研究会編『ニュー・ディールの救済政策』慶応通信　昭和四〇年　第三部第二章「労働政策」（古米淑郎）をみよ。

(13) Fisher, J., Trade Unionism in Social Work, in Social Work Year Book, 1939, Pp. 437–440. ほかに、Brown（12）, Leiby（104）なども参照せよ。

(14) 新川健三郎『ニュー・ディール』近藤出版社　一九七三年　二五六ページ。

(15) 小松聰はかつてニュー・ディールの救済政策や労働政策を、このような視点において捉えていた。小松聰『アメリカ経済論』ミネルヴァ書房　昭和四七年　三一〜三二ページを参照のこと。筆者じしんも、この小松の指摘に示唆をえて、ニュー・ディールの救済政策に同様の規定を試みたことがある。拙稿「ニュー・ディールの救済政策」右田紀久恵・高沢武司・古川孝順編『社会福祉の歴史』有斐閣　昭和五二年　所収をみよ。

(16) 金子卓治「ニュー・ディール政策と社会保障」大内兵衛ほか監修『講座社会保障』（全一巻）、昭和四一年（復刻版）所収。

(17) 小松聰　前掲「ニュー・ディールの失業救済政策（二）」六〇ページ以下参照のこと。

(18) このようなニュー・ディール政策の理解については小松の関連論文のほか、参照すべき論稿として榎本正敏「現代資本主義論の方法」（『経済学批判／2』社会評論社　所収）、同「現代資本主義の方法をめぐって」（『経済学批判／3』所収）等がある。本稿はこれらの論稿に多くのものをおうている。

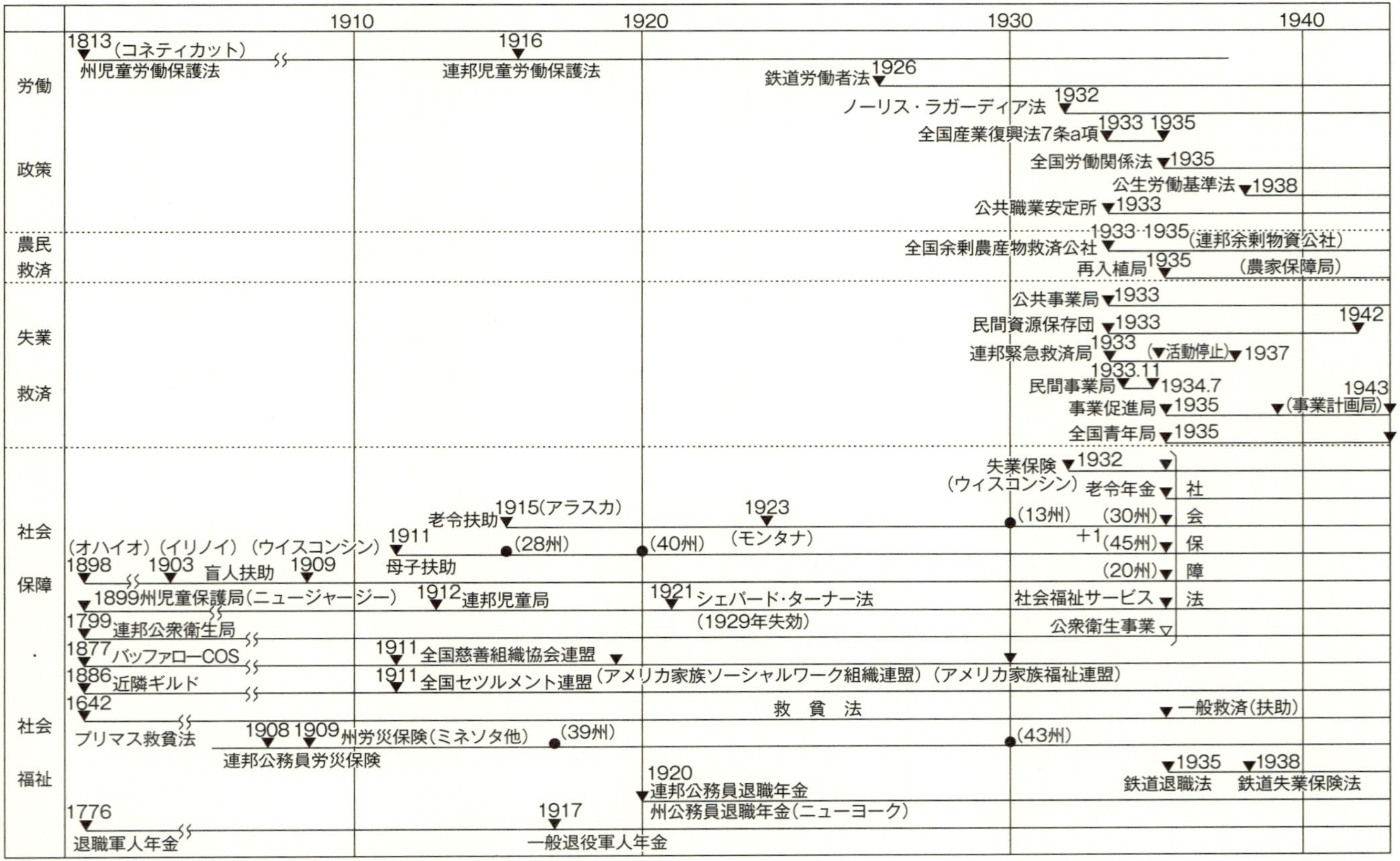

附録 1：アメリカ社会保障・社会福祉の成立過程

古川孝順　作成

附録２：ニューディール期の救済政策関連文献（抄）

※　採録は単行本に限定した。州史を除き、刊行年は、リプリント版があるものについてはそれをとった。(　)内はリプリント版の刊行もとである。

〔1〕 ドキュメント

1 Committee on Economic Security, Report to the President of the Committee on Economic Security, 1935.

2 Committee on Economic Security, Social Security in America:The Factual Background of the Social Security Act, 1937.

3 National Resources Planning Board, Security, Work and Relief Policies, 1942. (Da Capo)

4 Abbott, E., Public Assistance, 2 vols, Russell & Russell, 1966.

5 WPA, State Public Welfare Legislation, 1971. (Da Capo)

6 Browning, G., Rural Public Welfare, 1976. (Arno)

7 Koretz, R.F., Statutory History of the United States:Labor Organization, Chelsea House Publishers, 1970.

8 Stevens, P.B., Statutory History of the United States:Income Security, Chelsea House Publishers, 1970.

9 Hirata, Y., Prosperity, Great Depression and New Deal, Yushodo, 1972.

〔2〕 総論的なもの

10 Lubove, P., The Struggle for Social Security 1900-1935, Harvard Univ. Pr., 1968.

11 WPA, Trends in Relief Expenditures, 1910-1935, 1971. (Da Capo)

12 Brown, J.C., Public Relief 1929-1939, Octagon Books, 1971.

13 Abbott, G., From Relief to Social Security, Russell & Russell, 1966.

14 WPA, Federal Work, Security, and Relief Programs, 1971. (Da Capo)

15 Meriam, L., Relief and Social Security, Brookings Institution, 1946.

16 Burns, E.M., Social Security and Public Policy, 1976. (Arno)

17 Chapin, F.S. & S.A. Queen, Research Memorandum on Social Work in the Depression, 1972. (Arno)

18 White, R.C. & M.K., Research Memorandum on Social Aspects of Relief Policies in the Depression, 1972. (Arno)

19 Epstein, A., Insecurity: A Challenge to America, Agathon Press, 1968.

20 Rubinow, I.M., The Quest for Security, 1976. (Arno)

21 Hopkins, H.L., Spending to Save, Norton, 1936.

22 Burns, A.E. & D.S. Watson, Government Spending and economic Expansion, 1972. (Da Capo)

23　WPA, Intercity Differences in Costs of Living in March 1935, 1971.（Da Capo）

24　Gill, C., Wasted Manpower, 1973.（Da Capo）

25　Conkin, P.K., Tomorrow a New World: The New Deal Community Program, 1976.（Da Capo）

26　Bloodworth, J.A. & E.J. Greenwood, The Personal Side, 1939.（Arno）

〔3〕 人物史

27　Conkin, P.K., FDR and the Origins of the Welfare State, Thomas Y. Crowell, 1967.

28　Sherwood, R.E., Roosevelt and Hopkins, Harper & Row, 1950.

29　Charles, S.F., Minister of Relief, Greenwood Press, 1974.

30　Kurzman, P.A., Harry Hopkins and the New Deal, R.E. Burdik, 1974.

31　Adams, H.H., Harry Hopkins, G.P. Putnam's Sons, 1977.

32　Schlabach, T.F., Edwin E. Witte: Cautious Reformer, State Historical Society of Wisconsin, 1969.

〔4〕 ニューディール（州別）

33　Ingalls, R.P., Herbert J. Lehman and New York's Little New Deal, New York Univ. Pr. 1975.

34　Blumberg, B., The New Deal and the Unemployed - The View from New York City, Bucknell Univ. Pr., 1979.

35　Trout, C.H., Boston: The Great Depression and the New Deal, Oxford Univ. Pr., 1977.

36　Mertz, P.E., New Deal Policy and Southern Rural Poverty, Louisiana State Univ. Pr., 1978.

〔5〕 復興金融公社

37　Olson, J.S., Herbert Hoover and the Reconstruction Finance Corporation, The Iowa Univ. Pr., 1977.

38　Jones, J.H., Fifty Billion Dollars, 1975.（Da Capo）

〔6〕 連邦緊急救済局

39　WPA, Chronology of the Federal Emergency Relief Administration May 12, 1933, to December 31, 1935, 1971.（Da Capo）

40　WPA, Final Statistical Report of the Federal Emergency Relief Administration, 1972.（Da Capo）

41　Williams, E.W., Federal Aid for Relief, Columbia Univ. Pr., 1939.

42　WPA, Urban Workers on Relief, 1971.（Da Capo）

43　Adams, G., Workers on Relief, 1939.（Arno）

44 Carmichael, F.L. & R. Nassimbene, Changing Aspects of Urban Relief, 1974.（Da Capo）
45 Ogburn, W.F., Social Changes during Depression and Recovery, 1974.（Da Capo）
46 Sutherland, E.H. & H.J. Locke, Twenty Thousand Homeless Men: A Study of Unemployed Men in the Chicago Shelters, 1971.（Arno）
47 Komarovsky, M., The Unemployed Man and His Family: The Effect of Unemployment upon the Status of the Man in Fifty-Nine Families, 1971.（Arno）
48 WPA, The Transient Unemployed, 1971.（Da Capo）
49 WPA, The Migratory-Casual Worker, 1971.（Da Capo）
〔7〕 事業促進局
50 Macmahon, A.W. et al., The Administration of Federal Work Relief, 1971.（Da Capo）
51 Federal Works Agency, Final Report on the WPA Program, 1935-43, Greenwood, 1976.
52 Ioward, D.S., The WPA and Federal Relief Policy, 1973.（Da Capo）
53 McDonald, W.F., Federal Relief Administration and the Arts, Ohio State Univ. Pr., 1969.
54 Salmond, J.A., The Civilian Conservation Corps, 1933-1942, Duke Univ. Pr., 1967.
55 Lindley, B. & E.,A New Deal for Youth, 1972.（Da Capo）
56 WPA, Rural Youth: Their Situation and Prospects, 1971.（Da Capo）
57 WPA, Rural Youth on Relief, 1971.（Da Capo）
58 WPA, Youth in Agricultural Villages, 1971.（Da Capo）
59 , WPA, Vocational Training and Employment of Youth, 1971.（Da Capo）
60 WPA, Getting Started: Urban Youth in the Labor Market, 1971.（Da Capo）
61 Galbraith, J.K., The Economic Effects of the Federal Public Works Expenditures 1933-1938, 1975.（Da Capo）
〔8〕 農業・農民救済
62 Blaisdell, D.C., Government and Agriculture, 1974.（Da Capo）
63 Nourse, E.G. et al., Three Years of the Aglicultural Adjustment Administration, 1971.（Da Capo）
64 WPA, Farming Hazards in the Drought Area, 1971.（Da Capo）
65 WPA, Part-Time Farming in the Southeast, 1971.（Da Capo）
66 WPA, Landlord and Tenant on the Cotton Plantation, 1971.（Da Capo）
67 WPA, Farmers on Relief and Rehabilitation, 1971.（Da Capo）
68 WPA, Migrant Families, 1971.（Da Capo）

69　WPA, The Plantation South, 1934-1937, 1971.（Da Capo）

70　WPA, Changing Aspects of Rural Relief, 1971.（Da Capo）

71　WPA, Rural Families on Relief, 1971.（Da Capo）

72　WPA, Effects of the Works Program on Rural Relief, 1971.（Da Capo）

73　WPA, Six Rural Problem Areas, Relief-Resouces-Rehabilitation, 1971.（Da Capo）

74　WPA, Comparative Study of Rural Relief and Non-Relief Households, 1971.（Da Capo）

75　WPA, Rural Migration in the United States, 1971.（Da Capo）

76　Brunner, E. deS. & I. Lorge, Rural Trends in Depression Years: A Survey of Village-Centered Agricultural Communities, 1930-1936, 1971.（Da Capo）

77　Rural Poor in the Great Depression: Three Studies, 1971.（Arno）

78　WPA, Seven Stranded Coal Towns, 1971.（Da Capo）

79　Armstrong, L. V., We Too Are the People, 1971.（Arno）

〔9〕 社会保障法

80　Witte, E.E., The Development of the Social Security Act, The Univ. of Wisconsin Pr., 1962.

81　Douglas, P.H., Social Security in the United States:An Analysis and Appraisal of the Federal Social Security Act, 1971.（Arno）

82　Altmeyer, A.J., The Formative Years of Social Security, The Univ. of Wisconsin Pr., 1968.

83　Mckinley, C.& P.W. Frase, Launching Social Security, The Univ. of Wisconsin Pr., 1970.

84　Witte, E.E., Social Security Perspectives, The Univ. of Wisconsin Pr., 1962.

85　Schottland, C.I., The Social Security Program in the United States, Appleton-Cenury, 1963.

86　Hirshfiield, D.S., The Lost Reform, Harvard Univ. Pr., 1970.

〔10〕 組織労働，万能薬運動

87　Derber, M. & E. Young, Labor and the New Deal, 1972.（Da Capo）

88　Braeman, J. et al., The New Deal, Ohio State Univ. Pr., 1975.

89　Neuberger, R.L. & K. Loe, An Army of the Aged, 1973.（Da Capo）

90　Holtzman, A., The Townsend Movement, Octagon Books, 1975.

91　Putnam, J.K., Old-Age Politics in California, Stanford Univ. pr., 1970.

92　Coughlin, C.E.,A Series of Lectures on Social Justice, 1971.（Da Capo）

93　Long, H.P., My First Days in the White House, 1972.（Da Capo）

〔11〕 アメリカ社会福祉史――通史――

94 Warnner, A.G., American Charities, 1971.（Arno）

95 Queen, S.A., Social Work in the Light of History, Lippincott, 1922.

96 Warner, A.G. et al., American Charities and Social Work, Thomas Y. Crowell, 1930（Third Printing of the Forth Edition）

97 Cohen, N.E., Social Work in the American Tradition, Holt, 1958.

98 Mencher, S., Poor Law to Poverty Program, Univ. of Pittsburg Pr., 1967.

99 Coll, B.D., Perspectives in Public Welfare: A History, U. S. Government Printing Office, 1969.

100 Smith, R.E. & D. Zietz, American Social Welfare Institution, John Wiley, 1970.

101 Trattner, W.I., From Poor Law to Welfare State, Free Pr., 1974.

102 Komisar, L., Down and Out in the USA, New Viepoints, 1974.

103 Axinn, J. & H. Levin, Social Welfare: A History of the American Response to Need, Harper, 1975.

104 Leiby, J.,A History of Social Welfare and Social Work, Columbia Univ. Pr., 1978.

105 Gilbert, N. & H. Specht, The Emergence of Social Welfare and Social Work, Peacock, 1976.

106 Piven, F.F. & R. Cloward, Regulating the Poor, Random House, 1971.

〔12〕 アメリカ社会福祉史――州史――

107 Cahn, F. & V. Bary, Welfare Activities of Federal, State, and Local Governments in California, 1850-1934,1936.（Arno）

108 Breckenridge, S.P., The Illinois Poor Law and its Administration, Univ. of Chicago Pr., 1936.

109 Shaffer, A. et al., The Indiana Poor Law, 1936.（Arno）

110 Gillin, J.L., History of Poor Relief Legislation in Iowa, State Historical Society of Iowa, 1914.

111 Wisner, E., Public Welfare Administration in Louisiana, 1930.（Arno）

112 Kelso, R.W., The History of Public Poor Relief in Massachusetts, 1960-1920, Houghton, 1922.

113 Bruce, I.C. & E. Eickhoff, The Michigan Poor Law, 1936.（Arno）

114 Boan, F., History of Poor Relief and Administration in Missouri, Univ. of Chicago Pr., 1936.

115 Leiby, j., Charity and Correction in New Jersey, Rutgers Univ. Pr., 1967.

116 Schneider, D.M. & A. Deutsch, The History of Public Welfare in New York, Univ. of Chicago Pr., 1938-1941.（Patterson Smith）

117 Brown. R.M., Public Poor Relief in North Carolina, 1928. (Arno)

118 Capen, E., The Historical Development of the Poor Law of Connecticut, Columbia Univ. Pr., 1905.

119 Browning, G.A., The Development of Poor Relief Legislation in Kansas, Univ. of Chicago pr., 1935.

120 Sunley, E.M., The Kentucky Poor Law 1792-1936, Univ. of Chicago Pr., 1942.

121 Veeder, F.P., The Development of the Montana Poor Law, Univ. of Chicago Pr., 1941.

122 Heffner, W.C., History of Poor Relief Legislation in Pennsylvania, 1682-1913, Holzapfel, 1913.

123 Greech, M., Three Centuries of Poor Law Administration: A Study of Legislation in Rhode Island, Univ. of Chicago Pr., 1936.

124 Hathway, M. & J.A. Rademaker, Public Relief in Washington, 1853-1933, Olympia, 1934.

第7章

戦後アメリカにおける福祉改革

初出：1981年
「現代の社会福祉」季刊労働法 別冊8号

はじめに

アメリカ合衆国における社会福祉の基本的な構成および性格は、一九三五年の社会保障法によって与えられている。そしてそれは、第二次世界大戦を経て半世紀近くの歳月が流れたこんにちにおいても、そのまま継承されているかのようにみえる。けれども、別の視点に立てば、戦後アメリカの社会福祉はあいつぐ「福祉改革」とその挫折の歴史であったとみることも可能であろう。

いままたアメリカでは、レーガン新政権のもとで、あらたな「改革」が始まっている。もとより、それが今後いかなる経過をたどるかは臆測のかぎりではない。

むしろここでわれわれは、戦後アメリカにおける「福祉改革」の経過について展望を試みておこうと思う。戦後のそれぞれの時期の改革に込められた政策意図と結果を一九三五年社会保障法を起点とする文脈のなかでとらえなおしておきたい。今後における「福祉改革」の動向を探るためにも必要なことかと思われるのである。

第1節　公的福祉行政の反動

第二次世界大戦の終了から一九五〇年代にかけて、アメリカは、自己満足と反動の時代を迎えた。そして、この風潮は、戦後アメリカの社会福祉史に、消えやらぬ刻印を残したのであった。

アメリカ経済は、ニューディール政策による多様な挺子入れが試みられたにもかかわらず、一九三〇年代を通じて大恐慌の痛手から立ち直ることができなかった。アメリカ経済の回復は、第二次世界大戦にともなう、経済の軍事化によってもたらされたのである。戦争の終結による景気の後退は必至であるように思われた。けれども戦後のリセッションは起こらなかった。むしろ経済は活況を呈し、拡大していったのである。ニューディールを特徴づけた改革への意欲が失われていくのは、時間の問題であった。戦勝気分も手伝って、楽観主義と自己満足が社会を支配した。経済の領域では、自由放任主義の復活がみられ、政治的には保守化の傾向が強まっていった。ソヴィエトとの冷戦が深刻化するなかで、一九五〇年から五年間にわたってアメリカを吹き荒れた「マッカーシズム」は、まさにこの時代を象徴するようなできごとであった。

公的福祉、なかんずくＡＤＣ（Aid to Dependent Children 要扶養児童扶助）にたいする攻撃が、このような状況のなかで始まった。一九五〇年代から六〇年代の初めにかけて、各地でＡＤＣの受給資格を制限しようとする試み――懲罰的な行政手続きの導入がはかられ始めたのである。州の居住権条項の厳格化、福祉受給者名簿の公開を求める運動、などがおこってきた。また、詐欺による不正受給を排除するという名目で、いったん全部のケースを廃止し、あらたに申請を求め、調査を受けさせるということもおこなわれた。これらはいずれも、受給者から資格を奪い、救援を抑制しようとする意図による措置であった。

多くの州で、同様の効果をもとめて、「好ましい家庭」条項 suitable home rule や「同居男性禁忌」条項 man-in-home rule が導入された。血縁関係にない男性のいる母子家庭は、「好ましくない」家庭として受給資格が認められなかった。また血縁関係がなくとも、男性が同居している家庭には、金銭的ニードは存在しないものとみなされたのである。ちなみに、一九六〇年の夏、ルイジアナでは「好ましい家庭」条項を口実にして、六、二八一ケースが保護を打ち切られたという。ＡＤＣを受給する母親と同棲する男性の存在を立証するため、頻りに「夜襲」midnight raids や「ベッド・チェック」が実施された。

しかし何といっても、この時代の公的扶助受給者への攻撃を代表するものは、ニューヨーク州ニューバーグ市の事件であったろう。一九六一年、ニューバーグ市長は、一三ヶ条からなる福祉コードを制定し、受給者の数と救済支出の削減をはかろうとした。規約のなかには、自発的に失業した者への扶助の禁止、新規ケースの市長事務所による再審査、金銭扶助を受給するあらゆる労働可能な男性への就労の割当て、現金給付に換えて伝票による給付をおこなうことなどが定められていた。[(1)] こうした条項は、いずれも救貧法的な伝統を現代に適用しようとする無謀な試みであり、連邦補助金の交付基準にも抵触するものであった。

この時期に、何故に、このような公的扶助への攻撃がなされたのであろうか。一般的な社会経済的な背景については、すでに指摘しておいた。それでは、より直接的な契機となったものは何であったか。それは、ひとつには救済支出の増大であり、いまひとつは受給者の性格が変化したという事実であった。[(2)]

一九五〇年から六〇年にかけての公的扶助受給者の増加は、まだ問題になるほどではない。それは、同じ時期に失業者の数が二〇〇万増加したのにたいして、八〇万弱、一三％の増であるにすぎなかった。それに比べて、救済支出のほうはずっと急速に増大した。全公的扶助の給付総額は、一九五〇年には二四億ドルであった。それは、一九六〇年にはおよそ六〇％増加し、三一億ドルに達した。なかんずく、ＡＤＣのための支出は、同じ期間に、九二％増加し、一〇億ドル以上にも達した。このような支出面での著しい増加が、そのままＡＤＣ受給家族への反感を強める原因のひとつとなったのであった。

一九五〇年から六〇年のあいだに、公的扶助の受給者の性格にも変化が生じていた。老人――老人扶助の受給者――が減少し、子どもをかかえた母親――ＡＤＣの受給者――が増大した。一九五〇年には、老人が、全公的扶助受給者の半数を占めていた。しかし、六〇年には彼らの比率は三七％であるにすぎなかった。逆に、ＡＤＣの受給者は増大し、両者の構成比は入れ変ってしまっていたのである。

貧しい母親と子どもという集団は、攻撃を受けやすいというだけでなく、それに反発する力にも劣っていた。そのうえ、ＡＤＣ受給者にたいする攻撃は、公的扶助受給者についての社会的概念をも変えていった。受給者たちのイメージは、救済に値する、分別ある老人ないし未亡人から、救済に値しない、評判の悪い、若年の、労働が可能であるにもかかわらず就労していない男女のそれに変化していった。とりわけＡＤＣを受給する母親は、労働を忌避する手段として非嫡出の子どもを産む黒人――実際には厳格な居住権条項のため黒人の救済は甚だしく制限されていた――のイメージをもってみられることが多くなっていったのである。

ところで、この時代も保守的であるばかりではなかった。他方においては、公的扶助関係に限定しても、いくつかの制度の改善がおこなわれている。まず、一九五〇年には、第四の範疇扶助であるＡＰＴＤ（Aid to the Physically and Totally Disabled　永久完全障害者扶助）が導入された。一九五六年には、ＡＤＣにともなう社会福祉サービスにたいして、連邦政府が、支出限度の五〇％を負担する法案が承認された。このサービスにかんして、連邦政府が支出しうる金額には限度が定められていなかった。けれども、各州はこの新しい条項をほとんど活用しなかった。さらに、一九五八年には、一九三五年の社会保障法制定当時には農村部に限定されていた児童福祉サービスが、都市部にも拡大されうるよう、法律の改正がおこなわれている。

第２節　公的扶助へのサービス的接近

戦後のアメリカを支配した自己満足と楽観主義の風潮は、やがて一九五〇年代のアメリカ社会を豊かな社会としてとらえる自己認識を生み出した。ガルブレイスは、一九五八年に刊行した『豊かな社会』のなかで、アメリカ社会はすでに伝統的な欠乏や貧困の問題を解決している、と主張した。残っているのはガルブレイスが「島状貧困」（“insular” poverty）および「個別的貧困」（“case” poverty）と名付けた状況だけであった。前者は、豊かな社会のなかに島のように点在する特定地域の貧困であって、その地域に構造的な失業や特異な失業率によって特徴づけられる。後者は、疾病、教育の欠如、性や人種による差別などの個人的障害によって、個別的に生じる貧困を意味していた。

けれども、アメリカ社会の現実は、ガルブレイスの認識とは大きく隔たっていた。一九五〇年代も後半になると、失業者数の増大がみられ始めた。一九五八年に、失業率は七％に達した。豊かな社会の奥底には、膨大な失業や貧困が滞在していた。失業や貧困が存在しなかったのではなく、見えなかったのである。一九六二年刊行のハリントンの『もうひとつのアメリカ』は、そうした失業や貧困の存在にたいする警鐘であり、自己満足にひたっていたアメリカ社会にショックを与えることになった。

こうして、一九六〇年を迎えるとともに、アメリカでは、失業や貧困の問題にたいする関心が急速にたかまった。それにたいする社会的な対応策も講じられていった。けれども、その社会的対応策の方向や内容には、ガルブレイス的な貧困観の影響が色濃く投映していた。人びとは、島状貧困であれ、個別的貧困であれ、これを貧困それじたいとしてとらえるのではなく、渦中にある人びとの個別的な雇用可能性の問題であるとみなしていたのである。失業や貧困は環境の問題ではなかった。それは個別的な理由にもとづく雇用の失敗であった。一九六〇年代における貧困対策が雇用機会の拡大や市場的な労働能力の育成を内容とするものになった背景には、このような失業や貧困についての理解のしかたが伏流していたのである。

六〇年代当初の貧困対策は、より直接的には三とおりの契機、すなわち①社会経済的に特に停滞した地域の存在することが知られるようになったこと、②市民権運動の興隆、そして③公的扶助受給者構成の変化、によって形成されていった。アパラチア地方の貧困にみられるような地域的停滞にかんする最初の対応策として、一九六一年に地域再開発法が制定された。これは地域的な失業の問題にたいして、新しい産業を導入し、雇用の機会を拡大することによって対処しようとする措置であった。その後一九六五年には、このプログラムの一層の拡大を課題とする経済開発法が制定された。

この時期になされた貧困にかんする統計的分析は、貧困の問題に少数者集団にたいする差別が根深く関与していることを明らかにした。黒人が貧困化するリスクは、白人のそれの三倍に達していた。彼らにたいする雇用上の差別が、貧困の大きな原因のひとつであった。六〇年代に興隆した市民権運動は、貧困、そして救済依存の原因として、マイノリティにたいする社会的、政治的、経済的差別の存在を指摘し、強く糾弾した。一九六四年に、雇用における人種、性、宗教による差別を禁止する条項を含む市民権法が制定されたのは、このような批判に対応しようとするものであった。

一九六〇年代における公的扶助受給者構成の変化は、ドラスティックなものであった。五〇年代にあっては、受給者数の増加率は失業者数の増加率を下回っていただけでなく、前者の消長は後者のそれと連動していた。だが、六三年以降、両者の関係は大きく変化した。同年から七〇年までの間の失業者数の増加は、三〇万以下であった。これにたいして、公的扶助受給者数はついには六〇〇万を越えた。しかも、その増加は、実質的には、ADC受給者の増加であった。そのような状況のなかで、ADCをもって不行跡や遺棄によって崩壊した家族をかくまい、そのような家族をつくりだしさえする制度とみる図式が形成されていった。一般社会は、一貫して、ADC受給者にたいして、〝救済に値しない雇用可能者〟というラベルを貼りつけようとしたのである。[3]

島状貧困にたいする対応策は、雇用機会を拡大創出することであった。他方、個別的貧困にたいするそれは、職業訓練、就労奨励、そして自立を助長するためのカウンセリング・サービスであった。結局両者は、同一の原理に依拠していた。一九六二年には早くも、経済変動にともなう失職者に職業訓練ないし再訓練を提供することを内容とするマンパワー開発訓練法が制定された。そして、その同じ年に、一般に「サービス改正」とよばれる社会保障法の改正が実施される。改正の意図は、端的にいえば、ADCの受給者にたいして、雇用とそれによる経済的自立を達成させるために、専門的な訓練をうけた職員——ソーシャル・ワーカー——によるサービス——濃密な社会福祉サービスを提供しようというにほかならなかった。

一九六二年改正にこのような方向性を与えるうえで重要な意味をもったのは、一九六一年に当時の保健教育福祉長官エブラハム・リビコフによって任命された公的福祉特別委員会の報告であった。主にソーシャル・ワーカーを中心に構成されていた同委員会は、公的福祉は回復的サービス rehabilitative services および家族中心的接近法 family centered approach の開発により要救護性、少年非行、家族崩壊、不行跡、不健康、障害などの諸問題の解決に貢献することを通じて、社会の積極的で繁栄をもたらす力になりうるという信念に到達した。同委員会は、公的扶助制度を活力あるものにするためには、彼らのいう金銭的扶助を含むが、しかしそれに限定されない社会復帰サービスが十分に活用されるべきだと強調した。

一九六二年の社会保障法改正は、このような勧告の線に沿うものであった。従来のＡＤＣはＡＦＤＣ（Aid to Families with Dependent Children　要扶養児童家族扶助）と名称を変更して、適用範囲が拡大されただけでなく、セルフ・ケアや自立を目的とする各種の社会福祉サービスと結びつけられた。これらのサービスは、現在の受給者のみならず、過去および将来の潜在的受給者についても提供することができ、その経費の七五％が連邦政府によって負担されることになった。また、同じ目的をもって、旧来の児童福祉サービスの一部に保育所の制度が設けられ、連邦補助金の交付対象とされた。要するに、一九六二年改正は、金銭給付ではなく、ソーシャル・ワーク専門職――彼らにはマスターの学位が要求された――の大動員による受給者の自立につながる回復的サービス、それを核とする社会福祉サービスの充実という方策手段をもってＡＤＣ受給者の増大とそれへの批判に対処しようとするものであった。

第３節　社会改良への回帰

一九六〇年代を特徴づけるいまひとつの貧困対策は、六四年八月の経済機会法の制定を主要武器として遂行された「貧困戦争」であった。

一九六二年の社会保障法改正以降においても、ＡＦＤＣ受給者数は減少するどころか、ますます増大する傾向にあった。六四年には一〇〇万の家族がＡＦＤＣを受給し、受給者数は四〇〇万以上に達した。けれども、ジョンソン政権が貧困にたいして宣戦を布告したのは、そのためばかりではなかった。それにもまして貧困戦争を必要としたもの、それは、児童、老人、大家族、母子世帯などの社会的弱者群による貧困だけでなく、それと重なり合うかたちで地方に居住する農民や労働者の家族、そして少数者集団のあいだに貧困がひとつの層をなして蔓延していたという事実であり、これにたいする多方面からの批判であった。わけても、貧困戦争の形成と遂行に大きく貢献したのは市民権運動であった。

経済機会法は、豊かさのなかの貧困というパラドクスの除去を、アメリカ社会の最大の課題として位置づける。この課題を達成するためには、あらゆる人たちに教育および訓練にたいする機会、職業にたいする機会、ひとたるにふさわしい生活にたいする機会が、解放されなければならない。経済機会法の任務は、これ——機会の解放——を助長することであった。

貧困戦争は多種多様なプログラムを通じて遂行された。その戦略はおよそつぎのように整理することができる。①職業部隊、近隣青年部隊、就労経験事業、職業訓練事業、アルバイト斡旋事業などの雇用対策事業、②雇用および投資促進事業、③地方在住者を対象とする少額融資事業、④成人教育、就学前教育などの補充的教育事業、⑤ボランティア訓練・派遣事業、⑥地域活動事業。

これらの事業はいずれも、失業者や貧困者の自立をねらいとする職業訓練、就労奨励、各種サービスの提供をその内容としていた。その意味では、経済機会法は、雇用とそれによる自立をめざした六二年社会保障法改正と軌を一にするものであったといってよいのである。しかしながら、その成果は必ずしも期待されたほどのものではなかった[(4)]。ただ、貧困者の「最大限可能な参加」を求めた地域活動事業だけは特筆に値する重要な影響をもたらした。貧困対策に貧困者自身の参加が求められたのはもとより初めての試みであり、参加の範囲も限られていた。たしかに、地域活動事業がそれじたいとしてどれほどの成果をあげえたといえるのか、疑問は残る。けれども、それが貧困者、なかんずく少数者集団に属する人びとにたいして、発言の機会とチャンネルを与えたことの意味は大きかった。地域活動事業は、六〇年代半ばの一定の成果の達成とともに下降線をたどっていた市民権運動を福祉権運動として賦活させる土壌となったのである。

福祉権運動の批判の矢は、政策や制度だけではなく、それを支え運用してきたソーシャル・ワーク専門職にも向けられた。活動家の多くは反専門職的な視点に立ち、社会福祉行政の脱専門職化すら要求した。ソーシャル・ワーカーたちのなかにも、一時の治療モデル的な視点を離れて、社会改良的な志向に回帰するものも現われてきた。制度変革をめざす社会行動の復活がみられたのも、この時期であった。これらの事実からいえば、経済機会法は、一九六二年「サービス改正」の単なる延長線上にあるのではなく、一部そこから離脱の契機を内包していたというべきであろう。一九六四年の食糧切符法、一九六五年のメディケアおよびメディケイド、一九六六年のモデル都市法、一九六八年の住宅・都市開発法は、このような状況のなかで実現されたのであった。

第4節　サービスから就労奨励へ

しかしながら、いずれにせよ、六二年改正も経済機会法も、結局のところＡＦＤＣ受給者の激増を抑え込むことはできなかった。経済的変動、崩壊家庭の増加、貧困者間における権利要求の増大、その他の社会的諸要因を背景にして、一九六四年以後においても、ＡＦＤＣの受給者は顕著な増加を示し続けたのである。

けれども、一九六六年の、これに対処する方策を探るべく保健教育福祉長官によって任命された公的福祉諮問会議の報告書は、六二年改正の〝サービスによる貧困の解消〟という方向を再び指し示した。報告書は、当面の事態に対応するためには、議会はより一層の扶助とサービスを〝権利として〟与え、それによって公的扶助をより有効なものにすべきである、と強調した。そして、そのためには専門的ソーシャル・ワーカー、ソーシャル・ワーク・エイド、補助職員の大幅な増員が必要であった。だが、このような報告書の処方箋は、議会の判断とは大きくかけ離れていた。一九六七年の社会保障法の改正は、受給者にとってもソーシャル・ワーク専門職にとっても、甚だ厳しいものとならざるをえなかった。

一九六七年改正のなかでもっとも重要な部分は、ＷＩＮ（Work Incentive Program　就労奨励事業）の導入とこれに関連する金銭給付とサービスとの分離であった。ＷＩＮはいうまでもなく、受給者の経済的自立を目的とするものであった。男女を問わず、成人および就学していない年長少年が、正当な理由なく雇用を受け入れもしくは職業訓練事業に参加することを拒否する場合には、その者はＡＦＤＣの受給資格を喪失すると規定された。ただし、ＷＩＮには、一定の範囲の勤労所得にたいする一〇〇％の税の控除措置も組込まれていた。すなわち、就労している受給者は収入のうちから三〇ドルを控除したのち、残りの三分の一を収入認定からはずすことができたのである。

このようなＷＩＮの構想は、職業的リハビリテーションの領域で有効であった発想の福祉分野への導入を意味するものであった。六二年改正との関連でいえば、それはソーシャル・ワーク的接近方法の単なる継承ではなかった。従来の伝統的なソーシャル・ケースワークを核とするサービスは、職業的リハビリテーション・モデルによって塗り変えられることになったのである。

法の改正にともなって、連邦の行政機構にも変更が生じた。六二年改正時に設置された福祉局と家庭サービス局とが廃止され、代ってＳＲＳ（Social and Rehabilitation Service　社会復帰サービス局）が設置された。この措置は、従来の職業的リハビリテーション局の事業と社会保障法その他の制度にもとづく範疇的集団にたいするサービス事業とを一体化し、伝統的なソーシャル・サービスのあり方を職業的リハビリテーションをモデルとする方向で強化しようとする意図の産物であった。当初、この新しい枠組みにいう家庭サービスは、家族を保全、回復、強化し最大限の自活と独立を身につけさせあるいは維持させることを目的として、家族もしくは個人に供給されるサービスとして構想されていた。けれども、実際には、その境界は明確さを欠き、やがて法令の許容しうる限りのあらゆるサービスを包摂するように拡大されていくことになる。

金銭給付とサービスとの分離、すなわち公的扶助にたいするサービス的接近の終焉はこのような経過のなかでしだいに明確化していった。かつて、少なくとも公的福祉の領域においては、金銭給付とサービスとは不可欠のものであった。あるいはサービスのほうが重要視されてきたといってもよい。さきにみた六二年改革は、貧困対策においては金銭の給付よりもパーソナリティを重視しこれに働きかけるサービスこそ重視されるべきである、というアメリカ社会福祉に伝統的な志向の再現であった。しかしながら六七年以降、とりわけＣＳＡ（Community Service Administration　地域サービス部）が設置されて以降、六二年改革の失敗にたいする反省とＷＩＮの導入によるサービスの再編成が契機となって、両者を切離そうとする動向が現われてきたのである。これによって、ＡＦＤＣの受給者は、ＷＩＮへの登録を別にすれば、サービスを強要されることもなく、またＡＦＤＣと無関係にサービスを受けることも可能になっていったのである。

このような改革は広い支持をえた。たとえば、米国ソーシャル・ワーカー協会は、サービスが受給資格の調査という文脈に重ねて実施される場合には、それを受入れることが金銭給付支給の条件になる可能性があること、金銭的ニードそれ自体が必然的にソーシャル・サービスの給付を要請するという仮定にはいわれがないことを指摘して、両者の分離を歓迎した。こうして、一九七四年の一月までには、州および地方の行政機構上においても、金銭給付とサービスとの明確な分離が実現することになるのである。

第５節　ＦＡＰの提案と挫折

これまでみてきたように、戦後のアメリカにおいては、ＡＦＤＣ受給者の問題を主要な契機として、数次にわたる「改革」が実施されてきた。けれども、六七年の社会保障法の改正以後においても、事態は改善されるどころか逆に急激に悪化していった。このため、一九六九年八月、ニクソン政権は議会にたいしてメッセージをおくり、さらに大がかりな「福祉改革」を実施する用意のあることを明らかにした。

この提案は内外の耳目を集めた。従来の改革はいずれも、基本的には一九三五年に成立した社会保障法の構成、とりわけ範疇ごとに公的扶助を実施するという方式の存続を前提としつつ、部分的に修正をくわえていくというものであった。

これにたいしてニクソンの提案は、それまでの公的扶助のありかたを根本的に変更しようとしていた。その意味で、それは一九三五年以降のアメリカ社会保障・社会福祉史上の大改革となるはずであった。

ニクソンの提案には、自活不能な国民すべてにたいして一定の年間保証所得を支給すること、その受給者および就労している貧困者については一定の限度額以内において所得税の免除を実施すること、就労もしくは職業訓練を強化すること、従来のＡＦＤＣを除く成人扶助の受給者――老人・盲人・永久完全障害者――については連邦が直接的に一定額の給付をおこなう新しい制度を導入する用意のあること、などが含まれていた。この提案は直ちに法案のかたちをとって議会に提出された。そして、七〇年から七二年にかけての激しい論争を巻き起したのである。提案のうちもっとも激しい争点となったのは、貧困者にたいする年間保証所得の給付を意味するＦＡＰ（Family Assistance Plan　家族扶助計画）をもってＡＦＤＣに置換えるという部分であった。賛成者のうちにはＦＡＰに児童手当のイメージを重ねるものもあった。反対論者には大別して二つの議論があった。ひとつは、ＦＡＰの設定する基準が低すぎ、貧困の解決に程遠いという批判であった。これとは逆に、ＦＡＰはさらに多くの福祉依存者を創出するだけであるという立場からする反対論にも根深いものがあった。

ニクソン提案についての議論は容易に決着がつかず、一九七二年の社会保障法の改正というかたちで一部の実現をみたものの、肝心のＦＡＰはついに議会の承認をうることができなかった。その後、フォードの時代にもカーターの時代にも、それぞれ公的扶助制度の抜本改革を構想するプランがなかったわけではない。けれども、それもまたこんにちにいたるまで実現をみるにはいたっていないのである。

一九七二年社会保障法改正の中心は、何といってもＳＳＩ（Supplementary Security Income　補足的保証所得）の新設であろう。これはニクソン提案のうちの成人扶助に代位する新制度の導入に該当するものであって、七四年から実施に移された。この連邦直営の新しい制度――ＳＳＩは社会保障庁の管轄下におかれた――の導入は、関連社会保険の成熟その他の理由によって三種類の成人範疇扶助の受給者が減少してきたこと、および給付の地域（州間）格差を是正する必要のあったことが契機となった。範疇扶助のうち最大の受給者数をもつＡＦＤＣが手つかずで残っているとはいえ、ＳＳＩの成立は、扶助の連邦化（中央集権化）への道を開いたものであって、その意味するところは大きいというべきであろう。

つぎに、ＳＳＩ以後における福祉改革のなかでは、いわゆるタイトルXXが重要である。一九七五年一〇月に始まるこの事業は、州が社会保障法のタイトルXXに規定する社会福祉サービスを実施する場合、連邦がそれに要する費用の最高九〇％までを負担するというものである。この措置は、六七年改正の所産である就労による経済的自立の達成を中心にすえる社会福祉サービスの重視という方向づけを継承発展させるもので、従来四種類の範疇扶助との関連で実施されてきたサービスをひとつに統合し、強化しようとする制度であった。

タイトルXXによる社会福祉サービスの強化は、つぎのような構想を前提としている。①従来各範疇扶助と結びついて個々に実施されていた各種のサービスを、コミュニティ水準において統合して供給すること、②サービスの目的は最終的には独立自活（Self-Support）におくこと、③そして、それを達成する手段としても、やむをえない場合を除き、施設収容よりは地域でのケアが、さらには居宅でのケアが優先させられるべきこと、などである。(5)

タイトルXXとの関連では、さらに、サービスの供給体制、なかんずくＰＯＳＣ（Purchase of Service Contracting サービス買上げ契約制度）について言及しておくべきであろう。この制度は、公的福祉部局がサービスの供給をおこなうにあたって、他の公的機関や民間機関——そこには民間の非営利的な社会福祉機関のみならず利益追求を目的とする営利的機関も含まれている——によるサービスを契約にもとづいて買上げるというものである。この方式はすでに六二年の改正の際に導入されていた。だが、その一般化は、六七年改正によって民間機関との契約が認められて以後のことである。最近では、タイトルXX関連資金の半分以上がこの方式によるサービスのために支払われているという。契約の方式には、経費支払い方式と出来高払い方式がある。多用されているのは前者であって、契約機関にたいして直接経費（賃金、設備什器費、一般経費）、間接経費（維持費、事務費）および一般経費が支払われることになっている。

第6節　福祉改革の多義性

これまで戦後アメリカの福祉改革の系譜を素描してきた。最後に、一九三五年の社会保障法を念頭におきながら、いくつかのコメントをくわえてむすびにかえようと思う。

戦後の福祉改革を通観してみてまず気がつくことは、ＡＦＤＣ受給者の急激な増大である。これについては、貧困それ自体の拡大、福祉権運動の興隆も大きな意味をもったが制度の改善も大きく貢献している。その反面、彼らにたいする就労奨励制度が導入され、しかもそれが徐々に懲罰的なものとなってきている事実がある。

資本主義社会において、失業や貧困にたいする第一義的な対応策が雇用であるのは、ある意味で当然である。資本主義社会では、ほとんどのものが労働力を販売して、つまり雇用によって生活を維持するのが前提となる。社会保障や社会福祉が動員されるのは、雇用――私的および公共の――だけによって失業や貧困を解消しえないときである。その意味で、社会保障や社会福祉は、雇用政策を補うという関係にある。

このような文脈において戦後における就労の奨励をとらえれば、そのこと自体はすぐには問題にならない。雇用を優先するという事においては、アメリカの社会保障・社会福祉は、一九三五年以降一貫しているからである。一九三五年の社会保障法がＷＰＡ（Work Progress Administration　雇用促進局）を補足する制度であったことはよく知られている。[(6)] 戦前と戦後における相違点は、戦後における公共雇用が規模、内容とともにＷＰＡに劣ること、そしてその貧弱な雇用対策が一部社会保障・社会福祉制度のなかに直接的にビルト・インされてきたことである。戦後における就労奨励事業は、雇用の提供によって受給者の自立に貢献するというよりは、むしろ彼らにたいする懲罰的な機能を果すことになってしまったように思われる。奨励される雇用の内容が懲罰的であればあるほど就労は忌避され、就労の奨励はますます懲罰的な意味あいを強めることになった、といってよいのである。戦後のアメリカにおける完全雇用政策の停滞が公的扶助受給者の激増を招いたという側面のあることにも留意しておく必要があろう。

つぎに、戦後の改革のなかで一九三五年社会保障法と大きく変ったのは、いうまでもなくサービス部門の拡大である。一九三五年の時点においては、社会福祉サービスといいうるのは、わずかに児童福祉サービスおよび母子保健サービスを数えるにすぎなかった。戦後の変化、なかんずくタイトルXXが成立したことの意味は大きい。その限りでは、タイトルXXをもってパーソナル・ソーシャル・サービスの登場、第六番目の、工業化社会に不可欠の社会的施策の出現として強調する[7]のも、あながちゆえなしとはしがたいであろう。たしかに、タイトルXXによるソーシャル・サービスの拡大が、公的扶助にたいするサービス的接近への反省、すなわち金銭給付とサービスとの分離を契機としている事実、そして、それがコミュニティの水準で統合されたかたちで供給されようとしている事実は、そこにソーシャル・サービスの質的転換を見出すことを許容するかにみえる。けれども、つぎのような事実にも留意しておかなければならない。従来の社会保障法ないし公的福祉におけるサービスの位置は、あまりに貧弱であった。さらに、サービスは金銭給付から分離されたことによって急速に発展したといってよいが、公的扶助それ自体の課題すなわち貧困問題の解決という課題は何ら改善のきざしをみせていない。タイトルXXによるサービスの拡大は、この課題にたいしてどのような関連をもつのかという問題、これである。

サービス部門の拡大に関連して、ＰＯＳＣの導入も大きな問題を投げかけている。たとえば、ＰＯＳＣの導入は州や地方政府による公的責任の回避につながらないだろうか。ＰＯＳＣによるサービスの供給に住民の要求する質と量のサービスの安定的な提供を期待することができるのであろうか。問題は数多く残されているのである。

たしかに、政府機関が直接社会福祉サービスを実施しようとすることにともなう経費や職員の増加を防止し、かつ効率の良さ、特殊なサービスの確保といった側面からいえば、ＰＯＳＣの導入もゆえなしとしない。けれども、それは必ずや公的部門と私的部門との関係、私的部門内部の非営利施設と営利施設との関係のありかたについての再検討を要請することになろう。とくに利益追求を目的とする施設・機関の参入は、社会福祉そのものについてのとらえかたの再検討にもつながる要素を含んでいる。端的にいえば、社会福祉は市場の失敗に対処すべく、市場原理の外部に発展させられてきたものといってよいであろう。そうだとすれば、ＰＯＳＣによる社会福祉サービスの一端をになう施設・機関としての営利施設・機関の導入は、それ自体として奇妙なものにみえてこないであろうか。

現代資本主義は、みずからの失敗に対処するための組織を、市場原理の内側においてもうみだしつつあるようである。

註

(1) ニューバーグについては、Mencher, S. Newburgh : The Recurrent Crisis of Public Assistance（吉田恭爾訳、小松源助監訳『社会福祉論の展望』（上）ミネルヴァ書房、昭和四八年）に詳しい。

(2) Axinn, J. & Levin, H., Social Welfare : A History of the American Response to Need, Harper, 1975, pp. 235 ~ 236.

(3) ibid., pp. 237 ~ 239.

(4) 貧困戦争の評価については、とりあえずHaveman, R.H.（ed）, A Decade of Federal Antipoverty Programs, Academic Pr. 1977を参照せよ。

(5) タイトルXXの成立過程については、Moff, P.E., Meeting Human Needs, National Conferene on Social Welfare, 1976. に詳しい。

(6) 拙稿「ニュー・ディール救済政策の展望――現代資本主義と社会福祉政策――」『社会事業史研究』第八号を参照されたい。

(7) たとえば、Kahn, A.J. & Kamerman, S.B., Social Services in International Perspective : The Emergence of the Sixth System, Transaction Books, 1980.

第8章

現代の貧困と子どもの発達権保障

初出：1986年
「ジュリスト増刊総合特集」第43号

現代は富裕の時代とも飽食の時代ともいわれる。貧困、飢えなどということばも敗戦直後までの過去の遺物か、どこか遠い発展途上国での物語のような響きすらもちかねないでいる。

六〇年代の高度成長期以降、わが国では貧困にかえて「新しい貧困」という表現が多用されるようになった。もともとこの用語は、高度成長にともなう国民の生活水準の上昇によって貧困は消滅したと主張する見解にたいして、態様を変えたかたちでの貧困の存続を指摘するためのものであった。この用語の導入はそれなりの効用をもった。たとえば、それは、消費水準の上昇が必ずしも貧困の消滅を意味しないことに、われわれの注意を喚起してくれた。しかし、同時に、それが貧困問題にたいする社会意識のある種の風化に拍車をかけるという側面をもったことも事実である。たしかに、こんにち、「赤貧洗うが如し」という状況を、直接的に観察することは難しい。しかしながら、わが国にも、なんらかの社会的方策が講じられることなしには、最低限度の生活をも維持しえない多数の人びとが存在するだけではない。後に垣間見るように、その数はむしろ増加する傾向すらみせている。そして、いうまでもなく、そこには多数の子どもたちが含まれており、かれらはさまざまなかたちで貧困生活の影響に曝されている。

子どもたちは社会のなかでもっとも早く、強く、そして深く、戦争、犯罪、公害、貧困などの社会問題の影響を被る存在であるといわれる。それは子どもたちが社会的弱者として現在に生きているだけでなく、その現在の生活の状況がかれらの将来を大きく左右することがよく知られているからである。

ここでは、貧困と子どもとの関係について、歴史的な視点もまじえながら、(1)貧困の原因としての子ども、(2)貧困のなかの子ども、(3)子どもの貧困と社会的施策、というそれぞれの観点から、若干の検討を試みる。

第1節　貧困の原因としての子ども

「貧乏人の子沢山」という俗諺がある。「家族の過大」＝「多子」をもって貧困の原因とする貧困観の最初の成立がどの時期であったか、詳らかではない。しかし、歴史上そのもっとも著名な例としてR・マルサスの『人口の原理』をあげることにさほどの異論はないであろう。一八世紀末の「救貧法の人道主義化」にたいする痛烈な批判の書として知られる本書のなかで、マルサスは、貧乏人の思慮を欠いた早婚と結果としての多子こそが貧困の原因であるという。救貧法の緩和は貧乏人の早婚と多子を奨励するものであってかえって貧困を増大させる、というのがかれの見解であった(1)。マルサスの一見科学的な装いをまとった主張は、救貧法の緩和による救貧税負担の増加を恐れていた新興中産階級の人びとによって、広く受け入れられた。

このような多子をもって貧困の直接的な原因とするみかたは、貧困の科学的研究がおこなわれる段階になっても、しばらくは残っていた。よく知られているように貧困の科学的研究は、世紀転換期イギリスのC・ブースやS・ラウントリーの貧困調査によって始まったとされる。かれらの貧困原因論は、経済的自由主義の支配するなかで長らく信奉されてきた道徳主義的貧困観にたいして、貧困の社会的な起源を強調したところに、その特徴がみられる。

一八九九年の第一回目の調査に引き続き、三六年、五〇年と生涯三度にわたって地方都市ヨークの町で貧困調査を試みたラウントリーについてみてみよう。かれはその第一回目の調査の報告書である『貧困——都市生活の研究——』(2)のなかで貧困の原因を表6のように整理している。

ラウントリーが貧困の原因としてあげている要因は、いずれも個人の制御能力の範囲を超えるできごとである。その意味で社会的なものである。そして、このような貧困原因の捉えかたと、そこから明らかにされた事実が、貧困についての認識を大きく変化させる契機となったことは、前述の通りである。

表６　貧困の原因

（S・ラウントリー）

第一次貧困の原因	比率（%）
・賃金稼得者の死亡	15.63
・主たる賃金稼得者の疾病もしくは老齢	5.11
・主たる貸金稼得者の失業	2.31
・不規則な就労	2.83
・家族の過大（児童数４人以上）	22.16
・低賃金	51.96

資料：Rowntree, B.S., Poverly : A Study of Town Life, p .120.

ラウントリーの功績は改めて強調するまでもない。しかし、ここで留意しておきたいことがある。それは、ラウントリーが第一回目の調査ではまだ「家族の過大」＝「多子」を低賃金その他と並べて貧困の直接的な原因の一つとして取り上げている事実である。ラウントリーがマルサス的な貧困観をそのまま継承していたというのではない。そのことは、かれの第二回目の調査報告をみれば明らかである。

第二回目の調査ではラウントリーは「家族の過大」を貧困原因から削除している。理由は出生率の低下によって直接的に多子に起因する貧困は減少したというのである。第二回目の調査では、ラウントリーはむしろ多子そのことよりも賃金と家族のニーズとの乖離を重視する方向に転じている。(3)

事実の経緯は、たしかにラウントリーの指摘する通りである。また、かれの判断はきわめて適切なものであった。しかし、それでは、子どもが貧困の契機となるような事態は過去のものとなったのか。事実はそうではない。一家の扶養する子どもの数は、いまなお現実に貧困の重要な契機であり続け、またそうなることが恐れられている。

実際、国民の大多数が慢性的な所得の欠乏に悩む発展途上国において、多子はいまでも貧困の主要な契機となっている。逆に、産業化された社会では、人びとは育児による生活水準の低下を恐れて産児数を制限する傾向がみられる。

問題の現れかたは異なっている。しかしながら、その背景は共通している。家族の所得が、個々の家族のニーズに応じてではなく、それとは関わりのない別の経済的要因によって、しかも下方硬直的に、規定されるという状況のもとにおいては、子どもはいつでも家族の生活水準を引き下げる存在となる。

そして、子どもたち自身は、そのような事態にたいして自ら対抗する力をもちえない。多くの子どもたちが、間引きや人工流産によってその生命を摘みとられ、それを免れても貧困のなかに甘んじることを余儀なくされている。

子どもと貧困とのかかわりについて考えるとき、このような事実のもつ意味は大きく、かつ重い。子どもの貧困問題にたいする関心は、結局、いかにすればかれらをこのような受身的、被拘束的な状況から解放しうるかという課題にいきつくことになる。しかし、そのことに言及するまえに、多少ともわが国における子どもの貧困の実態にふれておかなければならない。

第2節　貧困のなかの子ども

わが国の子どもたちのなかに貧困はどのように現れてきているか。その量や質を確定することは、それほど簡単なことではない。よく知られているように、貧困の規定そのものからして多様である。しかし、いまはそのことに深入りしない。ここでは、生活保護の被保護者としての子どもたち、母子家庭の子どもたち、養護施設の子どもたちの生活状況を通じて、わが国における子どもの貧困問題への接近を試みる。

わが国の生活保護受給者の対人口一〇〇〇人比は、**表7**にみるように、昭和四〇年代になって急速に減少に向い、五〇年のそれは一二・一パーミルになった（戦後の最低値は四九年の一一・九パーミルである）。この減少は、いうまでもなく高度経済成長による雇用機会の拡大と所得水準の上昇がもたらしたものである。低成長期をむかえ、それは五七年には一二・三パーミルに増加する。だが、それ以後は五〇年代を通じて保護率はほぼ横バイ状態にある。これはわが国における貧困問題が小康状態にあることを意味するものではない。**表7**の示すように、五五年以降被保護世帯の実数も被保護実

表7　被保護世帯数・人員，保護率の推移

	被保護世帯数（千世帯）	被保護実人員数　（千人）	保護率（‰）
昭40年度（'63）	644	1,599	16.3
45（'70）	658	1,344	13.0
50（'75）	708	1,349	12.1
55（'80）	747	1,427	12.2
56（'81）	757	1,439	12.2
57（'82）	770	1,457	12.3
58（'83）	782	1,468	12.3
59（'84）	790	1,469	12.2

資料：厚生省「社会福祉行政業務報告」

人員数も、確実に増加の傾向をみせているのである。

子どもたちの貧困についてはどうか。**表8**は被保護者を、〇～一四歳の幼少年層、一五～五九歳の稼働年齢層、六〇歳～の高齢者層に分け、それぞれの動向をみたものである。四〇年には被保護者の内訳は、幼少年層三六・六％、稼働年齢層四五・〇％、高齢者層一八・四％であった。五九年のそれは、幼少年層二三・三％、稼働年齢層四九・一％、高齢者層二七・六％である。幼少年層は一〇％以上減少し、逆に稼働年齢層と高齢者層、なかんずく後者が増加している。一般人口の構成比と比較してみると、幼少年層は四〇年と四五年を除くと被保護者の比率は一般人口のそれとほとんど同じである。高齢者層はずっと高い。保護率をみてみよう。四〇年のそれは幼少年層二二・九九‰、稼働年齢層一一・一九‰、高齢者層三〇・四一‰であった。五九年には、それぞれ一二・五六‰、九・一六‰、二二・九六‰になっている。

四〇年以後、被保護者のうち幼少年層はかなり減少した。高齢者層は全体として増加しているが、四五年から五〇年頃を頂点とし、それ以後は減少の傾向にある。稼働年齢層がむしろ微増傾向にあることが注目される。

つぎに、その性格上、支給が義務教育就学中の子どもに限定される教育扶助の動向について検討する。**表9**がそれである。教育扶助の受給者は五〇年には四五年の半数近くに減少し、一時期増加に転じたものの、それ以後は二六万人前後で横バイ状態にある。小学生と中学生との構成比は五五年以降、やや後者に比重が移る傾向にある。

表８　被保護人員および一般人口の年齢別構成割合と保護率の推移

	0～14歳	15～59歳	60歳～
被　保　護　人　員　（%）			
昭40年（'65）	36.6	45.0	18.4
45（'70）	27.5	45.8	26.7
50（'75）	23.5	46.2	30.3
55（'80）	23.9	48.5	27.6
56（'81）	23.9	48.7	27.4
57（'82）	23.9	48.9	27.2
58（'83）	23.6	49.2	27.3
59（'84）	23.3	49.1	27.6
一　般　人　口（%）			
昭40年（'65）	25.6	64.7	9.7
45（'70）	23.9	65.4	10.7
50（'75）	24.3	63.9	11.7
55（'80）	23.5	63.5	12.9
56（'81）	23.5	63.4	13.2
57（'82）	23.0	63.6	13.5
58（'83）	22.5	63.6	13.9
59（'84）	22.0	63.7	14.2
保　護　率（‰）			
昭40年（'65）	22.99	11.19	30.41
45（'70）	14.70	8.97	32.06
50（'75）	11.26	8.41	30.02
55（'80）	11.95	8.99	25.29
56（'81）	11.98	9.06	24.51
57（'82）	12.35	9.14	23.90
58（'83）	12.43	9.18	23.37
59（'84）	12.56	9.16	22.96

資料：厚生省「被保護者全国一斉調査」，総務庁「年齢別推計人口」

このように、生活保護受給者の推移をみる限り、五〇年代以降受給者全体の実人員が増加傾向をみせるなかで、一五歳未満の受給者は減少ないし横バイの傾向にある。生活保護受給世帯は、従来の多人数世帯から夫婦のみの世帯や単身世帯に移行する傾向をみせている。幼少年層の減少傾向については出産率低下の影響がありそうである。

表９　教育扶助受給人員の推移

	受給人員（千人）			構成割合（%）			指数（45年＝100）		
	総数	小学校	中学校	総数	小学校	中学校	総数	小学校	中学校
昭40年	428	257	171	100.0	60.1	39.9	163.2	158.1	171.5
45	262	163	100	100.0	62.0	38.0	100.0	100.0	100.0
50	222	140	82	100.0	63.2	36.8	84.5	86.0	82.0
55	250	158	92	100.0	63.2	36.8	95.4	97.2	92.6
56	254	159	95	100.0	62.6	37.4	97.0	97.9	95.5
57	260	160	100	100.0	61.6	38.4	99.3	98.5	100.5
58	259	157	102	100.0	60.6	39.4	98.9	96.6	102.7
59	258	154	104	100.0	59.7	40.3	98.4	94.7	104.4

資料：厚生省「被保護者全国一斉調査」

もとより、これだけの資料でわが国における子どもの貧困問題全体の帰趨を論じるのは早計である。生活保護受給者数の推移には、政府支出の削減、保護適正化などの政策的、行政的規制の影響も考慮に入れなければならない。それでも、高度成長期以降、わが国においても貧困児童の絶対数が減少してきたことはたしかであろう。現代の子どもの貧困は、伝統的ないわゆる階層の貧困というよりも、むしろ特定の属性を共有する子どもの貧困である。たとえば、母子家庭の貧困がそうである。

表10は五八年に厚生省児童家庭局が実施した「全国母子世帯等調査」の結果の一部である。稼得能力の低い母子家庭の収入は極めて低い。五七年度の平均収入額は、一般世帯が四四四万円であったのにたいして、母子家庭はその半分にも満たない二〇〇万円であるにすぎなかった。死別と離別とを比較すると、両者のあいだには六〇万強の開きがみられる。このような収入の状況で、母子家庭が自立した生活を維持していくことは、容易なことではない。そのことは、いま一度生活保護受給者に関する資料をみれば明らかである。

表11は被保護者の世帯類型別世帯数の推移を示している。**表12**はそれを一般世帯の推移と比較したものである。**表11**にみるように、四六年を一〇〇としたばあい、高齢者世帯、母子世帯、傷病・障害者世帯はいずれも増加している。なかでも母子世帯のそれは特に顕著である。一般世帯構成比と被保護者世帯構成比とを比較すると、高齢者世帯では後者が前者のおよそ四倍であるのにたいし、母子世帯の場合には実に一四倍である。それだけ、母子世帯は生活保護受

表 10　母子家庭の年間収入の状況（昭和 57 年）

		総　数	死　別	離　婚	一般世帯
平均世帯人員		3.16 人	3.32 人	3.05 人	3.42 人
平均有業人員		1.22 人	1.35 人	1.15 人	1.62 人
平均収入金額		200 万円	240 万円	177 万円	444 万円
分布の代表値	第Ⅰ4分位数	109 万円	143 万円	95 万円	235 万円
	第Ⅱ4分位数（中央値）	177 万円	219 万円	155 万円	380 万円
	第Ⅲ4分位数	262 万円	318 万円	231 万円	566 万円
世帯人員1人あたり平均収入金額		63 万円	72 万円	58 万円	130 万円
有業人員1人あたり平均収入金額		164 万円	178 万円	154 万円	274 万円

（注）　一般世帯については「昭和 58 年国民生活実態調査」による。
資料：厚生省『全国母子世帯等調査結果の概要』（昭和 58 年度）

表 11　被保護世帯数の世帯類型別世帯数推移

	総　数	高齢者	母　子	傷病・障害者	その他
世帯数					
昭 46 年度	666,051	204,293	65,894	272,274	123,590
50	704,785	221,241	70,211	322,458	90,875
55	744,724	225,340	95,620	342,777	80,987
56	754,601	228,055	100,116	346,992	79,438
57	768,457	232,684	106,150	351,866	77,757
58	780,335	237,067	111,177	355,565	76,517
59	787,758	241,964	115,265	355,251	75,278
指数（46 年度＝100）					
昭 46 年度	100.0	100.0	100.0	100.0	100.0
50	105.8	108.3	106.6	118.4	73.5
55	111.8	110.3	145.1	125.9	65.5
56	113.3	111.6	151.9	127.4	64.3
57	115.4	113.9	161.1	129.2	62.9
58	117.2	116.0	168.7	130.6	61.9
59	118.3	118.4	174.9	130.5	60.9

資料：厚生省「社会福祉行政業務報告」

表 12　被保護世帯と一般世帯の世帯類型別構成割合の推移

	総数	高齢者	母子	その他		
				総数	傷病・障害者	その他
	被保護世帯構成割合（%）					
昭40年	100.0	22.9	13.7	63.4	29.9	34.0
45	100.0	31.4	10.3	58.3	35.9	22.4
50	100.0	34.3	9.5	56.3	46.1	10.2
55	100.0	32.6	12.6	54.8	43.5	11.3
56	100.0	33.0	12.9	54.1	42.9	11.2
57	100.0	32.3	13.0	54.7	44.6	10.1
58	100.0	32.3	13.5	54.1	44.6	9.6
59	100.0	32.7	14.0	53.3	44.5	8.8
	一般地帯構成割合（%）					
昭40年	100.0	3.1	1.3	95.6	…	…
45	100.0	4.0	1.2	94.8	…	…
50	100.0	4.9	1.1	93.9	…	…
55	100.0	6.9	1.3	91.9	…	…
56	100.0	7.0	1.3	91.7	…	…
57	100.0	7.4	1.3	91.3	…	…
58	100.0	7.6	1.3	91.0	…	…
59	100.0	8.1	1.4	90.5	…	…
	世帯保護率構成割合（‰）					
昭40年	23.2	173.5	248.2	15.5	…	…
45	21.1	165.2	175.9	13.0	…	…
50	20.7	144.1	173.5	12.4	…	…
55	20.4	97.2	201.0	12.2	…	…
56	20.2	95.1	196.7	11.9	…	…
57	20.6	89.6	204.5	12.3	…	…
58	20.7	87.7	211.5	12.3	…	…
59	20.5	82.8	208.6	12.1	…	…

資料：厚生省「被保護者全国一斉調査」，「厚生行政基礎調査」

表 13　現在の家庭の年間所得（税込）別児童数

	総数	100万円未満	100～199万円	200～299万円	300～399万円	400万円以上	不明	平均所得金額
里親委託児	3,407	112 (15.0)	261 (35.0)	223 (29.9)	107 (14.4)	42 (5.6)	2,662	209 万円
養護施設児	32,040	750 (12.4)	1,860 (30.6)	1,680 (27.7)	1,180 (19.4)	600 (9.9)	25,970	234 万円
乳児院児	3,168	94 (11.6)	266 (32.8)	214 (26.4)	136 (16.7)	102 (12.6)	2,356	242 万円

(注)（　）内の構成割合及び「平均所得金額」については，「総数」から「不明」を除いて算出。
資料：厚生省『養護児童等実態調査の概要』（昭和 58 年度）

給階層に落層しやすいのである。五九年について世帯単位の保護率をみると、母子世帯のそれは二〇八・六パーミルと全世帯の二〇・五パーミルにたいして約一〇倍の高率になっている。

被保護世帯のなかで母子世帯の割合が急激に増加してきていることの背景に、近年における離婚の増加があることはいうまでもない。しかし、同時に、死別であれ離別であれ、主たる稼得者であった夫（父親）を失った母子家庭は低成長の続くなかでますます稼得の機会から遠ざけられ、生活困難に陥る頻度が高くなってきているのである。

被保護世帯の子どもは、母子家庭の子どもとはその形態を異にするが、同様に貧困問題を担う子どもたちには里親に委託されている子どもや養護施設、乳児院に入所している子どもがいる。**表13**は五八年に厚生省が実施した養護児童等実態調査の結果の一部である。それによれば、五七年度におけるこれらの子どもたちの保護者の所得は、それぞれ里親委託児二〇九万円、養護施設児二三四万円、乳児院児二四二万円であった。平均すれば、二二八万円である。この数字も、前出の五七年度の一般世帯の平均所得四四四万円と比較すれば、その半分である。かれらの出身家庭の生活程度は相当に低いといわなければならないであろう。

このような貧困生活の子どもに及ぼす影響が好ましくないものであることは、改めて指摘するまでもないことであろう。ここでは、すでにこの問題についての古典ともいうべき位置にある篭山京の研究を引いておきたい。篭山は、北海道の都市と農漁村の、保護率のきわめて高い地区の小中学校の児童生徒の調査を試みている。結果は憂慮すべきものであった。被保護世帯の子どもたちの成長は、身長、体重、胸囲いずれにおいても一般世帯の子どもたちのそれを大きく下まわっていた。学業成績についても同様であった。また、被保護世帯の子どもたちには長期欠席をするものが数多くみられた。被保護世帯には子どもたちによる家計補助的な労働が欠かせないものになっているためであった。(4)

第3節 子どもの貧困と社会的施策

子どもの貧困、そしてそのことが子どもたちの生活と発達に及ぼす影響は深刻なものである。しかしながら、このような状況は子どもたちが選択したものでもなければ、かれらの瑕疵に原因するものでもない。親が子どもたちに提供する生活の水準やその質は子どもたちにとっては、まさに与件である。それでも、子どもは親の生活をわがものとせざるをえない。

それは近代市民社会の成立以来、われわれの社会が家族に自助を要求し、生活不能者の扶養を義務づけてきたことによる。子どもの生活は親のそれの一部分として維持され、子どもの養育は家族の私事とみなされる。その限りでは、子どもたちは生物学的な偶然性のもたらす生活の水準や質を享受せざるをえない。

しかしながら、このような生活原理のもとで子どもに十分な生活と発達を保障しうる可能性は、一部の家産や家業によって自立的な生活を営む家族に限定されざるをえない。家族のニーズに応じて適宜生活の規模や質を変更しうるのは、これらの家族だけである。大多数の、家産も家業もなく、唯一の財産である労働力を販売して生活を維持するほかない人びとにとって、当面は支出の増大のみを意味する子どもの養育は、むしろ大きな重荷ですらあった。

このため、たとえばイギリスについてみれば、一九世紀末以降、児童保護思想や子どもの権利という観念が徐々に拡大していくにつれて、子どもの生活を絶対的・相対的に親のそれから分離しようとする社会的な施策の発展がみられるようになる。それはまず、貧困児童や被虐待児童の施設への入所措置、ミルクの無料配布、学校給食制度、学校保健制度などの導入に始まる。やがて、第二次世界大戦をへて福祉国家が成立すると、子どもにたいする直接的な所得保障ともいうべき児童（家族）手当制度も創設された。ヨーロッパ諸国、そしてわが国の場合もほぼ同様の過程を経験したといってよい。

子どもの生活を家族の桎梏から解放・自立させようとする社会的施策は大きくは、⑴直接的に生活手段やサービスを供給して家族の養育機能を代替し、あるいは補完しようとする施策、⑵貨幣を供給して養育に必要とされる費用を社会的に負担しようとする施策、に分類することができる。以下、それぞれのタイプを代表する制度をとりあげ、簡単に検討する。

第一のタイプに属するものとして、まず養護施設をとりあげる。養護施設は児童福祉施設のいわば原型ともいうべき施設である。入所施設による子どもの家族からの分離は、歴史的には緊急避難的な性格をもっている。孤児、棄児、被虐待児の収容などがその例である。より専門的治療的な目的をもって入所の措置がとられるようになったのは、ごく最近の経験に属する。

養護施設を子どもたちを貧困から解放するための社会的手段としてみた場合、どうであろうか。施設において子どもの生活費を賄う措置費の水準は、野犬収容所の食費に比較された時代に比べれば、かなり改善された。しかしながら、入所児童の中長期的な発達の保障の場という側面においてはどうか。そこにはなお相当の問題が残されている。そのことは、養護施設入所児童の高校進学率をみただけで明らかである。[5]

養護施設の子どもたちに国の制度として高校進学の道が開かれたのは、昭和四八年であった。ほぼ一〇年後の五七年における養護施設退園児の高校進学率は全日制三五・二％、定時制一六・〇％、合計五一・二％であった。同じ年度の全国平均をみると全日制九二・五％、定時制一・八％、合計九四・三％であった。養護施設児の進学率は全国平均のようやく半数を超えた程度である。ちなみに、被保護世帯における高校進学率は昭和五一年現在六二・六%であった(6)。わが国社会に根深い高学歴志向を考えるとき、これらの子どもたちの将来は決して楽観を許さないであろう。

第一のタイプのいまひとつの例として、貸付制度をみておこう。母子福祉資金および世帯更生資金の貸付制度である。この制度は一般の金融機関よりも低利で各種の資金を融資しようというものである。したがって、給付ではなく返済が必要である。前出の全国母子世帯等調査によれば、母子福祉資金の奨学資金を利用しているのは全体の八・六%にすぎない。世帯更生資金の奨学資金を活用しているものは昭和五〇年現在、約五、三〇〇人であった(7)。このほか、通常は社会福祉の範疇に入れられていないが、日本育英会などによる奨学資金も機能的にはこのグループにいれて考えることができよう。

第二のタイプに属する制度からは生活保護、児童扶養手当、そして児童手当をとりあげる。

生活保護の制度は、保護を実施するさいに個人を単位とするか家族を単位とするかによって、大きく二分することができる。

わが国の生活保護制度は、家族単位の変形である、夫婦・親子の範囲を超えて生活をともにしている人びとをも加えた世帯を単位として、保護が実施されている。したがって、生活保護が子どもだけを分離したかたちで行われることは原則としてありえない。

ただし、教育扶助については、それが単独で給付されることがあるだけでない。併給される場合にも、それは子どもの教育費に充当されるべきものである。その限りで、教育扶助は子どもの生活の一部を相対的に親の生活から分離する効果をもつといえよう。しかしながら、世帯全体の生活扶助の額が十分なものになっていなければ、教育扶助がいかほど支給されてみても、所定の効果を期待することは不可能である。教育扶助が生活費のなかに吸収されてしまうからである。

児童扶養手当はもともと年金制度を補完する制度として発足させられている。死別母子にたいする年金に相当するものを離別母子にも支給するというのが、制度創設の経緯であった。しかし、昨年の改革で母子家庭の生活安定と自立促進によって児童の健全育成をはかる制度としてその位置づけが改められた。

制度改革の過程で年金制度の一種としての性格が否定されたことのもつ意味も大切である。しかしそれ以上に重要なことは、離婚した父親の収入が一定の額以上である場合には手当が支給されなくなったことである。法令上、父親に離婚後においても扶養の義務があることはたしかである。けれども、養育費負担の実態からいえば、たとえ父親に負担能力があったとしても、それが養育費負担の実現に結びつくかどうかは別のことがらである。[8] 母子家庭の生活実態を無視して、ただ形式主義的、道徳主義的に離婚後の父親の扶養義務を強調することは、子どもの社会的養育＝養育費の社会的負担の拡大、家族単位の所得保障から個人単位の所得保障へという世界的な趨勢に逆行するものであろう。

子どもを対象とする所得保障としてもっとも重要な社会的施策は、児童（家族）手当である。この施策の揺籃は一九二〇年代のヨーロッパ諸国にみられ、両大戦間の不況のなかで賃金と家族のニーズとの関係が盛んに議論された。制度化の側面ではフランス、ベルギーなどの大陸諸国が先行した。しかし、家族手当に社会保障の重要な柱の一つとしての理論的位置づけを与えたのはイギリスのベヴァリッジ報告であり、その構想は第二次大戦後に成立する一九四五年の家族手当法によって実現された。[9]

わが国における児童手当の成立は昭和四六年のことであった。わが国の場合、ヨーロッパに比べてその成立がかなり遅れただけではない。先行諸国の制度にはあまり例をみないいくつかの特徴を備えている。(1)支給対象児童の範囲が狭く、支給期間も短い。児童手当は第一子から支給するというのが世界の大勢である。わが国では一九八五年の制度改正でようやく第二子から支給されることになった。しかし、支給の期間は逆に義務教育就学以前の期間に短縮された。つぎに、(2)児童の保護者の前年度の所得が、その扶養親族数ごとに定められた額以下であることが、受給の要件となっている。これまた世界の大勢にみにくい要件である。わが国の児童手当は生活保護に近い性格をもっている。それは子どもにたいする個人単位の所得保障というより、むしろ家族単位の所得保障である。

このようなわが国の児童手当制度のありかたは、おのずとその受給者を限られたものとする。制度改正以前の、第三子以降の義務教育修了以前の児童が支給対象となっていた一九八四年時点での受給児童数は、約二三九万人であった。この数字は同じ年の一五歳未満児童数約二、六五〇万にたいして九％程にあたっていた。この数字は、制度改正にともなって大きく変わることが予測される。義務教育修了以前の子どもについては受給率の上昇が見込まれる。しかし、全体としてみるとどうであろうか。むしろ、わが国の児童手当制度に実質的な意味での児童養育の社会化を期待することは、ますます困難になってきているといわなければならない。ここでもわが国は世界の趨勢から一人とり残された存在である。

＊　＊

道徳主義的多子貧困説の誤りはいうまでもない。しかし、賃金と家族のニーズがつねに乖離するという状況のもとにおいては、子どもはいつでも貧困の主要な契機の一つであり続けている。こんにちのわが国においても例外はありえない。子どもたちはさまざまなかたちで貧困生活を経験し、そのなかでかれらの発達の権利が損なわれている。しかしながら、すでにみてきたようにそこから子どもたちを解放するための社会的施策の不備は覆いがたい。

このような状況の基底には、資本制社会の現実にてらして抽象的、形式的というほかはない自助原則のもとで、子どもの養育が家族の私事として位置づけられているという社会的歴史的事実がある。そのことにくわえて、わが国においては親と子を一体とみる観念や、子を家族のもの、「家」の子どもとみる伝統的な親子観、家族観が色濃く残存している。子どもを社会の子どもとして位置づけ、その養育費を社会的に負担するという思想と制度を根づかせていくためには、子どもの生活と発達状況の実態のみならず、それを規制する児童養育の社会経済的な構造やそれを支える政治的文化的な社会意識についての解明を、一層深めていくことが必要であろう。

註

(1) R・マルサス、高野岩三郎・大内兵衛訳『人口の原理』岩波書店、一九八五年（第四五刷）、第五章各所。

(2) Rowntree, R.S., Poverty : A Study of Town Life, Macmillan, 1902, p. 120.

(3) Rowntree, R.S., Poverty and Progress : A Second Social Survey of York, Longmans, 1941, p. 39.

(4) 篭山京『低所得層と被保護層』ミネルヴァ書房、一九七〇年、五九～八五ページ。

(5) この問題については拙稿「養護施設における進路指導の実態」（全国養護施設協議会『全国養護施設長研究協議会第三九回発表大会資料集』一九八五年所収）で論じたことがある。

(6) 小川利夫＝村岡末広他編著『ぼくたちの一五歳』ミネルヴァ書房、一九八三年、二五二ページ。

(7) 同右。

(8) この問題についてふれた最近の論文としては、林千代「母子・寡婦福祉――生別母子家庭の増加と児童扶養手当法の『改正』をめぐって」（ジュリスト増刊総合特集№41『転換期の福祉問題』一九八六年所収）が興味深い。

(9) Macnicol, J., The Movement for Family Allowances 1918–45, Heinemann, 1980, pp. 1–12.

第9章

福祉改革への視点と課題

初出：1988年
日本社会事業大学「社会事業研究所年報」№24

はじめに

福祉改革という用語の初出は詳らかにしないが、そのことが現実的な課題として議論されるようになったのは少なくとも一九八五年以降のことであった。この年、行政改革の潮流は高額補助金削減というかたちをとって一挙に具体化し、社会福祉の世界も直接その影響のもとにおかれることになった。福祉改革は、そのような状況にたいして、社会福祉の内側からなされた問題提起であった。すなわち、この時期以降、福祉見直し論から行政改革にいたる社会福祉批判にたいする巻き返しを意味するものとして福祉改革の必要性が強調され、それが社会福祉界において大きな影響力を形成してきている。周知のように、一九八五年の高額補助金削減以来、翌八六年末の福祉サービスの機関委任事務から団体事務への移管、さらには八七年五月の社会福祉士及び介護福祉士法の成立など、社会福祉における福祉改革が確実に具体化されてきた。これらの改革は、一方において福祉改革論の積極的成果として、ときには自画自賛的にも、評価されている。しかし、これまた周知のように、福祉改革論にたいしては行革路線に与し、これを先導する議論として手厳しい批判が寄せられ続けている。

いま、この段階で、一九八五年以来の福祉改革について全面的な評価を試みようというのではない。しかし、それはそれとして福祉改革の内容に少しでも立ち入ってみると、そこには肯定的に評価しうる側面もあれば、こんにちまでの社会福祉の展開や利用者の利益ということからみて受け容れ難い、いわゆる行革路線に直結するような部分も含まれている。そのことでいえば、福祉改革論と行革路線とを直接的に結びつけるような手厳しい批判のしかたもそれなりに理由のないことではない。福祉改革論にも批判されるべき側面は多い。さりとて、それを手厳しく批判する議論がその延長線上に社会福祉の将来にたいする積極的な展望を用意しているのかといえば、必ずしもそうではなさそうである。

福祉改革はなおその過程にあり、短時日のうちに社会福祉事業法の改正も予定されているという。社会福祉事業法の改正は、これまでの改革を包摂しつつ、戦後社会福祉行政の基礎構造にメスをいれる戦後福祉改革以来の大きな改革になることが予想されている。おそらく、いまわれわれに必要なことは、従来の福祉改革論にただ与することでもなければ、それを行革路線の継承物として鎧の袖にかけて一概に否定し去ることでもないであろう。

実際問題として、わが国の社会福祉は一定の改革を必要としている。たしかに、改革の必要性を否定する議論も、議論としてはありうる。しかし、戦後福祉改革以来の社会福祉の展開過程と現状に照らして、こんにちの社会福祉がその内部に改革すべき多くの難点を抱え込んできていることは客観的な現実である。議論は、その認識を前提にするところから始められなければならない。論点はむしろ、改革の方向とその内容のいかんにあるように思われる。

いうまでもなく、福祉改革の必要性を前提とする場合、その方向や内容は、これまで培われてきた社会福祉の歴史的資産を適切に継承し、その延長線上において社会福祉の将来を展望するものでなければならないであろう。そして、なによりも、福祉改革は社会福祉を利用する人びとの利益にかなうものでなければならない。問題は、いわれるところの福祉改革論の内容がそれにかなうものになっているかどうかである。

われわれは、このような観点から、従来のさまざまな福祉改革論の拠って立つスタンスとその視点を整理し、福祉改革にたいする新たな視点の可能性を探るとともに、いくつかの論点については若干の検討を試みたいと考える。それがここでの課題である。その点予め明らかにしておきたい。

なお、小論の最終節は庄司洋子との共同執筆による論文「戦後福祉政策の展開と福祉改革」の最終節「福祉改革への視点と課題」（伊部英男・大森彌編著『福祉における国と地方』中央法規出版所収）の再録である。その点、予め明らかにしておきたい。

第1節　福祉改革論のスタンス

福祉改革については多様なスタンスや視点に依拠する議論が存在するが、大きくいえばそれはまず積極的福祉改革論と消極的福祉改革論に二分される。積極的というのは、福祉改革を積極的に推進する立場ないし論調を意味している。消極的というのは、福祉改革ないし福祉改革論にたいして否定的という意味である。

このうち、積極的福祉改革論は、さらに外在的福祉改革論と内在的福祉改革論に区分することが可能である。より具体的にいえば、外在的福祉改革論はいわゆる行革路線の福祉改革論であり、内在的福祉改革論とは社会福祉の側からの福祉改革論である。これにたいして、消極的福祉改革論は、これは積極的福祉改革論に批判的、否定的な議論である。

こうして、こんにちにおける福祉改革論は大別して二通り、ないし三通りに区分することができる。以下、それぞれの類型について要点を整理するとともに、そのことを通じて第三ないし第四の福祉改革論、とりあえずわれわれが「批判的福祉改革論」とよぶものの成立の可能性を探求する。

一　積極的福祉改革論

積極的福祉改革論の特徴は、いずれも積極的に福祉改革の必要性を主張するところにある。

積極的福祉改革論のうち外在的福祉改革論は、福祉改革の契機を主として社会福祉の外側に求め、かつ（したがって）社会福祉の外側から福祉改革の必要性を強調する。内在的福祉改革論は、それにたいして福祉改革の契機を主として社会福祉の内側に求め、かつ（したがって）社会福祉の内側から福祉改革の必要性を説く議論である。両者はいずれも福祉改革の必要性を積極的に主張することにおいて共通しており、したがって後にみるように、両者は基を同一にする議論として批判の対象にされる。しかし、両者は必ずしも全面的に出自を同じくする双子の議論というわけではない。たとえば、内在的福祉改革論は、その出自においては、外在的福祉改革論に対峙するものとして提起されてきた。少なくとも、内在的福祉改革論者はそのように主張している。まずは、それぞれの特徴について要約する。

1　外在的福祉改革論

外在的福祉改革論の系譜は、端的にいえば福祉見直し論から行革路線に引き継がれる財政改革論の立場からする福祉改革論である。周知のように、福祉見直し論は一九七三年のオイルショックの直後に、第一七次地方制度調査会や財政制度審議会などの報告書[(1)]を通じて登場し、いわゆる行革路線は八三年の臨時行政調査会の設置に始まる。この路線に底流する基本的シェマは、財政支出の削減による財政危機の克服、すなわち「増税なき財政再建」ということであった。外在的福祉改革論は財政主導型の福祉改革論であり、必然的にそこでは財政再建に資する限りにおいて福祉改革が論じられることになる。なお、福祉見直し論から行政改革にいたる過程において日本型福祉社会の形成を提案する「新経済七ヶ年計画」（一九七九年）[(2)]が策定され、わが国の社会福祉のあり方をめぐる議論に大きな影響を与えた。しかし、この日本型福祉社会論は、福祉見直し論と行革路線とを媒介するというより、そこに底流する財政再建という基本的シェマと（後にみるような）その方策を国民に受容させるためのイデオロギー操作的装置として提起されたものであった。これまで、福祉改革をめぐる議論には、陰に陽に、日本型福祉社会論が援用されてきたし、現在においてもそうである。けれども、その場合も議論の焦点は日本型福祉社会の形成そのことにおかれているわけではなかった。福祉見直し論から行政改革に受け継がれる、財政再建論を機軸にすえる外在的福祉改革論の基本的シェマは、あくまでも財政再建であり、その観点からする福祉改革であった。そして、その実現は、家共同体や村落共同体、そして家族的企業経営など欧米にみられない、わが国に固有の伝統を生かすことによって始めて可能になる。日本型福祉社会論は、このような福祉改革の構想を、国民によりよく納得させ、受容させるためのイデオロギー的装置として、頻繁に援用されてきたのである。

外在的福祉改革論の社会福祉にたいする認識は極めて消極的なものである。その第一の理由は、外在的福祉改革論が財政危機の主要、かつ直接的な原因の一つに高度成長期の社会保障費の膨張をあげ、その大幅な削減を財政再建の主要な方策として位置づけていることに由来する。第二の、そしてより基本的な理由は、外在的福祉改革論が新保守主義ないし新自由主義の世界的潮流のなかにあり、かつての自由主義段階の抑制的救貧政策に通じる選別主義的な社会福祉観をもっているということである。臨時行政調査会の報告(3)は、みずからの姿勢を決して「小さな政府」を求めるものではないとしている。しかし、報告書の基本的色調は、多少の忖度をまじえていえば、明らかに一九世紀的な「小さな政府」論である。

そのための具体的方策は、社会福祉に引きつけていえば、(a)個人の自助努力の範囲を拡大・奨励し、かつ民間活力を活用(たとえば、シルバー産業の振興)することによって社会福祉への依存を抑制すること、(b)社会福祉受益者の低所得層・貧困層への封じ込め、手続きの適正化、受益者負担の引き上げなどを通じて社会福祉費を抑制すること、(c)社会福祉行政の地域化、簡素＝効率化、総合化によって社会福祉費の削減につとめることであった。そして、これらの方策は、たとえばシルバー産業の育成、年金改革、児童手当・児童扶養手当制度の改正、生活保護行政の引き締め、受益者負担の引き上げ、老人保健法の改正、国庫補助率の引き下げ、機関委任事務の団体事務化などとして具体化されてきている。

このような外在的福祉改革論には容認しがたい部分が多い。外在的福祉改革論のなかでは、あたかも社会保障・社会福祉費の膨張がオイルショック以後における財政危機をもたらしたかのような主張がなされている。たしかに、わが国の社会保障・社会福祉は高度成長期に急成長を実現した。そのことのもつ意味を過少に評価することは適切ではない。けれども、社会保障・社会福祉費の増加と財政危機を直結する議論は、科学的でもなければ現実的なものでもない。財政危機の第一義的な原因は、むしろオイルショック以後の低成長・スタグフレーションの昂進、それにともなう歳入の不足にこそ求められるべきであろう。実態的には、わが国の社会保障・社会福祉は、ようやく欧米先進諸国の水準にキャッチアップしえたという段階にあった。高度成長期における社会保障・社会福祉費の膨張は、この立ち遅れを埋めるに必要な費用であった。到底、ヨーロッパ諸国と同様の意味で、高福祉高負担が問題になるような状況にはなかったのである。しかし、臨時行政調査会は早々に欧米流の高福祉高負担型社会を志向しないと明言している。あたかも結論がさきに用意されていたかのような論調である。臨時行政調査会は、結論を提示する以前に、受益と負担との対応関係を明確にしたプランを提示し、そのうえで高福祉高負担と低福祉低負担のいずれを選択するか、広く国民の判断に委ねるべきであった。

また、外在的福祉改革論は、イギリスやドイツの「先進国病」を引き合いにだしながら、先進的な福祉国家諸国においては国民のあいだに国家にたいする依存心がうまれ、そのことがこれらの国々に経済的停滞をもたらしたと強調する。しかし、この議論にしても、裏付けとなるような確実な科学的根拠が明示されたうえでのことではない。国民の道徳主義的性向や貧困・低所得者にたいする差別的感情に心情的に訴え、福祉国家理念からの離反を促進しようとする、サッチャリズムやレーガノミクスにも通じる、イデオロギー的色彩の濃い議論である。このような、外在的福祉改革論に特徴的な、抑制的、選別主義的な社会福祉観は、歴史に逆行し、資本制社会における社会福祉の存在意義、その発展の経過と成果を過少に評価するものであって、到底容認されうるような議論ではないのである。

そして、最も重要なことは、こうした議論に先導された福祉改革が何をもたらしたかということである。さきに例示した福祉政策の多くは、財政再建主導の外在的福祉改革論の観点からいえば、相応の成果をもたらしたということになろう。しかしながら、社会福祉の受益者ないし利用者の観点にたてば、評価はおのずと別のものにならざるをえない。具体化された福祉改革の少なからざる部分に、明らかに社会福祉の後退というほかはない制度改正が組み込まれているからである。

2　内在的福祉改革論

内在的福祉改革論は、福祉見直し論から行革路線に継承される社会福祉批判にたいして、社会福祉の内側から改革の必要性を提起する議論である。ここでは、それを全国社会福祉協議会による三通りの文書、すなわち(a)社会福祉懇談会「これからの社会福祉――低成長下におけるそのあり方――」（一九七六年三月一〇日）、(b)社会福祉基本構想懇談会「社会福祉関係予算の編成にあたって（緊急提言）」（一九八五年七月二五日）、そして(c)社会福祉基本構想懇談会「社会福祉改革の基本構想（提言）」（一九八六年五月九日）によって代表させる。そのなかでも重要なのは、社会福祉懇談会の「これからの社会福祉――低成長下におけるそのあり方――」（以下「これからの社会福祉」）および社会福祉基本構想懇談会「社会福祉改革の基本構想（提言）」（以下「基本構想」）である。[4]

内在的福祉改革論の出発点は、「これからの社会福祉」に示されているように、低成長下の福祉見直し論に機械的に反発したり、それにいたずらに押し流されることなく、社会福祉の従来の基調を尊重し、しかも新しい状況の変化を見極めつつ、その真の発展の方途を講ずることにあった。社会福祉懇談会はこの立場から、「社会福祉の推進と責任のあり方」に関する検討課題として(a)公私の役割（機能）分担の問題、(b)中央政府と地方公共団体（都道府県および市町村）との役割分担の問題、(c)中央政府と地方公共団体との費用負担区分の問題、(d)受益者負担の問題をとりあげ、さらに今後における社会福祉の発展を期す場合に検討すべき事柄として(a)配分原理の問題、(b)給付の形態・方法の問題、(c)サービスの多様化と選択の問題、(d)地域化の問題に言及している。一方、社会福祉基本構想懇談会による「基本構想」は、一九八五年の高額補助金削減問題が社会福祉の制度的改革に発展する状況のなかで、同時に二一世紀社会の福祉課題への対応を展望するという立場から現行社会福祉制度の改革を提言している。提言はまず、社会福祉の今後の展開を(1)社会福祉の普遍化・一般化、(2)在宅福祉の推進、(3)福祉供給システムの再編、(4)新しい公共の立場にたつ社会福祉、(5)総合化の推進として展望し、そのうえで社会福祉の制度改革の基本的課題として(1)国と地方の役割分担、(2)国の役割、(3)地方公共団体の役割、(4)民間の役割の四点を指摘している。

このような内容をもつ「これからの社会福祉」と「基本構想」を比較してみると、そこにはいくつかの興味ある事実が認められる。両方の文書にはちょうど一〇年の隔たりが存在する。しかし、論点ないし課題として取り上げられた事項をみると、それらはほぼ両者に共通している。事項的にみてほとんど変化がない。この点、「これからの社会福祉」はすでに一〇年前にこんにちの福祉改革を展望する内容をそなえていたともいえる。そのことはそのことで重要な意味をもっている。しかしながら、むしろより意味深いのは、両者にみられる違いである。一〇年後の「基本構想」においては、検討・改革の対象となるべき課題として、より明瞭なかたちで、公私機能分担および国と地方の役割分担に照準があてられている。それは、単なるアクセントの違いというものではない。「これからの社会福祉」と「基本構想」との間には、基本的な水準において社会福祉の制度のあり方にたいする認識に違いが認められるのである。さらにいえば、戦後社会福祉の展開にたいする認識の変化がみられるのである。

「基本構想」の前提となっているのは、「わが国の社会福祉は、いま重大な転機にさしかかっている」という状況認識である。[5]その根拠は、第一には「昭和二〇年代中頃につくられた社会福祉制度の基本的枠組を、三十数年を経過した今日、そのままの形で維持・存続させることが困難となり、その見直しと再編が求められている」ことにあり、また第二に「諸外国に例をみないほどの急速な高齢化が進行しており、二一世紀の本格的な高齢社会のなかで生まれる新しい福祉課題に対し適切に対応することが求められている」ことにある。「基本構想」は、このような状況認識のもとに、「昭和二〇年代中頃につくられた社会福祉制度の基本的枠組」から脱皮する必要性を説いている。さらにいえば、脱皮というよりむしろ「基本的枠組」を振り切ってしまおうというのである。たとえば、そのことは公私機能分担にかんする議論のあり方をみれば明らかである。両者同じく公私機能分担について議論しながら、「これからの社会福祉」ではともかくも公私分離原則の維持が前提になっていた。それにたいして、「基本構想」は、社会福祉の基調の変化にともない、公私分離原則それ自体を再検討することを要請し、結論的には「公私機能分担に代わる公助・互助・自助の関係について、新しい体系を確立する必要がある」といいきっている。両者の違いは明らかにアクセントの置き方の違いではない。

いうまでもなく、内在的福祉改革論の論点は、公私機能分担問題や国と地方の役割分担の問題にとどまらず、さらに多岐にわたる。しかし、すべての議論の行きつくところ、あるいは逆にそれらの出発点となっているのは、第一には社会福祉の現状が改革を必要としているという認識、そして第二には改革の内容は戦後社会福祉の基本的枠組にとらわれない新しい供給システムの確立でなければならないという認識であるといって過言ではないであろう。それゆえに、内在的福祉改革論にたいする批判もまた、基本的にはこれら二点にかかわってくるのである。

二　消極的福祉改革論

「消極的福祉改革」論という名辞はあるいは誤解を与えるかもしれないが、要は福祉改革にたいして消極的ないし否定的な議論の意味である。消極的福祉改革論の背景やスタンスは多様であり、福祉改革にたいする評価のニュアンスもさまざまに異なる。社会福祉研究者による福祉改革（論）批判も多い(6)。しかし、ここでは個別の論文についてクリティークを行うことに目的があるわけではない。多様な消極的福祉改革論に共通すると考えられる論点のいくつかを取り上げ、その特徴や意味するところについて検討する。

1　行革路線と福祉改革

論点の第一は、福祉改革論は財政再建主導の行革路線に与し、それに奉仕するものであるという指摘である。われわれの用語でいえば内在的福祉改革論は畢竟外在的福祉改革論に奉仕するものであるという批判である。内在的福祉改革論にたいする消極的福祉改革論の批判はこの一点に帰結するといって過言ではない。内在的福祉改革論の目的は外在的福祉改革論に影響力を与え、福祉改革が「財政再建に名を借りた福祉水準の切り下げ」になることを避け、「正しい意味での社会福祉の制度改革」を実現することにある。したがって、その結果についての評価を別にしていえば、消極的福祉改革論が内在的福祉改革論と外在的福祉改革論との関係およびその所産について批判的に検討するという、その視点の設定の仕方は妥当なものであろう。社会福祉基本構想懇談会は「基本構想」のなかで前年の同会による緊急提言「社会福祉関係予算の編成にあたって」は一九八六年度の「政府予算編成にもある程度反映された(7)」と位置づけ、また「基本構想」それ自体のその後の福祉改革における意義を積極的に評価する議論もみられる(8)からである。反映や影響の内容やその結果が批判的検討の対象になるのは至極当然のことである。

実際、内在的福祉改革論の反映を期待しうる委員構成をもつ政府関係審議会の報告の一部には疑問の余地の残る議論が認められる。たとえば、一九八七年一二月の厚生省福祉関係三審議会合同企画分科会の意見具申「今後のシルバーサービスの在り方について」における公私機能分担論がそうである。この意見具申においては、公的部門の役割は、低所得者対策と市場機構による供給の期待し難いサービスの供給に限定されている。[9] この規定は、内在的福祉改革論の強調してやまない二一世紀の社会福祉を展望する公私機能分担論というより、むしろ一昔も二昔も前の救貧法的社会福祉観の反映というべきものであり、内在的福祉改革論の嚆矢となった「これからの社会福祉」における公私役割分担論と比較すればかなりの後退を意味するともいえる。そして、さらにいえば、このような公私機能分担論には社会福祉の存在と発展の根幹にかかわる問題が含まれているといって過言ではない。そうしたことからいえば、消極的福祉改革論が戦後福祉改革の成果ともいいうる公共責任原則ないし公私分離原則を機軸に据えて内在的福祉改革論の批判に邁進するのも理由のないことではないのである。内在的福祉改革論が戦後社会福祉の基本的枠組からの脱皮の必要性を明示しているとすれば、尚更のことであろう。しかしながら、それでは、消極的福祉改革論にならって、内在的福祉改革論は、外在的福祉改革論に連累し、後者に奉仕するだけの存在として一蹴すべきものであろうか。別の表現をとれば、福祉改革は、それ自体としてみた場合にも、不要不急の改正として否定されるべきものであろうか。

2　積極的展開の不在

消極的福祉改革論といえども改革の必要性を全く認めないわけではないようである。そのことは、消極的福祉改革論が外在的福祉改革論や内在的福祉改革論の改革案の不適当性を論じるその文脈を通じて、図と地を反転させたかたちで、おぼろげに理解することはできる。しかし、消極的福祉改革論は、改革を必要とする事項を体系的に示し、積極的に改革の方向を論じるという構成をとっていない。消極的福祉改革論の主眼は、外在的福祉改革論を「自助と民活」によって戦後社会福祉の基本的枠組とその所産の否定を意図するものとして位置づけ、それに奉仕する内在的福祉改革論の理論的、実践的誤謬を批判することにおかれている。それゆえに、論理構造的には、消極的福祉改革論は、戦後社会福祉の基本的枠組とその所産としての現状を擁護するという構成にならざるをえない。むしろ、積極的に、そこに目的が設定されることにもなる。こうして、逆に、内在的福祉改革論の側から、消極的福祉改革論にたいして、福祉改革に「反発する余りに、旧態依然たる要素を残している現行の社会福祉制度を結果的に維持・存続させるのに手を貸すような動きもみられる」とする反批判がでてくることになる。(10)

いうまでもなく、このような反批判は、消極的福祉改革論にとって、痛痒とするにも至らないであろう。消極的福祉改革論の立場からは、かりに社会福祉の現状に「旧態依然たる要素」がみられたとしても、その改革が社会福祉の本質を損なわせるような結果を招くとすれば、改革は不要不急の提案であり、木をみて森をみない議論ということになろう。内在的福祉改革論は、消極的福祉改革論によってまさしくそのような議論として批判されている。しかしながら、いまは戦後社会福祉の基本的枠組からの離脱を一面的に強調するかの内在的福祉改革論の戦後史認識への評価を別にしていえば、社会福祉の現状がある種の改革を必要としているという内在的福祉改革論の指摘はそれとして妥当なものである。少なくとも、充分検討に値する論点であるといえよう。内在的福祉改革論にあって消極的福祉改革論にないのは、その点についての積極的な議論である。

三　批判的福祉改革論の可能性

これまでみてきたように、われわれのいう外在的福祉改革論にせよ、内在的福祉改革論にせよ、また消極的福祉改革論についても、それぞれに批判されるべき部分と同時に傾聴されるべき部分が含まれている。そのことを承けて、以下、われわれがかりに批判的福祉改革論とよぶ新たな議論の可能性について検討を続けることにしよう。

1　福祉改革の内在的必然性

外在的福祉改革論は、低成長下の財政危機という社会福祉にとってその外部環境ともいうべき部分に生じた要因に触発された福祉改革論であり、そのことゆえにわれわれはそれを外在的とよんだ。しかし実は、ほぼ時期を同じくして、社会福祉の内側にも福祉改革を必然的なものとするような変化がうまれてきていたのである。そして、外在的福祉改革論の登場は、否応なしにそのことに関係者と国民の目を向けさせることになった。第一の点は、社会保障・社会福祉費の将来の拡大が国家財政におよぼす影響に関する問題の提起である。前述のように、社会保障・社会福祉費の拡大が直接的に財政的危機の原因になったとはいえない。けれども、かりに高度成長が継続し続けたとしても、わが国社会の高齢化の様相からすれば、社会保障・社会福祉に関する費用負担の問題は、遅かれ早かれ、必然的に社会問題化したであろう。今後さらに社会保障・社会福祉の充実を求めるとすれば、国民は、この費用負担問題を避けて通るわけにはいかない。すでに、いま、国民の間で、そのことに関する合意形成の努力が早急になされなければならない状況にある。外在的福祉改革論は、その方向と内容を別にしていえば、従来この問題に関心を払うことをしなさすぎた関係者と国民にたいして、警鐘をうちならすという意味をもった。

第二の点は、臨時行政調査会が行政の地域（分権）化、総合化、効率化を改革の課題として指摘したことである。いうまでもなく、臨時行政調査会の最終的なねらいは財政再建にある。地域化も総合化も、そして効率化はいうまでもなく、財政再建のために必要な措置であった。しかし、いまはそのことを措いていえば、社会福祉の領域においても、急激な成長にともなう経費の膨張のみならず、制度の複雑化、行政組織の肥大化・中央集権化・官僚主義化、申請経路＝手続きの煩雑化など、さまざまの側面において綻びが顕在化しつつあり、早晩何らかの改革を必要とするような状況が進行していたのである。その意味では、地域化、総合化は社会福祉の領域にたいしても時宜をえた改革案であった。効率化についても同様の指摘が可能であろう。社会福祉は伝統的に社会的公正や平等など、効率化とは対峙する価値に依拠して発展してきた。効率を犠牲にしてでも維持されてしかるべきもの、いわばそれが社会福祉であった。従来、慢性的資金不足に悩む社会福祉において節約が問題になることはあっても、経済的な意味での効率が即自的な課題として認識される機会は少なかった。しかし、効率化を最小のインプットによる最大のアウトプットの達成という経済的効率概念としてではなく、アウトプットがインプットにたいして充分それに釣り合う成果あるいは効果を上げえているかどうかを問うアカウンタビリティの概念として理解すれば、これまた社会福祉の世界においても早晩要請されることにならざるをえない課題であった。

一方、内在的福祉改革論は、さきにみたように福祉改革の契機がなによりも社会福祉の内側において成熟しつつあった事実を重視し、そのことを端緒とする論理構成をとっている。そのような契機の第一は、文字通り社会福祉内部における変化に求められている。外在的福祉改革論の指摘に重なる部分を避けていえば、内在的福祉改革論は、社会福祉の普遍化傾向、地方自治体による社会福祉単独事業の創設およびそれにたいする国庫補助制度の導入、在宅福祉サービスの拡大、社会福祉サービス供給機関の多様化などを福祉改革が必要とされる根拠として指摘している。これらの変化は、高度成長期以降に出現したものであり、戦後福祉改革を通じて形成された社会福祉制度の基本的枠組が予定していなかった展開である。たしかに、積極的な社会福祉の見直しを必要とするような状況が成熟してきていたのである。われわれは、この事実を受け入れることから始めなければならない。第二に、社会福祉見直しのいま一つの契機は、福祉産業の発展によってもたらされた。福祉産業は、伝統的な理解にいう社会福祉の埒外にうまれ、しかも社会福祉そのもののあり方に再検討を迫るインパクトになった。福祉産業の出現には、社会福祉の不備あるいは受益者の負担増によって誘発されたという側面と経済のサービス化ないしソフト化の一部分として企業の参入が始まったという側面があり、どちらの側面から接近するかによって議論の内容は大きく異なってくる。しかし、いずれにせよ福祉産業の発展は社会福祉の基本的理解にかかわる議論を引き出してきた。消極的福祉改革論のいうように、内在的福祉改革論が福祉産業を社会福祉の一部として取り込もうとしているのか、つまり福祉産業を社会福祉それ自体の範疇に含めようとしているのか、それとも福祉産業の発展を前提として社会福祉のあり方を議論しようとしているのか必ずしもはっきりしないところがある。この部分はたしかに重要な争点である。しかし、理論的にみて、福祉産業を社会福祉の範囲に含めるべきではない――われわれもまたその判断をとるものであるが――としても、現に福祉産業は存在し、拡大する傾向にある。しかも、明らかに、その発展を奨励する施策が展開され、消費者としてはもっとも弱い集団である多数の高齢者や子どもたちがそのサービスを購買（利用）している。これらの事実を看過することは、現実的な判断とはいい難いであろう。社会福祉の基本的な性質とそのあり方について議論を深めながら、しかし同時に福祉産業とその利用者の存在をもその視野に取り込んだ、広い意味での生活保障システムのあり方について検討する視点と方法の構築が必要になってきているように思われる。

2 批判的福祉改革論のスタンス

福祉改革について議論するにあたって、われわれは、わが国の社会福祉のなかに福祉改革を必要とするような状況が現に存在することの確認から始めなければならない。端的にいえば、従来の議論のなかでは、改革を必要とする状況の存在を認めるかどうかということがまず争点になっている。消極的福祉改革論のなかには、社会福祉のなかには改革すべき状況は実際には存在しない、それにもかかわらず、外在的福祉改革論によってあたかもそれが存在するかのような議論が外側からつくりあげられ、内在的福祉改革論が内側からそれに迎合している、という状況認識の図式が紛れ込んでいるように思われる。しかしながら、さきにみてきたように、高度成長期以降のわが国の社会福祉に戦後社会福祉の所産としての社会福祉の基本的枠組に収まり切れないようなさまざまの変化が生じてきている事実は、もはや誰の目にも明らかであろう。この事実のうえに、さらに将来の高齢社会における国民の生活と社会福祉のあり方を展望するとすれば、こんにちの社会福祉が一定の改革を必要としていることは積極的福祉改革論の指摘する通りである。ただし、その歴史認識や社会福祉認識についての判断はまた別である。とくに外在的福祉改革論の新自由主義的、救貧的選別的社会福祉観は到底受容しうるものではなく、内在的福祉改革論の戦後社会福祉の展開過程についての認識には大きな疑問が残る。そのことでは、消極的福祉改革論の批判には傾聴すべき部分も多いのである。けれども、福祉改革批判と福祉改革論批判とは理論的には一応別の次元の問題として扱われなければならない。また、福祉改革の方向やその内容が根底的には改革者の歴史観や社会福祉観に規定される事実を前提にしながら、しかしすべての問題をその水準の議論に収斂させるという議論の仕方についても、なお議論の余地があるように考えられるのである。

社会福祉の基本的性格をいかに理解するかについては、すなわち社会福祉のいわゆる本質理解については、周知のように多様な見解がみられ、福祉改革をめぐる議論においてもその反映がみられる。とりわけ、消極的福祉改革論の内在的福祉改革論にたいする批判は社会福祉本質論の水準において展開されている。それにたいして、内在的福祉改革論には、その水準で応答することをあえて避けようとする節がみうけられる。内在的福祉改革論は「正しい意味での社会福祉の制度改革」という。[11] これは財政再建主導の外在的福祉改革論を意識した議論であるが、実は消極的福祉改革論はそれとは別の角度から何をもって「正しい意味での社会福祉の制度改革」というかを論じ、一貫して内在的福祉改革論の批判を試みているのである。何をもって「正しい意味での社会福祉の制度改革」というのか、そのことを本質論の水準において決着をつけるのは容易なことではない。しかし、その間にも現実は動いている。本質論も必要であるが、同時に現実的な判断も必要である。この種の問題については、総論賛成各論反対ではないが、総論保留各論審議という現実的な議論の方法も充分ありうるのではないか。すなわち、本質論水準の議論のもつ意義を尊重しながら、しかしすべての議論をその水準に収斂させるのではなく、より具体的な水準の問題についてはできるだけ具体的な水準において検討するという、現実的な議論の仕方を試みようというのである。実際、理論の世界ではともかく、現実の政策や制度は多様な理念や利害の混合物として形成され、運用されているのである。ほかならぬ社会福祉の利用者の人権と利益の擁護という見地からいえば、いま福祉改革についてはそのような視座に立つ議論のあり方が求められているように思われる。

第2節　批判的福祉改革の前提と視点

われわれは、これまでみてきたような理由で、外在的福祉改革論や内在的福祉改革論、さらには消極的福祉改革論とも異なる、それぞれの議論の批判的摂取を前提に批判的福祉改革論の可能性を探求してきた。つぎに、その具体的な展開のための予備的な作業として、批判的福祉改革論の前提となる視座と改革の課題について要約的に点検する。

一　三通りの前提

批判的福祉改革論は、三通りの視座に立って展開される。第一の前提は、社会福祉を市民制（資本制）社会における生活保障システムの一環として把握するという視座である。第二の前提は、戦後福祉改革の継承とその現代化という枠組のなかで福祉改革を考えるという視座である。そして第三は、社会福祉およびその改革を政策の水準、運営の水準、処遇の水準という三通りの水準とそれらの統合のなかで分析・把握するという視座である。

1　市民制社会における生活保障システムとしての社会福祉

人びとはそれぞれの段階の社会において、その社会に特有な生活維持のシステムと生活保障のシステムを発展させてきた。社会福祉は市民制社会に特有な生活保障システムの一環をなす政策制度の体系である。市民制社会における生活維持のシステムは、自由、平等、私的所有などの市民権的自由権的諸権利の主体としての市民の家産と家業による生活である。このシステムに乗りえない市民は落層した市民としてまず救貧法や慈善事業による救済の対象にされた。ついで、資本主義経済の発展とともに市民的権利の主体による家産と家業を前提にする生活維持システムの抽象性が明らかになるにつれ、労働者階級保護のための社会政策（労働者保護政策と社会保険）およびそれを補完する落層市民のための社会事業の成立をみる。そして、さらに資本主義の新たな展開とそれにともなう体制的危機の進行とともに労働者と市民の統合された範疇としての国民を対象とする社会保障が成立し、社会福祉もその主要な柱の一つとして位置づけられることになった。こうして社会福祉は市民制社会における生活維持システムの限界ないし欠陥を補完する生活保障システムの一環に位置づけられるのである。社会福祉の将来がいかなるものになるにせよ、社会福祉のこの基本的位置づけに変化が及ぶようなことにはならないであろう。

このような市民制社会における生活保障システムの発展の歴史はまた、自由、平等、私的所有など自由権的基本権の限界が明らかになり、それを補完する社会権的基本権が発展していった過程として位置づけることができる。この社会権的基本権の発展は当初は労働三権の確立や労働基準法、最低賃金法の制定など雇用関係にある労働者の対資本家競争力の強化として始まり、やがては雇用関係の以前と以後に位置する子どもや高齢者、雇用関係からの離脱者や雇用関係に参入しえない人びとを含む全国民を対象にする生存権の保障に発展する。この側面からいえば、社会保障や社会福祉は、国民の社会権的基本権保障の最終的方策としての生存権保障のための制度として位置づけられる。こんにち、市民制社会においては、国民は、自由権的ならびに社会権的基本権を行使する生活の主体として、最終的には国家＝全体社会にたいして、社会保障や社会福祉の確立を要請しうるものとみなされている。その意味では、福祉改革論の一部において、社会保障・社会福祉の権利性を否定するかのような議論がみられることは、問題の残る展開といわなければならない。議論の趣旨は、諸外国に比較し大幅に立ち遅れていたわが国の社会保障・社会福祉の推進にたいする生存権社会保障・社会福祉論の果たした役割を評価したうえで、低成長下の危機的状況のもとで社会福祉のサバイバルを計るにはさらに一歩踏み込んだ議論を必要とするという主張であったように思われる。しかし、この議論は、その真意はともかくとして、結果的には、社会保障・社会福祉を国民の権利として把握することを躊躇させるような風潮をうみだすことに貢献することになった。社会保障や社会福祉の成立発展の過程は、明確にそれらが国民にとっての権利として位置づけられる方向をとってきたことを指し示しており、福祉改革がその延長線上に適切に位置づけられるためには、つねにその利用者および国民の人権（自由権的社会権的基本権）と利益の擁護という観点からの点検を不可欠の要件とする。

2 戦後福祉改革の継承と現代的適用

戦後日本における社会福祉の基本的枠組は戦後福祉改革のなかで形成され、その過程では、よく知られているように、GHQの三原則（四原則ともいう）が重要な役割を果たした。内在的福祉改革論は、そのようにして形成された基本的枠組がこれまで以上の社会福祉の発展にとってもはや桎梏に転化したという。とくに強調されているのは、公私機能分担論および国と地方自治体との役割分担論の再検討である。無差別平等の原則、公共責任の原則、最低生活保障（救済費非制限）の原則からなる三原則のうち主として公共責任の原則にかかわる問題である。たしかに、戦後福祉改革のなかで形成された社会福祉の基本的枠組が現実に取り残されつつあること、そしてその枠組の形成の過程においてGHQの三原則が指導原理としての役割を演じたことは、その通りである。しかし、そのことは、たとえば公共責任原則それ自体の所産ではない。この原則を放棄すれば済む、ということではないように思われる。周知のように、GHQ三原則についてはさまざまに議論がなされてきた。三原則は、被占領下において、わが国の被軍事化・民主化を求める占領政策の一環として指示された。その成立については、GHQによるニューディール的理念の移入ともいわれ、またGHQとわが国政府の交渉の過程で成熟していった理念ともいわれる。いずれの説をとるにせよ、その三原則がわが国に広く受容され、こんにちまで維持されてきている。この事実は、三原則が単なる被占領下という特殊歴史的状況の産物というものではなく、広く近代的社会福祉の理念として主張しうるだけの意味内容をそなえたものであったことを示すものと解することができる。むしろ、問題は、三原則がその後の社会福祉の発展に適合し、それを指導しうるような理念として再生させる努力がなされてこなかったことにあるというべきであろう。(12)

たとえば、公共責任の原則についていえば、この原則はもともと戦前の済生会や援護会などの半官半民的・官民癒着的社会事業に典型的にみられた公私関係の規整をねらったものであり、その意味ではわが国の社会福祉の近代化に大きな足跡を残してこんにちに至っている。しかし、その反面、社会福祉を公設公営型優先に思考する風潮をうみ、かえって社会福祉の硬直化をもたらしていることも事実であろう。ただ、この後者の課題の解決が公共責任の再検討ということでは問題が残るであろう。公共責任と公設公営とは必ずしも重なり合うものではない。公設公営を前提としない公共責任のあり方も充分にありうるであろう。公共責任の原則の見直しは、公設公営型サービスの縮減による公共責任の縮減という方向ではなく、公設公営と公共責任とを理論的にも実際的にも一度分離してなおかつ公共責任の貫徹を図るという方向も考えられていいはずである。福祉産業との関係についていえば、市場原理による福祉産業の展開を前提に公的部門をその補完にとどめるという、社会福祉と福祉産業との分業に関する考え方は、公共責任の原則のみならず最低限保障の原則に抵触するというほかはない。私保険と社会保険との関係になぞらえていえば、基礎的、最低限的サービスの確保は社会福祉の役割であり、福祉産業の役割はそのことを前提とする選択的サービスの供給にこそ自らの役割をみいだすべきであろう。その意味では、前出厚生省福祉関係三審議会合同企画分科会の意見具申「今後のシルバーサービスの在り方について」は、事柄の序列を転倒させてしまっているのである。

3　複眼的視座による分析と統合

社会福祉は、制度を創設し運営する局面から直接利用者に援助を提供する局面までさまざまの局面をもっている。それをいくつかの水準として分類すると、社会福祉は政策の水準、運営の水準および処遇の水準という三通りの水準を設定することができる。政策水準の課題は制度の創設と運営準則の設定と管理であり、運営水準の課題は制度にともなう機関・施設の設置と管理、処遇水準の課題は機関・施設の運営と利用者にたいする直接的援助の提供である。この水準の分類は完全にではないが、ほぼ国、地方自治体、現場という三分法に対応する。福祉改革との関連でいえば、問題は地方自治体のうち都道府県・指定都市と市町村をそれぞれどこに位置づけるかということである。機関委任事務の団体事務化という福祉改革の動向をみれば、都道府県・指定都市は政策的機能を求められることが多くなり、これまで表立った役割を期待される機会の相対的に少なかった市町村にたいして運営、処遇両面にわたる機能が求められることになろう。このような変化は、運営的機能を期待される地方自治体の水準において、相対的に異なった論理によって運動する政策水準の課題と現場水準の課題を統合することが期待されるようになることを意味し、社会福祉全体の動向もまたそこに焦点をあてた分析を求められるようになろう。

こんにち、福祉改革論は公私機能分担論や国地方役割分担論を中心に議論が展開されている。さきほどの社会福祉の分析水準に位置づければ、これらの課題はどちらかといえば政策水準の問題ということになろう。ただし、これらの課題は政策水準の課題のうちでも主として社会福祉の内側の条件設定にかかわる部分である。政策水準にかかわる課題としては、内側の条件設定の問題と同時に社会福祉の環境条件にかかわる課題が存在する。それは、社会福祉が、産業、教育、司法、警察、防衛など国家のさまざまの政策体系の一部分として存在するという側面にかかわる問題である。こんにち福祉改革の議論は社会福祉の問題として展開されているが、しかし外在的福祉改革論がいみじくもそうであったように社会福祉のあり方は国家政策全体の動向に規定される。そのことでは、たとえば受益と負担の問題も社会福祉の内側の問題として捉えるだけでなく、国家財政全体のなかで捉える視点が同時に必要である。これまで、わが国に限らず、社会保障や社会福祉は国家財政逼迫の第一の原因として扱われ、その削減こそが財政再建の最良の方策であるとみなされてきた。しかし、われわれはその一方において、これまたわが国に限らず、防衛費が聖域化され、むしろ国家財政のなかでその比重をたかめつつある事実に留意しなければならない。防衛費の削減によって社会福祉のかかえる内部的課題のすべてが氷解するかの議論は短絡にすぎるにせよ、社会福祉の全体の動向を適切に把握するためには国家政策の全体のなかに社会福祉を位置づけて分析する視点は不可欠のものである。オイルショック以来、地球的水準での資源の有限性が強調されるあまり、事柄が国家政策間のプライオリティの水準における議論を素通りし、ストレートに社会福祉内部の利用者範疇別施策間のプライオリティの問題や適正化・効率化、さらには福祉産業の活用の問題として処理される傾向がみられる。われわれは、そのことにとくに留意しておきたい。しかし、いうまでもなく、社会福祉の最終的評価は処遇の水準においてそれが何をなしえたかによって定まる。処遇水準における課題の達成がなければ、社会福祉はその政策としての存在意義をもちえない。その意味では、政策水準の議論は処遇水準の課題を視野に収めたものでなければならず、逆に処遇水準の議論もまた政策の動向を展望したものでなければならない。政策の水準と処遇の水準を統合的に把握するという課題は、社会福祉にとっていわば永遠の課題であるが、しかし福祉改革の方向と内容もまたそのような視座にたつ議論のうえに定められるべきものであろう。

二　福祉改革への視点

最後に、戦後福祉改革を先導したＧＨＱの三原則の内容を近代的社会福祉の理念に指し示したものとしてとらえかえしながら、そこにさらに社会福祉のその後の展開のなかで重要性をおびることになったいくつかの視点を追加し、それらの視点を通じてこんにちの福祉改革をめぐる諸課題について若干の検討を加えておきたい。ここで用意されるべき視点は、①社会福祉における平等権・自由権の確保、②社会福祉における社会的公正の確保と公共責任の明確化、③社会福祉における最低限保障の確立、④社会福祉行政における分権化・民主化・活性化の促進、⑤社会福祉における参加と責任体制の明確化、⑥社会福祉における受益と負担問題の明確化、⑦福祉サービスの地域化とネットワーク化の促進、⑧社会福祉におけるマンパワーの確保と専門職化の促進の八点である。

1　社会福祉における平等権と自由権の確保

戦後福祉改革のなかで戦前のわが国の救済制度を特徴づけた軍事優先的二重構造性は破棄された。主権回復後の反動＝

逆コース的制度改革も直接的に社会福祉六法の領域に旧軍人・遺家族の優遇措置をもちこむには至らなかった。形式的にみれば、こんにちでは社会福祉サービスの領域に特定の社会集団を例外的に優先的もしくは差別的に取扱うという制度は存在しない。けれども、差別的な処遇やその可能性が存在しないわけではない。実際、ひとしく福祉サービスを利用しうる立場にあるとはいえ、児童、老人、障害者、母子・父子家庭などそれぞれの範疇によってサービスを享受しうる機会、その質量などにおいて少なからぬ格差が見受けられる。

オイルショック以降、社会福祉の展開に逆行するように、財政的な制約と結びつけて救貧的選別主義的対応の必要性が強調され、同時にそのことに対処する視点として国民のあいだの社会福祉ニーズの充足に優先順位をつける、いわゆるプライオリティ原理の導入の必要性が説かれてきた。いうまでもなく、このプライオリティの原理は救貧法的、選別主義的原理とは区別される。プライオリティ原理による差別の内容は選択的ないし積極的なものであるといわれる。しかし、それでも、それはある種の差別であり、その導入には国民全体の合意が前提とされなければならない。

社会福祉における自由権の確保という問題は、これまであまり話題にならなかった。これまで自由権確保の問題は、国民に平等に最低限度の生活を保障するという社会福祉の第一義的要請の後背に押し込められてきた。社会福祉における自由権は平等権にたいしてトレードオフの関係におかれてきたのである。社会的平等を具現化するものとしての福祉サービスが入所措置といわれる行政措置の反射的利益の享受としてはじめて利用可能になるという枠組みのなかでは、社会福祉における自由は平等の確保（最低生活の平等な保障）とトレードオフされ、議論にさえならなかったのである。

しかしながら、たとえば、福祉サービスの利用者がみずからの入所する施設を選択することが許されないという状況については、基本的人権の尊重という市民制社会の原理からいえば、疑問の余地が残るところである。また、逆に施設が入所者を選択しえないという状況も、たとえば処遇の計画化という観点からみれば、同様に問題になりえる。

このように、これまでの社会福祉のありようには、平等権の確保と同時に自由権の確保という観点から再検討されていない部分が含まれている。

2　社会福祉における社会的公正の確保と公共責任の明確化

戦後福祉改革における公共責任原則の重視は、その系である公私分離の原則とともに、戦前の社会福祉を特徴づけた官民癒着と責任転嫁の構造を批判しつつ、民間社会福祉との関係において、公共責任とその所在を明確化することを課題としていた。この原則は、巷間に膾炙されるように、社会福祉はすべて国ないし地方公共団体による公的社会福祉でなければならない、と主張したわけではない。むしろ、それは一方においては、公共責任（第一義的には国家のそれ）の明確化を図りつつ、他方において民間の社会福祉を政府の支配と統制から解放し、その自主的、主体的な地位を確立させるという意味をもっていたはずである。しかしながら、逆にわが国政府は、敗戦直後の大衆的窮乏を短期間に克服するためにむしろ民間社会福祉を活用し、それに依存しようとした。民間社会福祉もまた、公的資金に依存することなしには、その存続すら危ぶまれる状況にあった。政府は、ＧＨＱの指令に抗して、施設の補修・改築にたいする補助金や措置費支給制度の導入を図らざるをえなかったのである。

この措置は、敗戦直後の公的救済制度の不備を補い、民間社会福祉の崩壊を防ぎ、公私施設の利用者にたいして共通して最低限の生活を保障するという効用をもった。しかし同時に、そのことは、自立的であるべき民間社会福祉を準公的な存在として位置づけ、その自主性に枠をはめ、政府にたいする依存を強化する方向に道を開くことになった。その意味では、民間社会福祉のこんにち的ありようをめぐって責められるべきは、公共責任（公私分離）の原則それ自体ではない。むしろ、国家的規模の窮乏に直面しながら民間社会福祉に依存し、それ以後においても民間に多くを依存してきたわが国の社会福祉のあり方こそが、まず批判されなければならない。

戦後の福祉改革以後の展開のなかで公共責任（公私分離）原則に直接関連する問題としては、社会福祉事業団に始まる半公半民型社会福祉経営体の登場があった。こうした新しい半公半民型社会福祉の存在をかつて公共責任の原則が批判の対象とした官民癒着的・責任回避的な「準政府的機関・施設」と直ちに同一視することは賢明な判断とはいいきれないであろう。しかし同時に、そこに潜在する責任転嫁の可能性を全面的に否定するのも楽天的すぎるといわなければならない。

また、市場型福祉類似サービスの参入は、半公半民型社会福祉の登場以上に、公共責任原則にたいする挑戦を意味した。そこには、社会福祉の存在それ自体にかかわるような問題が含まれていた。それだけに、市場型福祉類似サービスにかんする議論は厳しいものにならざるをえないのである。

こんにちいう福祉改革の中心的課題は、これらの、戦後福祉改革以来の社会福祉の展開やその後の環境の変化がうみだしてきた公共責任のあり方や公私分離原則にかかわる懸案事項をいかに処理するか、の問題であるといって過言ではない。そして、周知のように、この問題については、公共責任原則、なかんずく国家責任原則の擁護と批判というかたちをとりながら、熾烈な議論が展開されてきている。しかし、重要なことは、公共責任（公私分離）原則の画一的な解釈を求めることや、それをGHQによる「押しつけ」あるいはその「一画的な受容」として短絡的に批判することではない。

その成立の直接的な契機や内容を別にしていえば、社会福祉は明らかに市民制社会における社会的公正の確保のための施策である。そして、そこにおいて公共責任が強調されるのは、社会的公正の確保には私利私益を超越する公共団体、最終的には国家による公権力の行使が不可欠であるという認識にもとづいている。

重要なことは、公共責任の範囲や公私分担の境界について、財政上の要求や短絡的、状況依存的な判断に依拠した恣意的、便宜的な線引きに陥ることなく、こんにちの社会のありようとそこにおける国民の社会福祉ニーズに十分に対応し、かつ社会的公正を確保しうるような社会福祉の組織と運営のあり方を改めて追求することであろう。

ちなみに、公共責任をめぐる議論には、公共責任を公設公営型施設ないしサービスと同一視する傾向がみられる。公設公営型施設ないしサービスが公共責任の実現形態の一つであることに違いはない。しかし、公設公営型施設ないしサービスと公共責任とは、概念としては別のものである。一部において公設公営型施設ないしサービスに柔軟性の欠如や非能率等の弊害がみられるのは事実である。けれども、その事実をもって公共責任それ自体の批判に置き換えることは適切ではない。両者の重なりあいと違いに留意しつつ、公共責任のあり方についてのさらに根源的な議論が必要であろう。

3 社会福祉における最低限保障の確立

ＧＨＱの三原則の最後の原則である最低生活費保障（救済費非制限）の原則は、通常生活保護における保護の水準のあり方の問題として議論される。しかし、同時に、その外延には社会福祉施設最低基準の設定に関する問題も包摂されていた。その意味では、この原則は社会福祉の全体にかかわる国民最低限（ナショナル・ミニマム）保障の原則として読み換えることができる。

すなわち、最低生活費保障の原則は、社会福祉の全体にかかわって国民的最低限を設定し、それを維持することを要求するものである。こんにち、生活保護の領域はともかくとして、福祉サービスの領域においては、国民最低限の維持よりニーズとサービスの多様性や個別性にたいする関心が深まっている。福祉改革の一環として社会福祉施設最低基準の緩和が求められるのも、そのような動向と密接にかかわってくる。たしかに、福祉サービスの質を向上させるにはニーズの多様性や個別性へ配慮が不可欠であろう。しかしながら、多様性や個別性が強調されるあまり国民最低限の維持あるいは保障がなおざりにされるという事態が許容されるとすれば、ことはいささか深刻である。ニーズの多様性や個別性に配慮した木目の細かなサービスが実質的な意味をもちうるのは、国民最低限の保障がまずその前提にあってのことである。

なるほど、生活保護の場合とは異なり、福祉ニーズには質量の両面にわたって地域間により大きな格差が存在する。福祉サービスにとって何が最低限であるかを定量的ないし定性的に確定することにはそれだけ多くの困難がつきまとう。しかしながら、最低限設定の困難性や個別的処遇の必要性を理由に福祉サービスにおける最低限保障の要請が解除され、その結果多様性と個別性の保障を名目とするサービスの地域間格差の存在が許容されるようなことになれば、そのことによって失われるものは大きいといわなければならない。

最低限保障原則の後退は同時に社会福祉における平等原則の危機でもある。ニーズの多様性や個別性に対応する社会福祉の地方分権化・地域化はいまや時代の流れである。しかし、その必要性が強調されるあまり、居住する自治体の違いによって同じ子どもや老人やあるいは障害者の享受しうる社会福祉サービスの内容がその基本的な部分において異なるというような事態が許容されていいはずはないであろう。社会福祉サービスにおける多様性と個別性の尊重は、なによりも国民最低限の確保を前提とし、そのうえに都道府県水準の、あるいは都市水準のシビル・ミニマムを、さらに地域社会におけるコミュニティ・ミニマムを積み重ね、重層構造をもつ福祉サービスの体系を築きあげる方向において、実現されるべきものである。社会福祉の地方分権化・地域化には、そのことを担保する制度的な裏付けがともなっていなければならないのである。

4 社会福祉行政における分権化・民主化・活性化の促進

福祉改革を推進する議論の一部には、公共責任の原則は、その後の社会福祉の展開のなかでの歴史的特殊性が看過され、一面的に解釈されてきたという認識がみられる。この議論によれば、わが国の社会福祉の特徴が国主導型にある。社会福祉のうちでも公的扶助については、このような施策のあり方は歴史的にも国際的にも妥当である。しかし、社会福祉サービスについてはその限りではなく、児童福祉法や身体障害者福祉法においても公共（なかんずく国家の）責任が強調されたのは、当時敗戦後の混乱のなかで、地方自治体のほとんどが行政能力的にも財政的にも破産状態に陥り、民間団体・機関も疲弊の極にあったために、国が中心にならざるをえないという事情が存在したためであるという。

しかしながら、国家責任は社会福祉のうちでも公的扶助にのみ妥当するというものではない。また国主導型福祉サービスの成立は地方自治体の行政的財政的能力の欠落や民間の疲弊に対応するための措置として成立したというものでもないであろう。その背景には、敗戦直後の混乱にたいする配慮と同時に、あるいはそれ以上に、戦前の公共責任回避的、官民癒着的社会福祉にたいする批判が存在した。

国家による管理ということだけでいえば、わが国の社会福祉はすでに戦前の段階において中央政府の強力な管理のもとにおかれていた。しかし、この強力な中央政府の関与は決して社会福祉における公共責任原則の確立を意味するものではなかった。社会福祉の責任は第一義的には親族集団や地域共同体、そしてその外延的拡大としての民間救済機関や地方公共団体に属するとされた。戦後福祉改革の課題は、国による最終的な公共責任履行の原則を確立したうえで、社会福祉の実務的運用を新しい地方自治の原理と機構に委ねることであったはずである。

しかし、戦後改革の最大の成果の一つであった地方自治原理の導入は、やがて中央集権的官僚主義の復活するなかで押し潰されてしまった。その意味で、こんにち求められていることは、国が財政的窮迫を理由にその担うべき公共責任の過半をただ一方的に地方自治体に委譲するというような時代逆行的な措置ではありえない。むしろ、戦後福祉改革の原点に戻り、地方自治が地方自治として機能しうるような条件を、すなわち地方自治体による福祉サービスがそれとして機能しうるような条件を、国が国の責任において整備することでなければならないのである。

一九八五（昭和六〇）年にはじまる慌ただしい福祉改革の過程で、かつて地方公共団体の長にたいする機関委任事務であった部分は地方公共団体にたいする団体事務に改められた。また、国と地方公共団体との費用負担の割合も大幅に改められた。これらの措置は、社会福祉の中央集権的運営を排して地方分権型の社会福祉を実現するための措置と裏腹の関係にあるとされる。しかしながら、補助金の削減という側面だけをみれば、この改革措置は明らかに国の役割の後退を意味する。国の財政事情、財政再建のみを優先させた措置である。補助金比率の変更だけが独り歩きすることがないように、福祉サービスの団体事務化の実質化が強力に推進されなければならない。

高度成長期以降における社会福祉の拡大は、国、地方公共団体をつうじて行政機構を肥大化させる一因となった。そして、この行政機構の肥大化と補助金依存体質は、中央集権化を推進し、官僚主義の弊害をもたらした。また、それは増加を続けた公設公営型施設のなかにも忍び込んでいったのである。

社会福祉における分権化を実質化するためには、権限の都道府県への、さらには市町村への委任だけでなく、相談機関・施設などの末端機構を含む、各水準における行政機構において、強力に、官僚主義の排除、民主化、そして活性化が推し進められなければならないのである。

福祉改革をめぐる議論のなかではときに民間化と活性化が互換的に扱われ、民間化がそのまま行政の活性化を随伴するかのように語られる。しかしながら、公共的福祉サービスの一部分が民間化されたとしても、そのことによって残された公共部分の活性化が自動的に保証されるというわけではない。社会福祉の分権化・活性化は、相談機関・施設などの末端機構を含む行政機構それ自体の自浄作用、民主化を前提とすることなしには達成されえないであろう。

5　社会福祉における参加と責任体制の明確化

社会福祉の分権化・地域化は、必然的に住民の参加をよびさますことになる。福祉改革においてもそのことが前提となっている。

従来、住民参加といえば、施設ボランティアとしての参加、民間社会福祉の理事会などへの地域住民の参加、市町村の審議会・協議会への参加、社協などへの地域住民の参加、などが一般的にみられた形態であった。地域福祉型社会福祉が拡大すればそれだけ、このような形態をとる住民参加の要請も拡大することになろう。それにくわえて、地域福祉型社会福祉は、住民を福祉サービスの直接的な生産・配送者として社会福祉供給体制のなかに組み込むことを予定している。たとえば、従来からみられる在宅福祉サービスの担い手としてのボランティアの拡充、当事者団体や自発的相互扶助団体との協働、さらには生活協同組合や農業組合の社会福祉供給体制への組み込みが予定されている。

こうした新しい参加の形態には、地域における福祉サービスの形態や内容に直接的にかかわり、その水準を向上させ、それを地域社会の実情に合うものに育て上げていくには不可欠の要素である。しかし、同時に、一般に地域福祉サービスの供給体制は、さまざまな立場の人間がそこに参加し、協働することが前提とされているがために、逆に責任の所在が不明確になりやすい。公共責任の範囲や程度の問題とも関連して、行政と住民、社協などの民間組織と住民、行政・民間組織とボランティアとの関係など、慎重な検討と対応が今後に残されている。

6 社会福祉における受益と負担問題の明確化

ところで、社会福祉の普遍化は、社会福祉における受益と負担のあり方、両者の関係のあり方に関する問題を表面化させざるをえない。いうところの負担は、労力・知識・技術などの負担であり、また金銭的費用の負担である。社会福祉は本来的に、一方における少数の「負担をともなわない受益者ないし受益層」と他方における多数の「受益をともなわない負担者ないし負担層」の同時的な存在を前提にしてきた。社会福祉が貧困ないし低所得層にたいする施策である限り、この事実が意識化されることは少なく、そこにはある種の国民的合意が成立していたといって過言ではない。

しかしながら、社会福祉、なかんずく福祉サービスは、高度成長期とその後の低成長期を通じて貧困層（生活保護階層・低所得階層）に属する人びとを対象とする施策からさらに一般所得階層を包括する施策へ発展してきた。この間、社会福祉の受益層は拡大し、その内容にも変化がみられた。しかし、それにもかかわらず、わが国では、多数の「受益をともなわない負担者」による少数の「負担をともなわない受益者」のための福祉サービスの供給という基本的構造にかかわるような新しい受益と負担の構造についての合意、すなわち「貧困者だけのためのためではない」福祉サービスを支えるための財政や供給体制のあり方についての国民的な合意はまだ形成されていない。もとより、そのことは欧米においてもいえることであり、高度成長から低成長の時代へ、革新の時代から保守の時代へと状況が推移するなかで、貧困階層対策としての枠を超える福祉サービスの発展、それが必要とする費用負担の拡大は、福祉サービスの受益層にもっとも近い存在である中間層の納税者たちによって拒否され、福祉サービスはごく限られた〝善良な〟貧困者のための慈善として封じ込められようとする傾向がみられたのである。

新自由主義ないし新保守主義的福祉国家批判は、わが国だけでなく、イギリスにおいてもアメリカにおいても、それほど大きな反発を受けずに、なしくずし的に国民のあいだに受容されてきた。福祉国家批判は、国民のあいだに福祉国家サービスの受益と負担に関する新しい合意が成立していない、その間隙をつくことによって一定の成功を収めているのである。しかしながら、皮肉なことに、わが国の場合を含めて、福祉サービスはそのような福祉国家批判を受容した中間層に属する人びとの生活にとって、ますます不可欠の要素となりつつある。

7 福祉サービスの地域化とネットワーク化の促進

福祉改革の一側面は、地域処遇原則の発展によってよびさまされ、それをより一般化することをめざして、推進されてきている。施設福祉に対峙するものとしてのコミュニティ・ケアから前者を包摂する新しい社会福祉のあり方としての地域福祉型社会福祉理念の提起、地方自治体による在宅福祉サービスを中心とする単独事業の展開、市町村を実施主体とする補助金単独事業の拡大、ノーマライゼーションの理念の受容、こうした要素がわが国における社会福祉処遇の地域化を促進してきた。福祉サービスの機関委任事務から団体事務への移行、ショートスティ・サービスやデイ・サービスの団体事務化は、一面においてそのような傾向をさらに前進させ、確実なものにしていくための措置であった。しかしながら、そのような制度改革が福祉サービスの最前線である地域社会においてどのように具体化され、どのような成果をうみだしていくのか、それはこれからの課題である。

現在においても、地域レベルで利用しうる福祉サービスは、国の委任事業、都道府県の単独事業、市町村の単独事業の三種類に及び、それぞれメニュー的には相当の数に登る。しかしながら、現実には、全国的にみれば、福祉サービスとして実質的な意味をもつ独自の単独事業を実施する市町村の数は限られたものであり、実施可能な国や都道府県の補助金をともなう福祉サービスのすべてが実施されているわけではない。イニシアティブが市町村に委ねられている場合、財源難を理由に新規事業の実施に難色を示す市町村もみられるのである。したがって、大都市圏などの福祉先進地域を別にすれば、地域福祉型社会福祉の全国的な展開が実現するには、なお相当の時間と市町村財政にたいする配慮など特別の措置が必要であろう。

地域化にくわえて、地域福祉型社会福祉の展開に必要なことは、福祉サービスの総合化ないしネットワーク化である。

老人問題であれ、障害児・者の問題、ひとり親家庭の問題であれ、その解決・緩和のためには、福祉サービスだけでなく、保健医療サービス、住宅サービス、雇用サービス、教育サービスなどとの分業と協業が不可欠である。

従来、わが国ではこれらのサービスは縦割り的に実施され、協業よりむしろ分業の側面が強調されてきた。そのことからいえば、高齢者雇用事業、福祉工場、老人保健施設など雇用サービスや医療保健サービスなどいくつかのサービスを福祉サービスと統合するようなサービスが実施されるようになってきていることは重要な変化である。しかし、ここでも全体としてみれば、福祉サービスの統合化、ネットワーク化はいまだその緒についたばかりという状況であろう。

8　社会福祉におけるマンパワーの確保と専門職化の促進

一九八五（昭和六〇）年現在で、社会福祉マンパワーのうち施設福祉と在宅福祉サービスを支える職員の数をみてみると、社会福祉施設従事者約五二万四〇〇〇人、ホームヘルパー約一万五〇〇〇人、市町村社協専門職員約七〇〇〇人、合計約五四万六〇〇〇人に達する。このなかでは、社会福祉施設従事者の増加ぶりが著しい。一九六一（昭和三六）年の約八万八〇〇〇人に比較すれば、高度成長期以降の二五年間に社会福祉施設従事者数は約六倍に増加した。それにたいして、社会福祉の施設福祉型から地域福祉型へ移行が強調される現在においても、在宅福祉サービスにかかわりをもつはずの市町村社協専門職員やホームヘルパーの数の少なさはどういうことであろうか。しかも、問題なのはそのマンパワーの不足が民生委員やボランティアなどによって埋め合わせされようとしていることである。

わが国では、地域福祉型社会福祉への移行の必要性が政策的に強調されるとき、それは多くの場合、日本型福祉社会論との抱き合せで語られてきた。そこでは、地域福祉を支えるマンパワーとしては民生委員やボランティアの動員が予定され、しかもその源泉として家庭の主婦に大きな期待がよせられてきたのである。

もとより、家庭の主婦による民生委員活動やボランティア活動それ自体は、社会福祉にたいする住民参加の幅の拡大、社会参加を通じての女性の自己実現機会の拡大という観点からみて、否定されるべきものではない。むしろ、なお一層その増加が期待されてよいであろう。なかんずく、民生委員には、今後、福祉サービスの利用者の立場にたって、社会福祉の供給体制と地域住民の福祉ニーズとを媒介し、調整する媒介者としての役割が一層期待されることになろう。

しかしながら、地域福祉型社会福祉の地域における最先端を支えるマンパワーの主力として家庭の主婦による民生委員やボランティアなどが想定されているとすれば、ことは深刻である。その理由の第一は、地域福祉型社会福祉とはいえ、それは基本的には公共の責任に供給されるべき施策であり、その主要マンパワーを民生委員やボランティアなどの補助的、非常勤的、非専門的マンパワーに期待することの非現実性である。第二は、このところ女性は一時的に子育て期を家庭で過ごすことを前提に中年期以降における就労・職場復帰の志向を強めつつあり、家庭の主婦の民生委員やボランティアとしての動員にもおのずと限界が予測されるという事実である。

地域福祉型社会福祉の先端を担うマンパワーは、それとして独自に準備、養成されなければならない。市町村の社会福祉関係職員、市町村社協専門職員やさらにはホームヘルパーなどの大幅な増員が早急に図られなければならないのである。そのことでは、「社会福祉士及び介護福祉士法」の成立は重要な意味をもっている。

社会福祉士および介護福祉士の制度については、社会福祉の国家管理に道を開くという観点からの批判もみうけられる。しかし、資格制度の成立はそれが一九七一（昭和四六）年の中央社会福祉審議会職員問題専門分科会起草委員会「社会福祉専門職員の充実強化方策としての『社会福祉士法』制定思案」以来の、年来の懸案事項の実現であったというだけでなく、新しい地域福祉型社会福祉を支え、その質をひきあげる専門職マンパワーの養成に道を開いた措置として一定の評価を与えることができる。

たしかに、「社会福祉士及び介護福祉士法」の成立は、社会福祉の世界に身分的格差や試験制度を通じた規制をもちこむという側面があり、また専門職制度の成立が社会福祉の専門性の向上に直結するというものでもない。しかしながら、関連専門制度の例にみるまでもなく、資格制度は長期的には専門職従事者の資質の向上に資するものであり、またそれは社会福祉利用者の利益は人権を擁護するためにも、いずれ必要な措置であった。

一般に、社会福祉は現物給付であるといわれる。現物給付は、本来公的救済の領域で現金給付に対応する概念として用いられたもので、貨幣の形態をとる給付にたいする現物の形態をとる給付の意味である。端的にいえば、それは生命を維持するための衣食の給付、ないし衣食住の給付（施設収容）を意味していた。

しかしながら、現代において福祉サービスを前提にするとき、その内容は単なる衣食住、生活機器、医療、薬剤などいわゆる現物そのものの給付ではない。重要なことは、それらが保育、養護、介護などとよばれる福祉サービス従事者の労働＝はたらきによって媒介されて提供されているという事実である。さらに煎じ詰めていえば、福祉サービスは福祉サービス従事者の労働＝はたらきの提供を軸芯にするものであり、衣食住、生活機器、医療、薬剤なども現物それ自体が、その処分権の移転を含むかたちで、文字通り給付されているのではなく、福祉サービス従事者の労働＝はたらきの一部分を構成し、それを成り立たせる要素の一部分として、それらのはたらき＝機能が提供されているのである。福祉サービスにいう現物給付は、単なる現物の供与ではなく、特定の目的を実現するために福祉サービス従事者というヒトの専門的労働＝はたらきを通じて統合された「ヒトとモノのはたらき＝機能」の提供を意味しているのである。

すなわち、福祉サービスの中核をなすものは相談・指導、情報の提供、保育、養護、介護、生活指導などとよばれる福祉サービス従事者の専門的労働＝はたらき＝機能そのものにほかならない。そして、これら児童福祉司、社会福祉主事、児童指導員、生活指導員、保母、寮母などの専門的従事者による労働は、その労働の主体である福祉サービス従事者の人格（パーソナリティ）の関与を不可欠とする。福祉サービス従事者の労働は、単なる専門的な知識や技術の道具的な動員ではなく、かれらの人格にかかわり、それと統合されたかたちではじめて実現されうるのである。

福祉サービスの実現は、サービスの供給主体である福祉従事者とサービスの享受対象である利用者による時間と場所の共有が前提となる。二つの物が出会うには時間と場所の特定が不可欠の要素である。また、福祉サービスは、それ自体では存在することができない。サービスの源泉たる福祉従事者（供給主体）と、客体たるサービスの享受対象（利用者）の両者が一つところに存在してはじめてサービスは成立しうる。福祉サービスは、サービス全体からサービス対象への働きかけであり、また対象の協力がなければよりよいサービスを供給することは不可能である。福祉サービスは本質的に主体と対象の人格的交流に依存するものである。

福祉サービスが専門職制度を必要とする理由は、基本的には、このように福祉サービスが供給と享受（利用）の両面において、深く人的要素に依存しているという事実に求められる。福祉サービスの成否は専門職の力量に依存しているといって決して過言ではない。従来、福祉サービスの世界では、明らかにそのことにたいする配慮が不十分であった。

このように、社会福祉における専門職制度は従事者の資質と士気を高め、福祉サービスの水準を向上させるために必要な措置であった。しかし、それ以上に専門職制度は、極言すれば、福祉サービス利用者の人格、その人権と利益を護るために必要である。

市場型福祉類似サービスを利用者の視点において評価するうえでも、このような福祉サービスの人的側面にかかわる側面の解明は避けて通ることのできない課題である。すでに指摘しておいたように、市場型福祉類似サービスの登場は、基本的には世界的な経済のサービス化、ソフト化傾向の所産である。シルバー産業による市場型福祉類似サービスを福祉サービスの一部分として安易に位置づけることは問題であり、疑問が多い。しかしながら、その利用者が増加している事実を看過することは、現実的かつ妥当な判断とはいえないであろう。市場型福祉類似サービスの利用者は、消費者としてはもっとも弱いグループに属する幼児や老人たちである。かれらの人権と利益を擁護するためには、市場的福祉類似サービス施設の物的側面についてはいうまでもなく、そしてそれぞれ以上にそのマンパワー、すなわち従業員の資質についての強力な規制と指導が必要であろう。

社会福祉専門職制度、なかんずく介護福祉士の制度化には、その一部において、このような側面においてシルバー産業を規制するという役割が期待されていたはずである。そのこととの関連でいえば、社会福祉専門職制度が名称独占の段階にとどまり、業務独占を規定しえなかったことは、大きな問題を残したといわなければならない。福祉サービスの水準を向上させるためだけでなく、市場的福祉類似サービスを規制し、その利用者の人権と利益を擁護していくためには、早い時期に社会福祉専門職制度を業務独占を含む名実備わった専門職の制度として発展させていく必要があるであろう。

今回の社会福祉士及び介護福祉士制度の成立を契機に、みずからの専門職活動を客観的、科学的に把握分析し、みずからの専門職としての自覚と資質の向上に勤めるだけでなく、そのことを通じて社会福祉の制度やそれに関連する社会経済制度のありようについて内在的に批判し、改革を実現するにたる力量を有する専門職と専門職集団が発展していくことを強く期待するものである。

註

(1) 第一七次地方制度調査会「地方財政の硬直化を是正するためにとるべき方策を中心とした地方行政の在り方に関する答申」(一九七五年七月二三日)、財政制度審議会。「社会保障について の報告」(一八七五年一二月二三日)。いずれも、全国社会福祉協議会編『社会福祉関係施策資料集2』全国社会福祉協議会一九八六年所収。

(2) 経済企画庁編『新経済社会七カ年計画』一九七九年。

(3) 以下、臨時行政調査会の報告に関する記述は、臨時行政調査会「行政改革に関する第一次答申」(一九八一年七月一〇日)、同「行政改革に関する第三次答申」(一九八二年七月三〇日)による。

(4) 報告書はいずれも、全国社会福祉協議会編 前掲書所収。

第一、第二の文書は、全国社会福祉協議会、前掲書所収。第三の文書は独立した冊子として全国社会福祉協議会から公刊されている。

(5) 以下の引用は、社会福祉基本構想懇談会『社会福祉改革の基本構想』一七ページ。

(6) 社会福祉研究者によるまとまった福祉改革(論)批判として、高島進『社会福祉の理論と政策―現代社会福祉政策批判―』ミネルヴァ書房 一九八六年がある。

(7) 前掲『社会福祉改革の基本構想』二ページ。

(8) 三浦文夫「昭和五〇年代の社会福祉の展開と社会福祉制度改革の課題」日本社会事業大学編『社会福祉の現代的展開』勁草書房一九八六年所収。

(9) 厚生省福祉関係三審議会合同企画分科会「今後のシルバーサービスの在り方について」(意見具申)全国社会福祉協議会編『社会福祉資料集7』全国社会福祉協議会一九八八年所収。

(10) 前掲『社会福祉改革の基本構想』一六ページ

(11) 同前一ページ

(12) われわれは、福祉改革は戦後福祉改革の連続線上に位置づけて議論されるべきものと考えるが、その詳細については庄司洋子との共同執筆による論文「戦後福祉政策の展開と福祉改革」の最終節「福祉改革への視点と課題」伊部英男・大森彌編著『福祉における国と地方』中央法規出版所収を参照されたい。

第10章

福祉ニーズ＝サービス媒介者としての民生委員・児童委員

初出：1990年
日本社会事業大学「社会事業研究所年報」№26

この報告は、一九八九年に東京都民生委員連合会の協力をえて実施した共同研究「民生・児童委員活動の実態と今後のあり方に関する調査」（代表・庄司洋子）の前提になった考え方に、一部調査結果を加味しながら、地域福祉型社会福祉のもとでの民生委員・児童委員活動のあり方について試論的に検討したものである。なお、この報告の一部には、別稿「新しい社会福祉供給＝利用システムと民生・児童委員の役割」（報告その2）の一部（「はじめに」、「研究の基本的視点」および「結論と展望」）と重複しているところがある。あらかじめお断りしておきたい。

なお、「民生児童委員」の表記は著作選集に再録するにあたって「民生委員・児童委員」に統一した。

はじめに

わが国の社会福祉は大きな変貌を遂げようとしている。

ここ数年間追求されてきた社会福祉改革の基本的方向は、社会福祉供給体制の地方分権化・地域化、多元化、専門職化などとして要約することができるであろうが、これにともなって民生委員・児童委員活動にたいする期待も従来とは大きく異なったものになろうとしている。

このような新しい期待に応えるためには、民生委員・児童委員活動のあり方について、その基本的な枠組にまでさかのぼる根源的な再検討が必要である。端的にいえば、こんにち要請されている課題は、新しい社会福祉のあり方を前提に、社会福祉サービスの供給機関による創出からその地域住民による利用の過程にいたる社会福祉の供給＝利用体制のなかに民生委員・児童委員を適正に位置づけ、そこで期待されうる活動のあり方について、理論的かつ実証的に、解明を試みることにほかならない。

第1節　基本的視点

一　民生委員・児童委員の制度と活動のあり方を社会福祉の転型との関連で再検討する

従来、戦前の方面委員以来の伝統のなかで、民生委員・児童委員制度とその活動は、どちらかといえば即自的に、すなわち社会福祉の全体的過程から切り離すかたちで論じられることが多かった。こんにち基本的に必要なことは、民生委員・児童委員制度やその活動について、それを施設入所型社会福祉から地域福祉型社会福祉への転型という社会福祉の動向、さらには将来についての展望のなかで再検討する視点に立つことである。

二　民生委員・児童委員とその活動を社会福祉の供給＝利用体制の一環に位置づける

さらに、重要なことは、従来いわば供給サイドから論じられることの多かった社会福祉の供給体制を利用サイドから捉え直し、そのうえで民生委員・児童委員を社会福祉の供給＝利用体制の一環をになうものとして位置づけるという視点にたつことである。つまり、これからの民生委員・児童委員の制度とその活動は、福祉ニーズの発生——福祉サービスの創出（生産）——配分（流通）——利用（消費）——福祉ニーズの充足、にいたる一連の過程を社会福祉供給＝利用体制として再構成し、その一環に民生委員・児童委員を位置づけるものとして論じられなければならない。

三　民生委員・児童委員とその活動をアウトリーチ戦略の先端的機関として位置づける

より具体的にいえば、そのことはとりもなおさず、民生委員・児童委員をアウトリーチ戦略の先端的機関として位置づけるということである。戦後の社会福祉供給体制は通告や職権による保護の開始などを例外として申請主義を前提にしてきたが、これからの社会福祉にはその利用を積極的に促進していく姿勢とそのための体制、すなわち利用促進体制の整備——アウトリーチ戦略が必要であり、民生委員・児童委員にはその先端的機関としての役割と活動をになうことが求められている。

四　社会福祉の供給過程と利用過程を媒介する民生委員・児童委員

そのような民生委員・児童委員活動の内容として期待されることは、地域に活動の場をもち、地域住民の一人として活動する機関として、社会福祉の供給の過程とその利用の過程との接点において両者を媒介すること、換言すれば社会福祉の機関・施設と地域住民とのあいだを媒介し、調整することである。すなわち、民生委員・児童委員は、アウトリーチ戦略を推進する供給体制の先端機関であり、同時に社会福祉の利用者としての地域住民を代弁し、その福祉ニーズの充足を促進し、供給体制のあり方を評価する媒介＝調整＝代弁の機関として位置づけられなければならない。

第2節　社会福祉供給体制の整備

一　社会福祉の転型

戦後日本の社会福祉は国（中央政府）の役割を重視した中央集権的な供給体制をもっていたが、一九八五年以降の福祉改革のなかで地方分権化がはかられ都道府県の権限が強化され、さらに市町村にたいする権限委譲の必要性が強調されるようになってきている。

また、福祉六法成立段階までのわが国の社会福祉は施設入所を中心とする施設福祉型社会福祉であったが、七〇年代以降、急速に在宅福祉サービスを中心とする地域福祉型社会福祉に移行し、こんにちでは①ホームヘルプ、②デイ・サービス、③ショート・ステイが地域福祉の三本柱として位置づけられるにいたっている。

二　福祉サービスの多様化・細分化・多元化

施設入所が中心であった時期の福祉サービスは社会福祉の利用者を施設に入所させればそれで完結するという単純な形態と内容をもつものであり、福祉サービスを供給する側もそれを利用する側も福祉サービスと福祉ニーズの結合（マッチング）の過程に殊更に配慮する必要はなかった。たとえば、身寄りのない老人は老人ホームへの、親のいない子どもは養護施設への、障害者は障害者施設への入所が実現すれば、それで社会福祉援助の手続き過程は完結したものとみなされる傾向にあった。しかし、こんにちの福祉サービスには、形態的には施設入所にくわえて通所サービス、宅配サービスがあり、内容的にはデイ・サービスにみられるような多種多様なサービスが提供されている。

このような福祉サービスの多様性は同時にその細分化をともなっていた。施設入所サービスは、全生活的、包括的な生活サービスであり、施設は生活サービスの創出の場であり、同時にその配分＝提供と利用の場であった。利用者にはそのような施設への入所（収容）と引換えに、生活の全体が保障されることになった。これにたいして、通所や宅配によるサービスは、利用者の生活の全体にではなく、その一部分ないし一定の側面に対応するものとなっている。そして、そのような状況のもとでは、個々の地域住民の福祉ニーズを充足するために、細分化されたサービスのうちどれを選択し、どれとどれを組み合わせて供給するかということが重要な意味をもつことになってくる。

さらに、従来の福祉サービスはそのほとんどが国や地方公共団体もしくは社会福祉法人によって創出、配分＝提供されていたが、こんにちでは福祉公社その他のいわゆる第三セクター、生活協同組合や農業協同組合などの非営利的民間団体も福祉サービスを供給している。さらに、いわゆるシルバー・サービスやチャイルド・ビジネスによる生活サービス商品が私的市場メカニズムを通じて供給されている。そして、そのような福祉サービスは、それぞれにその利用あるいは消費の手続きや方法が異なっており、その分、利用者の側の選択や判断が必要とされる。

三　福祉ニーズと福祉サービスとの選択不適合

このような福祉サービスの多様化・細分化・多元化はいずれも福祉サービスの創出から配分＝提供、利用にいたる過程を複雑なものとし、結果的に福祉ニーズと福祉サービスとの間に選択不適合のうまれる傾向をうみだしている。選択不適合は、より具体的にはつぎのような結果をもたらすことになる。第一には、福祉ニーズと福祉サービスとの結合、すなわち福祉サービスの利用がはかられる場合に、相互に適合的なかたちでの満足のいく利用がはかられにくいということである。第二には、それに見合う福祉サービスがありながら福祉ニーズの充足がはかられず、また逆にそれを求める福祉ニーズがありながら福祉サービスが十分に利用されないという事態がうみだされてくるということである。

このような福祉ニーズと福祉サービスとの選択不適合がうまれてくるのは、すでにみてきたように、一つには福祉サービスの多様化、細分化、多元化の結果である。しかし、同時にそれは福祉ニーズの側の多様化、複雑化、高度化の結果でもある。近年特徴的にみられるように、福祉ニーズはとみにその種類が増加し、多面化あるいは多問題化しながら、より高度の対応を必要とするようになってきている。そのことが、福祉ニーズと福祉サービスとの選択不適合をうみだす一因となっているのである。

さらに、重要なことは福祉サービス供給体制のあり方である。現在の供給体制は、基本的には、社会福祉が施設入所サービスであった時代の機構と考え方を前提とするものであり、こんにちにおける福祉ニーズの多様化・複雑化・高度化、福祉サービスの多様化、細分化、多元化に対応しうるものになっていない。従来、供給体制は、社会福祉の利用の過程が申請と行政措置によって始まるという前提に立ち、利用する側にたいする配慮が不十分であった。いうなれば、社会福祉の供給体制についての議論はあっても、利用体制についての議論は存在しなかったのである。

四　申請主義を克服するアウトリーチ戦略（利用促進戦略）

伝統的な社会福祉供給体制は、利用者の申請と供給主体による措置という行政行為を基軸にして成り立っている。社会福祉の利用が利用者の申請によって始まるべきだという考え方は、利用の具体化が措置権の行使を前提にするという法解釈の制約を強く受けるとはいえ、戦前の職権主義を前提にする供給体制の限界を克服しようとするものであった。すなわち、戦前には社会福祉の利用はすべて職権によって行われていた。これにたいして、戦後においては申請主義を前提とし、それを通告や緊急時の職権による保護によって補うというかたちで、国民の社会福祉サービスにたいする接近をより容易にするという方向へ供給体制の改善がはかられたのである。

けれども、申請主義には限界があった。第一に、申請主義は社会福祉の利用者の側にいくつかの前提条件が充足されるところで成立するという限界をもっている。その前提とは、①利用者が自己の福祉ニーズについて自覚的であること、②利用者が福祉サービスを利用することによって自己の福祉ニーズを充足しようとする動機づけをもっていること、そして③利用者が自己の必要とする福祉サービスの所在、窓口、手続きなどについて一定の知識と判断能力をもっていること、そして④実際に申請手続きを進めるに必要な移動の能力や判断能力をもっていること、である。利用者が、これらの前提条件を充足しているかどうかは、供給機関の側では問題になりにくい。申請がなければ、福祉ニーズは存在しないとみなされる傾向にある。そして、このような考え方の延長線上に、申請主義の第二の限界である「待ちの姿勢」が築かれることになる。

こんにちの社会福祉の供給体制にとっての重要な課題は、このような「待ちの姿勢」を克服し、自己の福祉ニーズを自覚していない（あるいは、その能力を期待しえない）地域住民、福祉サービスを利用しようとする動機づけをもたない（あるいは、もちえない）地域住民、そして自覚や動機づけはあっても適切な福祉サービスについての情報や手続きを進めうる能力を欠いた地域住民たちにいかにして福祉サービスの利用を拡大させていくかということである。すなわち、ここで必要になるのが最近とみに強調されるアウトリーチ戦略（利用促進戦略）である。従来の供給体制は供給機関を中心とするものになりがちであった。そこに、いかにして利用者側の論理を組み込み、福祉ニーズと福祉サービスの新しい展開に適合した供給＝利用体制をつくりあげていくかがこれからの重要な課題となる。

五　新しい供給＝利用体制の構築と民生委員・児童委員

このような状況のなかで期待されている新しい供給＝利用体制確立の鍵は、多様・複雑・高度な福祉ニーズと多様で細分化され多元化された福祉サービス、換言すれば福祉サービスの潜在的・顕在的な利用者である地域住民と福祉サービス供給機関との選択的かつ適合的な結合（マッチング）を媒介する機関を設置することであると考えられる。

こうした媒介機関の設置は、すでにさまざまの機会にそのあり方が構想され、あるいは具体的に提案されているが、懸念されることはそのような媒介機関が福祉サービスの供給機関の一部分として、あるいは供給機関に近接した部位に設置されるものとして構想されているという事実である。そこでは相変らず自発的な地域住民の申請が前提になっている。しかしながら、それでは、問題の解決もなかばにとどまらざるをえない。こんにち求められていることは、福祉サービスについての情報に欠ける地域住民、客観的には福祉サービスの利用が必要かつ可能でありながらそのことを自覚していない地域住民、さらには福祉サービスの利用にたいする動機づけに欠ける、あるいはそれに乏しい（社会福祉サービスを利用することを拒否し、または躊躇する）地域住民などにはたらきかけ、福祉サービスの利用を促進することである。現在構想されている媒介機関は、アウトリーチ戦略（利用促進戦略）の推進にとって必ずしも十分なものにはなっていない。

ここで、新しい社会福祉の供給＝利用体制のなかで民生委員・児童委員のとるべき役割が重要な意味をもってくる。歴史的にみると、民生委員・児童委員はまず社会福祉行政の補助機関として発足し、やがて協力機関として位置づけられることにより、こんにちに及んでいる。その限りでいえば、民生委員・児童委員はこれまで行政を含む社会福祉の供給機関に限りなく近接する存在として位置づけられてきたといってよい。しかしながら、これまでみてきたような福祉ニーズと福祉サービスの新しい展開、申請主義からアウトリーチ戦略（利用促進戦略）へという供給原理の転換を前提にすれば、民生委員・児童委員はむしろ地域住民に近い場所に位置して、地域住民の社会福祉サービスの利用過程を援助し、促進するような活動が期待される存在になってきている。それは、供給体制の一環としての専門媒介機関にたいして、民生委員・児童委員をいわば初期媒介機関として位置づけようとするものといってよい。以下、そのようなものとしての民生委員・児童委員活動のあり方について検討する。

第3節　初期媒介機関としての民生委員・児童委員

一　供給＝利用体制の類型化

社会福祉をめぐる新しい状況のもとで民生委員・児童委員のとるべき役割について議論を深めるためには、まず戦後福祉改革以来の社会福祉の供給体制とそこにおける民生委員・児童委員の役割がどのようなものであったか、またそこにいかなる難点が包摂されていたかを明らかにしておくことが必要である。そして、その作業を前提に、新しい社会福祉供給＝利用体制とそこにおける民生委員・児童委員の位置と役割とが構想されることになる。

二　供給＝利用体制の諸類型

戦後福祉改革以来のあり方や近年の提案を前提とし、さらにわれわれの構想を加味していえば、地域住民の社会福祉サービスにたいするアクセシビリティ（利用可能性）を軸にしてみるとき社会福祉の供給＝利用体制は類型Ⅰから Ⅳまでの四通りに類型化することができる（類型図参照）。

類型Ⅰは個別対応型であり、福祉サービスは福祉事務所、児童相談所、あるいは市町村の窓口を通じて、個々の申請者（地域住民）にたいして個別的に供給される。

類型Ⅱは窓口集中型であり、個別対応型の弊害――選択的不適合やそれにともなう窓口のたらいまわし――を避けるために、いくつかの相談・措置機関を一箇所に集中させる方式である。

類型Ⅲは、供給体制の一部もしくはそれに近接した部位に専門的媒介機関を組み込む方式である。すなわち、類型Ⅱに媒介調整機能を付加した方式である。これによって選択的不適合の回避はある程度期待しうる。しかし、それでも申請主義の限界は完全には克服され難い。

類型Ⅳは、申請主義の限界を克服するために二段階の媒介機関を設定したものである。民生委員・児童委員は、この類型のなかで初期段階における媒介を担当することになる。

第4節　各類型の特質

各類型について、その特質を比較検討する。

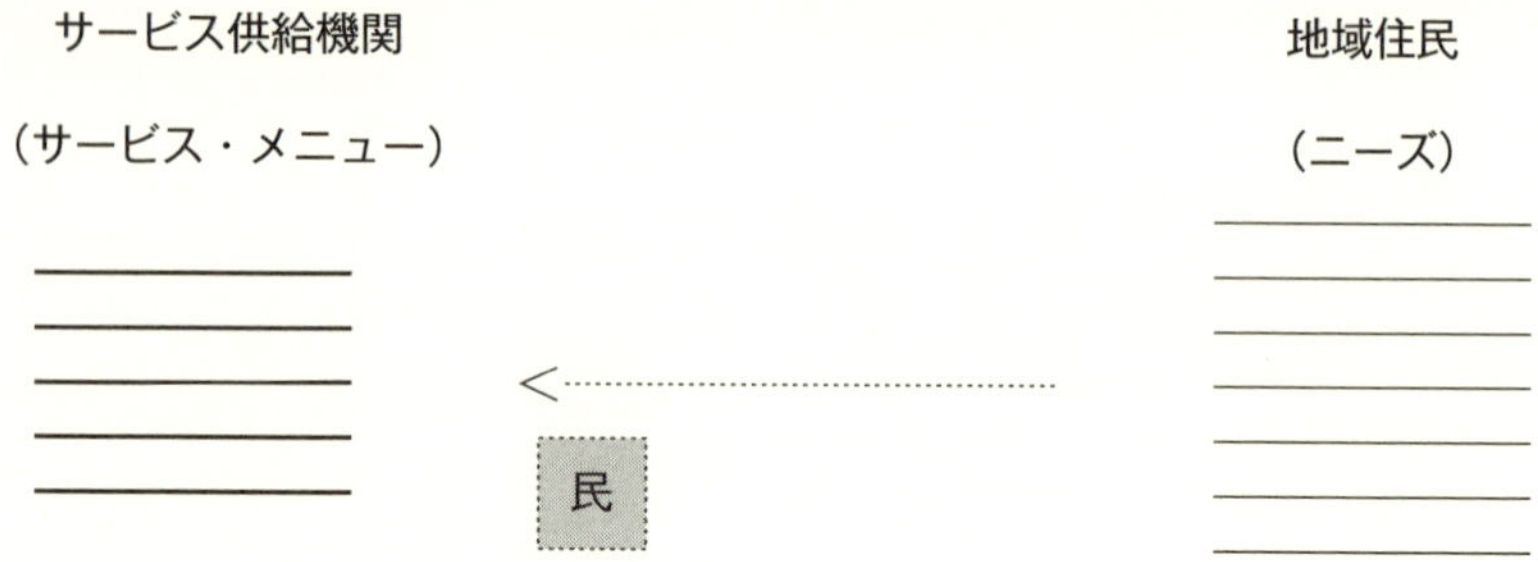

（注）民＝民生委員・児童委員

図７　類型Ⅰ／個別対応型 ――― **福祉事務所・児童相談所・市町村**

古川孝順　作成

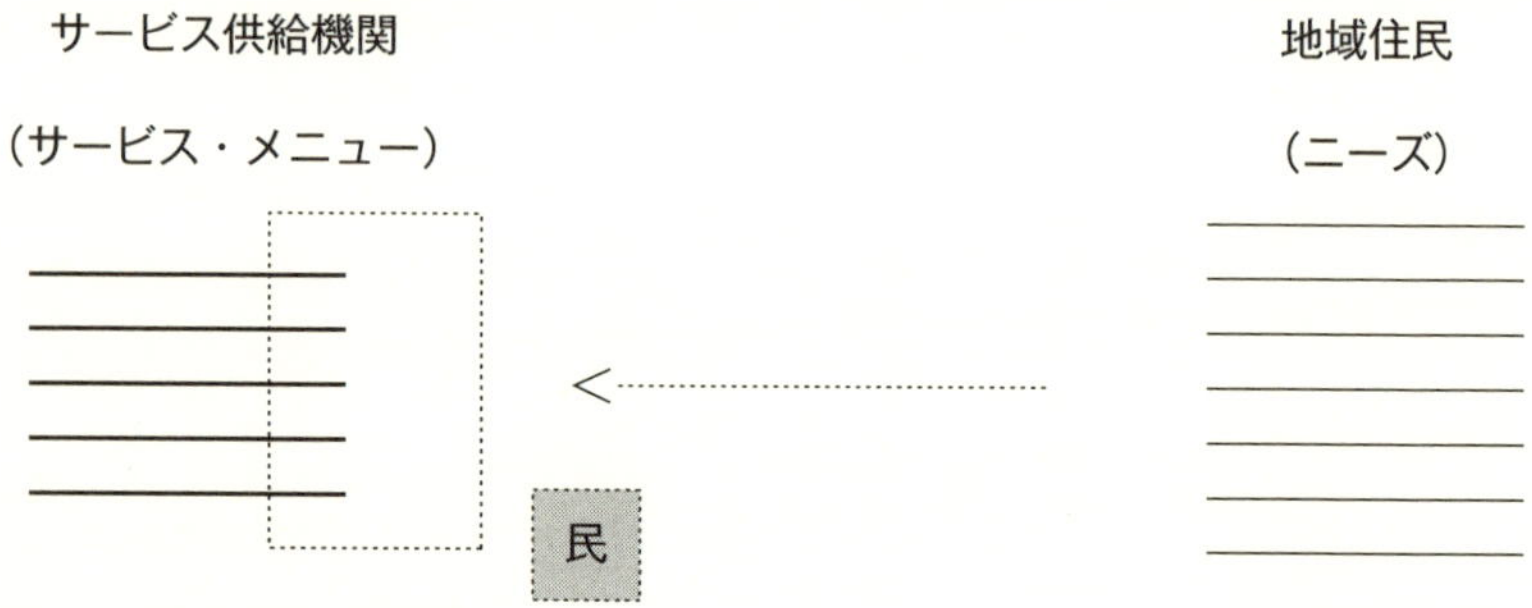

図８　類型Ⅱ／窓口集中型 ――― **福祉センター**

古川孝順　作成

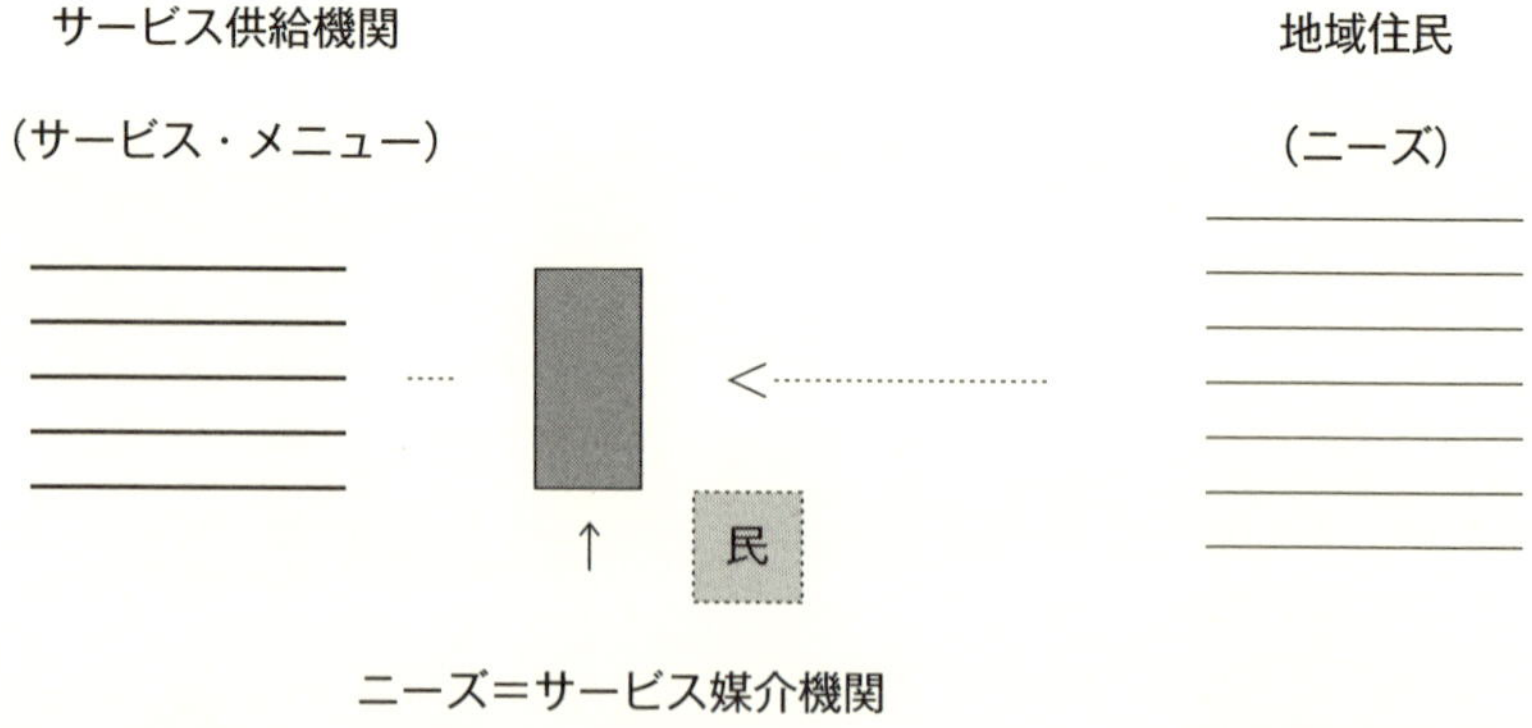

図９　類型Ⅲ／ニーズ＝サービス媒介型 ――― **福祉利用サービス支援センター**

古川孝順　作成

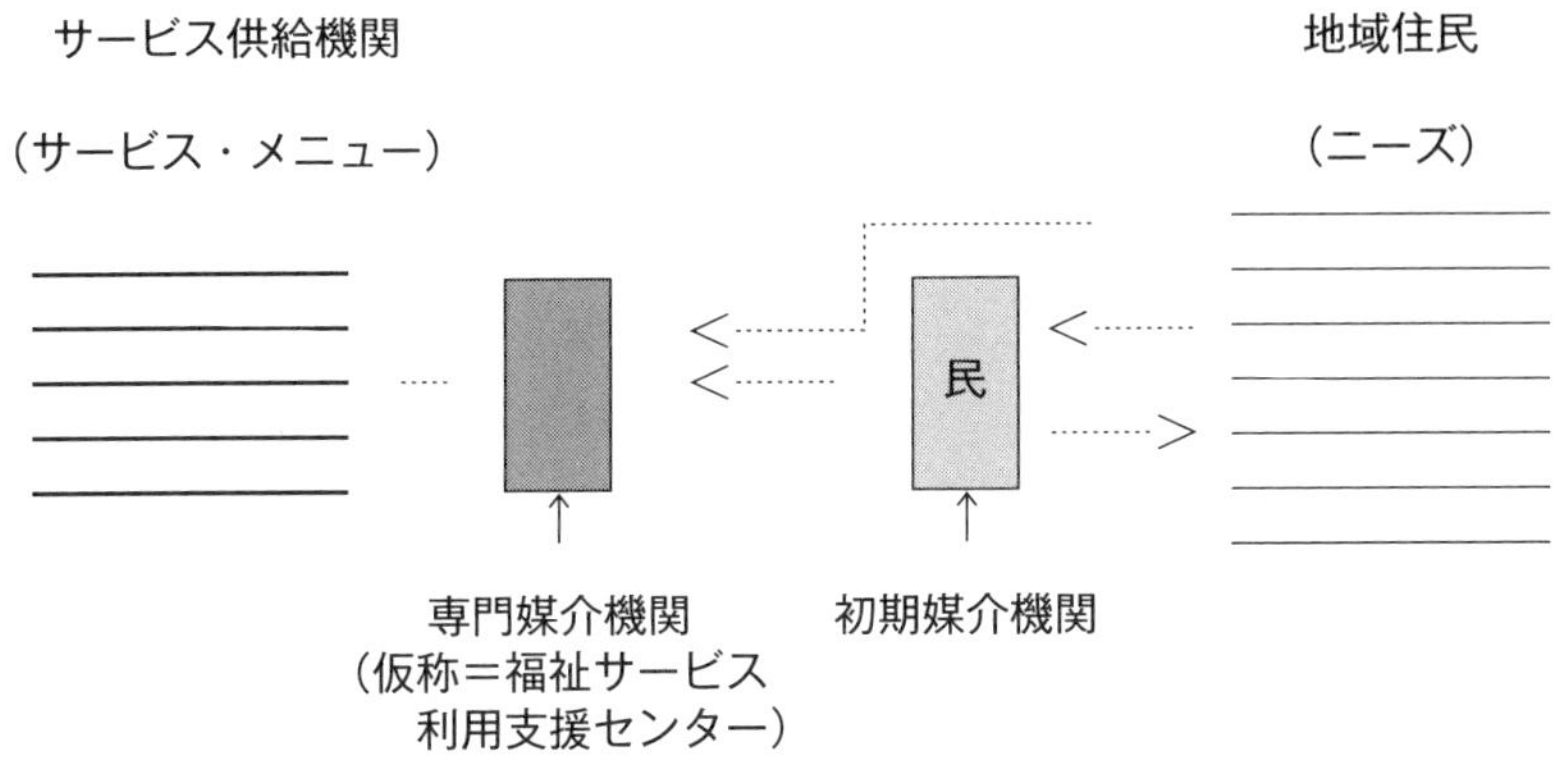

図10　類型Ⅳ／二段階媒介型　　古川孝順　作成

一　類型Ⅰ／個別対応型

戦後福祉改革以来の伝統的な供給＝利用体制。

申請主義を前提とするため、通告や職権による場合を例外として、地域住民がみずから供給機関にアクセスしてきた時点において供給＝利用過程が始動する。

福祉サービスの利用は、福祉サービスについての情報をもち、意識的、自発的にそれを求めようとする姿勢をもつ地域住民に限定される傾向がみられる。すなわち、福祉ニーズと福祉サービスの適切な結合は地域住民の福祉サービスおよび自己の福祉ニーズについての認識能力の水準、そして場合によっては偶然性によって規定される。

多様な福祉サービスのなかからもっとも自己の福祉ニーズに適合した福祉サービスを選びだす責任はもっぱら地域住民に課せられる。

自己の福祉ニーズについての十分な理解と福祉サービスについての十分な情報をもちえない地域住民はえてして複数の窓口を遍歴する結果になる。

民生委員・児童委員には協力機関としての性格、つまり供給体制の末端にある機関としての意識と活動内容が強くみうけられる。

福祉サービスの利用者は少なく、地域住民の福祉ニーズの充足度や福祉サービスの費用効果は低くならざるをえない。

二　類型Ⅱ／窓口集中型

申請主義を前提にする限り、状況は類型Ⅰの場合とそれほど変わりがない。

福祉ニーズによりよく適合した福祉サービスを選択する責任はここでも基本的には地域住民の側にあるが、窓口が比較的接近しているため、遍歴に要する労力は少なくなる。

地域住民の福祉ニーズの充足度と福祉サービスの費用効果はいくぶん高くなる。

ここでも、民生委員・児童委員には協力機関としての性格、つまり供給体制の末端機関としての意識と活動内容が強くみうけられる。

三　類型Ⅲ／ニーズ＝サービス媒介型

原則として自発的に窓口に接近した地域住民について、福祉ニーズの自覚化・明確化を促し、その解決に資する福祉サービスを選択し、提供することができる。

結果的に、福祉ニーズに適合した福祉サービスをみずからの責任において選びだすという地域住民の負担はいくぶん緩和され、窓口遍歴の労力もそれだけ少なくてすむようになる。

その分、地域住民の福祉ニーズの充足度や福祉サービスの費用効果は高くなるが、申請主義を前提にする限り、客観的にはそれが必要でありながら福祉サービスを利用しえない、あるいは利用しようとしない地域住民を取り残すことになる。

ここでもなお、民生委員・児童委員には協力機関としての性格、つまり供給体制の末端機関としての意識と活動内容が期待されている。

四　類型Ⅳ／二段階媒介型

申請主義にアウトリーチ戦略（利用促進戦略）を加味した供給＝利用体制。

アウトリーチ戦略（利用促進戦略）の意図は、①潜在化している福祉ニーズにたいする住民の自覚を促し、②福祉サービスの利用を動機づけ、③福祉サービスの申請行動を助長し、④利用（経過）過程および⑤予後をみまもり、総じて福祉サービスの利用を積極的に促進することにある。

このようなアウトリーチ戦略（利用促進戦略）は、類型Ⅰ、Ⅱ、Ⅲにおいても採用可能であるが、しかしそれらはいずれも基本的には住民の自発的な福祉サービス利用申請を前提にする体制であり、その本格的な展開は困難である。

このため、類型Ⅳでは、類型Ⅲのニーズ＝サービス媒介機関に、さらにアウトリーチ戦略（利用促進戦略）のより積極的な担い手としての初期媒介機関を加え、二段階媒介体制を導入する。

初期媒介機関は民生委員・児童委員をもって当て、①住民の潜在的な福祉ニーズを掘り起こし、②住民がその必要とする福祉サービスを選択する過程を側面から援助し、③福祉サービス供給機関と連携しながら住民の福祉サービス利用過程をみまもるとともに、④さらに予後について事後指導・調査を担当することを課題とする。

より具体的には、初期媒介機関の課題は、地域住民の福祉ニーズを掘り起こすこと、福祉ニーズを再構成して、その解決ないし緩和にもっとも効果的と考えられる福祉サービスの供給窓口（個別的な窓口あるいは専門媒介機関）を紹介すること、電話連絡、面会予約の取りつけ、同道、経過の確認など側面的な援助の方法を通じて、福祉サービス利用の拡大、具体化、効果の増進をはかることにある。

これにたいして、専門媒介機関に期待される機能は、福祉サービスの利用を申請した住民について、多様な福祉サービスのなかからその住民の福祉ニーズを充足するに必要な福祉サービスをより個別的、専門的に選択し、再構成し、利用の段取りをつけ、申請から福祉ニーズの充足にいたる全過程に介入し、援助することである。

すなわち、第一段階の初期媒介機関の課題は、地域住民の福祉ニーズについて自覚することから申請、福祉サービス利用の開始にいたる過程、および福祉サービス利用後の予後の過程に関して地域住民の福祉サービス利用の促進と利用の過程を側面的に援助することであり、第二段階の専門媒介機関に期待される機能は利用に供されるべき専門的その他の福祉サービスの選択、提供の段取り、そして具体的提供の過程に関与し、住民の福祉ニーズ充足をより直接的に援助することにある。

このように、初期媒介と専門媒介は、その機能を異にする。したがって、第一段階の初期媒介機関としての民生委員・児童委員が第二段階の専門媒介機関に関与し、直接専門媒介機関に福祉サービスの利用を申請した地域住民にたいして専門媒介にいたるまでの事前の援助を提供するということも、十分に考えられることである。

このような二段階の福祉ニーズ＝サービス媒介の過程を含む供給＝利用体制が確立されれば、地域住民の福祉ニーズの充足度と福祉サービスの費用効果は飛躍的に増大することになろう。

しかし、この体制、とくに民生委員・児童委員による初期媒介機能が適切に機能しうるかどうかは、民生委員・児童委員の資質もさることながら、専門媒介機関が民生委員・児童委員を初期媒介機関として活用しうる力量をもちうるか否かにかかっている。

さらに、重要なことは、地域住民が民生委員・児童委員を初期媒介機関として認識し、活用するかどうかである。この側面では、民生委員・児童委員のたんなる氏名、住所、電話の紹介などを越えた、地域住民にたいする初期媒介機能についての広報・教育活動が展開される必要がある。

第5節　民生委員・児童委員活動のモデル

一　モデルの設定

すでに、これまでの検討によって、新しい社会福祉供給＝利用体制のもとで民生委員・児童委員に期待される活動のあり方はほぼ明らかにされたものと考えるが、最後にいま一度整理しておきたい。

従来展開されてきた議論、およびこれまでの議論を前提にしながら民生委員・児童委員活動のあり方を分類してみると、われわれはそれについて①供給補助モデル、②潤滑油モデル、③供給啓発モデル、そして④媒介モデルの四通りのモデルを設定することができる。

二　供給補助モデル

供給補助モデルでは、民生委員・児童委員に供給体制の末端を担う者として、供給の意図や目的、方針を住民に理解させ、あるいは自らサービスの供給過程を担うことが期待される。伝統的な行政協力機関としての民生委員・児童委員活動の考え方や新しいところでは在宅福祉サービスにおける宅配過程担当者（たとえば給食サービスにおける配食担当者）を民生委員・児童委員に期待する考え方もこれに属する。

三　潤滑油モデル

潤滑油モデルでは、民生委員・児童委員に社会福祉供給主体と地域住民との中間に位置して、潤滑油的な役割を果たすことが期待される。潤滑油といういい方はいかにも耳に入りやすい表現になっているが、しかしそのように命名される活動が具体的、実際的にいかなるものであるかはいまひとつ明確にされていない。また、潤滑油は、その役割の重要性はいうまでもないとしても、その存在じたいはあくまで副次的なものであろう。潤滑油的という表現に、民生委員・児童委員にたいする主体的、かつ能動的な役割への期待を読み取ることは難しい。

四　供給啓発モデル

供給啓発モデルでは、民生委員・児童委員に地域住民の立場から、地域住民の福祉ニーズの充足を求めて社会福祉供給体制に福祉サービスの拡充や新設を積極的に働きかけることが期待されている。このモデルは比較的新しい考え方として一部で強調されている。たしかに、地域福祉型の社会福祉を充実させていくには、こうした民生委員・児童委員活動のあり方も必要になってくる。けれども、それは民生委員・児童委員活動の一側面であって、供給啓発モデルから民生委員・児童委員活動の全体を構想することにはいささか無理があるだけでなく、ときとして政治主義的な民生委員・児童委員活動に陥る可能性がないわけではない。

五　媒介モデル

さて、われわれが二段階媒介機能を基盤とする社会福祉供給＝利用体制に適合するものとして期待するモデルは、④の媒介モデルである。このモデルは、潤滑油モデルに比較して、民生委員・児童委員のより主体的、能動的な社会福祉供給＝利用体制への介入（媒介的介入）を強調している。媒介モデルの前提となっている民生委員・児童委員の活動は、②の潤滑油モデルとは異なり、従来の民生委員・児童委員活動についての議論には想定されていない活動のタイプであるが、民生委員・児童委員の活動報告、事例報告、民生委員・児童委員にたいするヒアリングからえられたデータを基礎にして構成されたものである。以下、媒介モデルについてさらに若干の敷衍を試みておきたい。

第6節　媒介機能の内容規定

一　媒介機能のアウトライン

媒介機能は、とりあえず(a)福祉ニーズ（地域住民）と福祉サービス（福祉サービス供給機関・施設）との媒介、(b)関連領域・関連機関相互間の媒介、(c)地域住民相互間を媒介して社会的支援ネットワークを構築し、運用することの三通りに整理することができる。

二　福祉ニーズと福祉サービスとの媒介

このうちもっとも重要な機能は、福祉ニーズと福祉サービスとの媒介機能であるが、その内容はさらに以下のように整理することができる。

① 潜在化している福祉ニーズを掘り起こし、地域住民にそれを自覚させること。
② 地域住民に福祉ニーズ充足に必要な福祉サービスについて情報を提供すること。
③ 福祉サービスの利用にむけて地域住民を動機づけること。
④ 福祉サービスの利用申請を側面から援助（代行を含め）すること。
⑤ 地域住民の福祉サービス利用の過程をみまもり、利用の効果を助長すること。
⑥ 地域住民の福祉サービス利用後の経過をみまもり、必要な援助を行うこと。
⑦ 以上の過程を通じて、地域住民の側から福祉サービスの利用効果（福祉ニーズ充足の直接的効果と費用効果）を評価し、福祉サービス供給機関に改善その他の意見を述べること。

三　供給機関・施設間の媒介

第二の機能は、地域住民にたいして福祉サービスだけでなく、医療、保健、教育、住宅その他の関連する領域の社会サービスが複合的、競合的に供給されるような場合には、利用者の立場から社会サービスないし社会サービス供給機関・施設相互間の媒介を試み、あるいは専門媒介機関による調整を求めることである。

四　社会的支援ネットワークの構築

第三の機能は、独居老人、障害者などの自立的生活を支援するために近隣住民、親類縁者、保健婦その他の地域活動専門職などを相互に媒介し、地域のなかに社会的支援ネットワークを構築し、それを効果的に運用することである。

五　民生委員・児童委員活動の一般的規定

これらの民生委員・児童委員に期待される機能をより一般的に規定するとすれば、それらの機能は、地域住民（福祉サービス利用者）の側に立って、地域住民による福祉サービスの選択と利用の過程を媒介し、側面から援助するとともに、そのような経験をもとに福祉サービスの供給機関に福祉サービスの改善や新しい福祉サービスの創出を働きかけ、もって地域住民および地域社会の福祉の増進に寄与することにあるといえよう。

第7節　専門媒介機関

一　既存の専門媒介機関

既存の専門媒介機関の一つに「高齢者サービス総合調整推進事業」の一環として市町村に設置される「高齢者サービス調整チーム」がある。また、「高齢者在宅サービスセンター」にサービスコーディネーターを設置し、「ケース会議」によってサービス供給の調整を実施するという構想もわれわれのいう専門媒介機関に該当するといってよい。しかしながら、これらの構想には、第一に既存の相談・措置機関（福祉事務所、児童相談所、保健所など）による相談機能との関係や利用の申請手続き、措置などにかかわる権限の配分関係など不透明な部分が多くみられ、第二に議論の範囲が老人福祉の領域に限定されている、などわれわれの構想からみればいくつかの限界がみられる。

二　総合的媒介機能

専門媒介機関には、第一に老人福祉に限らず、児童福祉、母子・寡婦福祉、障害者福祉、低所得者福祉およびこれらの領域にかかわる医療・保健、雇用、教育、住宅サービスなどにかかわって媒介を行い、第二に地域の老人ホームや児童福祉施設などの実施する相談活動を調整・指導するなどの機能をもたせることが望ましい。専門媒介機関は市町村を設置主体とするが、配置の基準としては少なくとも中学校区に一ヵ所程度が望ましいと考えられる。同一市町村に複数の専門媒介機関が設置される場合には、その一つを中央機関とし、他の専門媒介機関にたいする総括および指導の機能をもたせることが望ましい。

第8節　民生委員・児童委員の制度的位置づけ

一　民生委員・児童委員の位置づけ

民生委員・児童委員はその一人ひとりが初期媒介機関として機能するが、同時に専門媒介機関の「ケース会議」の重要なメンバーの一人として、あるいは専門媒介機関の管理のもとで初期媒介機能をになうスタッフとして位置づけられるべきである。

二　再検討の課題

民生委員・児童委員に以上のような機能を分担させるためには、現行の社会的位置づけについての再検討が必要である。再検討は、つぎのような方向で実施されることが望ましい。

① 名誉職的規定を改め、地域福祉における実質的事業担当者としての位置づけを明確にする。
② 従来の福祉行政にたいする協力機関という漠然とした位置づけのあり方、換言すれば社会福祉供給体制の末端機関としての位置づけのあり方について再検討し、地域社会のなかで独自の立場から社会福祉供給機関と地域住民を媒介する独立機関としての性格、位置づけを明確化する。
③ 報酬については職務の実態に見合う定額支給とし、交通費・電話料金などの所要経費については実費償還とする。
④ 身分については市町村長任命とし、推薦については当該地区を担当する専門媒介機関の意見を徴することとする。
⑤ 以上の課題に関連して、民生委員法および関連法制について必要な再検討を加える。

第11章

批判的社会福祉の方法

初出：1993年
「東洋大学社会学部紀要」30−1（通巻第40集）

はじめに

近年、比較的専門的な書籍を取り扱う書肆の書棚に社会福祉に関する出版物の点数が再び増加してきているように思われる。かつて、一九六〇年代後半から七〇年代はじめにかけて、社会福祉関係図書の刊行が相次いだことがあった。このときのブームは、オイルショック以後、バラマキ福祉批判、福祉見直し時代の到来とともに退潮し、社会福祉関係図書の書棚も姿を消してしまった。この四、五年における社会福祉関係図書の増加ぶりには、その再来を思わせるものがある。

このような社会福祉関係図書の刊行点数の増加は、多分に、社会福祉の多様な領域のなかでも、在宅福祉サービスや介護福祉など、七〇年代にはまだ萌芽的にしか存在していなかった領域の著しい拡大によるものと考えられる。また、それは、社会福祉士及び介護福祉士制度の成立の影響によるものでもあろう。そのことは、関係図書のなかに社会福祉士・介護福祉士養成施設むけのテキストを標榜する講座が多数刊行されていることからも、窺い知ることができる。

もとより、こうした社会福祉関係図書の刊行は、それはそれとして喜ばしいことである。しかし、残念なことに、こうした刊行図書の増加は必ずしも社会福祉に関する研究の発展を意味するものとはいえない。社会福祉の諸施策・諸制度の、あるいは処遇の過程や方法についての、細部にわたる研究が進展し、その成果を示すような専門書も増加しつつあり、これまでにない社会福祉研究の広がりと蓄積を物語っている。しかしながら、社会福祉の理論研究についてはどうであろうか。なかでも、かつての社会福祉研究を特徴づけていた社会福祉の全体像を解明の課題とするような研究領域についてはどうであろうか。近年における社会福祉研究は、どちらかといえば社会福祉の全体像についての研究ではなく、細目についての研究にその関心を移行させてきているように思われる。こうした研究関心の動向は、そのことじたいとしては社会福祉研究の深化を意味するものであり、歓迎されるべきことであろう。だが、社会福祉の全体像を視野にいれるような研究、あるいはそうした視角を基本にするような研究方法の退潮は決して歓迎されるべきことではない。

近年における社会福祉の理論研究は、その個別具体的研究分野における百花繚乱的状況の進展とは裏腹に、むしろある種の閉塞状況、あるいは袋小路的な状況に陥っている。そういって決して過言ではないように思われる。そうした理論状況がうみだされてきた理由の一つは、明らかに、近年における研究の関心が社会福祉の理論研究よりも専ら現実における福祉改革の潮流に対応し、それを方向づけあるいはこれを批判しようとする研究にむけられてきたことに求められる。しかし、そのこと以上に重要なことは、社会福祉研究に閉塞的な状況が、主要には、こんにちの福祉改革を推進し、これを具体化し、発展させていくための理論的な営為のなかで形成されてきた理論体系に内在する限界によって、そして同時にそのような理論を批判し、これと厳しく対峙してきた理論体系のなかに内在する限界によって、もたらされていることである。

ここ数年、われわれは、このような理論状況についての認識を前提に、われわれのいう閉塞状況、あるいは袋小路的膠着状況に一穴を穿つべく、社会福祉研究の新たな視座と方法を追求してきた。『児童福祉改革』[1]、『社会福祉供給システムのパラダイム転換』[2]（拙編）の序章「社会福祉供給システムのパラダイム転換」および第1章「福祉改革：その歴史的位置と性格」、また『社会福祉論』[3]（庄司洋子、定藤丈弘との共著）の分担各章はそのような試みの一部である。ここでのねらいは、これらの論稿のなかで模索してきた、われわれのいわゆる新たな視座と方法についての議論をさらに深め、こんにちの理論状況におけるその位置と性格を明らかにすることにある。

第1節　戦後社会福祉研究の系譜

まず、戦後日本における社会福祉研究の系譜を整理するところからはじめることにしよう。われわれの研究の視座と方法、その位置および性格についての議論を深めるためには、最初に戦後社会福祉研究史についてのわれわれ自身の認識を明らかにしておく必要があると考えられるからである。ただし、ここで戦後日本における社会福祉研究史あるいは理論史を試みようとするものではない。ここでの課題に照らしていえば、戦後社会福祉研究の系譜を鳥瞰図的に素描しておけばそれで十分であろう。

一　政策論と技術論の相剋

すでに、わが国の戦後時代も五〇年に近い。その間、多数の研究者が登場し、社会福祉の本質あるいは基本的性格、その制度体系や処遇の過程を分析し、理解するために多様な枠組を提起してきた。しかしながら、現在においても意味をもち、また影響力を維持している理論体系といえば、おのずとその数は限られてこよう。

戦後のおよそ一五年を取ってみよう。この間のわが国の社会福祉研究を代表してきた理論として、われわれは二通りの系譜を抽出することができる。第一の系譜は、社会福祉を国家、あるいは資本総体の政策として把握しようとする見解である。いま一つの系譜は、社会福祉を社会福祉援助の過程において活用される援助技術の体系として把握しようとする見解である。

第一の系譜を形成する特有の社会福祉研究の方法を提起したのは、いうまでもなく孝橋正一であった（周知のように、孝橋は一貫して社会事業というタームをもちい、社会福祉をもちいる風潮を批判している。しかし、ここでは孝橋の理論体系の分析を直接の課題とするわけでない。したがって、以下、孝橋の理論に言及する場合にも一般的なタ－ミノロジ－にしたがって社会福祉と表記する）[(4)]。孝橋は、経済学をもってその社会福祉研究の基礎科学とする。孝橋は、戦前に社会政策の研究に携わることで研究者としての経歴を踏みだし、戦後は社会福祉の研究に主要な関心を寄せ、わが国の社会科学的社会福祉研究の旗手として顕著な足跡を残すことになった。孝橋の社会福祉研究の基底に横たわるのは、社会政策研究である。孝橋は、戦前における社会事業理論の一つの頂点を構成する大河内一男の社会事業論を批判し、克服するかたちで、独自の社会福祉研究を展開した。孝橋の社会福祉理解は社会政策を基軸とするものであり、その意味では大河内と軌を一にしていた。孝橋の立場は、まず何よりも社会政策との関係において社会福祉の位置を措定し、その基本的な性格、すなわち社会福祉の本質を解明しようとするものであった。孝橋の社会福祉理解は、いわば社会福祉を社会政策という鏡に反映させ、そこに写しだされてきた鏡像を理論的に抽出、整序し、体系化したものといって過言ではないのである。孝橋の社会福祉研究の基本は、社会福祉の本質を資本主義社会の最も基本的な社会関係である資本賃労働関係——生産関係に結びつけて理解しようとしたところにみいだすことができる。以下、このような社会福祉理解の方法および直接的にこれに連繋する社会福祉理解を社会福祉の政策論的体系、すなわち「政策論」とよぶことにしよう。

戦後社会福祉研究の第二の系譜は、孝橋によって強く批判された諸理論から構成される。孝橋正一は、みずからの理論を形成する過程において、同時代の研究者たちによる社会福祉理解をほとんど網羅的に俎上に載せている。そのような社会福祉理解のなかで、最も深刻な批判に曝されたのは竹内愛二の専門社会事業論であろう。[5]竹内愛二は、戦前のアメリカにおいてソーシャル・ワークの研究に携わることから社会福祉研究者としての経歴を歩みはじめている。戦後になって、竹内は、わが国にケースワークを中心に精力的にソーシャル・ワークの紹介、実践、教育に努め、そのなかから専門社会事業論とよばれる独自の社会福祉理解の体系をうみだしてきた。竹内は、援助者と被援助者とのあいだにとりむすばれる特有の人間関係を基盤に展開される援助関係、さらにはそのような関係を醸成し、方向づけ、展開する過程において専門家としてのソーシャル・ワーカーによって活用される援助技術の体系を基軸に、社会福祉を理解しようとした。竹内の専門社会事業論はすなわち援助技術の理論であり、その基盤には心理学的・社会学的な人間関係論があった。竹内の場合には、人間関係を基盤とする援助技術にこそ社会福祉の本質があったのである。以下、このような竹内の社会福祉理解の方法および直接的にそれに連繋する議論を社会福祉の技術論的体系、すなわち「技術論」とよぶことにしよう。

一九五〇年代のわが国の社会福祉研究を特徴づけていたのは、このような政策論と技術論の分立と拮抗という構図であった。政策論と技術論との相剋は一般に社会福祉本質論争とよばれるが、両者の議論はいわば二者択一論的な議論であり、政策論の立場も技術論の立場もそのいずれもが、みずからの視角、みずからの枠組によって社会福祉の全体像を一元論的に描き尽くそうとする傾向を内在させていた。そのこともあって、一時的には、わが国の社会福祉研究は、あたかも、政策か技術か、あるいは制度か処遇か、そのいずれに社会福祉の本質を求めるべきかという問題を中心に展開するかの状況をみせた。もともと政策論と技術論との分立と拮抗という理論問題としてはじまった論争がその過程で一挙に現実の世界にまで拡張され、社会福祉の本質は政策か技術か、あるいはまた制度か処遇か、という水準にまで一般化されてしまったのである。このような風潮にたいして、木田徹郎にみられたように、一部では、政策か技術か、制度か処遇か、という二者択一論ではなく、制度体系と行動体系というかたちで、政策と技術、あるいは制度と処遇、社会福祉をその両者を抱摂するような一つの総体として二元論的に理解しようとする、その後の社会福祉研究の推移からみればきわめて興味深い議論も提起されていた[6]。しかしながら、その木田の議論も、結局は、政策論と技術論の相剋に直接的に楔を打ち込むほどの影響力はもちえなかった。

むしろ、政策論と技術論との分立と拮抗という構図のなかで第三の系譜ともいえる固有の見解を提起し、こんにちにおいてなおわが国の社会福祉研究に重要な影響力を保持しているのは、ほかならぬ岡村重夫の社会福祉理解である[7]。周知のように、岡村は、その長い研究歴を社会福祉固有の視点を確定し、そこから社会福祉の体系化をはかることに捧げてきた。岡村は、社会制度と生活者とのあいだをとりむすぶ社会関係の主体的な側面を照射するという視角こそが社会福祉固有の社会制度としてその存立を主張しうる唯一の根拠であり、同時に社会福祉学が既成の諸科学にたいしてみずからの科学としての固有性を主張しうる唯一の根拠であると主張した。岡村によれば、社会制度は本来人びとの基本的ニーズを充足するために創出されるものであるが、しかし一度それが成立したのちにはその社会制度によってすべての人びとの基本的ニーズが一様に充足されうるかといえば決してそうしたものではない。社会福祉固有の機能は、いわば社会制度がその成立の過程において捨像してきた個々の生活者の基本的ニーズのもつ個別性や多様性を回生させることにある。ここでは、このような岡村の立場を社会福祉理解における「固有論」とよぶことにしよう。

政策論の側からいえば、このような岡村重夫の社会福祉固有論は、必ずしも第三の系譜を形成するものとはみなされない。政策論の立場からみれば、固有論も技術論も同列である。いずれも、社会福祉の本質を曲解する理論だということになろう。しかしながら、この固有論は、一九六〇年代以後こんにちにいたるまでの社会福祉研究の展開のなかで、研究者の人脈としても、理論の系譜としても、先行する技術論を吸収し、さらには後出の社会福祉「経営論」とも一定の親和性をもち、重要な影響力の源泉であり続けているのである。

こんにちにいたるまで影響力を維持し続けているという意味では、政策論も同様である。それは、次節でみるように、いくぶんかその姿かたちを変えながらではあるが、大筋ではこんにちにいたるまで受け継がれてきている。その限りでいえば、五〇年代以来近年にいたるまでのわが国の社会福祉研究の系譜は、政策論と技術論とによってではなく、むしろ政策論と固有論とによってうみだされ、発展させられてきたというべきかも知れない。

二　運動論＝新政策論への展開

さて、一九六〇年代以降、わが国の社会福祉は新しい発展の段階を迎える。戦後一五年間生活保護制度を中心に発展してきたわが国の社会福祉は、この時期から徐々に福祉サービスにその比重を移行しはじめる。一九七四年以降になると、予算的にも実態的にも、わが国の社会福祉は明らかに福祉サービスを中心に展開することになる。また、戦後福祉改革期以来の社会福祉の供給システム（デリバリー・システム）にも流動化がはじまり、在宅福祉サービスや第三セクターの萌芽的な展開もこの時期にはじまっている。さらに、この時期には、革新自治体を中心に地方自治体の水準において社会福祉が政治的イシューとしての広がりと影響力をもち、社会福祉単独事業の急速な拡大がもたらされるとともに、その一部は国の施策として定着することになった。

このような社会福祉の拡大・流動化の傾向に呼応するように、社会福祉研究にも新しい展開がみられるようになった。

まず最初に登場してきたのは、「運動論」、あるいは近年のターミノロジーでいえば「新政策論」である。この立場を代表する主要な論者は、一番ヶ瀬康子、真田是、高島進などである。一番ヶ瀬、真田、高島はいずれも社会福祉を資本主義国家の政策として把握しようとする。そのかぎりでは、一番ヶ瀬、真田、高島の社会福祉理解は政策論の系譜に属する。しかし、一番ヶ瀬、真田、高島は、社会福祉の対象や政策の成立過程についての理解や援助技術の位置づけなどについて、先行する政策論とかなり異なっている。ただし、それは、三者相互の間においても異なっている。政策論と異なっていて、しかも一番ヶ瀬、真田、高島に共通しているのは、それぞれに濃淡の違いはあっても、いずれもが社会（福祉）運動を重視するところである。運動論という規定は、一番ヶ瀬、真田、高島の理論体系における社会（福祉）運動の比重の大きさに着目した命名である。社会（福祉）運動の位置づけは、一番ヶ瀬、真田、高島と政策論との最も重要な相違点の一つであり、その限りでいえば、運動論という規定は適切かつ妥当なものである。これにたいして、新政策論という命名は一番ヶ瀬、真田、高島の理論体系が社会（福祉）運動を重視するとはいえ、社会福祉を政策――資本主義国家の政策として把握しようとする体系であるという側面を強調したものであろう。その限りでは、一番ヶ瀬、真田、高島は、孝橋によって開発された政策論の直接的な後継者である。

一番ヶ瀬の特徴の一つは、社会福祉の対象を理解するにあたって生活問題という概念を導入したことに認められる。(8) 一番ヶ瀬は、社会政策の対象（労働問題）と社会福祉の対象（生活問題）とが表裏の関係にあること、その連関性を承認する。しかしながら、同時に、生活問題に労働問題とは異なる独自の論理の存在することを認め、その分だけ社会福祉対象の、したがって社会福祉政策の独自固有性を強調することになっている。真田の理論体系はその三元構造によって特徴づけられる。(9) 真田によれば、社会福祉のあり方は、対象、政策、運動という三通りの要素とそのあいだの規定関係によって規定される。これら三通りの要素のなかで最も強い規定力をもつのは政策、すなわち資本主義国家の、さらに遡及すれば資本の政策意思である。しかしながら、対象化の範囲や施策の方向・内容は運動による規定を強く受ける。真田がこのように運動の規定力を重視するのは、先行する政策論が政策決定論的な色彩の濃い体系になっていることへの意義申立てを業の時代であり、第二の段階は社会事業の時代、そして第三の段階は社会福祉の時代である。社会福祉の段階的な発展は、資本主義のもたらす貧困・生活問題と階級闘争の発展に応じてうみだされる。高島の体系では、運動の位置づけはさらに強められている。運動＝階級闘争は対象としての貧困・生活問題とならんで、社会福祉を規定する二大要因である。

さて、このように、一番ヶ瀬、真田、高島の社会福祉論の体系は、細目にわたればそれぞれに特徴をもつ固有の理論体系であるが、いずれも六〇年代後半から七〇年代にかけて大きな影響力をもつことになった。それはまず、それぞれの理論体系それ自体が従来の伝統的な政策論にはみられない新味をもっていたという事実によっている。しかしながら、それ以上に重要な要因となったもの、それは当時の社会福祉を取り巻く時代的な環境の変化、そしてそのなかからうみだされてきた社会福祉そのものの変化である。一番ヶ瀬、真田、高島の理論体系が広く受容され、影響力をもつことになる背景には、さきに指摘しておいたような、革新自治体を中心とする社会福祉の政治的イシュー化と社会福祉単独事業の拡大があった。地方自治体の水準であるとはいえ、社会福祉に関わる社会運動が現実に新しい施策をうみだし、あるいは給付水準の引き上げや内容の改善をもたらした。そして、そのような地方自治体水準における社会福祉の改善は全国水準にも波及し、児童手当の制度や老人医療の無料化を実現させるのである。

一番ヶ瀬、真田、高島の理論体系は、このような地方自治体水準における社会（福祉）運動の理論的支柱となり、同時にそのエネルギーを糧として発展し、影響力をもつことができた。逆に、理論的な枠組みのなかで運動への配慮を欠いていた従来の政策論は、こうした新しい時代の変化に適切に対処しえないまま、徐々にその影響力を喪失していかざるをえなかったのである。一番ヶ瀬、真田、高島の理論体系はまさしく時代の申し子であった。その意味では、一番ヶ瀬、真田、高島の理論体系には、新政策論ではなく、運動論という旧来の呼び名こそが相応しいのである。

時代は、いつまでも同一の状況にとどまるわけではない。高度経済成長の、そしてそのもとにおける社会福祉の高度成長の時代は終わり、社会福祉にとって苦難の時がはじまった。高度経済成長期にみられた社会福祉の顕著な水平的拡大はもはや過去のものとなり、それを支えた運動論もまたその影響力を縮減しはじめるのである。それに代わって影響力をもちはじめるのが、三浦文夫を中心とする社会福祉「経営論」である。経営論のそもそもの萌芽は七〇年代初頭に遡るが、その影響力が顕著に拡大しはじめたのは七〇年代も後半以降、なかでも八〇年代に入ってからであった。

つぎには、その社会福祉経営論の性格について、また運動論（新政策論）の限界について、八〇年代最大のトピックスであった福祉改革問題に関する議論のあり方を触媒としながら、分析を試みる。

第2節 福祉改革問題への視座

八〇年代福祉改革についてはさまざまの議論が展開された。大掴みにいえば、それはまず積極的福祉改革論と消極的福祉改革論に二分される。そして、前者はさらに外在的福祉改革論と内在的福祉改革論に区分することが可能である。外在的福祉改革論はいわゆる行革路線の福祉改革論であり、内在的福祉改革論とは社会福祉の内側からの福祉改革論である。後者の消極的福祉改革論は、これら二通りの福祉改革論に批判的、または否定的な議論である。

これらの類型に、これまで議論してきた戦後社会福祉研究の類型を重ね合わせてみると、内在的福祉改革論に該当する理論体系は経営論であり、消極的福祉改革論に該当するのは運動論（新政策論）である。もとより、経営論も運動論もその内容は論者によって微妙に異なっており、必ずしも一様ではない。したがって、内在的福祉改革論と経営論、消極的福祉改革論と運動論との対応関係は厳密なものではない。しかしながら、経営論と運動論それぞれの特質を解明するという、ここでの課題に照らしていえば、こうした取扱も許容の範囲にあるものと考えられる。

一　積極的福祉改革論

1　外在的福祉改革論

外在的福祉改革論の系譜は、福祉見直し論にはじまり行革路線に引き継がれる、行政改革論の立場からする福祉改革論である。この路線に底流する基本的シェマは、財政支出の削減による財政危機の克服、すなわち「増税なき財政再建」論である。すなわち、外在的福祉改革論は財政主導型の福祉改革論であり、必然的にそこでは、財政再建に資する限りにおいて福祉改革が論じられる。

外在的福祉改革論の社会福祉にたいする認識は極めて消極的なものであった。その第一の理由は、外在的福祉改革論が財政危機の主要、かつ直接的な原因の一つに高度成長期における社会保障費の膨張をあげ、その大幅な削減を財政再建の主要な方策として位置づけていることに由来する。第二の、そしてより基本的な理由は、外在的福祉改革論が新保守主義の世界的潮流のなかにあり、過去の自由主義的、抑制的道徳主義的な救貧政策と同様の選別主義的社会福祉観を有することにあった。

外在的福祉改革論の具体的方策は、①自助努力と民間活力の活用によって社会福祉への依存を抑制すること、②社会福祉受益者の低所得層・貧困層への限定、適正化、受益者負担の引き上げなどを通じて社会福祉費を抑制すること、③社会福祉行政の地域化、簡素＝効率化、総合化によって社会福祉費の削減に努めることである[11]。

このような外在的福祉改革論には容認しがたい議論が多かった。まず、そこに、あたかも高度経済成長期における社会保障・社会福祉費の膨張が直接的に財政危機をもたらしたかのような主張がみられることである。たしかに、わが国の社会保障・社会福祉は高度経済成長期に急成長を遂げた。けれども、社会保障・社会福祉費の増加と財政危機を直結する議論は科学的でもなければ現実的なものでもない。財政危機をもたらした主要な原因は、オイルショック以後の経済の低成長化とそれにともなう歳入の欠乏に求められるべきであったろう。わが国の社会保障・社会福祉は当時ようやく欧米先進諸国の水準にキャッチアップしえたという段階であるに過ぎず、高福祉高負担が話題になるような状況には程遠かったはずである。それにもかかわらず、外在的福祉改革論は、逸早くわが国は欧米流の高福祉高負担型社会を志向するものではないと明言した。

また、外在的福祉改革論は、先進国病なるものを引き合いに、欧米福祉国家諸国では国民のあいだに国家にたいする依存心がうまれ、そのことが経済的停滞をもたらしたと主張した。しかし、これとて確実な科学的な根拠を明示したうえでのことではない。人びとの道徳主義的性向や差別的感情に訴えて福祉国家理念からの離反を謀ろうとするイデオロギー色の強い議論であったといえよう。

このような外在的福祉改革論の抑制的、選別主義的な社会福祉観は、近代以来の歴史に逆行し、資本主義社会における社会福祉の存立意義、その発展の経緯と成果を過少に評価するものであり、容認されうるものではないであろう。

2 内在的福祉改革論（経営論）

内在的福祉改革論（経営論）は、このような特徴をもつ外在的社会福祉改革論にたいして、社会福祉を擁護し、その内側からの改革を提起した。そのような内在的福祉改革の立場は、社会福祉基本構想懇談会の『社会福祉改革の基本構想（提言）』（一九八六年、以下『基本構想』）に象徴的に要約されている。[12]

一九八六年、行革審による高額補助金削減の余波のなかで策定された『基本構想』は、まず社会福祉の将来について、①社会福祉の普遍化・一般化、②在宅福祉の推進、③福祉供給システムの再編、④新しい公共の立場にたつ社会福祉、⑤総合化の推進というそれぞれの観点から展望する。そして、そのうえで、福祉改革の基本的課題として①国と地方の役割分担、②国の役割、③地方公共団体の役割、④民間の役割の四点を指摘した。

このような提言の前提にあるのは「わが国の社会福祉は、いま重大な転機にさしかかっている」という状況認識である。『基本構想』は、「昭和二〇年代中頃につくられた社会福祉制度の基本的枠組を、三十数年を経過した今日、そのままの形で維持・存続させることが困難となり、その見直しと再編が求められている」だけでなく、「諸外国に例をみないほどの急速な高齢化が進行しており、二一世紀の本格的な高齢社会のなかで生まれる新しい福祉課題に対し適切に対応することが求められている」のだと主張する。

内在的福祉改革論（経営論）は、こうして「昭和二〇年代中頃につくられた社会福祉制度の基本的枠組」から離脱する必要性のあることを力説する。そのことは、戦後福祉改革の所産の一つである公私機能分担原則にかんする議論のあり方に端的に示されている。『基本構想』は社会福祉の基調の変化にともない、従来にいう公私分離原則それ自体を再検討することを要請し、結論的に「公私機能分担に代わる公助・互助・自助の関係について、新しい体系を確立する必要がある」と明言する。

内在的福祉改革論（経営論）の論点は、公私機能分担問題にとどまらず、多岐にわたる。しかしながら、議論の行きつくところ、あるいは逆にその出発点となるのは、社会福祉の現状が改革を必要としているという認識であり、改革の方向は戦後社会福祉の基本的枠組にとらわれることのない新しい体系の確立でなければならない、とする主張である。それゆえに、内在的福祉改革論（経営論）にたいする批判もまた、この認識と主張にかかわってくるのである。

二　消極的福祉改革論

1　行革路線と福祉改革論の相剋

消極的福祉改革論（運動論）[13]は、外在的福祉改革論の論理は財政主導の行革路線そのものであり、内なる改革を主張する内在的福祉改革論（経営論）もまた畢竟するところ外在的福祉改革論に奉仕する存在にほかならないと強く批判する。消極的福祉改革論（運動論）の核心は、この一点に帰結するといって過言ではない。

内在的福祉改革論（経営論）は、福祉改革が「財政再建に名を借りた福祉水準の切り下げ」になるのを避けるには、これを外在的に批判するだけでなく、財政当局に影響力を及ぼし、「正しい意味での社会福祉の制度改革」を実現しなければならないと主張する。『基本構想』は、前年度の緊急提言『社会福祉関係予算の編成にあたって』（一九八五年、社会福祉基本構想懇談会）は一九八六年度の「政府予算編成にもある程度反映された」と位置づけ、『基本構想』自体もこれと同様の影響力をもつことを期待している。

消極的福祉改革論（運動論）が内在的福祉改革論（経営論）を行財政改革（外在的福祉改革論）との関係において把握し、内在的福祉改革論（経営論）や福祉改革の実態をその観点から評価しようとするのも必ずしも的はずれの議論ではない。実際問題として、内在的福祉改革論（経営論）の影響を想定しうるような各種政府関係審議会の提言のなかに、消極的福祉改革論（運動論）の危惧を裏づけるような論理展開のみられることも事実である。たとえば、一九八七年一二月の厚生省福祉関係三審議会合同企画分科会の意見具申「今後のシルバーサービスの在り方について」にみられる公私責任分担論の内容がそうである。

しかも、消極的福祉改革論（運動論）が強調するように、公私責任分担論には単なる機能分担論ではなく、社会福祉そのものの存立意義や発展の根幹にかかわる課題が含まれている。消極的福祉改革論（運動論）が、戦後福祉改革の重要な成果の一つである公私分離（公的責任）原則を拠り処に、内在的福祉改革論（経営論）批判に邁進するのも決して理由のないことではないのである。

こうして、消極的福祉改革論（運動論）は戦後改革の所産としての戦後社会福祉の基本的枠組からの離脱を説く内在的福祉改革論（経営論）と真向から対決することにならざるをえない。しかし、それでは内在的福祉改革論（経営論）の説く福祉改革は、それ自体としてみた場合にも、不急不要のものとして否定されるべきものであろうか。

2　積極的展開の欠落

消極的福祉改革論（運動論）といえども福祉改革の要否に関心がないわけではない。しかし、消極的福祉改革論（運動論）にとってそれ以上に重要なことは、福祉改革を支持し、方向づけようとする内在的福祉改革論（経営論）の存在とそのあり方である。

消極的福祉改革論（運動論）の核心は、外在的福祉改革論を「自助と民活」によって戦後社会福祉の基本的枠組とその所産を否定するものとして位置づけ、それに奉仕する内在的福祉改革論（経営論）の理論的、実践的誤謬を批判することにある。そのことの結果として、消極的福祉改革論（運動論）は、戦後社会福祉の基本的枠組とその展開としての現状を擁護する、少なくともそのようにみえやすい論理構成にならざるをえない。そのために、消極的福祉改革論（運動論）は、福祉改革に「反発する余りに、旧態依然たる要素を残している現行の社会福祉制度を結果的に維持・存続させるのに手を貸すような動きもみられる」と、逆に内在的福祉改革論（経営論）の側から反批判をうけることにもなってくる。

いうまでもなく、このような内在的福祉改革論（経営論）による反批判は、消極的福祉改革論（運動論）にとって不本意ではあっても、痛痒とするにはあたらないのであろう。消極的福祉改革論（運動論）の立場からすれば、かりに社会福祉の現状に「旧態依然たる要素」がみられたとしても、その改革が社会福祉の本質を損なわせるような結果を招く恐れがあるとすれば、福祉改革は全く不急不要の提案であるに過ぎない。内在的福祉改革論（経営論）の提言は、消極的福祉改革論（運動論）によってまさにそのような議論として批判されているのである。

三　批判的福祉改革

1　福祉改革の内在的必然性

しかしながら、福祉改革は、消極的福祉改革論（＝運動論）の批判するように、全面的に不急不要の課題として退けられるべきものであろうか。外在的福祉改革論のそれを含めて、積極的福祉改革論の諸説には少なからず傾聴すべき部分も含まれている。

たとえば、なるほど社会保障・社会福祉費の拡大が財政危機の直接的かつ主要な原因になったとは到底いえない。けれども、かりに往時の高度経済成長がさらに持続したとしても、社会保障・社会福祉に関する費用負担の問題は、早晩社会問題化することにならざるをえなかったであろう。その意味では、外在的福祉改革論の問題提起は、その方向と内容を別にしていえば、これまで財政問題に関心を払うことをしなさすぎた社会保障・社会福祉関係者、なかでも社会福祉関係者と社会福祉の潜在的顕在的利用者たる国民にたいする警鐘としての意味をもっていた。

また、外在的福祉改革論の行政の分権化、脱規制化、効率化への要請などについても同様である。たしかに、行財政改革の第一義的なねらいは財政の再建におかれており、分権化も脱規制化も、そして効率化はいうまでもなく、そのための措置であった。しかしながら、いまはそのことを措いていえば、社会保障・社会福祉には、六〇年代におけるその急激な成長のなかで施策の輻輳・乱立化、管理組織の肥大化・中央集権化・官僚主義化、申請経路の錯綜など、早晩何らかの改革を必要とするような状況をうみだしてきていたのである。

内在的福祉改革論（経営論）は、このような社会福祉の状況の変化を認識の枠組のなかに積極的に取りこみ、そこから福祉改革の必要性と重要性を強調する。これにたいして消極的福祉改革論（運動論）の状況認識には、現実には改革を必要とする状況は存在していない。しかしそれにもかかわらず、外在的福祉改革論はそれがあたかも存在するかのような議論を外側からもちこみ、内在的福祉改革論（経営論）が内側からこれに迎合しているという図式的な理解が紛れ込んでいるように思われる。

しかしながら、いずれにせよ、高度成長期以降のわが国の社会福祉に戦後福祉改革の過程において形成された社会福祉の基本的な枠組に収まり切れないようなさまざまの変化が生じてきていたことは誰の目にも明らかであろう。社会福祉の普遍化傾向、地方自治体による社会福祉単独事業の拡大とそれにたいする国庫補助制度の導入、在宅福祉サービスの萌芽的拡大、サービス供給組織の多様化といった諸変化は、たしかに伝統的社会福祉の基本的な枠組の予定していなかった展開である。

福祉改革をどのように論じるにせよ、まずこの事実を認めることが前提になる。

2 批判的福祉改革論のスタンス

ただ、それにしても内在的福祉改革論（経営論）の歴史認識や社会福祉の本質理解をめぐる議論のあり方については、疑問を残さざるをえない。そのことでは消極的福祉改革論（運動論）の批判には傾聴すべき部分も多いのである。

内在的福祉改革論（経営論）は、戦後改革期に形成された社会福祉の基本的枠組からの離脱を主張する。なるほど、いうところの基本的枠組が現実の社会福祉の変化に適合しにくくなってきていることは事実である。けれども、内在的福祉改革論（経営論）の社会福祉の伝統的枠組にたいする評価のしかたはあまりにも一面的というべきであろう。内在的福祉改革論（経営論）は高度経済成長期以来の社会福祉の変化と福祉改革の必然性を強調しようとする余り、社会福祉の伝統的枠組が戦後改革期における社会福祉の近代化と民主化の所産として成立した事実の意味と意義をその立論のなかから追放してしまっている。これは、どうみても福祉改革を歴史的な課題として位置づけようとする内在的福祉改革論（経営論）のとるべき立場ではない。内在的福祉改革論（経営論）が幅広く受容されることを期待するのであれば、福祉改革論は二一世紀を展望するだけでは不十分である。それは、戦後福祉改革以来の過去の資産を充分に継承するものでなければならないはずである。

さらに、内在的福祉改革論（経営論）の一部はシルバー産業に代表される、いわゆる福祉産業をも社会福祉の一翼をなすものとして位置づけようとする。この点についても消極的福祉改革論（運動論）の批判は、基本的に妥当なものである。少なくとも、福祉産業そのものを社会福祉に包摂しようとする立論は伝統的な社会福祉理解からの大きな逸脱である。

しかしながら、さりとてここでも消極的福祉改革論（運動論）の立論を全面的に受容することは難しい。さきの公私責任分担論も福祉産業の取り扱いに関する議論もいずれも社会福祉の本質にかかわる議論である。消極的福祉改革論（運動論）は、まさにそのような社会福祉の本質に関わる問題として公私責任分担や福祉産業を論じようとする。そのことに異論はない。しかし、消極的福祉改革論（運動論）の難点は、福祉改革に関する議論のすべてを本質論の一点に収斂させて論じようとするところにある。具体的な制度やそこでの処遇のあり方について論じることに決して積極的ではない。逆に、内在的福祉改革論（経営論）は必ずしも消極的福祉改革論（運動論）の本質論がらみの議論を正面から受けて立つ素振りはない。こうして福祉改革をめぐる議論は、ただいたずらに空回りするだけである。

八〇年代なかばに福祉改革をめぐる賛否両論がはじまってすでに一〇年、福祉改革はすでに既定の方向となっている。消極的福祉改革論（運動論）と内在的福祉改革論（経営論）との議論は、この間に後者の影響力が拡大してきた分だけ、一層空転の度合いを深めてきたように思われる。こんにちの社会福祉研究の手詰まり、閉塞状況の背後には、この空転が存在する。出口を模索するには、さらに経営論の成り立ち、その効用と限界を、理論的に検討する作業が必要である。

第3節　社会福祉経営論の論理

一　政策論から経営論へ

ここにいう経営論、すなわち三浦文夫を中心とする社会福祉経営論がその影響力を強めはじめたのは七〇年代後半以降であるが、その萌芽は七〇年代初頭に遡る。三浦は社会福祉経営論の出発点となったものは、政策論と技術論の相剋から社会福祉研究を解放しようとする提案であった(14)。

政策論と技術論との論争は、率直にいって不生産的というほかないものであった。さきにも指摘しておいたように、政策論と技術論との論争は、少なくとも当事者相互のあいだでは二者択一論的な議論であり、論争を通じてそれぞれの議論が新しい展開をみせるというものではなかった。論争とはいえ、それは一方の当事者がただ語気を強めて相手方を論難するという性格のものであった。政策論の関心は、社会福祉を社会政策論を媒介にしながら資本賃労働関係に結びつけることに集中していた。そのため、論争のなかでも、自説を容認する立論以外の一切の理論体系を論難し、排除することにそのエネルギーの大半を費やすという傾向にあった。当時まだ社会福祉そのものが制度の規模においても予算規模においても十分な質量をそなえていなかったこともあり、政策論の社会福祉の現実ないし実態にたいする関心は必ずしも十分なものではなかった。そのためもあってか、政策論の議論はややもすればメタフィジカル（形而上学的）なものとなり、逆にその分だけ現実との接点は希薄なものとなった。他方、技術論の事情もこれに類似していた。ここでも、わが国において技術論の分析対象となりうるような実態がどれだけ存在しているのかということとはあまり関係のないかたちで、アメリカのソーシャル・ワーク論が紹介され、それに依拠する議論が展開された。その理論は、現実を遊離しているという意味では、やはりメタフィジカルというほかないものであった。論争が生産的なものになりうる可能性はもともと存在していなかったのである。

もとより、この論争がまったく不毛であったというわけではない。政策論に引き続いてつぎの時代を先導した運動論は、本質論争そのものの直接的所産であるとはいえない。しかし、運動論は基本的には政策論の系譜を受け継ぐものであり、政策論と運動論との違いは、運動論が社会（福祉）運動という要素をその理論枠のなかに直接的に取り込み、そのことによって社会福祉の具体的現実との接点を拡大しようと試みたことにある。運動論は社会（福祉）運動という契機を理論枠に持ち込むことによって、政策論にいわば柔軟性を与えようとしたのである。経営論もまた、ある意味では、つまりそれが本質論争を反面教師として位置づけていたというその限りにおいては、本質論争の所産であった。しかし経営論は、政策論と技術論いずれの系譜も受け継がず、むしろ政策論と技術論との論争そのものの意義を批判し、反面教師として、論争の当事者たちとは別の道を開拓しようと試みたのである。経営論はある意味では本質論争から産み落とされたのであるが、はなからその遺産を受け継ぐことを拒否する鬼子であった。

すなわち、三浦文夫は、本質論争を継承し、政策論か技術論のいずれかその一方に加担するというのではなく、それらとは全く別の道を開拓した。三浦によれば、社会福祉はもともと異なった論理によって展開する政策と技術、あるいは制度と処遇という二通りの要素から構成されている。そのような社会福祉の全体を、政策論は政策の論理によって、技術論は技術の論理によって、一元論的に把握しようとしたのである。三浦にとっては、政策と技術、あるいは制度と処遇のいずれが社会福祉の本質であるかを問うということ、そのこと自体が無意味であった。もともと論争そのものが成り立ちようのないものであった。三浦は、政策か技術かという二者択一論的な議論のしかたに代えて、政策（制度）についてはその論理に適合的な方法によって、そして技術（処遇）については技術（処遇）としてその論理に適合的な方法によって、それぞれ別個に研究を進めることを提案した。社会福祉をいわば二元論的に把握しようというのである。その限りでいえば、三浦は木田の後継者であった。

三浦の提案は、政策論と技術論との論争それ自体の意義を否定するものであり、基本的に政策論を継承する運動論（新政策論）とは、その方向を異にしていた。三浦がこのような主張を展開しはじめたころ、他方においてはさきに言及した岡村重夫の社会福祉固有論が政策論の系譜と技術論の系譜にたいしていわば第三の系譜としての位置を形成しはじめていた。三浦の提案は、これにたいしていわば第四の系譜ともいうべきものの萌芽であった。しかしながら、また時代の要請は政策論を継承する運動論（新政策論）の側にあった。経営論の構想それ自体も初出の段階では問題提起の水準にとどまっていた。経営論の全面的な展開には時機が必要であった。

ところで、われわれが三浦の社会福祉理解を経営論とよぶのは、三浦自身のターミノロジーにもとづいている。そして、三浦が、伝統的政策論以来すでに一般化したともいえる状況にあった政策というタームを修正し、社会福祉研究のなかに新たに経営というタームを導入したことは、その理論体系を理解するうえで決定的ともいいうるほどの重要な意味をもつ選択であった。経営は、三浦の社会福祉理解においてもっとも重要なキー概念である。

三浦がこの論点に関わって最初に提起した議論は、政策論や運動論（新政策論）の政策概念を相対化するということであった。政策という概念は、それが政策論や運動論（新政策論）のなかでもちいられるときには、まず第一には、社会福祉にかかわって国家、全体社会にあるいは資本総体によって採用される一定の方針、そしてその具体化としての方策手段の体系を意味していた。第二には、それは、本来自立的かつ自己完結的に運動を繰り返す自律的組織体系である資本主義経済――多少広げていえば、資本主義社会――にたいして、一定の目的をもって――多くの場合、資本主義経済そのものの歪みやそれがもたらす弊害を是正した資本主義体制の維持存続をはかるという目的のもとに――追加的人為的になされる公権力的な介入、そしてそのための方策手段の体系を意味していた。

三浦はこのような意味での政策概念を排除し、それを相対化させた。まず、政策は国や全体社会や資本総体の専有物ではない。地方自治体、すなわち都道府県や市区町村もまた政策をもち、政党その他の民間団体も、企業も、さらには個人的な組織であっても、それぞれに自立した団体や組織として独自の政策をもっている。都道府県や市区町村、社会福祉協議会、個々の民間施設は、国家の意思の単なる執行機関としての軛から開放され、それぞれに独自の政策の主人公に転化されなければならない。このように政策概念が一般化されるとき、それは当然のことながら、政策論の政策概念がもっていた資本主義の政策としての含意、つまり資本主義の歪みや弊害を除去し、資本主義体制の維持存続をはかるための公権力的な介入、そのための方策手段の動員という含意を放棄することを意味していた。三浦が、そのことに明示的に言及したことがあるかどうか、必ずしも詳らかにしない。しかしながら、三浦による施策概念の相対化は、社会福祉研究のマルクス主義的含意からの解放を意味するものであった。少なくとも、そのように理解された提案であった。

こうして、社会福祉研究における政策概念は、経営論のなかでは、所与の目標を達成することを目的に設定された一定の方針、さらにはそのことのために動員される方策手段の体系という一般的な意味においてもちいられるようになり、やがてこの用語法は徐々に一般化していった。そして、このことは、以後の社会福祉研究において極めて重要な意味をもつことになった。

三浦が経営というタームを導入しようとしたいま一つの、そしてより直接的な意図は、社会福祉の研究をいわゆる社会福祉本質論という抽象的でメタフィジカルな水準から具体的でプラクティカルな水準に引き下げるということにあったように思われる。社会福祉の研究を神々の議論から、現実の世界の議論に引き戻そうとしたといってもよい。三浦は、社会福祉研究の焦点を、社会福祉に関する諸政策に伏在する政策意図の研究から、政策の具体的な実現過程、一定の政策意図にもとづいて創設された制度のあり方、その運用の過程や効果などについての研究に大幅に移行させることを提案したのである。従来、このような側面についての研究は、わが国では社会福祉制度論や社会福祉行政論の研究として、イギリスなどではソーシャル・アドミニストレーションの研究として、取り扱われてきていた。それにもかかわらず、三浦が経営という新しいターミノロジーにこだわる理由は、わが国の社会福祉制度論や社会福祉行政論の場合はその取り扱う範囲が狭隘に過ぎるだけでなく、内容的にも理論的分析的というよりも現行制度の注解（コメント）に終始するという傾向がみられるということにあった。また、ソーシャル・アドミニストレーションは、研究の手法や内容についてはこれに学ぶべき多くのものがあるにしても、その取り扱う範囲は広く、わが国の社会福祉についての研究にこのタームをそのままあてはめることにはためらいが感じられた。さらに、三浦は、社会福祉の実現過程についての研究を現状についての分析にとどめることなく、その将来展望までを含めた研究として展開しようと考え、そのような新しい展望にもとづく社会福祉研究のあり方を経営論というタームで表現しようとしたのである。したがって、三浦の社会福祉経営論には、社会福祉の実施過程の分析とともに、将来のそれを規定する政策のあり方についての研究が含まれている。ここにいう政策は、もはや政策論や運動論にいう政策ではない。それは相対化された意味での政策である。さらにいえば、三浦のなかでは、政策概念はほとんど計画というタームによって置き換えることのできるようなものに転化している。三浦は、政策概念を相対化しただけでなく、同時に技術化させたのである。三浦による供給システム（デリバリー・システム）論を基軸とする社会福祉経営論の理論的な基盤がこうして醸成されていった。

二　経営論の効用と限界

さて、ここまで社会福祉経営論の誕生の過程について、やや推論にわたる部分も含めながら、その論理展開の筋道を追ってきた。つぎには、その効用と限界について論じておきたい。

経営論の効用ということについては、実はこれまでの行論においても、明示的あるいは黙示的に、さまざまなかたちで言及してきている。経営論の効用の第一は、わが国における社会福祉の研究を不毛というほかないような展開になりつつあった本質論争の軛から解放したことである。三浦は、すでにみてきたように、政策と技術いずれに社会福祉の本質を認めるべきかという議論と訣別し、社会福祉を相互に別々の論理をもって展開する政策過程と技術過程という二通りの要素から構成される一つの全体として把握したうえで、政策と技術を別個の研究分野として取り扱うことを提案した。この提案はわが国の社会福祉研究に新しい地平を開くものであったといって差し支えないであろう。

経営論の効用の第二は、社会福祉研究における政策概念を相対化・技術化させ、そのことによって政策論の守備範囲を拡大したことである。政策論や運動論の政策概念をうけつぎ、政策概念を国家や資本総体の政策という意味に限定的にもちいたとすれば、地方自治体、各レベルの社会福祉協議会、施設関係団体、当事者団体や運動団体の政策を論じる幅はおのずと限られたものになっていたであろう。また、われわれが政策論の技術化とよぶよう視点の転換がなされなければ、社会福祉計画について議論する機会は容易には訪れなかったかもしれない。

経営論の第三の効用は、社会福祉研究の焦点を従来の政策論や技術論の抽象的でメタフィジカルな議論から、具体的でプラクティカルな運用過程についての議論に大幅に移行させたことである。本質論争の時代には、社会福祉の実態が質量ともに限られていたこともあり、その議論は現実を遊離したものになりがちであった。それに比較すれば、経営論には現実的な基盤があった。それがあればこその経営論という側面も認められる。しかしながら、社会福祉の運用過程への焦点の移行という視点の転換が準備されていなければ、こんにちのような供給システム論の展開はありえなかったであろう。

経営論の第四の効用は、社会福祉概念の拡大である。すでに再三指摘してきたように、三浦は政策を相対化させたが、そのことは取りも直さず社会福祉を国家の政策として、あるいは国家のみの政策として把握する枠組の放棄を意味していた。このような政策概念の相対化は、社会福祉概念の拡大を容易にするものであった。こんにちでは、福祉公社、当事者を中心とする相互扶助組織、生活協同組合、農業協同組合などの非営利民間団体による活動はいうまでもなく、福祉産業によるサービス商品さえもが社会福祉に包含される傾向にある。このような社会福祉概念の拡大は、政策概念の相対化があってはじめて可能になることであった。

さて、世上よくいわれるように、ものごとの長所と短所、効用と限界はえてして表裏の関係にある。経営論もまたその例外ではありえない。

第一の効用に関連させていえば、経営論の限界の第一は政策過程に関する研究の成果と技術過程に関する研究の成果を一つの総体として再統合するという発想と枠組が準備されていないということである。三浦自身は政策過程についての研究をその中心的な課題とすることを明らかにしているが、政策過程と技術過程との統合という課題についてはことさら言及していない。本質論争からの離脱という三浦の行論からすれば、そのような課題を設定すること自体が無意味だということかも知れない。そのあたりのことは推論に頼るほかはないが、社会福祉が政策過程と技術過程の双方をそのなかに抱摂する一つの総体として存在していることを認めるとすれば、当然のことながら、一度分割された政策過程と技術過程の再統合という問題がつぎの理論的な課題にならなければならない。しかしながら、三浦はそのことについてはほとんど言及していない。三浦を中心に開発されてきた観のある供給システム論に、政策過程と技術過程との統合を期待するということもあるいはありうるかもしれない。けれども、供給システムが政策過程と技術過程の接点に位置するという事実はあるにせよ、供給システム論は理論的には政策過程論の延長線上に位置する議論というべきであろう。供給システム論は、政策（制度）過程と技術（処遇）過程との関係、両者のあいだに存在する関係の構造を直接的に取り上げるような展開にはなっていないように思われる。

経営論の第二の限界はさきの第二、第三の効用と深く関わりをもっている。端的にいえば、経営論の第二の限界は、それが社会福祉の問題をその外部環境である社会総体の動向と関連づけながら分析するという視角を軽視ないし喪失しがちな傾向にあるということ、そのことにある。経営論が、社会福祉の研究がメタフィジカルな議論に流れることを避け、社会福祉政策の運用あるいは実施の過程に焦点を絞ってその研究を進めてきたことの効用はこれを十分に評価しなければならない。しかしながら、経営論は、社会福祉政策の運用過程に研究の焦点を移行させるその過程において、内向きの、没社会的、没政治経済的な方法態度を身につけてしまったかのようである。実際、経営論の一部の議論のなかには、みずから蛸壺的な状況に身を置くような傾向すらみうけらる。たとえば、社会福祉計画の策定にあたって、政策の目標は所与のものとして扱い、社会福祉研究は、その政策目標をいかにすれば効果的かつ効率的に達成しうるのか、そのためにはどのような方策手段が必要とされるのか、そうしたことだけにその議論を集中させるべきであるとする見解もみうけられる。政策目標それじたいに関与しないこと、価値にかかわる問題への関与を避けることこそが、社会福祉研究に科学性を担保する道であるとするような主張もなくはない。

このような状況は、経営論による政策概念の相対化・技術化のもたらした大きな限界というべきであろう。経営論は、政策論の系譜に特有な政策概念を相対化する過程において、社会福祉を総体社会の動向とのかかわりにおいて把握するという視角までも放棄してしまったかのようにみえる。社会福祉を資本主義国家あるいは資本総体の政策として捉えるという視角を受容するかどうかは別にしても、社会福祉を総体社会とのかかわりのなかで把握するという視角まで放棄する必要はなかったであろう。かつて、三浦は、社会福祉の歴史を把握する方法に関し、政策論的な社会福祉史が社会福祉の外部の経済や政治による社会福祉の規制という側面に重点を置くあまり、社会福祉の内部にあってさまざまに変化をうみだしてくる内在的論理をなおざりにする傾向があると論じたことがある。この指摘は妥当なものであった。たしかに、政策論的な社会福祉史研究の一部には外部環境に規制されるものとしての社会福祉の歴史という側面が過度に強調される傾向がみられた。社会福祉それ自体の内在的論理の展開としての社会福祉史への留意が必要であった。社会福祉は、それに固有の論理に支えられてはじめて独自の政策制度の体系として存続しうる。しかしながら、社会福祉はそのようなものとして独自の政策制度の体系でありながら、それが置かれている総体社会という外部環境によって、さまざまの角度と濃度において規制されている。外部環境の規制力は、場合によっては、たとえば第二次世界大戦下の厚生事業の時代のように、社会福祉固有の論理の発現を妨げるほどの強度をそなえている。そのことを考慮しないままに、十全なかたちで社会福祉の全体像を解明することなど望むべくもないであろう。

経営論の第三の、そして最大の限界は、社会福祉の範囲に関する議論である。経営論は、社会福祉を資本主義国家ないし資本総体の政策として把握するという軛から解放し、そのことによって福祉公社、当事者組織、互助団体、生活協同組合や農業協同組合などによるサービスの供給を社会福祉という枠組のなかに位置づけ、そのようなものとして分析することを可能にした。しかしながら、政策概念の相対化はその一面において社会福祉概念の拡散・流動化現象をもたらした。社会福祉概念の同心円的拡大は社会福祉概念の求心力を弱体化させてきた。福祉産業をその範疇に取り込むということになればその求心力はさらに弱体化させられ、社会福祉概念それ自体の雲散霧消すら招きかねないであろう。経営論は、その出発点においてメタフィジカルな本質論争の無意味さを指摘した。しかしながら、社会福祉の本質にあるいはその基本的な性格を問題にすることそのことまで無意味としたわけではないであろう。ある意味では、こんにちほどその解答が望まれている時代はないのである。

経営論の効用や限界についてはさらに論じるべき問題は多々存在する。けれども、いまは経営論の全面的な評価を意図しているわけではない。そのことについては他日を期すとして、われわれのいわゆる批判的社会福祉の視座と方法に関する議論に進むことにしよう。

第4節 批判的社会福祉の視座と方法

われわれは、これまでの行論において、さまざまな角度から先行研究を分析し、社会福祉研究のあり方を模索してきた。以下、社会福祉研究の課題のなかから最も重要と考えられる争点二つを選び、それについて議論を深めるなかで、多少ともわれわれに固有な社会福祉研究の視座と方法について明らかにしておきたい。

一 外部環境と内部構造――複眼的視角

さて、批判的社会福祉とはなにか。まず、批判的という修辞の含意について一般的に論じておきたい。ここで批判的というのは、社会福祉の研究を進めるにあたって、多様に存在する社会福祉の供給組織、行政機関、福祉施設あるいは団体の方策とのあいだに一定の距離を置き、ことがらをできるだけ客観的に分析し、評価するに必要とされる方法態度を堅持するということである。

近年の社会福祉研究のなかには、ややもすれば社会福祉の供給組織と同一化し、供給組織の側に位置して供給組織のために施策を企画・立案する立場と外部からそれを認識・分析し、評価する立場とを適切に分離されていないような印象を与えるものが少なくない。供給組織の側に位置している立場と研究の立場とでは施策にたいするスタンスはおのずと異なるものであり、その境界線は明確にしておく必要があろう。参与観察者と参与者との違いは明白である。供給組織とのあいだにある種の緊張関係をもつことなしには、施策やその運用過程についての客観的科学的分析を達成することは難しい。研究者の施策立案・運用過程への参与を一概に否定するものではない。重要なことは、研究者自身が、価値関与的な立場にあることを認めたうえで、そのことが自己の研究の視角や方法に及ぼす影響をいかに制御するかということである。そのような方法態度を堅持していくうえで不可欠な要素が、どのような状況にあっても、研究の対象だけでなく自分自身の研究方法をつねに客体化し、批判的に吟味する姿勢とそのための尺度をもつということであろう。

批判的ということの意味は、しかしこの説明だけでは不十分である。そこにより具体的な内容を盛り込んでおかなければならない。まず、われわれは政策論の系譜から社会福祉を総体社会との関連において把握するという視角を継承したい。さきに指摘したように、これは経営論の系譜においては軽視されがちな視角である。われわれは、社会福祉をつねにその外部環境——それぞれの時代と社会を特徴づけている経済、政治、社会、教育、文化、風土、地理などの諸条件とのかかわりのなかで把握し、分析するという視角をもたなければならない。また、さらにいえば、社会福祉を資本主義社会における一連の方策施設の体系として理解することが必要である。近年、社会主義体制の崩壊を根拠に資本主義経済体制の無謬性を主張するような俗耳に入りやすい議論もみうけられるが、その誤りはバブル崩壊に引き続く世界的な規模における資本主義経済の低迷状況をみるだけでも明らかであろう。われわれの社会も含めて、全世界的な規模において、貧困、依存、虐待、犯罪、密住、不衛生など資本主義的な政治経済体制の根幹に深くかかわるような諸問題が山積している。それは、冷戦構造の崩壊以後各地に噴き出してきている宗教や民族の違いにもとづく差別・抑圧・抗争などとともに、人類社会を脅かす深刻な社会問題である。そして、社会福祉は今後とも、このような社会問題を、たとえ部分的にであれ、解決緩和するための施策の体系として存続し続けることになろう。

現代における社会福祉の理解においてもこのような視角は基本的に不可欠であると考えられる。けれども、われわれは、社会福祉施策のすべてを、そのような資本主義的社会問題を解決・緩和し、資本主義体制の維持存続をはかるための弥縫策として把握しようとするような社会福祉理解の方法には疑問なしとしない。政策論の系譜には、あらゆる問題を資本賃労働関係に還元しようと試み、その首尾によって理論としての完成度を評価するような傾向すらみうけられる。しかしながら、社会福祉施策のなかには、たとえそれが資本主義国家による施策であっても、社会福祉の直接的な利用者を含めて国民一般の利益に結びつく側面が含まれている。個別の施策については、メタフィジカルな議論に始終することを避け、出来るだけ具体的実際的に分析・評価する方法態度が不可欠である。

このことに関連して、政策論の系譜では、具体的個別的施策の運用過程の評価を試みるにあたって、生存権の保障、国民の利益という抽象度の高い理念を提示し、それをそのまま判断尺度として適用し、個別的施策やその運用過程のあり方を秤量するという方法がとられることがある。生存権や国民の利益が社会福祉にとって重要な理念であること、またそれが繰り返し主張されなければ容易に忘れ去られてしまうものであることは、ここであらためて指摘するまでもないことである。すべての評価がそこから出発し、そこに帰結するということが理解しえないではない。しかしながら、こんにちの社会福祉をめぐる状況は、個別的施策の質量について理念論的な批判を試み、供給組織の側の反応と対応を待つという伝統的な政策批判の方法では対処しえなくなってきている。社会福祉施策の優先度（プライオリティ）という問題一つとっても、関連施策との優先順位もあれば社会福祉の内部における優先順位も存在し、それぞれが複雑な利害関係を背景にしながら相互に解きがたく結びついている。しかも、こんにち社会福祉施策の立案・企画・運用の権限は地域住民にとって「最初の政府」である市区町村の水準に移管されようとしている。社会福祉の理論にも、より具体的な水準において問題の分析や評価を試み、解決の過程に貢献しうるような道具立て——科学的分析の枠組や施策の立案・企画・評価の技術が求められるようになってきているのである。

われわれは、こうした側面については経営論の蓄積に期待しなければならない。なかでも、供給システム（デリバリー・システム）論についてはそうである。施策の運用過程、すなわち供給の具体的システムとプロセスについての議論は、政策論にとってもっとも手薄な部門である。従来、政策論は、経営論にたいする社会科学方法論の水準における批判に集中し、供給システムについてはほとんど自前の議論を展開してきていない。この側面に関しては経営論に一日の長があることを認めないわけにはいかないであろう。

もはや多くを論じる必要はない。われわれのいう批判的社会福祉の立場は、端的にいえば、政策論からはその得意とする社会福祉を総体社会という外部環境との関わりなかで論じるという研究の視角と蓄積を継承し、経営論からはその得意とする供給システム論の視角と蓄積を継承し、相互にその弱点を補強させあうという枠組のなかで、新しい社会福祉研究の地平を開拓しようとする立場である。

二　政策過程と技術過程――統合の枠組

社会福祉における政策（制度）過程と技術（援助）過程との関係をいかに整理するかという問題は、いまなお社会福祉の研究にとって古くて新しい問題であり続けている。

すでにみてきたように、かつて社会福祉の本質論争を展開した政策論と技術論は、いずれも自己の関心の対象となっている過程のなかにこそ社会福祉の本質があると主張した。自己の社会福祉理解の方法を無限に拡張し、相手を飲み込むことによって、政策過程と技術過程を一元論的に把握しようとしたといってよいであろう。これもある種の整理の方法であったろう。

経営論は、この問題については、両者を統合することよりもむしろ分離することを主張した。すでにみてきたように、三浦は、政策（制度）過程と技術（援助）過程とは異なった論理によって展開しており、その解明のためには相互に異なった科学的認識の方法が必要であると主張した。先行する本質論争においてはある種の統合が目指されたのにたいして、三浦はその誤りを指摘し、より科学的な認識の方法として両者を分離することを主張したのである。そして、三浦の主張はそこで終わってる。三浦は、分離は主張したがその再統合についてはほとんど言及しなかった。しかし、この政策（制度）過程と技術（援助）過程の統一的把握という問題は、それが三浦にとってどうであったかはともかく、その後においても社会福祉の研究にとって重要な課題であり続けている。

この課題に挑戦した研究者の一人に京極髙宣がいる。京極は、社会福祉学の構築という野心的な試みのなかで、政策（制度）過程と技術（援助）過程の統合という問題に関わりをもった。京極は、構築されるべき社会福祉学は三通りの領域すなわち福祉政策学、福祉臨床学、そして福祉経営学から構成されることになるという。[15] このうち、福祉政策学と福祉臨床学は、それぞれ政策（制度）過程と技術（援助）過程に対応している。そこまではよい。そこにあるのは、三浦によって一度分離された政策（制度）過程と技術（援助）過程についての研究すなわち福祉政策学と福祉臨床学を社会福祉学という上位概念を持ち込むことによって統合しようという構想である。そして、つぎには京極の構想は、福祉政策学と福祉臨床学を福祉経営学によって内在的に結びつけようという構想に発展する。このような京極の構想には大変興味深いものがあるが、しかしながら福祉経営学という範疇を立ててみても、それによって政策（制度）過程と技術（援助）過程との直接的内在的な統合が実現するということには必ずしもなりえない。そのことは、教育学の領域における学校経営論（学）を考えてみればよい。学校は、教育政策と教育活動（技術）とが正面からぶつかりあい、切り結ぶ場所であり、これをどのように経営するかは教育政策の要諦であるといえよう。しかし、学校経営論（学）の課題は、教育政策と教育活動（技術）との直接的な関係のあり方というよりも、むしろ両者の意思のぶつかりあいをどのように処理し、学校全体をいかにスムースに運営するかという問題である。つまり、学校経営論（学）は、教育政策学の先端部分に位置する領域であり、それによって教育における政策過程と教育活動過程との理論的内在的統合が実現されるということにはならないように思われる。学校経営論（学）を社会福祉機関・施設を舞台にする福祉経営学に置き換えてみても、その間の事情は同様であろう。

この問題についての批判的社会福祉の見解はつぎのようなものである。われわれは、前掲『社会福祉論』において、政策（制度）過程と技術（処遇）過程との関係を「形式」と「内容」あるいは「容器」と「内容」との関係として把握することを提案しておいた。形式と内容あるいは容器と内容の関係は、相互に依存的であり、同時に相互に規定的である。内容が流動体である場合を考えてみれば、そのことはすぐにも理解される。流動する内容物は一定の形式ないし容器が与えられなければ一定の状態を保つことができず、逆に内容物が一定の限界を超えて定量的、定性的に変化すれば、形式ないし容器は内容物の新しい状態に適合するように変更されなければならない。もとより、このような一方による他方の規定が交互に入れ替わるという関係がつねにスムースに推移するというわけではない。ある時期には、形式や容器の変化が遅れ、あるいはそれが意図的外在的に変更され、内容の発展が抑制されるということもあれば、内容の発展が頂点に達し、一挙に形式や容器に変化がうまれるということもありうることである。いずれにせよ、形式ないし容器と内容、換言すれば政策（制度）と技術（援助）とは一方が他方を規定する関係にあり、社会福祉の発展は基本的には両者の交互的規定関係のなかから螺旋的にうみだされてきたものである。われわれは、社会福祉の歴史過程や現行制度の運用過程のなかから、政策（制度）と技術（援助）とのあいだのこうした弁証法的な関係を示す例証を豊富に引き出してくることができる。

飯田精一は、われわれのいう政策（制度）過程と技術（援助）過程との関係をより明快につぎのように説明している。飯田によれば、社会福祉（福祉サービス）はこれを内容と形式にわけることができる。内容とは、社会福祉の機能的な側面であり、形式とはその構造的な側面である。一般に、「ある一つの機能はそれに対応する特殊な構造の中でのみ有意に機能する。つまり構造とはある機能を有意に働かすための仕掛けまたは仕組みである。構造のない機能は無意味だし、機能のない構造は形骸に過ぎない」。

このような機能と構造の関係を前提にしていえば、構造の変化にともない、機能としての社会福祉のあり方は変化する。逆に、社会福祉の機能の新たな発展はそれに見合うような構造（容器）をうみだすことになる。そして、その構造は、歴史的に、また文化的に変化する。[16]

飯田によれば、社会福祉的機能の基本的機能は補充機能（受援者の欠乏や困難を与援者が補給充足する働き）と施療機能（受援者の事故、疾病等を与援者が修繕し治療する働き）であるが、その具体的な発現形態は構造によって異なってくる。すなわち、それは、中世封建社会では、それにみあうような、たとえば封建領主による慈恵的な救済活動のかたちをとり、資本主義社会においては救貧法や社会保険などのかたちをとる。同じ資本主義社会においても、イギリス、アメリカ、そしてわが国とでは、社会福祉のあり方はそれぞれに異なってこざるをえないのである。

社会福祉における政策（制度）過程と技術（援助）過程との関係は、こうして形式と内容、あるいは構造と機能という関係において統合的に把握される。社会福祉の本質いかんという本質論争の世界にもどっていえば、社会福祉の本質は政策（制度）過程と技術（援助）過程とのいずれかにあるのではなく、社会福祉にとって外部環境をなす総体社会のありようを土台に政策（容器）と技術（内容）の両者が相互に規定しあいながら螺旋的に発展していく、その弁証法的な展開の過程のなかにこそあるというべきであろう。

これまで、戦後日本における社会福祉研究史の鳥瞰図的な分析を手始めとして、われわれの社会福祉研究の多少とも独自な視座と方法を明確化するという作業を試みてきた。われわれは、不十分ながらここで一応の結論に到達したのであるが、もとよりわれわれの作業はその緒に着いたばかりであり、今後に多くの課題が残されている。

われわれの批判的社会福祉の立場は、現時点ではまだある種の折衷論である。実際問題としても、われわれにはいま暫くの折衷論的模索が必要である。われわれの批判的社会福祉が最終的にどのような姿かたちをもつようになるのか、ここであえてそのことにこだわるつもりはない。いまなにより急がれることは、社会福祉の現状をできるだけ具体的実際的に、しかし理論的に分析し、解明していくうえで十分に効果をもちうるような分析の枠組を構築することである。

（付記：本論文の第2節は、「福祉改革三つの視点」として「月刊福祉」の一九八九年三月号に掲載した小論をほぼ原型のまま載録している。あらかじめお断りしておきたい。）

註

(1) 古川孝順『児童福祉改革』誠信書房 一九九一年。
(2) 古川孝順『社会福祉供給システムのパラダイム転換』誠信書房 一九九二年。
(3) 古川孝順 庄司洋子 定藤丈弘『社会福祉論』有斐閣 一九九三年。
(4) 孝橋の見解についてはいずれも、孝橋正一『全訂社会事業の基本問題』ミネルヴァ書房 一九六二年による。
(5) 竹内の見解についてはいずれも、竹内愛二『専門社会事業研究』弘文堂 一九五九年による。
(6) 木田徹郎『社会福祉事業』川島書店 一九六七年。
(7) 岡村重夫の見解については、岡村重夫『社会福祉学総論』柴田書店 一九五八年による。
(8) 一番ヶ瀬の見解については、一番ヶ瀬康子『社会福祉事業概論』誠心書房 一九六四年による。
(9) 真田の見解については、真田是『社会保障』汐文社 一九六六年による。
(10) 高島の見解については、高島進『イギリス社会福祉発達史論』ミネルヴァ書房 一九七九年による。
(11) 外在的福祉改革論の見解については、臨時行政調査会「行政改革に関する第一次答申」(抄) 一九八一年、同「行政改革に関する第三次答申」(抄) 一九八二年を参照されたい(いずれも、全国社会福祉協議会『社会福祉関係施策資料集二』一九八六年 所収)。
(12) 社会福祉基本構想懇談会『社会福祉改革の基本構想(提言)』全国社会福祉協議会 一九八六年。
(13) 社会福祉研究者によるまとまった福祉改革(論)批判としては、高島進『社会福祉の理論と政策――現代社会福祉政策批判――』ミネルヴァ書房 一九八六年がある。
(14) 三浦の出発点となった論文の初出は一九七〇年である。以下、その見解については、特にその該当箇所を注記することをしないが、三浦文夫『増補社会福祉政策研究―社会福祉経営論ノート』全国社会福祉協議会 一九八七年による。
(15) 京極の社会福祉学の構想については、学会や研究会での報告を別にすれば、まだ十分に展開されているとは思えないが、社会福祉についての京極の見解は、『現代福祉学の構図』中央法規出版 一九九〇年に詳しい。
(16) 飯田の見解について詳しくは、飯田精一『福祉を哲学する』近代文藝社 一九九二年第三章「福祉サービスの基本問題」を参照されたい。

第12章

地域福祉型社会福祉の展開

初出：1997年
『社会福祉のパラダイム転換―政策と理論』第5章、有斐閣

はじめに

現代は地域福祉の時代であるといわれる。

かつて、地域福祉は社会福祉の一つの領域ないし方法を意味するものとして理解されてきた。しかし、こんにちでは、地域福祉は、施設福祉型社会福祉から地域福祉型社会福祉への転換というように、地方自治体や居宅生活を前提とする社会福祉の意味でもちいられる傾向にある。ここでは、そのような意味における地域福祉のありようについて、なかでもその供給システムをめぐる諸問題のいくつかについて若干の議論を試みておきたい。

第1節　地域福祉の新段階

一　八〇年代福祉改革とその所産

周知のように、一九八六（昭和六一）年と九〇（平成二）年の大幅な法改正によって、わが国の社会福祉供給システムには大幅な制度改革がもたらされた。社会福祉のなかでも老人福祉や身体障害者福祉の領域については、そのほとんどすべての権限が市区町村に委譲された。それ以外の領域においても、在宅福祉サービスの供給を中心に市区町村の比重は著しく増大させられた。かつての国や都道府県による集権的で、施設中心的な社会福祉は、徐々に、地方自治体による施策運営と居宅生活を重視する地域福祉型社会福祉へ移行しつつある。

このような八〇年代福祉改革以来の制度改革のもつ意義は、きわめて重要である。それは、戦後以来の社会福祉制度の骨格にまで及ぶ改革であり、わが国の社会福祉の歴史に新しい時代を画するものといって決して過言ではない。ここでの課題である地域福祉に関連させていえば、こんにちの地域福祉はかつての地域福祉の単なる延長線上にあるものではない。

従来、地域福祉は、社会福祉の多様な領域の一つとして、あるいは援助方法（技術）の一つとして、また地域社会で展開される社会福祉運動の一環として、取り扱われてきた。このような地域福祉の理解は、社会福祉に関わる事務のほとんどが機関委任事務として都道府県知事や市長に委任されるという伝統的な社会福祉供給システムのありようを前提とするものであった。社会福祉協議会の役割も、都道府県水準を中心に、社会福祉関係機関や施設間の連絡調整と福祉ニーズの調査やその解決をめざして地域社会を組織化することに求められていた。

現在では、都道府県知事や市町村長にたいする機関委任事務は、団体（委任）事務に改められ、老人福祉や障害者福祉の領域においては市および区のみならず福祉事務所を設置していない町村にたいしても入所措置等の権限が委譲された。老人福祉や障害者福祉以外の児童福祉、母子及び寡婦福祉、精神薄弱者福祉の領域においても、在宅福祉サービスについて努力義務が課せられるなど、社会福祉における市区町村の役割は著しく拡大した。

社会福祉協議会についても、市区町村社会福祉協議会には市区町村による公的福祉サービス供給事業の受託や独自の福祉サービス供給事業を実施する道が開かれた。さらに、地域社会のなかには、当事者組織、相互扶助的援助団体、福祉公社など多様な民間援助組織や行政関与型の援助組織が登場し、生活協同組合や農業協同組合の福祉サービス供給事業への参画も拡大してきている。

二　「自治型地域福祉」概念の提起

こうした社会福祉をめぐる状況の変化は、地域福祉理解に関する理論的枠組のあり方にも深刻な影響を及ぼすことにならざるをえない。[1]伝統的な地域福祉の理論は、当然のことながら、このような制度改革やそれにともなう社会福祉の変化を想定してはいないからである。なかでも、公的福祉サービス供給の市区町村化についてはそうであろう。

伝統的な地域福祉理論の多くは、民間サイドにおける地域社会の組織化や地域における相互扶助活動的な意味でのコミュニティ・ケアを中心に構成されていたり、国や都道府県による福祉施策に対抗する地域のなかでの社会福祉運動というかたちで構成されていたりする。伝統的な地域福祉理論の多くがそうならざるをえなかった理由の一端は、明らかに、そうした理論が構成される段階において、市区町村による公的福祉サービスの供給という実体がほとんど存在しなかったという事情に求められるであろう。

このことを逆にいえば、伝統的な地域福祉の理論は、こんにちにおける社会福祉の地域福祉化、すなわち広く社会福祉の地方分権化と地域化を契機とする地域福祉型社会福祉の形成を前提として、基本的に再構成されなければならない。その意味において、最近における右田紀久恵らによる「自治型地域福祉」論の提唱は時期的にも内容的にもまさに時宜を得たものというべきであろう。

右田は、社会福祉の市区町村化＝分権化を視野に収めながら、一方において「住民が地域福祉理念の理解と実践をとおして、社会福祉を自らの課題とし、自らが社会を構成し、あらたな社会福祉の運営に参画すること、すなわち、地域福祉の内実化」の営みのうちに社会福祉と住民「自治」との連動性をみいだそうとし、他方において「人間の『生』の営みにおける共同性を原点」とする「あらたな『公共』の構築」を通じて社会福祉における「自治」の内容をより実りのゆたかなものに発展させようと試みている。右田は、公的福祉サービスの市区町村化＝分権化を視野に入れるだけでなく、新たな「公共」の理念を核に再構成された「自治」概念を媒介項として、公的福祉サービスと民間における福祉サービスや援助活動、さらには社会福祉運動を一つのものに統合しようとしているのである。[2]

三　地域福祉概念の転換

以下、このような右田による地域福祉概念の再構成を援用しながら、ここでの課題に必要な範囲で、われわれのいう地域福祉概念について若干の敷衍を試みておこう。

われわれは、まず、地域福祉を原理的に規定する要件として、①住民・利用者主体の原則、②参加・自己決定の原則、③居宅・統合化の原則、④予防・自己実現の原則、⑤協同・総合化の原則をあげておきたい。地域福祉は、住民・利用者の主体化、その参加と自己決定を前提に、地域生活を共有するなかでの福祉サービスの創出と利用、それによる自立的生活の確保と維持、さらにはその一層の質的な向上をはかることを目標として展開される。個々の住民の担う生活問題の解決緩和をはかり、その身体的ならびに人格的な成長と自己実現を助長促進することは、そのような普遍的な課題の一環として位置づけられる。また、地域福祉は、個々の利用者のみならず、利用者を含む家族、近隣に生活する地域住民、地域団体、企業、行政などあらゆる地域社会構成員による協同と必要とされる社会資源の総合的な動員・活用を基盤として展開されなければならない。

次に、こうした原理にもとづいて展開される地域福祉の構成要素的な特質についてとりあげる。

まず第一に、地域福祉は、①市区町村を主要な実施主体とする公的福祉サービス（法律にもとづく福祉サービスであって、社会福祉協議会など民間に事業委託して実施されるものを含む）と②利用者を含む地域住民によって主体的・自主的に展開される直接的援助ならびに支援の活動、さらには福祉のまちづくり運動などを含む民間福祉活動という、二通りの要素から構成される。

第二に、地域福祉の軸芯をなす公的福祉サービスは、ホームヘルプサービス、デイサービス、ショートステイサービス、給食サービス、日常生活用具の供与や貸与などの在宅福祉サービスを中心に組織されるが、しかしながら、同時に、地域福祉は在宅福祉サービスを基幹部分とする新しい施策体系に適合するように再編成された施設福祉サービスをその内部に包摂していなければならない。

第三に、地域福祉の他の一端を担う民間福祉活動は、利用者を含む地域住民による当事者援助活動、相互扶助的援助活動、近隣住民による支援活動、ボランティア活動、さらには住民主体の福祉のまちづくり運動などから構成される。民生委員・児童委員活動も基本的には民間福祉活動の重要な構成要素として捉えられなければならない。

第四に、公的福祉サービスと民間福祉活動とは相互に不可欠の存在として、いわば相互にパートナーとしての位置関係にあるが、両者の関係は協同を機軸にしながら、しかし同時に相互的なチェックと批判という緊張の契機を含むものでなければならない。民間福祉活動による試行的先導、モニタリング、そして建設的批判は公的福祉サービスを活性化するための最善の良薬である。

総じていえば、新しい地域福祉とは市区町村という「地域社会における」社会福祉であり、同時に市区町村という「地域社会による」社会福祉でなければならない。

第2節　福祉行政の再編成——分権化と住民参加

社会福祉における地方分権化あるいは分権化の意義は、福祉サービスの供給を国民の生活に近く、その実態を知悉する機会に恵まれている地方自治体、なかでももっとも基礎的な統治（自治＝自己管理）の団体である市区町村をベースにして実施するように改めるということである。社会福祉の分権化に異議を唱えるものは少ないであろう。理念としての分権化には誰しもが賛同する。しかし、わが国における社会福祉の分権化の現実は、むしろそのような理念とは程遠いところからはじまっている。社会福祉の分権化を、財政の地方転嫁や公的責任体制の空洞化を合理化するための理念の空転に終わらせないためには、分権化の過程をいま一度明確に認識し直しておくことが必要である。

一　分権化の過程

分権化の第一の局面は、明らかに地方自治体にたいする国庫補助金支出の削減としてはじまった。まず、一九八五年に臨時的な措置として地方自治体にたいする社会福祉関係国庫補助金が一律に一割削減された。翌八六年には、さらに三年間の臨時的な措置として福祉サービス分野の国庫負担率が一挙に五割に引き下げられた。その後、八九年度以降、生活保護については国庫が七割五分を負担する負担率に引き上げられたが、福祉サービス部門の負担率はそのまま五割として恒久化されることになった。こうした措置によって、福祉サービス部門における地方自治体の負担の額は八四年以前と比較して実に二・五倍に引き上げられたのである。

分権化の第二の局面は、国庫負担率の改定に連動するかたちで実施された社会福祉に関わる機関委任事務の団体委任事務への移行である。まず、一九八六年の「地方公共団体の執行機関が国の機関として行う事務の整理及び合理化に関する法律」（以下、合理化法）によって、それまで地方自治体の長にたいする機関委任事務として実施されてきた社会福祉に関する事務のうち、生活保護に関わる事務およびその他の一部の事務を除いて、社会福祉施設にたいする入所措置など福祉サービスに関する事務のほとんどすべてが国の事務の地方自治体そのものへの委任を意味する団体（委任）事務に改められた。

この法改正によって、都道府県、市区および福祉事務所を設置する町村は、福祉サービスについて従来よりも広範な、いわゆる固有事務（自治事務）に近い裁量の権限をもつことになった。たとえば、それまで国が設定してきた保育所入所の措置基準については、国が政令で定めるガイドラインに準拠している必要はあるものの、市区町村がその条例によって、より具体的で、地域の実情に即応するようなかたちで入所措置の基準を設定することができるよう改められたのである。

分権化の第三の局面は、同じ合理化法にもとづき、在宅福祉サービスの実施が市区町村にたいする努力義務として法律上に正式に位置づけられたことである。いまでは在宅福祉サービスの中核的な施策として位置づけられているショートステイサービス、デイサービス、ホームヘルプサービスはいずれも、地方自治体、主要には一定規模以上の人口をもつ市を実施主体とする事業に関して、一定の要件を充足することを条件に、国が補助金を交付するというかたちではじまり、一九八六年の合理化法の制定に際して、それぞれ関連する福祉サービス法制、すなわち児童福祉法、母子及び寡婦福祉法、身体障害者福祉法、精神薄弱者福祉法、老人福祉法のなかに根拠をもつ福祉の措置として正式に組み込まれることになった。従来社会福祉のなかで周辺的・付随的な施策としての位置づけにとどめられていた在宅福祉サービスが、ここにおいて従来の予算措置事業から法律措置事業に引き上げられることになったのである。

分権化の第四の局面は、一九九〇年に実施された「老人福祉法等の一部を改正する法律」(以下、福祉関係八法改正)の制定によって、老人福祉と身体障害者福祉の領域においては、福祉事務所を設置していない町村についても、福祉施設入居等への措置権限が委譲されることになったことである。[3] この法改正にともない、九三年の四月一日以降、市区町村は、在宅福祉サービスに加え施設福祉サービスについても全面的に、その実施の責任を負うことになった。ただし、このような措置は老人福祉と身体障害者の領域に限定されており、児童福祉、母子及び寡婦福祉、精神薄弱者福祉の領域には適用されていない。これらの領域では、都道府県に委任されていた福祉施設への入所措置や福祉資金の貸付に関する権限は従来のまま都道府県に残され、在宅福祉サービスのうちでもデイサービスおよびホームヘルプサービスに関わる権限のみが市区町村に委ねられることになった。

分権化の第五の局面は、同じ一九九〇年の福祉関係八法改正の一環として実施された社会福祉事業法の改正にともなって社会福祉における分権化が一層促進されたことである。八六年にはじまる市区町村の権限と義務は、社会福祉事業法の改正によって一挙に拡大されることになった。かつて一九五一年に戦後福祉改革の最後の仕上げとして制定された社会福祉事業法は、その第三条において、社会福祉事業の趣旨を「……援護、育成又は更生の措置を要する者に対し、その独立心をそこなうことなく、正常な社会人として生活することができるように援助すること」と規定していた。九〇年の社会福祉事業法の改正に際して、この第三条は新しく地域福祉型社会福祉の基本理念を示す条項として全面的に改められた。すなわち、社会福祉の供給者は、「福祉サービスを必要とする者が、心身ともに健やかに育成され、又は社会、経済、文化その他あらゆる分野の活動に参加する機会を与えられるとともに、その環境、年齢及び心身の状況に応じ、地域において必要な福祉サービスを総合的に提供されるように」努めなければならないとされた。さらに同法第三条の二は、福祉サービスの供給者にたいして、「医療、保健その他関連施策との有機的な連携を図り、地域に即した創意と工夫」をもって福祉サービスを提供するように求めている。また、同法第七四条の改正によって、市町村社会福祉協議会および地区社会福祉協議会は社会福祉協議会の本来的な機能のほかに、社会福祉を目的とする事業を企画し実施するように努めるものとされた。このような社会福祉事業法の改正はいずれも、社会福祉の施設福祉型から地域福祉型への転型を、理念と制度的枠組の双方の水準において、既定の路線として再確認するものであった。

このように、一九八五年にはじまる社会福祉の分権化は、社会福祉に関する権限のかなりの部分を基礎自治体である市区町村に委譲し、利用者や地域住民の生活実態に即したかたちでの展開を可能にする枠組を創出してきた。しかしながら、その出発点において先行させられたのは行財政改革に直結する国庫補助金の削減であった。また、八〇年代福祉改革のなかには福祉行政の再編成だけでなく、民間社会福祉供給組織の育成やさらには福祉産業の振興などが含まれていた。

そのこともあって、分権化についても数多くの懸念が表明されてきた。もとより、そうした懸念はそれなりに理由のあることであり、慎重なチェックとソーシャル・アクションや社会福祉運動などによる歯止め策も必要となってこよう。しかしながら、それと同時に、かつそれ以上に重要なことは、市区町村という基礎的自治体の水準において、社会福祉に関わる施策の策定から運用、さらには評価の過程にいたるまで利用者や地域住民がより主体的・積極的に参加し、社会福祉における自治の内実を確保するということであろう。われわれは、社会福祉行政の再編成、その分権化と地域化に関わって、あらためて社会福祉における住民参加の意義や形態について考えてみなければならないのである。

二　住民参加の意義と形態

利用者や地域住民の参加の拡大、そのことによる社会福祉の主体化は、もとよりそれ自体として歓迎されるべきことである。しかしながら、利用者や地域住民の参加の拡大が自動的に社会福祉の主体化をもたらすわけではない。しばしば、利用者や地域住民の参加は形式的な水準に押しとどめられ、あるいは社会福祉の実施過程、具体的な援助活動や支援活動の提供過程にたいする参加に限定されている。利用者や地域住民の参加が施策や活動に関わる意思決定の過程から排除され、実施過程への参加に限定されるとすれば、それは社会福祉の主体化の名に値するものとはいえないであろう。そのような参加は参加というよりはむしろ社会福祉の自助化の苦味を中和するオブラートであるにすぎない。

社会福祉の主体化の一形態としての住民参加には、参加の水準や経路などによってさまざまな類型が考えられる。たとえば、参加の水準による類型には、①公的社会福祉の政策決定過程にたいする参加、②公的社会福祉の運営（行政）過程にたいする参加、③民間の社会福祉機関や団体の運営にたいする参加、④公私の社会福祉施設の経営や運営にたいする参加、⑤ボランティア活動にたいする参加、⑥当事者組織やその活動にたいする参加、⑦ソーシャル・アクションや社会福祉運動にたいする参加などが考えられる。

経路による類型としては、(a)首長・議員選挙などにおける選挙民としての参加、(b)審議会・委員会などの委員その他としての参加、(c)民間社会福祉機関・団体・社会福祉施設の理事・監事などとしての参加、(d)オンブズマンやモニターなどとしての参加、(e)ボランティアとしての参加、(f)当事者としての参加、などがある。

これらの参加の形態のうち、福祉改革の主要な側面である分権化や地域化・計画化などとの関連を勘案すれば、意思決定過程に直接的に関わる参加の形態として重要な意味をもつのは、①公的社会福祉の政策決定過程への参加、②公的社会福祉の運営（行政）過程への参加、③民間の社会福祉機関・団体の運営への参加、そして(a)首長・議員などの選挙を通じての参加、(b)審議会・委員会などの委員としての参加、(d)オンブズマンやモニターとしての参加であろう。

一九八〇年代なかばにはじまる社会福祉制度の改革は、戦後福祉改革以来のわが国の社会福祉の供給システムのなかに一定の分権化と地域化を定着させつつあるが、そこに公的責任の地方自治体転嫁や民間転嫁の危惧がないわけではない。しかしながら、国による制度改革をただ批判し、その具体化の前に手を拱いているだけでは、地域福祉型社会福祉の空洞化・形骸化を阻止することは困難であろう。利用者を含む地域住民が社会福祉的課題を地域社会に共通する課題として把握し、協同してその解決や緩和に取り組むことがまずもって必要である。公的福祉サービスを担うべき行政の役割、行政と民間との分業と協業の範囲や方法には、そのような主体的・自主的な取組みのなかでおのずから定まってくるという側面が含まれているように思われる。

第3節　供給システムの多元化

一　多元化の契機と展開

戦後福祉改革以来一九七〇年代にいたるまで、わが国の社会福祉は、基本的には国、地方自治体および社会福祉法人という三者体制によって供給されてきた。そうした戦後福祉改革以来の供給システムの基本的な骨格に多元化のインパクトをもちこんだのは、八〇年に設立された武蔵野市福祉公社であった。

武蔵野市福祉公社は武蔵野市が必要な資金の一部と運営の組織やノウハウを提供し、福祉サービスの利用者による一定の費用負担を前提に、非法制的（ノンスタチュートリー）な、民間のベースにおいて福祉サービスを供給することを目的とする組織（公社）として設立された。武蔵野市福祉公社は、民間性を活用して法律による枠組を超えて福祉サービスを提供したこと、資産はあっても現金収入のない高齢者にたいして有料もしくは死後の清算を前提に福祉サービスを提供するとしたことなど、その新しい運営のあり方によって脚光を浴びた。しかしながら、それと同時に、武蔵野市福祉公社は、貧困低所得階層というよりは一般所得階層にたいして福祉サービスを提供する組織であったこと、有償ボランティアを導入したことなどで厳しい批判にさらされることになった。けれども、そうした批判にもかかわらず、福祉公社方式は八〇年代を通じて福祉改革が推進されるなかで福祉サービスの普遍化・一般化に先鞭をつけた先駆的な供給システムとして徐々に受容されてきており、その名称や組織に若干の違いはあるものの、こんにちでは全国に六十余の福祉公社が設置されている。

また、八〇年代には、福祉公社以外にも、行政の支援をうける相互扶助組織、当事者組織、生活協同組合など、戦後福祉改革以来の伝統的な供給体制に大幅な再編成を求めるような新たな供給組織の参入がみられた。これにたいして、国も、地方自治体を実施主体とする一部の在宅福祉サービスについてこれを社会福祉協議会や各種福祉施設に、さらには営利的事業体にも、委託して運営することを認めるなど、供給システムの一層の流動化、多元化が推進されることになった。

このような供給組織の多元化は、福祉サービスの利用を貧困低所得階層を超えて一般階層にまで拡大し、費用負担の拡大や一部有料制度の導入によって福祉サービスの利用者をスティグマから解放し、さらには福祉サービスの供給の過程にたいする住民の参加を促進するなど、戦後福祉改革以来のわが国の社会福祉のあり方に著しい変化をもたらすことになった。そして、こうした変化の多くは、基本的には積極的な意義をもつものとして歓迎されてきたといってよいのであるが、しかしながら他方においては、社会福祉の概念それ自体を流動化させ、社会福祉とそうでないものとの境界を一挙に曖昧なものにするという理論的にも、かつ実践的にも、深刻な問題をうみだしてきたのである。この問題は、社会福祉の供給システムの流動化・多元化が非営利組織の範囲を超え、営利事業体による福祉サービス類似の生活サービス商品にま

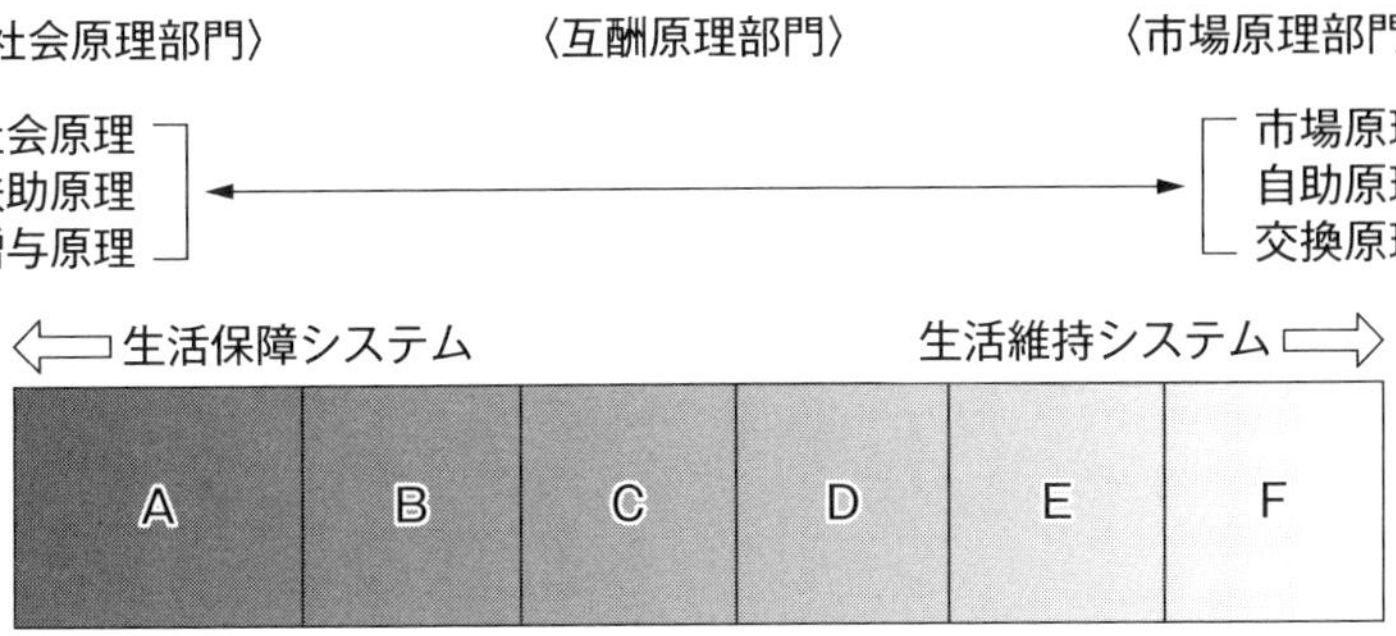

（フォーマル部門①――公的福祉部門）………………
A……………公設公営型生活保障システム
B……………認可団体型生活保障システム
（フォーマル部門②―民間福祉部門）…………………
C……………公民混成型生活保障システム
E……………住民主体型生活保障システム
（インフォーマル部門）
D……………相互支援型生活保障システム

（営利部門）…………………………………………
F……………営利供給型生活維持システム

図 11　福祉サービス供給システムのパラダイム　　古川孝順　作成

で及び、それをも社会福祉の範疇に含めようとするような見解が提起されてきたことによって一層深刻なものとなった。

供給システムの多元化については、これを否定する見解も根強い。しかしながら現実は着実に進行しつつある。いま必要なことは、多元化の実態、効用や弊害についての慎重かつ客観的な分析である。

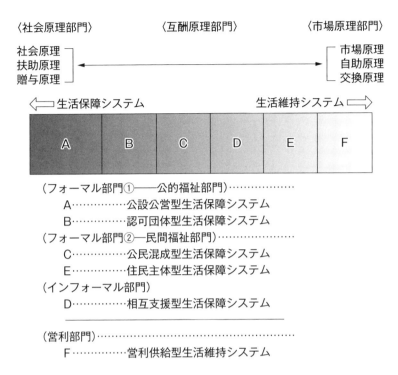

二　多元化の類型的整理

そこで、流動化し多元化しつつある福祉サービスの供給システムに一定の整理を試みたのが**図11**である。[4] **図11**にいう社会原理部門とは、各種福祉サービス（生活保障サービス）が社会的、公共的に提供される部門である。それにたいして、市場原理部門は、自助原理と交換原理の支配する部門である。人びとは、ここではそれぞれの必要と所得の範囲で、市場に流通している生活サービスを購買し、それによって生命と活力を維持再生産するのである。社会原理部門と市場原理部門との中間には互酬を原理とする部門が存在する。互酬原理部門とは、交換と贈与の中間にあって、半市場的あるいは公共的に組織化され、計画化されたかたちで、双務的な贈与あるいは移転として福祉サービスが提供される部門を意味している。もとより、これら市場原理部門、互酬原理部門、社会原理部門の現実は、相互に直截に区分しうるものではない。部門間の境界は連続線上のものであり、各部門間にはさまざまの中間的な部門が存在し、また同一部門内においても濃度の差が存在する。

さて、生活保障システム（ここでは福祉サービス供給システム）は、まず、フォーマル部門とインフォーマル部門に大別される。次に、フォーマル部門は、タイプAの公設公営型生活保障システム、タイプBの認可団体型生活保障システム、タイプCの公民混成型生活保障システム、タイプEの住民主体型生活保障システムの四通りの生活保障サブシステムに分類される。これら四通りの生活保障サブシステムのうち、タイプAの公設公営型生活保障システムとタイプBの認可団体型生活保障システムとは公的福祉（法定福祉）部門を構成し、タイプCの公民混成型生活保障システムとタイプEの住民主体型生活保障システムとは民間福祉部門を構成する。インフォーマル部門の内容は相互支援型生活保障システムである。営利部門を構成するのは営利供給型生活維持システム（生活商品供給システム）である。

生活保障システムを構成するタイプA、B、C、D、Eの各生活保障サブシステムのうちもっとも社会的公共的な性格の強いのは、タイプAの公設公営型生活保障システムであり、ついでタイプBの認可団体型生活保障システムである。伝統的な公的福祉サービスの供給システムは、このいずれかのタイプに含まれる。より具体的には、タイプAの公設公営型生活保障システムを構成するのは、生活保護や福祉サービスの供給過程を運営管理している都道府県および市区町村である。社会福祉施設を設置運営し、あるいは在宅福祉サービスを実施する社会福祉法人、社会福祉事業団、社会福祉協議会はタイプBの認可団体型生活保障システムに属する。タイプCの公民混成型生活保障システムに属するのは行政の出資と規整をともなう福祉公社や行政の事業委託をうける相互扶助組織などである。タイプEの住民主体型生活保障システムに属するのは、当事者組織、相互扶助組織、生活協同組合・農業協同組合などの行政から独立した供給組織である。タイプ

Cの公民混成型生活保障システムとタイプEの住民主体型生活保障システムの多くは、その供給する福祉サービスを利用するにあたって、支払いや時間貯蓄の取崩しなど一定の費用の負担、すなわちある種の「購買」を前提とする。タイプCもタイプEもいずれも営利的事業を目的とする供給組織ではない。しかしながら、それらは、利用者にたいして福祉サービスのある種の「購買」を求めるということにおいて、タイプBの認可団体型生活保障システムとタイプFの営利供給型生活維持システムとの中間に位置する。ただし、両者を比較すれば、タイプCの公民混成型生活保障システムは、その組織や供給の過程が行政的に規制されているということにおいて、タイプBの認可団体型生活保障システムに近い。

それとは逆に、相対的にみて市場的な性格が強く、その意味でタイプFの営利供給型生活維持システムに近いところに位置するのがタイプEの住民主体型生活保障システムである。タイプFの営利供給型生活維持システムにあたるのは、シルバーサービスやチャイルドビジネスである。タイプDの相互支援型生活保障システムは、地域住民やボランティアの自発的・自主的活動にもとづいて展開されている生活保障システムである。近隣住民や民生・児童委員による独居老人や障害者の見守り活動、生活支援ネットワーク、福祉のまちづくり運動などがこれにあたる。

福祉サービス供給システムの流動化や多元化による行政責任の転嫁やその曖昧化によるアクセス過程の混乱を避け、多様な供給組織を適切に組み合わせ、総体として実質的な意味をもつ供給システムを構築するためには、それぞれの供給組織の特質とその実態についての長短両面にわたる行き届いた分析と理解が不可欠となる。

第4節　供給システムと利用システム

一　利用者主体の社会福祉

社会福祉は、その一方においてこれを供給する組織（主体）＝国や地方自治体、社会福祉法人、福祉公社、相互扶助組織などが存在し、他方においてこれを利用する利用者（対象）が存在していることによって成立する。そして、その社会福祉の供給組織と利用者との中間に位置して、両者を媒介し、結合するシステムが存在する。これまでの社会福祉に関する議論は、このシステムを供給者側の視点から把握し、議論してきた。すなわち、供給システム論である。これにたいして、社会福祉の利用者（地域住民）が福祉サービスにたどりつく（アクセスする）までの過程、機関や団体などの窓口における対応のあり方、利用過程における利用の支援やモニタリング、利用終結後のフォローアップのあり方などが議論の対象となるようなことは、これまでまれであった。

しかしながら、これからの社会福祉にとってもっとも重要な課題の一つは、社会福祉を供給する立場にある組織と社会福祉を利用する立場にある顕在的ならびに潜在的な利用者との対応関係（インターフェイス）をいかにしてよりよいものに改善するかということにある。そのことは、第一義的には利用者による社会福祉の利用の効果と効率とを最善のものに高めるために必要とされる。しかし、同時に、社会福祉の供給システムと利用者との対応関係を改善することは社会福祉の供給の効果と効率を高めるためにも必要とされる。

二　利用システムの視点

われわれは、かつて、社会福祉がもっぱら供給組織の側から論じられるという状況にたいして、供給システムのパラダイムを「供給者サイドの社会福祉から利用者サイドの社会福祉」に転換することの必要性を指摘したことがある。(5) ここでは、さらに一歩を進め、供給システムにたいする利用システムの視点を導入することによって、「社会福祉の供給組織と利用者との中間に位置して、両者を媒介し、結合するシステム」を利用者の側から把握し、分析する方法について考えてみたい。

戦後福祉改革以来、わが国では、社会福祉の利用は、法論理的にはともかく、実質的には利用希望者による自発的な申請からはじまるという考え方にもとづいて運営されてきた。いわゆる申請主義である。申請主義原則は、社会福祉の援助の可否や適否についての判断をもっぱら供給者の側に委ねようとする職権主義を批判するかたちで確立された。申請主義は、官僚主義的専断や恣意的判断をともないがちな職権主義の弊害を回避するということではそれなりの成果をあげてきた。しかしながら、一九七〇年代から八〇年代にかけて福祉ニーズの多様化、複雑化、高度化が進行するにつれ、申請主義の欠陥が指摘されるようになってきた。

申請主義が成り立つためには、まず、①申請者がみずからの福祉ニーズとその内容を的確に自覚し、②期待しうる福祉サービスの種類や申請の手続きなどについての適切な情報をもち、③申請の前提となる状況判断能力と、④申請手続きを実施するに必要とされる精神的・身体的能力をもっていること、さらには⑤許容された福祉サービスを利用して自己の福祉ニーズを適切に充足するに必要な身体的・精神的生活管理能力をもっていることなどがその前提的な条件となる。けれども、このような条件はいつでも満たされるというわけではない。また、申請主義にもとづく供給システムは、利用者による申請を尊重するという枠組のなかで、結果的には供給者の側に申請主義を方便とする「待ちの姿勢」をうみだしてきた。

次に、この申請を前提とする供給システムの短所を克服するために提起されたのがいわゆる「リーチアウト戦略」である。リーチアウト戦略の課題は、第一には、申請主義を前提にしながらも、職権主義を積極的に活用し、地域住民の福祉ニーズを掘り起こし、その意識化をはかることである。第二には、地域住民の福祉サービス利用の申請を積極的に促進し、場合によって申請手続きの一部を代行するようなことも、課題達成のための重要な戦略の一つとみなされる。リーチアウト戦略の要点は、社会福祉の供給システムのパラダイムを供給者サイドから利用者サイドに大幅に転換することにある。われわれの利用システムの構想は、その延長線上に位置している。

われわれのいう利用システムは社会福祉供給システムのあり方を顕在的ならびに潜在的な利用者（地域住民）の視点から捉え直したときに浮かびあがってくる概念であり、それは利用支援のための機関・組織・施設、利用支援過程、利用申請・決定過程、利用過程、利用後のフォローアップ過程、利用者の権利擁護の機関と体制、オンブズマン制度やモニタリング体制などから構成される。このうちでもとくに重要な意味をもつのは、利用支援のための機関、組織、施設とそこにおける利用支援過程のあり方である。

三　利用支援機関の創設

周知のように、国は一九八九年の「高齢者保健福祉推進十か年戦略」にもとづき、地域福祉型の高齢者福祉サービスを推進するうえでの機軸的な機関として「在宅介護支援センター」の設置を推進してきている。東京都もまた、ほぼこれに相当する機関として独自に「高齢者在宅サービスセンター」を設置する計画を推進してきている。こうした「在宅介護支援センター」や「高齢者在宅サービスセンター」は、福祉サービスを利用者（地域住民）の側から捉え直し、その活用を促進するという社会福祉の新しい供給の理念を具体化しようとする試みとして評価することができる。われわれのいう利用支援のための機関・組織・施設に相当するものである。「在宅介護支援センター」や「高齢者在宅サービスセンター」の活動はいうまでもなく高齢者福祉の領域に限定されるものであるが、このような利用者（地域住民）の身近に位置して「福祉サービスの利用を支援するシステム」は、高齢者福祉の領域のみならず社会福祉のすべての領域において導入されるべきものであろう。

また、地域における社会福祉利用の支援ということでは民生・児童委員（さらには主任児童委員）の存在も重要である。民生・児童委員は、その歴史的な背景もあって、伝統的に供給システムの最末端に位置して供給システムの円滑な運用に協力する民間の機関とみなされてきたし、一部の民生・児童委員にはその意識が強い。しかしながら、今後における地域福祉型社会福祉の展開を展望するとき、民生・児童委員の役割や機能も、供給サイドからではなく利用システムの強化という視点から、さらにいえば自治型地域福祉の視点から、地域住民による福祉サービスの利用を支援する機関として捉え直される必要があろう。

しかし、そのことについて詳細に論じるだけの余裕はすでにない。いまは、地域福祉の新しい状況のなかで民生・児童委員に期待しうる役割と機能について箇条書き的に列挙するにとどめておこう。

(1) 地域住民にたいして、福祉サービスや保健医療サービスについての情報を適切に提供し、周知させること。

(2) 地域住民、なかでも孤立した児童養育になりがちな若年の母親、母子世帯、父子世帯、障害者世帯、高齢者世帯などについて日常的に相談相手になり、必要な援助を提供すること。

(3) 潜在的な福祉ニーズの掘り起こしを行い、福祉サービスその他の専門的援助にたいする動機づけを試みること。

(4) 地域住民による相談について、その内容を慎重に判断し、福祉サービス提供機関その他の適切かつ専門的な各種のサービス供給機関を紹介し、つながりをつけること。

(5) 必要に応じて地域住民の福祉サービス利用の申請や相談に同道し、あるいは場合によってはその手続きを一部代行するなどの方法によって、住民の福祉サービスにたいするアクセスを地域住民の立場から援助すること。

(6) 地域住民による福祉サービスの利用状況やその予後について、観察評価し、必要とされる場合には側面的・支援的な援助の提供などを通じて、福祉サービスの利用効果を促進すること。

(7) 早朝、夕刻、夜間など、緊急事態がうまれたときに、一時的・短期的な保護や関連専門機関への連絡など、適切な措置を講ずること。

(8) 以上のような活動を迅速、かつ適切に実施することができるようにするため、常日頃から公式(フォーマル)、非公式(インフォーマル)両面に及ぶ支援ネットワークをつくりあげておくこと。

以上、地域福祉の現状および将来を自治型地域福祉、さらにいえば社会福祉の新段階としての自治型社会福祉として把握する立場から、地域福祉の動向とそれを把握する方法あるいは枠組を中心に、若干の整理を試みてきた。

近年における社会福祉の変化には著しいものがある。社会福祉の研究にもそれに対応するだけの強力なエネルギーの投入が要請されている。目前の社会福祉の動きに敏感に対応しながら、しかも同時にそれを世界的・歴史的な文脈のなかで理論的に把握し、意味づけていくことのできるような、強靭な方法論にもとづく研究の蓄積が必要とされているのである。

註

(1) 伝統的な地域福祉理論の整理については牧里毎治の論稿が参考になる。牧里毎治「地域福祉の概念構成」、同「『地域福祉論』の社会的背景」（いずれも右田紀久恵・高田真治編『地域福祉講座① 社会福祉の新しい道』中央法規出版、一九八六年、所収）。
(2) 右田紀久恵「分権化時代と地域福祉」（右田紀久恵編『自治型地域福祉の展開』法律文化社、一九九三年、所収）八〜一二ページ。
(3) 老人福祉領域および身体障害者福祉領域における権限の町村にたいする委譲は、町村の行政に及ぼす影響もさることながら、福祉事務所のあり方にも影響を与えている。地域福祉における福祉事務所の役割や機能を考えていくうえで重要な論点である。そのことに関連して次の論稿が参考になる。岡部卓「変革期における福祉事務所の課題と展望――措置権町村委譲と福祉事務所『再編』――」（鉄道弘済会『社会福祉研究』第五六号、一九九三年、所収）。
(4) 供給システムの流動化・多元化については、古川孝順・庄司洋子・定藤丈弘『社会福祉論』（有斐閣、一九九三年）三〇ページを参照されたい。また、古川孝順『社会福祉学序説』（有斐閣、一九九四年）一九三〜一九七ページにおいても論じている。
(5) 拙稿「社会福祉供給システムのパラダイム転換――供給者サイドの社会福祉から利用者サイドの社会福祉へ――」（拙編『社会福祉供給システムのパラダイム転換』誠信書房、一九九二年）一〜八ページ。

第13章

社会福祉改革論の理論的含意

初出：2000年
大阪府立大学社会福祉学部「社會問題研究」
第49巻第2号（通巻122号）

はじめに

一九九七年夏にはじまる社会福祉基礎構造改革の議論は、二年四カ月を経過した一九九九年一二月現在、いまだに決着を見るに至っていない。社会福祉基礎構造改革の決着を意味する「社会福祉の推進のための関係法律の整備等に関する法律案」はこれまでのところ議会に上程されていない。恐らくは、介護保険制度の実施が予定されている二〇〇〇年四月までには成立が期されることになろうが、その見通しは必ずしも定かではない。

ここでは、以上の状況を前提に、八〇年代福祉改革から社会福祉基礎構造改革に至る社会福祉改革が社会福祉の研究にたいしてもっている含意に関して三通りの論点をとりあげ、管見若干を披瀝し、故定藤丈弘教授の追悼としたいと思う。

第1節　社会福祉改革と社会福祉の範囲

八〇年代以来の社会福祉改革、なかでも社会福祉基礎構造改革は広く社会福祉の理論研究に影響を及ぼすものであるが、ここではまずそれが社会福祉の範囲に関する議論にたいしてもつ意味について考察する。

一　社会福祉の範囲——制限列挙による限定

社会福祉基礎構造改革の社会福祉の範囲にたいする影響といっても、直接的にはそれは社会福祉事業にたいする影響である。社会福祉基礎構造改革の社会福祉の範囲にたいする影響を論じるには、社会福祉と社会福祉事業との関連について検討しなければならない。しかも、社会福祉事業を社会福祉事業法にいう社会福祉事業と解すれば、社会福祉事業は第一種社会福祉事業と第二種社会福祉事業に区分され、さらに社会福祉事業法には社会福祉を目的とする事業という範疇が存在している。

従来、これらの諸範疇、すなわち社会福祉、社会福祉事業、社会福祉を目的とする事業という範疇の相互の位置関係、あるいは規定関係については、社会福祉事業の下位分類である第一種社会福祉事業と第二種社会福祉事業の区分を含めて、必ずしも十分に論じられてきたとはいえない。社会福祉基礎構造改革は、そのような状況のなかで第一種社会福祉事業から公益質屋を経営する事業を削除し、第二種社会福祉事業として新たに障害児相談支援事業、身体障害者相談支援事業、身体障害者生活訓練事業、手話通訳事業、盲導犬訓練施設を経営する事業、知的障害者相談支援事業、知的障害者デイサービス事業、知的障害者デイサービスセンターを経営する事業、福祉サービス利用援助事業を追加することになる。公益質屋の削除はすでにその役割が終了したと考えられるからであり、第二種社会福祉事業への追加は新たに追加された諸事業の重要性が認識されたことによるものといえようが、ここでの課題に照らして重要なことは、新しく追加された諸事業の従来の性格である。障害児相談支援事業以下八種類の新規事業は、これまでは社会福祉事業法にいう社会福祉事業とはいえない存在であった。しかし、それでは社会福祉ではなかったかといえば、そうではないであろう。それらの事業に従事している人びとの認識はもとより、周囲の認識も社会福祉の一部というものであろう。社会福祉事業法の用語法でいえば、追加された新規事業は従来は社会福祉を目的とする事業に含まれていたとでもいえばよいであろうか。

いずれにしても、社会福祉、社会福祉事業（第一種社会福祉事業ならびに第二種社会福祉事業）、社会福祉を目的とする事業、どれをとってもその概念は明確ではない。それは、社会福祉における概念規定のむずかしさによるものである。社会福祉事業法が社会福祉事業を正面から規定することを避け、具体的な事業名を例示することを通じて社会福祉事業とそうでないものとを区別する制限列挙（列記）主義を採用せざるをえなかったのもそのためである。[(1)]

社会福祉基礎構造改革はそのような困難な課題に一石を投じたことになる。それを受けて、ここで、われわれは、社会福祉、第一種社会福祉事業、第二種社会福祉事業、社会福祉を目的とする事業という四通りの範疇の関係を取り敢えず、つぎのように設定しておきたい。すなわち、ここでは、社会福祉を最も広い範疇として捉え、それを外延部分から順に社会福祉を目的とする事業、第二種社会福祉事業、第一種社会福祉事業という三層構造からなる全体を意味するものとして把握することにしよう。逆にいえば、社会福祉のもっとも中心的な部分に位置するもの、それは第一種社会福祉事業であり、その外側に第二種社会福祉事業が位置し、さらにその外延部分に社会福祉を目的とする事業が存在しているといえばよいであろうか。

もとより、このようにいってもそれで社会福祉の概念が明確になるわけではない。社会福祉を構成する三通りの範疇である第一種社会福祉事業、第二種社会福祉事業、そして社会福祉を目的とする事業を相互に区別する境界線のもつ理論的な意味は必ずしも明確ではない。取り敢えず明確なのは、社会福祉事業法が法令上、第一種社会福祉事業と第二種社会福祉事業との区分、第二種社会福祉事業とそれ以外のもの、恐らくは社会福祉を目的とする事業との区別を行っているということである。しかし、その社会福祉事業法も社会福祉の範疇を明確にするうえでもっとも重要な意味をもつ社会福祉を目的とする事業とそうでないものとの区分を設定していない。

二　社会福祉の範囲——経営主体による限定

さて、社会福祉基礎構造改革は別の角度からも社会福祉の範囲をどのように捉えるかという課題に問題を提起している。それは、社会福祉基礎構造改革をめぐる議論のなかに社会福祉事業業の経営主体について規制緩和を導入し、営利企業による社会福祉事業の経営を容認すべきであるとする主張が含まれていることである。なかでも営利企業による経営が求められたのは、保育所と特別養護老人ホームである。

社会福祉事業の経営主体に関して社会福祉事業法は、第一種社会福祉事業の経営主体を原則として国、地方公共団体、社会福祉法人に限定するものの、第二種社会福祉事業については特段の規定を置いていない。第二種社会福祉事業については、法令上は、国、地方公共団体、社会福祉法人はもとより、それ以外の法人や一般団体、さらには私人による経営ですら可能である。しかし、実際には、民間で第二種社会福祉事業を経営するには社会福祉法人格の取得が求められた。行政指導上、そのような対応が求められたのである。その結果として、社会福祉事業の経営は国、地方公共団体、社会福祉法人が経営するもの、逆にいえば国、地方公共団体、社会福祉法人の経営する事業、それが社会福祉事業であるという観念が形成されることになった。

社会福祉基礎構造改革の最終案では、営利企業による特別養護老人ホームの経営は見送られたものの、保育所については運用上の対応として実現されることになった。このことは、部分的にせよ、社会福祉事業は国、地方公共団体、社会福祉法人によって経営されるものという観念に風穴が開けられたことになる。特別養護老人ホームについても将来的には営利企業による経営が容認されるのではないかという懸念がないわけではない。

ただし、保育所以外の第二種社会福祉事業の経営についていえば、八〇年代後半から営利事業体の参入がはじまり、その範囲は年々拡大を続けてこんにちに至っている。ホームヘルプサービス、配食サービスに入浴サービスなどの在宅サービスは、すでに民間の互助団体、家政婦派遣事業所、配食事業や入浴事業を行う有限会社その他への派遣委託や業務委託などのかたちで実施されてきた。また、介護保険制度のもとにおいては法人格をもっていることを基礎的な条件として営利的事業所が介護支援事業者や居宅サービス事業者として介護保険事業に参入することが認められている。わが国の社会福祉は、基礎構造改革を待つまでもなく、第二種社会福祉事業については営利企業の参入を認めてきたのである。基礎構造改革はそのような営利事業の参入を第一種社会福祉事業にも及ぼそうとしたといえよう。

三　社会福祉の範囲——枠組みによる限定

このように、すでに今日において、第二種社会福祉事業に限定していえば、社会福祉とそうでないものとの区分を経営主体の違いによって行うことは不可能であり、また無意味なように思える。たとえば、ホームヘルプサービスについていえば、それが公務員ヘルパーによって提供されていようと互助団体や家政婦派遣事業所のヘルパーによって提供されていようと、基本的にそのサービスの内容に違いがあるわけではない。利用者側からいえば、そのサービスが福祉ニーズの充足に有効であれば、ヘルパーがどのような機関・団体に所属していようとも、そのことは関わりがないといってよいであろう。

しかし、そうはいっても、互助団体によるホームヘルプサービスはともかくとして、家政婦派遣事業所その他の営利事業体によるホームヘルプサービスと地方自治体や社会福祉法人によって提供されるホームヘルプサービスと完全に同一視するわけにはいかない。これまでのところ、国や地方自治体もそうしようとしているわけではない。国や地方自治体は、業務ないし事業の「委託」や事業者としての「指定」という枠組みを設定し、その枠組みによって区分された部分のみを社会福祉の一部として取り扱おうとしているのである。これがわれわれのいう社会福祉の枠組みによる限定、さらにいえば枠組みとしての社会福祉にほかならない。

委託や指定という枠組みを通して提供される社会福祉という観点からいえば、営利事業者によるホームヘルプサービスそのものは社会福祉ではないが、それが地方自治体による委託や指定という一種のフィルターを通して提供される場合、その部分は社会福祉ということになる。もとより、このようなかたちでの社会福祉の多元化が推進されるということになれば、地方自治体の任務は委託や指定にとどまらない。地方自治体の設定の枠組みのなかには、個々のサービスについて一定の供給量を保障すること、費用の負担を一般の販売よりも低価格に設定すること、サービスの質を一定の水準に維持するための最低基準を設定すること、利用者の利用を支援し、促進するようなシステムを導入することなど、利用者のサービス利用権を保障するための諸条件を組み込んでおくことが要請されることになろう。

四　社会福祉の範囲――内容による限定

さらに、われわれは、以上の議論に加えて、内容的に福祉サービスをそれ以外のものと区別する条件として、以下のような要件を設定してみたい。すなわち、社会福祉は実質的な特性として①福祉ニーズ対応性、②規範性、③公共性、④非営利性をもつこと、形態的な特性として⑤組織性、⑥継続性、⑦安定性、⑧透明性をもつことが求められよう。実質的な特性は社会福祉がそれとして成立するための不可欠の要件である。①の福祉ニーズ対応性は改めて説明するまでもない要件である。②の規範性は社会福祉が利用者の人格の尊厳や人権を擁護しようとする人権意識、それを実現しようという使命感によって支えられているということである。規範性は、そのような使命感の達成に事業者の行動を方向づけ、自己を律する自己規制力といいかえてもよい。社会福祉の経営には一定の人権意識、使命感、自己規制の能力が求められるのである。③の公共性は、社会福祉は目的においても運営の形態についても利用者をはじめとして市民や住民の生活の向上という公共の利益に奉仕するものでなければならないということである。社会福祉は、それがどれほどに強い使命感に裏付けられていようとも、個人的名利の手段であってはならず、また公共の利益を損なうような形態で運営されてはならない。④の非営利性は、社会福祉の利用者による利用料の負担を全面的に否定するものではない。しかし、その負担の額は公共性に照らして妥当なものでなければならず、また出資者にたいする利益の配分は容認されえない。八〇年代後半以降における第二種社会福祉事業にたいする営利事業の参入は、この要件と抵触しかねない側面をもっている。ただし、その提供するサービスが委託や指定という枠組みのなかで提供される場合には、この要件は充足されると考えられている。逆にいえば、委託や指定はこのような要件を充足させるための枠組みである。

社会福祉の形態的要件としての⑤組織性　⑥継続性　⑦安定性　⑧透明性はいずれも社会福祉の実質的要件の外枠となるものであり、かつ利用者の利益を確保するうえで充足されなければならない要件である。ただし、⑤の組織性と⑥の継続性はインフォーマルサポートネットワークやボランティア活動の存在や意義を否定するものではない。また、⑧の透明性は経営の透明性ということであり、情報の開示・提供や説明責任の履行によって確保される。

このように、社会福祉の範囲をどのように把握するかということについては、実態的に把握される事業の種類、経営主体の性格、提供の枠組み、さらには実質および形態に関わる要件など、さまざまな側面からの議論が可能であるが、いずれにせよ詰めた議論は今後に残されている。

第2節　社会福祉存立の枠組み

つぎに、社会福祉改革論が社会福祉存立の根幹に位置するその主体、すなわち社会福祉に関わる資源配分の主体をどのように認識し、位置づけるべきかという社会福祉研究におけるもっとも重要な論点に関連してもつ意味について検討する。

一　社会福祉における資源配分主体の多元化——民間セクターの活性化と市場セクターの参入

社会福祉改革に関わる議論は、何よりも社会福祉における資源配分主体をどのように把握するかという論点に深く関わっている。ここでいう社会福祉の資源配分主体は社会福祉の具体的第一線のレベルにおける福祉サービスの提供主体ではない。それは、社会福祉あるいはさらに広く「社会の福祉」に関わる社会総体のもつ資源（＝社会福祉資源）の配分に関与する主体ないしセクターの意味である。もとより、そのような意味での社会福祉資源の配分主体に関する議論は、今回の社会福祉基礎構造改革にはじまるわけではない。わが国においても萌芽的にはすでに七〇年代後半には社会福祉の多元化というかたちで資源配分主体に関する議論が始まっている。先行するイギリスでは六〇年代からの議論である。

周知のように、社会福祉資源配分の主体ないしセクターについての議論は、欧米においても、またわが国においても、それを政府（中央政府ならびに地方政府）、民間、市場という三通りのセクターに分類するか、あるいはさらに民間セクターをボランタリーセクターとインフォーマルセクターに分類し、政府（国・地方自治体）、市場とあわせて四通りに分類するか、いずれかの類型化が一般的である。

社会福祉基礎構造改革の中心的論点の一つは、従来の国を中心に公的に行われてきた社会福祉資源の配分を民間セクター、さらには市場セクターを中心とする形態に改めようというものである。ここで問題になるのは、国を中心とする従来の資源配分のありようをいまの時点で改める必要性があるかどうかということ、さらに市場セクターが社会福祉資源の配分メカニズムとして適切に機能しうるかどうかということである。これまで、このいずれの側面についても、われわれのそれも含めて、多様なかたちでの議論が展開されてきている。それらの議論の中心にあったのは従来の社会福祉資源の国を中心とする公的配分方式―その論点は措置制度に特化される傾向にあったが―やそれと対比的に提起された契約利用方式の資源配分メカニズムとしてみた場合の長短功罪に関する議論であり、またより一般的には市場セクターによる配分を容認することの妥当性に関する議論であったといってよいであろう。

八〇年代以来の社会福祉改革の現時点における決着点は、基本的総体的には国中心の資源配分方式を契約利用に比重を移すことを前提に、部分的には伝統的な配分方式―措置制度―を残しつつ、民間セクターの活性化をはかるとともに、市場セクターの参入についてはその範囲を委託や指定による第二種社会福祉事業（含在宅介護サービス）に限定するということになりそうである。この落ち着き方は、従来の国中心の資源配分方式が完全無欠ではないことや一切の規制を排除する市場原理至上主義の配分方式のもつ非現実性などを考慮すれば、まずまず現実的かつ妥当な結論といってもよいであろう。しかしながら、当然のことにそこに残された課題は多い。

ここでは理論的な課題に限定し、二点だけ指摘しておきたい。第一点は、歴史的かつ概括的にみて、近代以降、社会福祉資源の配分に関わる体制が民間セクター（慈善事業）から地方団体（救貧制度）へ、そして国（社会事業）へという方向性でその比重を移し、最終的には国家責任を中心とする福祉国家体制に発展再編成されてきたという事実と、八〇年代改革以来の福祉改革による民間、さらには市場への展開という逆の方向性をどのように調和させ、接合するかということである。一九世紀から二〇世紀への世紀転換期における社会事業の成立から第二次世界大戦後における福祉国家の成立という歴史的過程のもつ意味を考えれば、八〇年代以来の社会福祉の基礎構造に関わる改革は、新自由主義者や新保守主義者の志向する単線的な過去への回帰ではなく、社会福祉の新しい段階への展開を示すものとして整理され、そのようなものとして理論構成されなければならない。

第二点は、民間セクターの比重の増大や市場セクターの参入についても、同様に、福祉国家体制下における社会福祉の新しい段階への展開という文脈のなかで、整理され、その役割や機能のあり方について、また社会福祉の理念に適合するような、サービスの品質管理や利用における適正手続きの確立、経営の説明責任性の確保その他新たな状況を前提とする規制システムのあり方についての理論化が必要とされよう。

二　社会福祉における政府間関係の再編成——政策制度主体の分節化

八〇年代以来の社会福祉改革には、社会福祉における分権化の推進という側面が含まれている。それは、八〇年代なかばにおける国による補助金の削減、一部機関委任事務の団体委任事務への移管、九〇年代初頭における高齢者福祉ならびに身体障害者福祉に関わる事務の市町村への委譲として実現され、今回の社会福祉基礎構造改革でも知的障害者福祉に関する事務ならびに身体障害児・知的障害児にたいする居宅サービスに関する事務の市町村への委譲が予定されている。こうして、こんにち、わが国の社会福祉は、居住形態をとる児童福祉施設によるサービスを例外的な存在として残しつつ、基本的には国と都道府県を中心とする社会福祉から市町村を中心とするそれに転換する方向にあるといってよい。

五〇年以前、戦後改革のなかで再編成された戦後社会福祉の基礎的な骨格構造は、社会福祉の事務を第一義的に国（中央政府）の責任として位置づけ、その実施を都道府県を中心に地方自治体（地方政府）の首長や地方自治体そのものに委任するというものであった。国の事務を都道府県や市町村の首長に委任する方式が機関委任事務であり、都道府県や地方自治体そのものに委任するのが団体委任事務であるが、社会福祉による援助の中心となる最低生活費の支給や福祉サービスの提供はすべて機関委任事務として位置づけられてきた。このような社会福祉に関わる事務執行の体制は、財政の側面においても、必要とする費用の一〇分の八を国が負担し、残りの一〇分の二を地方自治体が負担するという負担率のあり方によって裏打ちされていた。こうして社会福祉の領域においても、国（中央政府）と自治体（地方政府）との関係は、権限の側面においても、財政の側面においても、国から都道府県へ、一部のサービスについてはさらに市町村へという上意下達、下降型の関係として展開することになった。

八〇年代以来の社会福祉改革は、このような状況を改革し、社会福祉を地方自治体なかでも市町村を基礎的な単位として展開する方向を提起するものであった。その根拠は、社会福祉の運営は、市民生活にもっとも近く、それだけに市民生活の実態を知悉することのできる立場にある市町村を中心に運営されるのが妥当かつ適切であるというものであった。しかし、周知のように、このような改革の方向は多くの、激しい批判と反発を招くことになった。それは、このような改革案が戦後福祉改革のなかで確認され、確立されてきた社会福祉にたいする国家責任を解除しようとするものと受けとめられたからである。

このような批判は十分に理由のあるものであった。実際、改革案は社会福祉を市町村単位で運用する場合、市町村と都道府県、さらには国という三者の関係がどのようなものになるのか、なかでも国家責任のありようを含め、新体制下における国の役割や機能がどのようなものになるのか、そのことを明確に示してこなかった。むしろ、国の役割や機能の単純な縮小や後退、性格の転換を示唆するような発言が少なからずみられたのである。しかしながら、その一方、一部の厚生官僚による汚職事件に象徴されるような、戦後以来の厚生行政において形成されてきた中央集権主義や官僚主義の肥大と弊害は、看過しがたい事実であった。この側面においては改革は避けがたい社会的な要請であった。

社会福祉における政策制度主体のあり方に関連させつつ、ここでも理論的な課題を三点指摘しておきたい。その第一点は、社会福祉における国家責任、すなわち社会権的生存権の保障が新しい市町村を中心とする社会福祉のなかでどのように担保されるかという問題について、明確な青写真を構築することが求められる。さらにいえば、社会福祉の提供が市町村を中心に、しかも資源配分方法の多元化という前提をとるとき、社会権的生存権の保障はどのように担保されるのか、そのことについての青写真である。そこにおける市町村、都道府県、国の役割についての理論構成が必要である。

社会福祉基礎構造改革のなかで構想されている政府の役割についてのイメージは、端的にいえば、伝統的家父長主義的な保護介入国家（プロテクティブステイトあるいはインタービーイングステイト）から条件整備国家（イネイブルステイト）への転換ということであろう。国は直接的に国民の生活に介入し、生存権を保障する事業を実施することをやめ、国民が自己責任において生活を維持することを支援するための条件整備に転じるということである。たしかに、国が社会福祉に関わる事業を直接指揮実施することがもっとも効果的かつ効率的であるかどうかについては、議論の余地がありうる。その意味では、国が条件整備に転じることも一つのあり方であろう。しかしながら、現代社会に生活する市民は国が行う条件整備で十分な自立生活を維持しうる人びとばかりではない。そのような人びとにとって国が最終的なセーフティネットを整備する責任を放棄することは適切ではない。また、市民の直面する福祉ニーズには児童虐待ケースや老人虐待ケースのようにより積極的な介入を必要とする場合も少なくない。こうした事実からすれば、国がその保護介入的な機能を第一義的には市町村に委譲するにしても、市町村がその機能を全うしうるだけの条件を整備する責任は引き続き国の責任として全うされなければならない。行政の一部には市町村の役割も条件整備だとする理解があるが、それでは社会権的生存権の保障は担保されえない。社会権的生存権の保障をめぐる国、都道府県、そして市町村のあいだの権限と責任の再分配が必要とされる所以である。

第二点は、国、都道府県、市町村の関係を下降型の政府間関係から市町村から、都道府県、そして国へという上向型の政府間関係に転換するための理論構成が求められるということである。市町村単位の社会福祉は、国や都道府県に属する社会福祉の権限を市町村に委任、あるいは委譲するということ、すなわちそれは単なる社会福祉の下方分権化では実現されえない。それは、市町村の自治としての社会福祉の実現でなければならない。おのずと、国や都道府県と市町村との関係は、前二者が市町村に社会福祉に関する権限の一部を授権するというものではない。国や都道府県の役割と機能は、市町村のもつ社会福祉を実施する権限を尊重し、自治としてのその展開を保障するための条件整備を分担するということでなければならないであろう。このような、新しい市町村単位の社会福祉を実現し、促進するような政府間関係に関する理論の構築が必要とされるということである。

第三点は、市町村単位の自治型の社会福祉を実現するには、市町村が社会福祉に関する政策決定権のみならず、そのための課税や債券発行等の権限を含む財政自主権をもつことが不可欠の条件となる。周知のように、八〇年代以来の社会福祉改革の実態は、市町村への権限の移管委譲を喧伝しながらも、その実、移管委譲されるものは義務や責任であり、介護保険制度の導入に象徴されるように、保険料、供給される介護サービスのメニューやその運用、要介護度の認定についても、国による枠組みが厳格に設定され、市町村が独自性を発揮する余地は限られている。このような状況を克服するには、政策決定権や財政自主権を含む市町村の自己統治を前提とする新たな社会福祉のありようについての理論構成が必要とされる所以である。

三　市町村と地域社会の間――「新しい公共」の形成

社会福祉改革の課題のなかには、社会福祉の市町村単位への移行と同時に地域社会を中心とする社会福祉への転換ということが含まれている。市町村単位の社会福祉というときの市町村は、何よりもまずは行政機関としての市町村であるが、他方社会福祉の展開の場としての地域社会はどのように捉えられるのであろうか。また、両者の関係はどのように理解されるのであろうか。

一般的常識的な理解の仕方をとれば、地域社会は行政機関の基盤となる行政区画のなかに居住する人びとの集合体ということになろう。ただし、地域社会の前提となる範域は広狭さまざまであり、その意味では行政区画と地域社会の成立する範域は必然的に重なり合うというものではない。また、地域社会を機能的に一定の帰属意識、生活意識、文化、生活利害その他の特性を共有する人びとからなる集団として捉えるならば、行政区画と地域社会との距離は一層離れたものとならざるをえないであろう。しかし、ここではそのことを十分承知のうえで、地域社会と市町村の意義および両者の関係を、現実的に、一定の地理的範域（行政区画）を前提に成立する、多かれ少なかれ一定の帰属意識や生活意識、文化、生活利害などを共有する自立した市民、すなわち地域住民から構成される集合体と、それらの人びとによって民主的な手続きのもとに選出され、制度的に一定の権限を委任されて成立する自己統治の機関としての政府（行政機関）の関係として理解することにしたい。

以上のような市町村と地域社会についての理解を前提に、社会福祉改革にいう市町村への分権化や地域社会による活動の活性化という課題を捉えれば、つぎのような理論的課題が抽出される。第一点は、市町村への分権化という場合の市町村の位置づけである。これまでの議論からすでに明らかなように、社会福祉改革論による社会福祉の分権化には市町村を国の政策意志の執行機関として扱うという色彩が濃い。その意味では八〇年代以来の社会福祉の分権化は、一見分権に見えて実は「統制のとれた分権」[(2)]にすぎない、という指摘は適切であろう。逆に、これと裏腹の関係において、地域住民の市町村にたいする対応も国の政策意志にたいする批判と抵抗という姿勢になりやすい。もとより、統制のとれた分権にたいする批判や抵抗には、それなりに意義を認めなければならない。しかし、分権型の社会福祉をさらに一歩進めて自治協同型の社会福祉に転換させるためには、市町村が、国の政策意志の執行機関であること以前に、あるいはそれ以上に、地域住民によって選出された自己統治のための政府機関であることに思い至さなければならない。地域社会を構成する地域住民は市町村がみずからの意志を執行するための政府機関であるという認識を前提に、現実の市町村の行政をチェックし、方向づけることが要請される。社会福祉の研究に求められることは、その方向に展望をもちうるような理論構成を提起することであり、またその裏付けとなるような実証的研究を蓄積することである。

第二に重要なことは、市町村と地域住民との関係を公と私という二項対立的な関係から、自主的主体的な第三者セクターを形成することによって、三者関係的なそれに発展させることである。この一〇年ほどの社会福祉の展開のなかでもっとも注目される現象の一つは、多様なＮＰＯ（非営利組織）の出現であろう。ＮＰＯのもつ意義の一つは、それが行政機関としての市町村とその選出母体でありまた被統治者としての地域住民（市民）との間に立って第三者機関的な役割をもとうとしているところにある。

ＮＰＯは地域住民が自主的主体的に設立した組織であるが、市町村による行政の枠外において、あるいは行政との協同において、地域住民のニーズに対応することを主要な活動とする。ＮＰＯは組織的出自としては民間性をもつが、地域住民の福祉ニーズに対応するという側面においては公共的な性格をもつことになる。そのようなＮＰＯと行政機関としての市町村との関係は、部分的に目的を共有しつつも、基本的には相互にチェックしあう関係である。また、ＮＰＯは地域住民の福祉ニーズの充足という公共的な課題に関与することによって公共性をもち、地域住民のチェックを受けることになる。こうして、地域住民、政府機関としての市町村、ＮＰＯは、福祉ニーズの充足、さらには市民生活の向上という共通の目標を中心に、相互に支えあい、チェックし合うという関係を成立させることになり、そこには一定の政治的なダイナミズムとそれが作用する空間が形成されることになる。われわれの視点からいえば、これがいわゆる「新しい公共」とよばれるものであろう。

もとより、このような新しい公共は市町村のレベルのみならず、都道府県、国、さらには国際社会のレベルにおいても成立する可能性を帯びている。すでに言及した社会福祉に関わる資源配分主体の多元化についても、単なる横並び的な供給窓口の拡大としての多元化や公的責任回避策としての多元化という観点を超えて、このような新しい公共という観点から積極的に位置づける理論構成が求められよう。

第3節　自立生活の支援

最後に、今回の社会福祉基礎構造改革が新しい社会福祉の理念あるいは目的として個人の自立生活の支援をあげていることに関して若干の議論を試みることにしよう。

一　理念・目標の転換

社会福祉基礎構造改革の理念が個人の自立生活であることに新鮮さを感じるのは、あながちわれわれだけではないであろう。戦後間もない時期の社会事業の理念あるいは目的がいかなるものであったかを思い起こすとき、特にその印象が強い。周知のように、戦後間もない時期における代表的な社会事業の概念規定は、一九五〇年の社会事業研究所によるそれであろう。すなわち、そこでは「社会事業とは、正常な一般生活の水準より脱落背離し、またそのおそれのある不特定多数の個人または家族に対し、その回復保全を目的として、……個別的、集団的に保護助長などの処理を行う、社会的、組織的活動である」(3)とみなされている。翌五一年の社会福祉事業法は、その第三条で社会福祉事業の趣旨について「社会福祉事業は、援護、育成、または構成の措置を要する者に対し、その独立心をそこなうことなく、正常な社会人として生活することができるように援助することを趣旨として経営されなければならない」と規定している。

さらに、ほぼ同時代の研究者による概念規定として孝橋正一のものがある。孝橋の規定においては、「社会事業とは、資本主義制度の構造的必然の所産である社会的問題にむけられた合目的・補充的な公・私の社会的方策施設の総称であって、その本質の現象的表現は、労働者＝国民大衆における社会的必要の欠乏（社会的障害）状態に対する精神的・物質的な救済、保護および福祉の増進を、一定の社会的手段を通じて、組織的に行うところに存する」[(4)]とされている。

戦後間もない時期における社会事業の理念ないし目的と社会福祉基礎構造改革の提起する社会福祉の理念ないし目的との懸隔は一見して明らかであろう。それでは、両者の違いはどのようにしてもたらされたのか。それは、戦後復興の萌芽期である五〇年前後の時代と高度経済成長とその後の長期的不況を経験した九〇年代の社会経済的諸条件の違い、さらには生活水準や生活様式の違いによるといえば、それはその通りである。しかし、社会福祉の理論研究としてはそう指摘しただけでは不十分である。そのような変化をもたらしたものが何であったのか、その過程や要因について、またそのような変化が社会福祉にとって何を意味するのか、そのことについて明らかにしなければならない。そうでなければ、社会福祉の理論研究は、これからの社会福祉について、そのありようを方向づける理念や目的を設定し、提起するという、その実践的な責任を全うすることはできないであろう。

もとより、ここでそのことについて行き届いた議論を展開しうる余裕はない。ここでは取り急ぎ論じられるべき課題がどのようなものであるのか、そのことだけを指摘しておきたい。

二　対象論の再構築

まず、第一の論点は、一九五〇年前後の戦後社会福祉における骨格形成期の社会事業論と社会福祉基礎構造改革論がそれぞれ社会福祉の対象をどのように捉えているかということである。社会事業研究所は「正常な一般生活の水準より脱落背離し、またそのおそれのある不特定多数の個人または家族」を、社会福祉事業法は「援護、育成、または構成の措置を要する者」を、孝橋は「労働者＝国民大衆における社会的必要の欠乏（社会的障害）状態」を、それぞれ社会福祉の対象として措定している。

周知のように、社会福祉の対象についての規定の仕方には、対象を一定の特徴を共有する者ないしその集合として属人論的に捉える方法とそれを一定の解決ないし緩和すべき問題状況として状況論的に捉える方法がある。社会事業研究所や社会福祉事業法の対象のとらえ方は前者であり、孝橋のそれは後者である。両者の違いは、単なる対象を人間のレベルで捉えるか問題のレベルで捉えるかの違いではない。そのことの意味は後述するとして、孝橋の規定を属人論的に捉え直せば、「社会的必要の欠乏（社会的障害）状態にある労働者＝国民大衆」ということになる。すなわち、すでに明らかなように、骨格形成期の概念規定に共通にみられる特性は、社会福祉の対象を一般ないし通常の能力なり生活なりの水準を充足していない者として捉えていることである。そこでは、社会福祉の対象は、明示されてはいないものの、質的には社会的弱者として、量的には社会の一部の者、少数者として捉えられているといってよいであろう。

このような社会福祉対象の認識のありようは、その後の高度成長期以降の社会福祉におけるいわゆる一般化普遍化を経験する過程で、国民一般を対象として認識するように変化してきた。社会福祉基礎構造改革がこれからの社会福祉の理念として個人の自立生活の支援を掲げるのも、このような社会福祉対象の把握方法における変化の延長線上にあるものとして受けとめることが可能であろう。この新しい理念を社会福祉の対象規定として読み替えてみると、社会福祉の対象は自立生活が維持しえない状況、あるいは属人論的にいえば自立生活が維持し得ない状況にある人びとということになろう。社会福祉基礎構造改革が、このように、社会福祉の対象をより一般的普遍的に捉えようとしていることじたいは、時代の要請に対応するものとして評価することができる。

しかし、ここで重要なことは、社会福祉基礎構造改革論に限らないことであるが、このように社会福祉の対象を一般的、普遍的に規定する過程において、社会福祉対象論の重要な課題であった対象の社会的形成因ならびに形成過程についての議論を脱落させてこなかったかということである。

すなわち、人びとはいかにして社会福祉の対象になるのか、あるいは人びとが社会福祉を必要とする状況はいかにして形成されるか、ということについての議論の欠落である。ここでの自立生活の支援という理念に関連させていえば、人びとの自立生活を維持しえない状況はいかなる原因にもとづき、どのように形成されてくるのかという議論が抜け落ちてしまっているということである。

もとより、社会福祉を構成する個々の制度はその制度の利用を認める人びとの範囲について一定の基準をもっている。措置基準や要介護認定基準などがそれである。そこにはそれぞれの制度がどのような状況にある人びとを制度の対象＝利用者とみなすかということが示されている。しかし、このような基準のもつ含意は政策なり制度なりが一定の状況にある人びとを利用容認の対象として認識するということであり、そこには状況そのものの形成因や形成過程についての議論は含まれていない。そのことが議論になる場合にも、要介護認定がそうであるように、客観性の確保という名目のもとに人びとの身体的状況のみが論じられることになる。

そこでは、社会福祉がかつて中心的な課題として論じてきた社会福祉的な対応を必要とするような一定の状況をうみだす原因、またそのような状況の形成過程を規定する要因としての社会経済的諸条件についての議論は完全に抜け落ちてしまっている。さきに、五〇年代後半の社会福祉の対象把握の例として孝橋正一を引用した。その理論体系の全体を受け入れるかどうかは別にしても、社会福祉の理念を個人の自立生活の支援として法社会的に把握しようとする今日的状況のなかで、孝橋が社会福祉の対象をその形成因や形成過程に遡及して捉えようとしたことのもつ意味をもう一度考え直してみる必要がありそうである。

三　自立概念の再構成

しかし、そのことはそのこととして、社会福祉基礎構造改革が社会福祉の理念を人びとの自立生活の支援として設定しようとしていることは、社会福祉が何を目指すのかという観点からは積極的に評価するに値する。ここで、すでにみた社会事業研究所の定義が社会福祉の目的について「正常な生活水準より脱落背離し、またそのおそれのある不特定多数の個人または家族に対し、その回復保全を目的」にするとし、社会福祉事業法が「援護、育成、または更生の措置を要する者に対し、その独立心をそこなうことなく、正常な社会人として生活することができるように援助すること」をもって社会福祉の趣旨（目的）としていることを思い起こしてみたい。これらの規定には、明らかに社会福祉の対象＝利用者を正常な水準や状態から脱落した、あるいは独力ではそこに到達しえない人びととして捉え、それらの状態を正常な状態に回復させ、あるいは正常な状態に引き戻すという選別主義的な捉え方が潜在しているように思われる。その意味では、社会福祉基礎構造改革が人びとの自立生活の支援を目指そうとしていることは、大きな前進であるといえよう。しかしながら、そこにも問題がないわけではない。基礎構造改革論のなかで自立あるいは自立生活がどのようなものとして考えられているか、その点の議論は深まっていないからである。

たとえば、自立という用語は今回が初出ではない。実際、自立という用語は、社会事業研究所の定義が作成され、社会福祉事業法が制定されたまさにその時期から、生活保護行政のなかで自立助長という熟語として頻繁にもちいられてきた。しかも、そこでは自立助長は、生活保護の受給者を保護を必要としない状態にすることとして捉えられていた。さらにいえば、そこでは、自立は人間として当然の状態、そうあるべき状態として捉えられてきた。別の観点からいえば、社会福祉に求められてきた課題は、社会福祉に依存している人びとをいかにして早い時期に社会福祉を必要としない状態に仕向けることができるかということであった。社会福祉の関係者たちによって自立はある種道徳的な規範として捉えられていたのである。

論点は、社会福祉基礎構造改革にいう自立生活の支援がこのような規範的自立助長論をどこまで克服しているかということである。社会福祉基礎構造改革のキー概念には、自立生活のほかに、自己選択権や自己決定権があるが、自己選択や自己決定にはおのずと自己責任が求められる。個人の自立生活の支援という理念が自己選択権や自己決定権の側面から自己責任義務の側面に比重を移すかたちで追求されることになれば、下手をすればその帰結は自立助長論の再現になりかねない。自立の可能な者、すなわち障害の軽い者から援助を与えるという、かつての更生論的・育成論的な援助のありかたを再現させることにもなりかねないのである。

ここで問われることは、いわれるところの自立をどう捉えるかということである。それは社会福祉の研究に求められている喫緊の課題である。われわれは、かつてこのことに関連して二つの議論を提起した経緯がある。第一には、自立にたいしては依存という状態があり、両者はしばしば対極にある状態として捉えられるが、これを二項対立的に捉えることを避け、連続した状態として捉えるという視点をもつことの重要性である。第二は、自立を構造的に、「目的的な自立」としての人格的自立―むしろ人間的な自立という表現が適切であるかもしれない―と「手段的（道具的）自立」としての身体（身辺）的自立、心理的自立、社会的自立、経済的自立に一担分離して捉えるということである。

先に指摘したように、一般に、自立と依存とは対極にある、互いに相反する状態として捉えられる。しかし、恐らく現実には、人間の状態としては完全に自立しているといえるような状態も、また完全に依存しているといえるような状態も存在しないであろう。人間は本来的に依存的協同的な存在であり、またみずから自立した自分自身であることを求める存在である。出生直後の、完全に親に依存しているようにみえる子どもであっても親からは自立した、自分自身であることを求める存在であろう。逆に社会的にも経済的にも完全に自立しているようにみえる大人であっても、その人間としての生活はどこかで誰かに依存している。その意味で、自立と依存は対極にある状態ではない。

自立と依存は連続した状態であり、そしてその中間のどこかに自立的依存あるいは依存的自立ともいうべき状態が存在する。自立的依存とは、自立のために誰かにあるいは何かに依存しているという状態であり、依存的自立とは誰かにあるいは何かに依存しつつ維持されている自立である。この文脈でいえば、自立している人間と依存している人間との違いは相対的なものである。自立生活の支援は、そのような自立的依存あるいは依存的自立を認め、そのような依存を含む生活を自立生活として支援するということでなければならない。

世上一般には、自立といえば、身体（身辺）的自立、心理的自立、社会的自立、経済的自立という用語が想起される。

しかも、一人前の人間であれば、身体（身辺）的に、心理的に、社会的に、そして経済的に自立していて当然とされる。しかも、しばしばそのような自立が自己目的化される。しかしながら、そのような身体（身辺）的自立、心理的自立、社会的自立、経済的自立はそれ自体が目的となるべきものではない。それらの自立は、人間が人間として生きていくうえでひとまず必要とされる手段であり、道具であるにすぎない。われわれが自立を目的的自立と手段的自立に分ける所以である。人間が人間であることを求める意欲と意志―すなわち自己決定、社会参加（生活の協同性への参加）、自己実現を求める意欲と意志―をもつことこそが自立とよばれる状態のエッセンスであろう。身体（身辺）的自立、心理的自立、社会的自立、経済的自立はそのような人間的自立を追求し、実現するための手段ないし道具であり、したがってそのことのゆえに手段的道具的自立はそれらが十分に達成されえない場合は、誰かによってあるいは制度や生活機器によって補強し、代替することが可能である。自立生活の支援はそのようなものとして展開されなければならないのである。

このような自立の思想と理論は、周知のように故定藤丈弘教授がその生涯をかけて追求されてきた課題である。いまは教授のあまりにも早すぎた死を悼み、その残された課題に幾分かでも迫ることができればと願うばかりである。ちなみに、定藤教授に続いて盟友の岡田武世熊本学園大学社会福祉学部教授も幽冥界を異にされた。いまはお二人のご冥福をお祈りするほかはない。

註

(1) 木村忠次郎『社会福祉事業法の解説』時事通信社　三三ページ
(2) 新藤宗幸『福祉行政と官僚制』岩波書店　一九九六年、八六ページ
(3) 木村忠次郎　前掲書　一六ページ
(4) 孝橋正一『全訂社会事業の基本問題』ミネルヴァ書房　二四〜二五ページ

第14章

歴史のなかの生活支援施策

初出：2009年
「社会事業史研究」第37号

第1節　変革の時代の歴史研究

「山が動いた」という言葉がある。かつて日本社会党の委員長がこの言葉を引いて人口に膾炙されたことがある。それほど古い時代の話ではない。ただ、そのときには、「動いた」というほどの結果は出来せずに終わってしまった。今度はどうであろうか。政権交代が実現したという意味では「山が動いた」ことになるであろうか。

二〇〇九年の初秋、どうやら日本の社会は大きな変革、変動の時代を迎えていると言えそうである。そして、変革、変動の時代は歴史に関心が寄せられる時代である。まだ二年は経過していないと思うが、高澤武司教授に拙著を謹呈したことがあり、その返信に、この時代いよいよ歴史研究者の出番ではないかという趣旨のことが認められていた。もとより、私は歴史研究者と称されるほど歴史研究を業としてきているわけではないし、実績があるわけでもない。その意味では、高澤教授の期待は歴史研究者一般に寄せられたものというべきであるが、それにしても教授の先を読む眼は確かである。

一　歴史は過去の実験室

歴史は過去の実験室という言葉を何処で、誰の著書のなかで記憶にとどめたのかいまとなっては確とした覚えがない。しかし、過去の実験室とは言い得て妙である。自然科学であれば事象を読み解くうえで、一定の環境のもとに先行条件をさまざまに統制して常に同じ事象が得られるかどうか、繰り返し試行する。それが得られれば、先行条件と事象との間に何らかの関係の存することが認められる。当初は共変関係が想定されるとしても、先行条件が一定の環境のもとにおいて常に同一の事象をもたらし、しかも先行条件が同一の事象を結果する論理、メカニズムが明らかにされるということになれば、そこから両者の間には因果関係があるという結論が導きだされる。自然科学の知識の体系は、単純化して言えば、このような手続きを基礎にして構築されている。

しかし、人文科学や社会科学ではそうはいかない。心理学や社会学などでは統制された状況のなかで人びとや集団に一定の刺激を与え、その結果として生じる行動の変容などを観察し、両者の関係を明らかにするといった手続きが取られることがある。例えば、グループダイナミックスの研究などにおいてはこうした研究の方法がしばしば行われてきた。しかし、このような実験が許容される範囲は限られている。社会的な事象では、その事象に関わりがありそうな要因を完全に統制することは困難であるし、一度起こった事象をその要因が与えられる以前のもとの状態に復元することは不可能である。リセットは不可能であるし、デフォルトに戻すことなどありうることではない。

個人や家族、集団などに一定の刺激を与えて観察するなどという実験を行う際には倫理的な問題も発生する。たとえその恐れがないという場合にも、一度起こった変化はつぎつぎに変化を引き起こすことになる。社会福祉に引きつけて言えば、劣等処遇が求援抑制（救援抑制ではない）効果を引き起こすかどうかを実験的な手法によって確かめるなどということは、その影響を考えればとても許されるものではない。施設ケアと在宅ケアとどちらが有効か、効果的かなどという問題を実験群と統制群を設けて一定の期間試行し、結果を比較するなどという手法も疑点を否定しきれない。実験群についても統制群についても、得べかりし利益を得る機会がうしなわれてしまうという事態が十分に想定される。

そこで、意図的に実験を試みるかわりに、過去において出来した事象や事例のなかから仮説に関わりのありそうな事象や事例を取上げ、巨細にわたって観察し、仮説の妥当性や有効性を検証するという手法がとられることになる。歴史は過去の実験室という言説は、簡略に言えば、そのことをさしている。

二　歴史への着眼

アカデミックな歴史研究の世界に流行りなどありそうにもないが、明らかに流行りがある。あるいは流行りという表現は適切性に欠けるかもしれないが、確かに歴史に強い関心が向けられる時代がある。それは、危機の時代、あるいは変動の時代、変革が求められる時代である。

私は、ある時期、アメリカ合衆国の社会福祉史に関心をもち、植民地時代の救貧制度、一九世紀末から二〇世紀初頭におけるソーシャルワーク形成史、ニューディール期の救済政策、一九六〇年代の貧困戦争などについて総説的な文章を執筆したことがある。その時期の経験から例を引きたい。私の印象では、アメリカにおいて社会福祉の歴史に関心が集まった時期が二つある。第一の時期は一九二九年にはじまる大恐慌からニューディールの時期であり、いま一つの時期は一九六〇年代から七〇年代にかけての、象徴的に言えば、貧困戦争（ウォーオンポバティ）前後の時代である。

第一の時期の特徴は、州ごとの救貧制度史が編まれたことにみられる。わが国の都道府県とアメリカの州とは随分異なるが、日本流に言えば都道府県単位の地方社会福祉史の編纂である。もとより州社会福祉史のすべてが大恐慌期に書かれているわけではない。しかし、点数的にみてこの時期にピークがあることは確かである。州社会福祉史が編纂されている州は、ニューイングランド、東海岸中部、中西部、南部が中心であるが、いずれの州についてもその植民地時代から州にいたる時代の救貧制度や慈善事業の発展の過程が描かれている。大恐慌の時代は失業の時代であり、州や市などにおいては失業対策の一環として仕事のない文筆業者に郷土の歴史や偉人伝を書かせるということがあり、各州の社会福祉史の編纂にもあるいはそのような事情が絡んでいるかもしれない。仮にそのようなことがあったとしても、かなりの数の州において社会福祉史が編纂されたことの背景には、大恐慌とそれに対応するニューディール政策の形成という文脈のなかで、新たな救済制度史の設計が求められるという状況があった。そうしたなかで、それぞれの州において過去の救済制度史を振り返り、そこから何らかの制度設計のヒントや制度のありように関わる教訓を読み出そうとする試みが行われたことは間違いないであろう。

同様の試みは、第二の時期においてもみられる。第二の時期、アメリカでは、泥沼化するベトナム戦争にたいする反戦運動が浸透するなかで、黒人（アフリカ系アメリカ人）による公民権運動に火がつき、貧困戦争（貧困撲滅運動）が推進された。アメリカが「半分福祉国家（セミ・ウェルフェアステイト）」、「躊躇する福祉国家（リラクタント・ウェルフェアステイト）」をめざした時期である。この時期には、ニューディール期のものも含め、一九世紀末から第二次世界大戦期頃までの社会福祉の歴史に関わる原資料や多数の文献のリプリント版がシリーズとして刊行されている。救貧制度を取りあげる個別の論文や著書、さらには本格的なアメリカ社会福祉通史が刊行され始めるのもこの時期以降のことである。それらの状況が貧困戦争の推進、アメリカ版福祉国家の建設という課題の遂行と深い関わりをもつことは改めて指摘するまでもないであろう。

このように、アメリカはアメリカ社会福祉史の大きなターニングポイントとなる二つの時期において、「歴史という過去の実験室」から多大なものを学んできたのである。

三　歴史に学ぶ視点

歴史の研究は社会福祉学の研究において重大かつ不可欠の研究方法の一つであり、領域である。そのことは強調してこれに過ぎることはない。しかし、あれこれの過去の事実を掘り起こし、それが形成され、変化をもたらし、終焉にいたるまでの経緯を明らかにすればそれでよいかと言えば、そうではない。歴史研究において事実発見（ファクトファインディング）のもつ意味は重要である。しかし、ファクトはあらかじめファクトとして存在するわけではない。ファクトはそれ自体として意味をもつものではない。ファクトは一定の文脈のなかに位置づけられたときに、ファクトとしての意味をもつのである。

別の言い方をすれば、ファクトの集積としての歴史はそれ自体として意味をもつわけではない。歴史は一つであると言われる。起こったこと自体は一つであろう。しかし、その起こったことにどのような意味を与えるか、あるいはそこからいかなる意味を読み出そうとするかによって、歴史は異なった顔貌をもって立ち現れる。指摘するまでもないことのようにも思えるが、時は危機、変動、変革の時代である。歴史研究の発展が期待されるこの時期、そのことの意義を改めて考えておかなければならない。

さきにアメリカ社会福祉史のターニングポイントにあたる二つの時期に歴史研究にたいする関心が拡大したことを指摘したが、こんにちの時点からそれぞれの時期の関心の方向について振り返っておきたい。

まず第一の時期、ニューディール期における歴史研究の隆盛である。この時期における州社会福祉史研究の底流には、救済制度のありようについて、一九世紀までの宗教家、教会、篤志家、救済基金、出身国組織などの民間セクターによる慈善事業や博愛事業が徐々にカウンティ（郡）やステイト（州）による救済事業に変化してきたこと、換言すれば救済にたいする責任が民間セクターから公的セクターに移転するとともに後者の比重が拡大してきたことを積極的な変化として捉え、その文脈の延長線上に将来の社会福祉のありようを展望しようとする視点、そしてその視点を基軸とする歴史認識の枠組みが存在していた。公的セクターの内部に限定していえば、この時期の研究には、タウン、シティ、カウンティという地方政府（ローカルガバメント）から州政府（ステートガバメント）へ、さらには連邦政府（フェデラルガバメント）へという救済責任主体の上向的変化を社会福祉の発展として捉えようとする視点と枠組みが設定されていたと言ってよい。

こうした視点や枠組みは、世界恐慌によってもたらされた経済、社会、そして国民生活の全般に及ぶような崩落の危機に直面し、連邦政府のイニシアティブのもとに救済制度を再構築しようとする立場を前提にすれば、必要かつ不可欠のものであったと言えよう。ニューディール期の社会福祉研究者や歴史家たちは、アメリカ社会福祉の歴史のなかから、救済責任の比重が民間セクターから公的セクターへ、下位の政府から上位の政府へ移行してきたという事実（ファクト）を読み出し、危機、変動、変革の時代に連邦政府を核にする新しい救済体制を設計し、導入しようとしたニューディール政策に思想的、理論的な裏付けを与え、それをバックアップしたのである。それが社会福祉史研究にたいする時代の要請であった。

これと同様の事象は一九六〇年代から七〇年代にかけてもみられた。先にみたように、この時期アメリカは、ベトナム戦争反対運動、公民権運動、貧困戦争という社会変動のなかで福祉国家としての形態を一応整えることになるが、その過程をバックアップするように第一期前後の社会福祉史に関わるドキュメントや研究史が復刻され、またアメリカ社会福祉史の通史的な研究成果が刊行されている。これまた時代の要請に応えるものであった。

しかしながら、周知のように、その後の一九八〇年代から九〇年代にかけて、四〇年代後半のイギリスにはじまり六〇年代のアメリカにおける福祉国家の成立、そして七〇年代初頭のわが国の福祉国家にいたる福祉国家体制は、一転して、批判の対象に転化した。国家の救済責任を重視し、公的セクターによるサービス供給を基軸とする福祉国家体制は、福祉集権主義、官僚主義、国民の国家にたいする依存心、税負担の拡大、預金意欲の減少、中間組織の空洞化をもたらすシステムとして批判される。そして、この福祉国家批判は、九〇年代以降、社会主義体制の崩落もあって、新自由主義、新保守主義に依拠する福祉国家批判として世界的に大きな影響力をもつことになる。わが国の八〇年代初頭の行財政改革以来の市場原理主義、規制改革による社会福祉制度改革もこの潮流のなかにある。

この時期になると、ニューディール期以来受け継がれてきた社会福祉史観、救済責任の民間セクターから公的セクターへの上向移行、国や自治体を基軸とする社会福祉の供給と管理を肯定的に評価してきた社会福祉史観による言説は、新自由主義に依拠する強力な福祉国家批判に席を譲ることになる。社会福祉史に関わる研究も福祉国家批判的な視点による研究が重視されるようになり、歴史研究そのものがかつての福祉国家形成期における熱意や勢いを削がれてきたように思われる。

イギリスに発祥する福祉国家の理念は、福祉国家批判を政策の基調に捉えるサッチャー政権が登場するとともに、社会民主主義体制をとるノルディック諸国に継承される。以後、十数年にわたって国営企業の解体や福祉国家政策批判に猛威を振るったサッチャー政権の時代が過ぎ去った九〇年代の後半になると、イギリスにおいては、労働党内閣によって、かつての福祉国家政策を支えた国家社会主義やノルディックの社会民主主義の路線とも、サッチャーに象徴されるような市場原理主義をとる新自由主義の路線とも異なり、市場的効率とその国家による補完をめざす「第三の道」が提唱されるようになった。そして、それはわが国にたいしても大きな影響力を及ぼし、こんにちにいたっている。わが国の社会福祉研究における「新しい公共」論、地方分権や地域社会を基盤とする社会福祉の展開を求める地域福祉主義などの言説も広い意味ではこの「第三の道」につながるものと言えよう。

近年、わが国における社会福祉史研究はある意味では隆盛の時代を迎えていると言ってよいかもしれない。思い切った旧来にない視点と枠組みによる通史的な研究もあれば、旧制度や歴史的な社会福祉施設に関する事実掘り起こし的な研究も盛んである。このような社会福祉史研究の動向は、わが国における福祉国家批判以来の社会経済的変化やそれを支えてきた言説と無縁ではありえない。こんにち、大きな政治的変革の時代を迎え、わが国の社会福祉史研究はどのような展開をみせることになるのであろうか。

私は、社会福祉の研究が規範的な性格を帯びることは避けられないと考えている。しかし、それは規範的研究への埋没を許容するという意味ではない。規範的であることを意識しつつ、事実が何を語ろうとしているのか、そこから何が読み取れるのかを考えたいと思う。

第2節　生活支援施策の語義

生活支援施策は簡潔には生活支援に関わる施策という意味である。社会福祉史研究の領域においてこのタームをもちいる意義について一言し、議論の導入としたい。

私は社会福祉の理論研究において常々生活支援、生活支援システムなどを重要なキー概念としてもちいてきた。そのことについて先年、編著『生活支援の社会福祉学』（有斐閣、二〇〇六年）を刊行した折り、生活支援というタームは援助論の世界でもちいられてきたものであり、政策や制度を論じるには不向きではないかという指摘を受けたことがある。たしかに、社会福祉の内部においてはそうかもしれない。しかし、社会福祉の外の世界では生活支援を政策や制度のレベルにおいてもちいる例は多々みられる。たとえば、消費者保護施策のなかでも施策の目的を示す概念として生活支援というタームがもちいられている。

端的にいえば、私のいう生活支援施策の内実は一般にソーシャルポリシー（社会政策）とよばれるものと重なりあっている。その限りでは、生活支援施策とソーシャルポリシーは互換性をもっている。ただし、ソーシャルポリシーは、施策の生成の過程や機能のもつ社会的、政策的な性格に焦点をあてたタームである。それにたいして、生活支援施策は、その特質を人びとの生活を支援するための方策や活動という内容的な側面から捉えるタームである。筆者は、そのことに留意したうえで、生活支援施策とソーシャルポリシーを互換性をもつタームとしてもちいることにしている。

つぎに、以上の議論を前提に、ソーシャルポリシーとソーシャルサービス（社会サービス）の関係について言及しておきたい。ソーシャルポリシーとソーシャルサービスもしばしば互換的にもちいられる。両者が区別される場合には、ソーシャルポリシーは、それが社会的、政策的に形成され、運営管理されるという側面を強調するタームとしてもちいられる。それにたいしてソーシャルサービスは、その制度（プログラム）のもつ実際的な事業内容や機能を強調するタームとしてもちいられる傾向が強いようである。

そのような傾向を踏まえ、私は、ソーシャルポリシーとソーシャルサービスの関係について以下のように整理することにしている。すなわち、ソーシャルポリシーを多様なソーシャルサービスを包括する集合名詞的な性格をもつ概念としてソーシャルサービスの上位に位置づけ、逆にソーシャルサービスをそのように位置づけられたソーシャルポリシーを構成する個別の施策として位置づけることにしている。

ここで冒頭の生活支援施策にもどっておきたい。私のいう生活支援施策、すなわちソーシャルポリシーは、人びと、個人、家族、地域社会に関わって生活上の困難や不具合を解決、軽減、緩和することを目指す多様なソーシャルサービスの

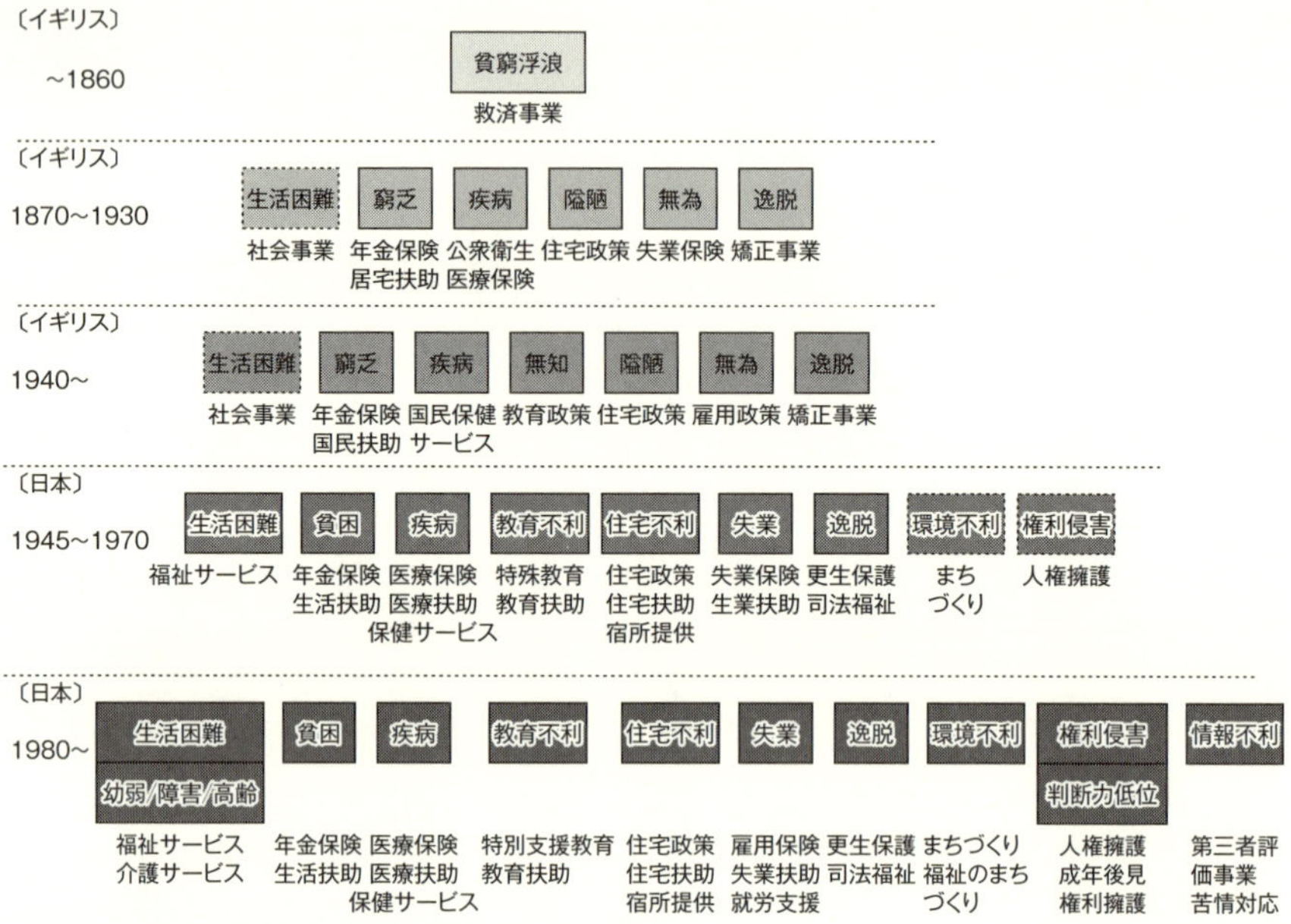

図 12　生活支援施策の史的展開（イメージ図）　古川孝順　作成

総体を指すタームである。

第3節　生活支援施策の発展

それぞれの社会、それぞれの時代にはそれに特有な生活維持のシステムが形成される。大多数の人びとは、それによって生活を維持することができる。しかし、それによって生命と生活を維持し得ない一部の人びとが存在する。人びとの生存（安全や安心）、健康、生活、尊厳、つながり、シティズンシップ、環境が脅かされ、あるいはそのおそれのある人びと、社会的バルネラブルな状態にある人びとである。生活支援施策は、そのような人びとにたいして、その生活上の困難や不具合を解決、軽減、緩和することをめざして生成し、展開されてきた社会的組織的な施策であり、また活動である。

図12は、そのような生活支援施策が歴史的にどのように発展してきたかを概観したイメージ図である。それぞれの時期を特徴づけるバルネラブルな状態、こんにち的にいえば生活問題や福祉ニーズとそれに対応する施策や活動を集

約したものである。四角い箱のなかが生活問題や福祉ニーズであり、その下に記述されているのがそれに対応する施策や活動である。

第二次世界大戦の時期を境にしてイギリスと日本を接続し、時期区分も試論的なものである。そうした難点を視野の外においていえば、一九世紀後半以降、時代を追って生活問題や福祉ニーズが多様化、複雑化し、それに対応するために多様な施策が登場してきたことが知られる。イギリスの一九四〇年代以降の時期に示されている生活問題は、窮乏、疾病、無知、隘陋、無為、すなわちベバリッジのいわゆる五巨人悪であり、それに対応する所得保障（年金保険・国民扶助）、国民保健サービス、教育政策、住宅政策、雇用政策である。そこには、一九世紀まで貧窮浮浪という結果状態に着目して行われてきた施策が、世紀転換期を通じて、窮乏、疾病、無知、隘陋、無為という原因別に捉えられた問題状態ごとに設計された施策群による対応に発展してきた状況が示されている。

第二次世界大戦後の日本においても、そのような発展が受け継がれる。さらに、イギリスにおけると同様に、所得保障（年金保険・国民扶助）、国民保健サービス、教育政策、住宅政策、雇用政策に連なり、生活困難に対応する第六のサービスとして福祉サービスが成立し、発展する。一九八〇年代以降については解説を付け加えるまでもないであろう。多様化、複雑化、高度化し続ける生活困難に対応して介護サービスが分離し、独立し、それにともない人権擁護や消費者保護の施策につながる権利擁護事業、苦情対応事業などが登場する。また、更生保護や司法福祉との連携が改めて求められ、就労支援への関与も求められることになる。

第4節　生活支援施策の一つとしての社会福祉

図13「社会福祉のL字型構造」は、そのようにして発展してきた生活支援施策のなかで社会福祉がどのような位置を示

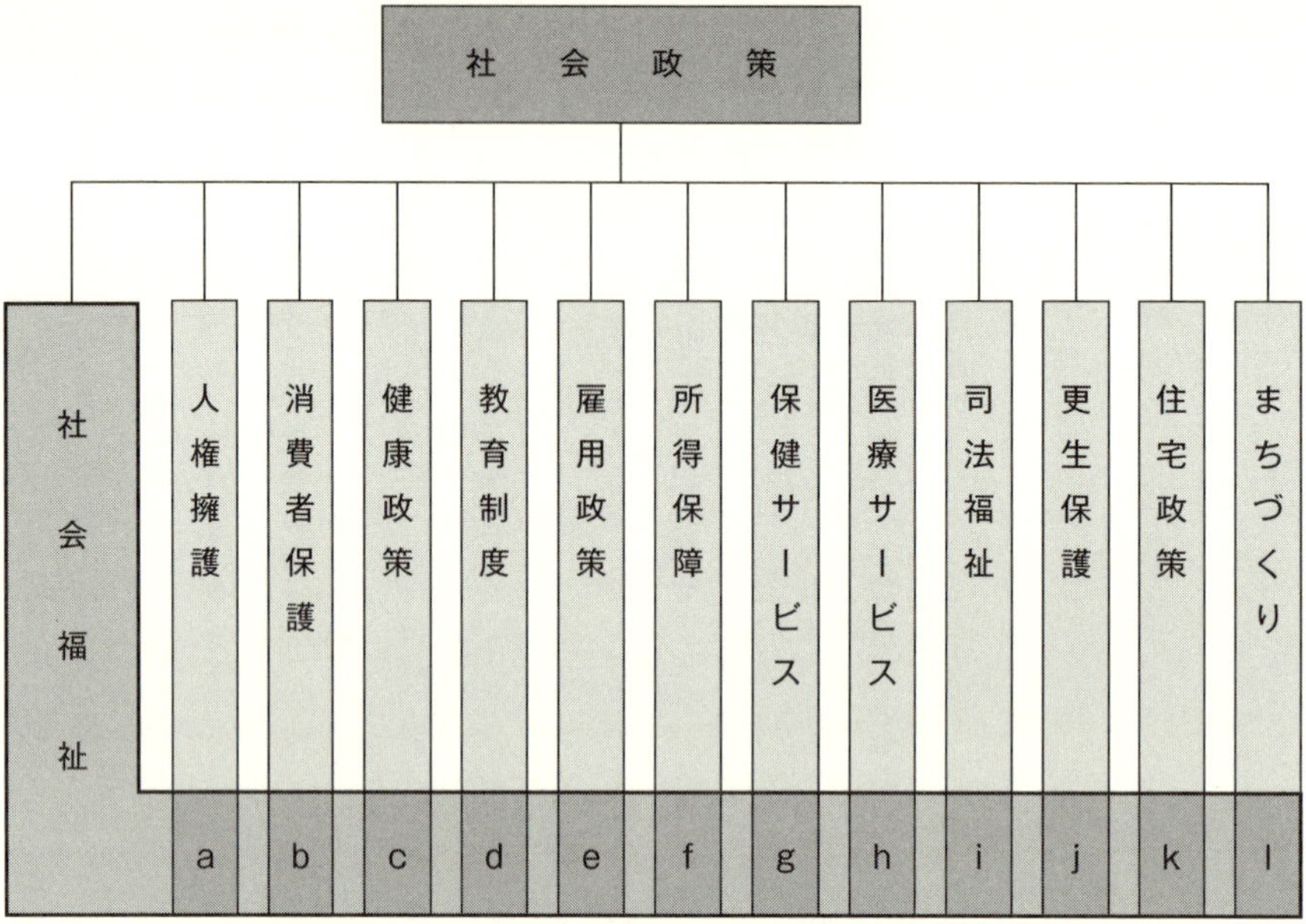

（例示） a　福祉サービス利用援助事業（権利擁護事業）等
b　サービス提供事業者による情報提供・苦情対応等
c　障害者スポーツ・高齢者スポーツ・介護予防事業等
d　各種障害児施設・学童保育・学校ソーシャルワーク
e　福祉雇用・作業所・授産施設・就労支援等
f　生活保護・児童扶養手当・各種の居住型施設等
g　乳幼児・妊産婦・老人保健サービス、保健ソーシャルワーク等
h　医療扶助・更生医療・育成医療・医療ソーシャルワーク等
i　青少年サービス・家事相談サービス等
j　更生保護相談・就労支援等
k　低所得者住宅・高齢者住宅・母子生活支援施設等
l　福祉のまちづくり事業等

図 13　社会福祉のL字型構造（概念図）　　古川孝順　作成

しているかを図示したものである。まず、社会福祉は、繰り返しになるが、多様な施策（あるいはソーシャルサービス）から構成されている生活支援施策の一つである。ただし、他の施策群とは異なるところがある。それは、社会福祉が他の施策群と並立的に独立している部分と他の施策群と重なり合っている部分から構成されていることである。**図13**では、そのことをアルファベットのL字の形状に重ね合わせて「社会福祉のL字型構造」とよんでいる。

　社会福祉のもつ固有

性、すなわち社会福祉を他の施策群と区別しようとするとき明確な根拠となりうる性質には二つのものが認められる。領域としての固有性とアプローチとしての固有性である。まず、領域としての固有性について簡単に記述する。社会福祉のもつ領域としての固有性の第一は、それが他の施策群によるいずれの生活支援サービスにも吸収され得ず、それらとは明確に区分されうる独自の生活支援サービスを提供していることに求められる。生活支援サービスには相談助言、指導、育成、養護、保護、介護などが含まれる。このような生活支援サービスについては、一部において、潤沢な所得保障が行われ、かつ市場にこれに類するサービスが商品として提供されれば、その必要性は徐々に縮小するという言説もみうけられる。しかしながら、生活支援サービスの内容に鑑み、そのような期待は実現しそうにもない。たとえば、近時その必要性が謳われている地域密着型のサービスを市場を通じて購入することは、まず不可能であろう。社会福祉の独自性である。

領域としての固有性の第二は、L字型の横棒の部分である。図の下部に社会福祉が他の施策と重なり合う部分に位置する事業を例示しておいた。この部分を特徴づけているのは、社会福祉が他の施策にたいしてもっている先導性と補充性である。ここで先導性とよんでいる特性は通常は代替性である。代替性は、後に一般的な施策になるべきはずの施策が欠落しているとき、社会福祉がその施策がなすべき機能を肩代わりするという意味である。したがって、代替性はやがて出来する施策の側から把握された特性であり、社会福祉が本来的にもっている特性ではない。社会福祉の特性は、むしろそれが他の施策にたいして先導性、開発性をもつことに求められる。社会福祉は他の施策にたいして繰出し梯子としての位置にある。他方、補充性は他の施策が十分に機能し得ない場合、あるいはそれが取り残した部分について、社会福祉が他の施策のなすべき機能を補充する、補完するという意味である。

社会福祉のもつアプローチとしての固有性は、それがもつ個別性、包括性と総合性、媒介性と調整性に認められる。まず、個別性はさらにいえば個別対応性である。イギリスにおいて日本の社会福祉に相当するソーシャルサービスがパーソナルという修飾語を冠しているのは、それが対人、すなわち人にたいするソーシャルサービスだからというわけではない。それは、対象である福祉ニーズにたいして個別的に対応するソーシャルサービスである、という意味である。そのことはこれまでにも繰り返し指摘してきた。

つぎに、包括性と総合性は、社会福祉はそれが対象として対応する福祉ニーズが分節性と全体性をもつ生活のなかに形成されるという事実と関連している。生活は多様な位相に分節しており、その一つに起こった福祉ニーズは多かれ少なかれ他の位相に、そして生活の全体に、影響を及ぼすことにならざるをえない。社会福祉は生活の一つの分節、位相に関心を集中させる他の施策と異なり、生活のもつ分節性と全体性を前提として対応する。

社会福祉のもつ媒介性と調整性も、そのことと関連している。社会福祉は、福祉ニーズの解決、軽減、緩和のために他の施策を積極的に活用し、その成果を最適なものにするため複数の施策のあいだを媒介し、調整する。社会福祉以外の施策も自己の機能を高めるために、他の関連する施策を活用することがある。しかし、個々の個人、家族、地域社会のもつ問題や課題を解決するために、関連する多様な施策を動員し、そのために福祉ニーズと多様な施策のあいだを媒介し、調整するという作業を自己の本来的な機能の一部として位置づける施策は、社会福祉を措いてほかには存在しない。

第5節　生活支援施策の再構成

ここまでの議論は、社会福祉について十全に理解するためには、社会福祉を一度多様な施策、ソーシャルサービスから構成される生活支援施策＝ソーシャルポリシーのなかに埋め戻し、そこから社会福祉の固有性を明らかにする必要があるというところから出発している。社会福祉は生活支援施策の一つであるが、他の施策＝ソーシャルサービスにはみられない性格、独自性をもっている。そして、その独自性は、社会福祉のL字型構造というかたちで把握することが可能であり、それは領域としての固有性とアプローチとしての固有性から構成される。

さて、これまでの行論によって生活支援施策について何程かの理解が得られたとしよう。しかし、それだけではこんにち的な社会福祉の議論には結びつかない。こんにち、われわれが直面させられている超少子高齢社会化の進展、人口減少社会の到来、非正規雇用者の拡大、長期の不況による非正規雇用者の失業、ネットカフェ難民、ホームレス、母子家庭の生活難など新たな社会的バルネラビリティの増加、それによる格差と貧困の拡大という問題状況は、生活支援施策にたいしても新たな対応を求めている。このようなわれわれの目前にある問題状況は、個々の生活支援施策による対応では不十分である。いま求められているのは、分野横断的なアプローチであり、さらには必要とされる新たな施策の導入を含め、生活支援施策の再構築を試みることである。

図14「生活支援施策の新たな構成（イメージ図）」は、そのことを意識しつつ、近年における失業、格差、貧困の拡大とそこから派生しているネットカフェ難民、ホームレス、母子家庭問題などへの対応を念頭に、関連する生活支援施策の新たな構造化をイメージしたものである。

図14の新機軸は、施策の対象となる人びとを、正規雇用者と非正規雇用者からなる雇用者群、自営者群、非就業者群に分けるとともに、それらの人びとの抱える問題に対応する施策群を第一次セーフティネット、第二次セーフティネット、トランポリンシステム、最低生活保障システムの四通りの段階に設定して、相互の関連性をイメージ化したところにある。トランポリンシステムに対応する破線で囲んだ施策のうち社会扶助と住宅支援はいずれも公的扶助（生活保護）とは別に、ミーンズテストを要件とせず、インカムテストだけで給付される新たな金銭給付を内容とし、貧困者や生活困難者が最低生活水準に転落する以前の段階において溜となる、トランポリン的な効果を期待して構想したものである。トランポリン的な効果を高めるためには、就労支援、社会手当、住宅支援、福祉サービスを社会保険や社会手当と公的扶助の中間に位置する利用しやすい施策として運用するとともに、施策を相互に関連付け、分野横断的、総合的に提供する必要がある。

最下段の公的扶助部分の生活費保障と住宅保障は、生活保護でいう生活扶助と住宅扶助を発展させ、フローの所得保障としての生活費保障とストックの所得保障にかかわる住宅保障というかたちで並立させたものである。非正規雇用者の失

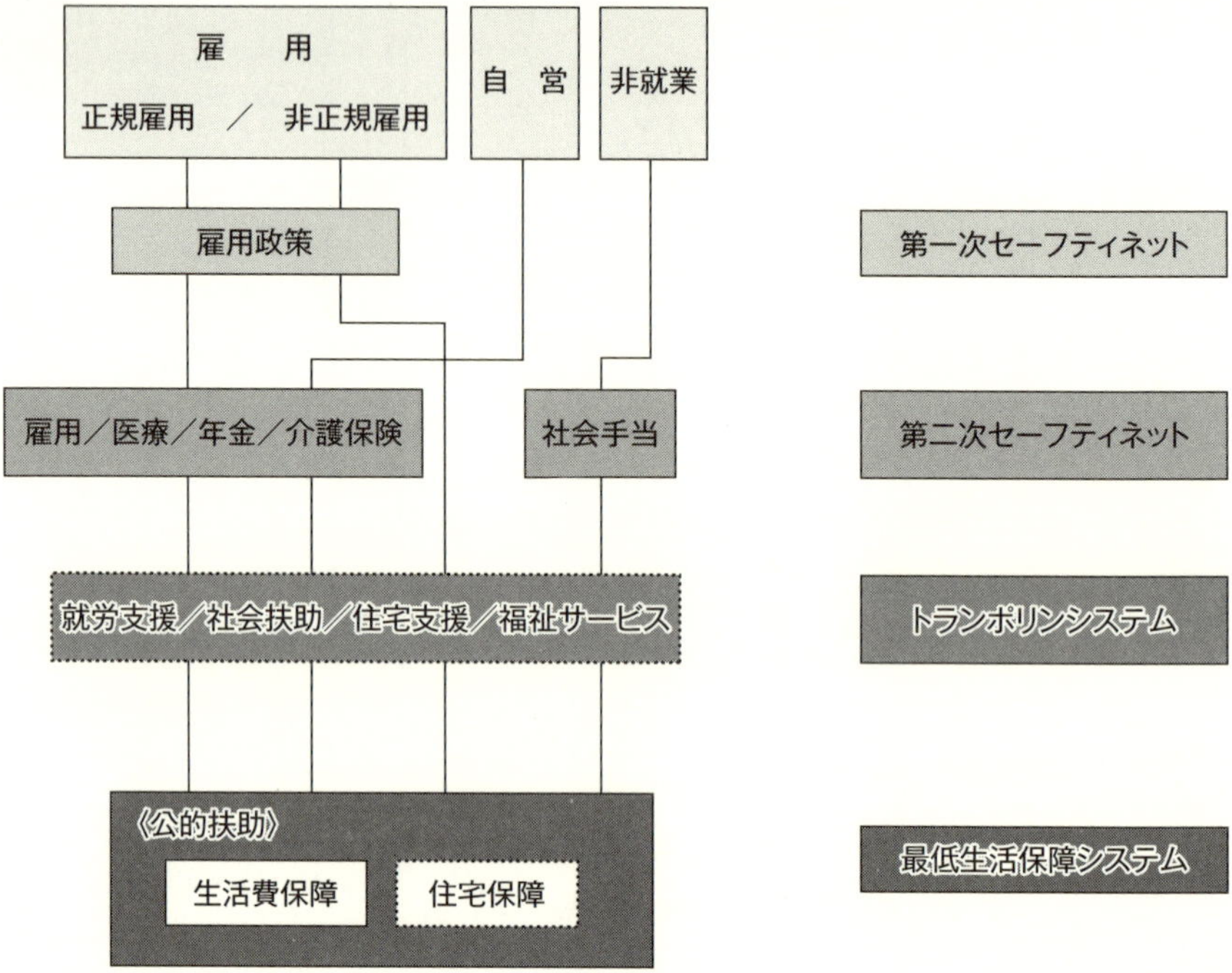

図 14　生活支援施策の新たな構成（イメージ図）　　古川孝順　作成

業が直に住宅の喪失につながる状況がみられることに鑑み、住宅保障のもつ重要性を再確認しておきたい。

ここでの議論は以上であるが、激動するグローバル社会のなかで、歴史に学ぶ姿勢を失うことなく、社会福祉のこんにちと将来をかみしめてみたい。

初出一覧

第1章　マターナルディプリベーション理論についての二、三の検討
「社会事業研究」No.5、一九六五年、一～一六頁

第2章　非行問題理解の枠組
「青少年問題」第二〇巻第一号、一九七三年、一二～一八頁

第3章　地方自治体の社会福祉施策
日本社会事業大学編『現代日本の社会福祉』勁草書房、一九七六年、六五～九〇頁

第4章　アメリカ母子扶助法成立史論
「母子研究」No.2、一九七九年、八七一～一〇二頁

第5章　戦後児童福祉政策・立法の展開素描
「真理と創造」第一三号（第九巻第一号）、一九七九年、二一七～二三六頁

第6章　ニュー・ディール救済政策の展開
「社会事業史研究」第八号、一九八〇年、一～三六頁

第7章　戦後アメリカにおける福祉改革
「現代の社会福祉」季刊労働法 別冊八号、一九八一年、二〇三～二一一頁

第8章　現代の貧困と子どもの発達権保障
「ジュリスト増刊総合特集」第四三号、一九八六年、三六～四二頁

第9章　福祉改革への視点と課題
日本社会事業大学「社会事業研究所年報」No.24、一九八八年、五～三九頁

第10章　福祉ニーズ＝サービス媒介者としての民生委員・児童委員
日本社会事業大学「社会事業研究所年報」No.26、一九九〇年、一七九～一九七頁

第11章　批判的社会福祉の方法
「東洋大学社会学部紀要」30－1（通巻第四〇集）、一九九三年、一七九～一九七頁

第12章　地域福祉型社会福祉の展開
『社会福祉のパラダイム転換――政策と理論』有斐閣、一九九七年、一三五～一五六頁

第13章　社会福祉改革論の理論的含意
大阪府立大学社会福祉学部「社會問題研究」第四九巻第二号（通巻第一二二号）、二〇〇〇年、八三～一〇三頁

第14章　歴史のなかの生活支援施策
「社会事業史研究」第三七号、二〇〇九年、ⅱ～ⅴ頁、一～一六頁

古川孝順社会福祉学著作選集　第2巻

社会福祉研究の構築

二〇一九年二月二五日　発行

編　著　古川 孝順

発行者　荘村 明彦

発行所　中央法規出版株式会社

〒110-0016　東京都台東区台東三-二九-一　中央法規ビル

営　業　TEL　〇三-三八三四-五八一七

FAX　〇三-三八三七-八〇三七

書店窓口　TEL　〇三-三八三四-五八一五

FAX　〇三-三八三七-八〇三五

編　集　TEL　〇三-三八三四-五八一二

FAX　〇三-三八三七-八〇三二

https://www.chuohoki.co.jp/

装幀・本文デザイン　株式会社ジャパンマテリアル

印刷・製本　株式会社アルキャスト

セット定価　本体四六、〇〇〇円（税別）

全七巻　分売不可

落丁本・乱丁本はお取り替えいたします。